UFO 콘택트

UFO CONTACT

UFO 콘택트

UFO CONTACT

1판 1쇄 : 인쇄 2016년 12월 01일
1판 1쇄 : 발행 2016년 12월 05일

지은이 : 서종한
펴낸이 : 서동영
펴낸곳 : 서영출판사

출판등록 : 2010년 11월 26일 제25100-2010-000011호)
주소 : 서울특별시 마포구 서교동 465-4, 광림빌딩 2층 201호
전화 : 02-338-7270 팩스 : 02-338-7161
이메일 : sdy5608@hanmail.net

디자인 : 이원경

ISBN 978-89-97180-68-4 03000

UFO 콘택트

UFO CONTACT

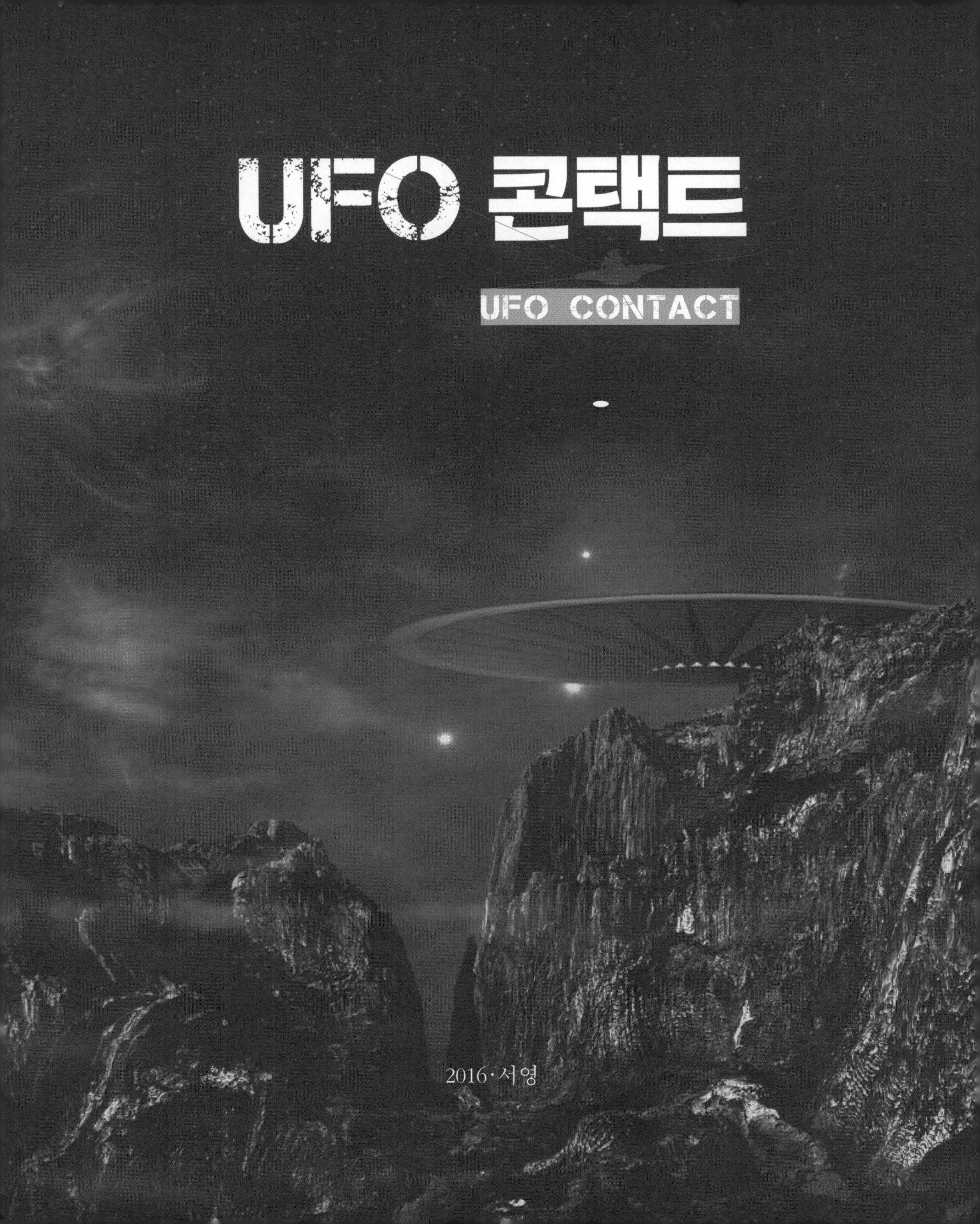

2016·서영

서문

지난 세월 동안 UFO에 대한 역사를 돌이켜보면, 한 개인에게 일어난 사건뿐만 아니라 한 국가의 군인, 사업가, 정치가, 정부기관원, 대통령에 이르기까지 각계각층의 신분층에서 다양한 조우와 체험, 정책입안이 보고되어 왔다.

단순 원거리 목격 또는 근거리 UFO목격사례부터 수천 건에 달하는 UFO 촬영사진과 동영상, 600건 이상의 UFO착륙보고, 지상에 남겨진 뚜렷한 착륙 흔적 및 방사능의 이상증가, UFO 근접조우에 따른 EM효과, 외계인과의 근접조우, 인간의 피랍사건, 500건 이상의 전투기 조종사의 UFO 조우 및 추격과 공격사례, 45건 이상의 UFO추락 및 격추시도 사례, UFO와의 교전 등 일반인들이 접하지 못했던 충격적인 정보들이 여러 채널을 통해 비공식적으로 알려져 왔다.

그러던 중 UFO역사에 한 획을 긋는 역사적인 일이 일어났는데 전 세계 각국 정부에서 경쟁적으로 UFO 기밀정보를 공개하기 시작한 것이다. 프랑스를 위시해서 영국, 브라질, 덴마크, 스웨덴, 캐나다, 핀란드, 뉴질랜드 국가가 자국에서 발생한 각종 UFO 관련 사건들을 수십 년에 걸쳐 수집하여 조사연구 정리한 기밀자료들을 전격 공개하였다. 또한 UFO에 관한 폐쇄정책을 일관해온 미국이 정보기관인 CIA를 통해 올해 초 홈페이지에 상당량의 기밀문서들을 전격 공개하였다.

이러한 진행상황으로 비추어볼 때 UFO문제가 한 개인차원의 흥미를 넘어선 국가적 차원의 관심대상으로 격상되어왔고 내부적으로는 이를 심각하게 받아들이고 정보기관과 군당국이 UFO의 활동에 대해 예의주시해왔음을 엿볼 수 있다. 그러나 아직까지도 UFO존재를 결정적으로 입증할만한 최고

기밀정보는 정보자유화법으로도 공개되지 않고 있으며 그 이유는 여러 가지 파생되는 윤리적, 종교적, 문화적인 마찰과 큰 혼란이 올 수 있는 문제들로 인해 여건이 성숙되었을 때 가능하리라 생각된다.

나는 이 책에서 특정 UFO 현상들을 심도 있게 다루려 하지 않았다. 그보다 UFO의 활동반경 안에서 일어나는 다양한 사례들을 고찰하여 UFO가 지구를 방문하는 의도와 목적, 인간과의 접촉과정에서 발생하는 사건들에 관한 면면을 살펴봄으로써 UFO의 실체를 그대로 전달하고자 했다.

아울러 일반인들의 UFO에 대한 선입견과 의구심, 그리고 고착화된 부정적인 생각의 범주에서 벗어나 전 우주적인 관점에서 인간의 지성을 확장시키는 의식의 차원상승을 기대한다. 다수의 의견이 진리인양 추구하는 시대는 지나갔다. 한 개인의 심사숙고한 견해가 존중되어질 때 인류는 마침내 멋진 신세계를 향해 한 걸음씩 도약할 것이다. 하나의 대상을 문제로 바라보기보다는 그것이 우리에게 어떤 의미를 던져주고 있는가? 만약 그것이 진실이라면 우리는 무엇을 고치고 무엇을 버려야하며 무엇을 받아들여야 하는지 정리하고 준비해야 한다.

문제는 UFO가 우리의 관심을 이끌도록 유도해왔는지, 아니면 우리가 그들의 관심을 끌게 한 무언가가 있었는지는 몰라도 이제는 UFO출현이 인류의 역사와 함께 나아가고 있다는 사실이다.

먼 미래에도 UFO는 출현할 것이며 인류는 그때쯤 외계의 지적생명체의 존재에 관한 강한 의문을 갖기보다는 당연한 인식으로 받아들일 것이다. 예컨데 미래의 인류는 '그들과의 문명 간의 공존을 어떤 방식으로 대처해갈 것인가?' 하는 숙제를 안게 된다.

여기에는 두 가지 전제가 따른다. 문명간의 충돌을 회피해야하고 평화로운 문명의 진화가 지속적으로 이루어져야 한다는 점이다. 우리는 진실의 목전에 서있다. 진실은 저 너머에 있지 않고 이미 우리 앞에 와있다. 우리는 이미 그들의 방문을 받고 있다.

한국UFO조사분석센터 소장　서종한

CONTENTS

3장-공개! 극비로 취급된 UFO 정보의 유출과 문서 공개

4장-폭로! UFO 기밀정보가 폭로되다!

5장-호출! UFO와의 제 5급 만남

7장-촬영! UFO가 카메라에 포착되다!

8장-문명! 외계문명과의 충돌, 공존 그리고 진화

UFO 콘택트

UFO CONTACT

1장-방문!
UFO의 실존과 지구방문

외계의 우주선이 지구를 방문하고 있다!

UFO의 지구 방문은 언제부터인지는 아무도 모른다. 수많은 세월이 지나는 동안 전 세계 각처에서 각계각층의 사람들이 UFO목격보고와 UFO와의 조우를 직접적으로 체험해왔다. 그들의 목격, 촬영, 접촉사례들의 정보는 민간UFO연구단체와 각국 정부의 군당국과 정보기관 등 여러 채널을 통하여 꾸준히 보고되고 입수되어 왔다.

목격자들의 주장과 증언은 어린이로부터 노인층에 이르기까지 다양하며 한결 같이 매우 밝은 빛을 발하는 광채, 또는 접시형, 구형, 삼각형 등의 물체를 묘사하거나 정지해 있다가 갑자기 무서운 속도로 날아가 버리는 비행물체를 봤다는 것이다.

또한 지상에 착륙한 물체로부터 나온 키가 작은 휴머노이드 타입의 생물체를 보았거나 피랍당한 경험을 했다는 충격적인 체험도 시간역행최면에 의해 밝혀진 사례도 있어왔다.

그들 중에는 운 좋게도 사진과 동영상 촬영을 증거물로 남긴 경우도 많았는데 전 세계에서 촬영된 UFO사진과 영상을 합치면 수천 건에 달한다. 그러나 이들 물증들이 실존 증거물로 채택되기 보다는 오히려 기존의 현상들과 물체(IFO)로 치부되거나 묵과해버리는 정보차단과 은폐공작이 정보기관들로부터 진행되어왔다.

하지만 정보기관 내부적으로는 UFO문제를 심각하게 받아들이고 광범위한 정보 수집을 비밀리에 여러 채널을 통하여 입수해왔다. 추측컨데 지금까지 전 세계에서 발생한 목격 및 체험사례들을 합치면

수만 페이지의 분량에 달할 정도로 넘쳐난다.

미국의 경우 민간이 아닌 군 당국과 정부내에서는 UFO에 관하여 과학자들과는 달리 매우 기민하게 대처해 왔으며 내부적으로 1급 비밀에 속하는 기밀사항으로 줄곧 처리해왔다.

반면 정통 과학자들은 비주류 과학분야로 취급하여 UFO의 실체를 규명하려는 진지한 접근자세와 노력보다는 부정시하는 견해쪽으로 기울면서 기존 과학지식의 범위 안에서 설명이 불가능하거나 곤란한 부분을 해명하려는 긍정적인 시도조차 공개적으로 언급하는 것을 꺼려했다.

확언하건데 지난 37년간 필자의 조사연구 결과를 토대로 내린 결론은 UFO가 100% 실존하는 비행물체라는 점과 지능적인 존재에 의해 조종되는 비행체라는 것이다. 물론 공식적으로는 UFO의 실체는 미확인으로 남아있다.

하지만 누군가가 인정을 하던 안하던, 그러거나 말거나 지금도 UFO라 불리는 미확인 비행물체는 어디선가에서 날아다니고 누군가에 의해 목격되고 있다.

1. 전 세계의 이목을 집중시킨 헤스달렌 UFO 출현사건

1981년 1월 25일 노르웨이의 헤스달렌(Hessdalen)계곡에서 전 세계 과학자들의 이목을 집중시킨 UFO 출현 근접 목격사건이 일어났다.

UFO 조우사례 중 이처럼 한 장소에 집중적으로 장기간에 걸쳐 출현하는 UFO 조우사건은 매우 드문 사례에 속한다. 매일 밤마다 일어나는 이들 발광체의 목격은 그 숫자가 인근 지역에 이르기까지 수만 명에 달했다. 물론 과학자들의 정밀조사와 연구가 병행된 것도 처음이었다.

노르웨이의 오스트폴드 대학에서는 이 사건을 10년이 넘도록 면밀히 조사해 1995년 5월 미국의 학계에 발표 했다.

오스트폴드 대학 연구팀이 발표한 자료를 보면 헤스달렌의 발광체는 살아있는 생물체인 것처럼 동그란 원형의 모습으로 나타난 뒤 길쭉하게 변하기도 하며, 사람을 인식하고, 자신의 모습을 여러 가지 형태로 바꾸는 능력이 있는 것으로 확인이 되었다.

연구팀은 실제 이 광채가 모습을 바꾸는 광경을 사진과 동영상에 담는데 성공했고 현상이라기보다는 생물체에 더 가깝다는 기이한 잠정결론을 내렸다.

『헤스달렌의 UFO』로 널리 알려진 이 사건은 그 규모가 워낙 방대하였을 뿐만 아니라 그 중요성이 인정되었기 때문에 사건이 있은 지 3년 뒤 1984년 한 과학단체는 노르웨이 육군의 협조를 얻어 헤스달렌에 관측기지를 설치하기로 했다.

한 달 여에 걸쳐 첨단의 측정기기를 설치할 수 있었고 그 결과 수많은 놀라운 정보들을 취득할 수 있었다.

과학측정용 장비를 가지고 조사에 임하는 연구원

중요한 점은 동일 장소에서 집중적으로 UFO가 출현함으로서 의도적인 대기촬영이 가능하였고 다량의 과학적 데이터를 수집할 수 있었다는 점이다.

이 조우사례에서 무려 5주 동안 약 180번이나 미확인 발광체가 목격되었고 100장이 넘는 사진이 촬영되었으며 UFO의 생생한 움직임이 동영상으로 기록되었다.

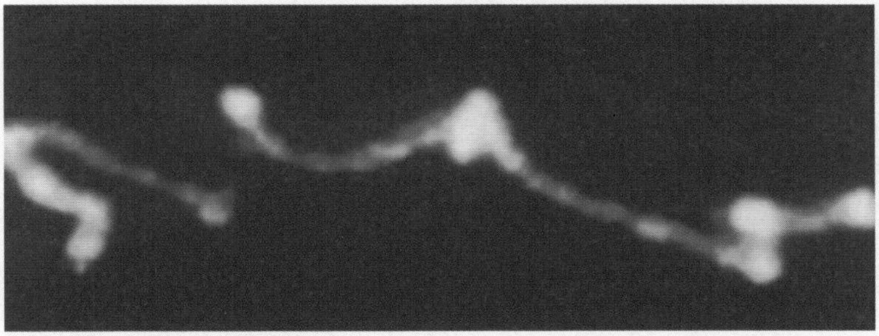

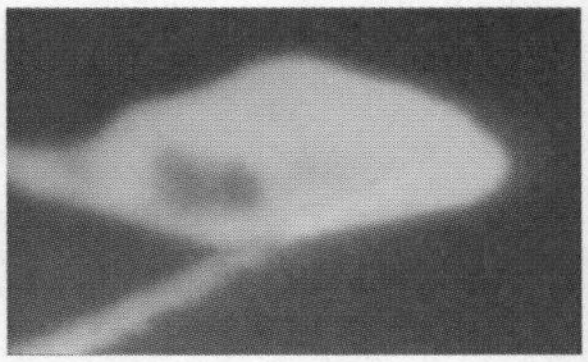

헤스달렌의 UFO 사진들

이 정체불명의 발광체는 느닷없이 나타나거나 소리 없이 계곡 위에서 공중 쇼를 벌이곤 했는데, 관측 첫날 이 빛을 목격하게 된 한 과학자는 "그 빛은 갑자기 나타나곤 했었습니다. 우리는 놀라지 않을 수 없었죠. 관측을 시작한 첫날에 그 빛을 보게 되리라곤 생각지 않았거든요. 놀라웠어요."라는 말과 함께 마치 살아있는 생물과도 같았다고 당시 상황을 전했다.

필름 카메라에도 잡힌 이 발광체는 뚜렷한 형체를 알아볼 수 없었고 움직임이 마치 생물체가 날아다니듯 공중에서 매우 유연한 동작으로 기묘한 움직임을 연출하는 장면이 생생하게 기록되어 있었다. 순간적인 공중 점프나 정지를 자유자재로 하는 움직임 패턴으로 보아 그 빛은 항공기나 위성, 별빛, 야광곤충의 무리, 구전현상 등과는 판이하게 다른 물체였다.

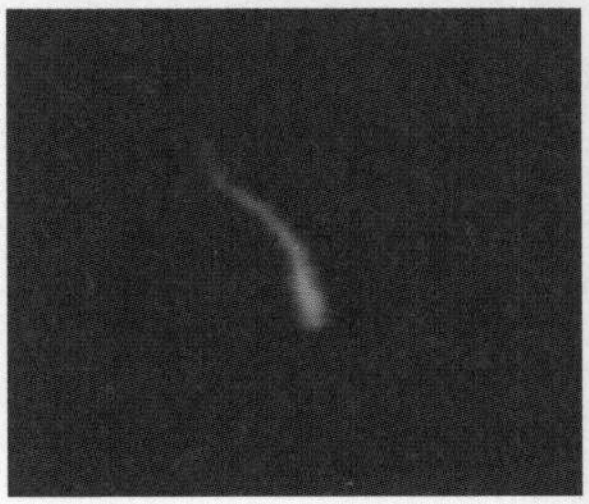

당시 촬영된 UFO의 기묘한 움직임 패턴

조사단은 레이저를 이용하여 UFO와의 능동적인 직접 대면을 시도하기도 했다. 그 결과 놀랍게도 UFO로부터 반응을 얻어내는데 성공했으며 그 빛은 분명히 지능을 갖고 있는 듯 했다고 한다.

빛을 관찰하려는 순간 마치 이를 피하기라도 하듯 빛이 사라져 버린 경우도 다섯 차례나 되었다. 어떤 경우, 이 빛은 3만 Km나 떨어진 곳에서도 관찰이 될 만큼 밝았고 이 빛들은 언뜻 도깨비불과 같은 성격으로 보이나 그 형태가 순간적으로 변화하기도 하여 자연현상이나 지구상의 어떤 빛이 내는 결과는 아니었다.

헤스달렌의 또 다른 지역에서 촬영된 UFO

헤스달렌 계곡 인근에 살고 있던 주민들 중 비요른 릴레볼트와 욘 아르비드, 위가모예, 마르틴 아스파스 등이 당시 생생한 UFO의 비행 장면과 상황을 본 그대로 UFO다큐멘터리에서 증언했다.

그들이 체험한 당시 상황의 생생한 목격담을 살펴보기로 한다.

헤스달린 지역은 150명 정도의 주민들이 살고 있는 작은 마을이다. 살고 있는 농가들도 멀리 각각 떨어져 있지만 그들의 목격 증언은 완벽하게 일치했다.

목격자들의 증언 내용은 다음과 같았다.

그날 오후 4시경 이미 날은 어두워져 있었다. 여느 날과 마찬가지로 비요른은 장작을 가져오기 위해 헛간으로 내려가고 있었다. 그가 장작더미를 가지고 나오는 순간 괴 비행물체가 갑자기 나타났다. 그는 자기의 눈을 의심했다. 하늘위로 신비한 물체가 소리 없이 미끄러지듯 날아가고 있었기 때문이다. 그 물체는 그의 머리 위에 잠시 멈추어 있는 듯 하더니 어느 순간에 믿을 수 없는 속력으로 사라졌다.

그는 인터뷰에서 "그 물체는 빛을 내면서 한동안 움직이지 않고 있었습니다. 아주 희미한 빛이었죠. 한 5분 정도 떠 있다가 그러더니 갑자기 그 물체는 환한 빛을 내기 시작하면서 순식간에 하늘 위로 더 높이 올라갔습니다."라고 말했다.

비요른 릴레볼트

그날 밤 비요른은 잠을 이룰 수 없었다. '이 이상한 빛을 본 사람이 또 있지 않을까? 이 빛을 또 다시 볼 수 있을까?'하는 여러 생각이 뒤섞이고 있었다.

다음날 아침 비요른의 집에서 몇 Km 떨어진 곳에서 살고 있는 또 다른 농부인 욘은 산에서 나무를 하고 있었다. 그런데 갑자기 자신의 개가 이상한 행동을 보이기 시작했다. 뭔가 알 수 없는 이상한 기분이 들면서 불안해지기 시작했다.

당황함을 보이던 개가 짖기 시작했다. 그는 수평선 쪽을 바라보았다. 그때였다. 엄청난 속력으로 환한 빛을 내면서 다가오는 물체가 순식간에 머리위로 지나가면서 시야에서 사라져 버렸다. 개(처크)는 그것을 쫓아서 달려갔다.

욘은 "그 물체가 왜 이 계곡에 그렇게 자주 나타나는지 뭘 하려고 이 주위에 맴 도는 지 그 이유를 알고 싶었습니다. 여러 가지 추측을 해보았죠. 말하자면 그들이 여기서 뭔가를 잃어버린 것이 아닌가 싶어요. 그들의 비행접시나 아니면 부품 같은 것 말이죠. 그래서 그것을 찾으려고 하는 게 아닌가 싶습니다."고 인터뷰에서 증언했다.

욘 아르비드

그는 한참동안을 하늘을 지켜보았다. 집으로 돌아가야 할 시간이었다. 한편 그 시각 거기서 몇 Km 떨어진 위가모에는 이상한 물체의

마르틴 아스파스

마리모예

위가모예

소문에 대해 익히 알고 있었던 터였다.

그의 장인(마르틴 아스파스)은 여러 번 본 적이 있었고 다시 볼 수 있을까 하고 자주 창가에서 하늘을 올려다보곤 했다고 한다. 그는 말하기를 "제 생각에는 지금은 우리가 아무것도 모르지만 언젠가는 그들이 어디서 오는 것인지 또 누구인지 알게 되리라고 믿습니다. 저는 그들이 우주 속 어딘가 우리와는 다른 곳에 살고 있는 외계인이라고 믿고 있습니다. 그렇게 밝은 빛을 내고 갑자기 멈추고 믿을 수 없을 만큼 빨리 날아가는 물체는 지구상에 없기 때문입니다. 외계에서 온 것이 확실합니다."라고 말했다.

그날 저녁도 위가의 장인 마르틴은 창가에 앉아 있었다. 위가는 말썽을 부리던 지하실의 빗장을 고치려 내려갔다. 그때 아내는 그 빛을 보게 되었다. 아내는 평소 발광체의 존재를 믿지 않았던 남편 위가에게 그 빛을 보게 하기 위해 불렀다.

그러나 위가가 도착했을 때는 이미 사라지고 어둠만이 있었다. 이날 저녁 위가 부인과 장인은 위가를 설득해 보았다. 다음날부터 그녀는 확신을 가지고 주위에 확인을 해보기로 했다. 이웃에 전화를 걸어본 결과 결과는 예상한 대로였다.

비요른은 욘과 위가에게 눈썰매를 타고 산 반대편을 한번 가보자고 했다. 그쪽은 그 빛이 사라지는 방향이었다.

오후 4시 날은 이미 어두워지기 시작했다. 갈 길은 멀고도 험했다. 계곡과 산 전체가 가장 잘 내려다보이는 곳까지 가기 위해서는 길을 벗어나서 숲 한가운데를 가로질러 가야했다.

45분 정도 길을 갔을 뿐인데 엄청난 추위가 몰려왔다. 위가는 계곡을 지나가면서도 중간에 길을 돌려 집으로 돌아갔으면 하고 생각했다. 결국 아무것도 볼 수 없을 텐데 하며 그렇게 고생하며 가는게 싫었다. 그러나 다른 일행들은 포기하지 않았다. 결국 위가는 혼자서 갈 수 없었다.

30분 정도 갔을까? 그들의 노력은 헛되지 않았다. 그들은 거기서 평생 잊을 수 없는 아름다운 광경을 목격했던 것이다. 한 시간 반이 넘도록 세 사람은 이 놀랍고도 불가사의한 빛의 향연에 도취되었다. 이 신기한 빛을 본 것은 비요른과 위가 뿐만이 아니었다.

국경너머 스웨덴에서 수많은 사람들이 같은 현상을 목격할 수 있었고 일부 언론에서는 특별속보를 내기도 했다.

헤스달렌 계곡에 출현한 UFO 무리 출현 가상도

이 빛은 노르웨이 국경에서 150km 떨어진 곳에서도 목격이 되었다. 사진촬영을 한 사람도 있었고 영화제작용 카메라에 잡히기도 했다. 시간이 지나면서 점점 더 많은 증언이 접수되었다.

위가는 당시 상황에 대해서 "빛 하나가 계곡으로 내려오는 것을 보았습니다. 산중턱에 떠 있었죠. 곧이어 두 번째 빛이 내려오더니 세 개가 되었고 그 빛들은 계곡 위 우리 눈앞에서 날아다녔습니다. 그렇게 한참을 날아다니더니 갑자기 주위가 엄청나게 밝아지면서 그 빛들이 하늘로 올라가기 시작했습니다. 무서운 속도였어요. 그러다 다른 빛이 하나 나타났습니다. 그 빛은 다른 빛들의 중간지점에 있었습니다."라고 말했다.

그들은 그 장소에서 두 시간 동안 매혹되어 있었으나 추위 때문에 더 이상 있을 수가 없었다.

그 빛의 정체는 과연 무엇이었을까? 혹시 어떤 메시지를 전하려고 출현한 것은 아니었을까?

2. 로스웰에 추락한 외계에서 온 우주선

1947년 7월 2일 밤 미국 뉴멕시코주 로스웰 북쪽 75마일정도 떨어진 곳에 미상의 물체가 원인모를 추락을 한다.

4일째인 6일, 떨어진 물체의 조각이 맥 브래젤이라는 한 농부에 의해 최초로 발견이 된다. 그는 현장에 떨어져 있는 무수한 파편 조각이 무엇인지를 확인할 수 없었고 맥 브래젤은 바로 지역 보안관에 이 사실을 전했다.

보안관은 즉시 로스웰 군 항공기지의 공보장교인 제시 마셜에게 알렸다. 상부로부터 현장 조사를 하라는 명령을 지시 받은 제시 마셜 소령은 육군항공대의 군인들을 동원하여 추락지점 일대의 파편들을 샅샅이 회수하도록 작전을 전개했다.

그들은 최초의 목격자인 맥 브라셀에 대한 군 헌병대의 심문과 조사를 3일 동안 실시했고, 이후 군의 억류에서 풀려나온 브라젤은 미군의 함구명령 지시대로 사실에 대해 침묵했다.

7일 육군항공대는 현장 조사결과 비행접시가 추락한 것을 파악했다.

공군기지의 대장인 브랜차드 대위는 비행접시를 회수하였다는 공보문을 작성하라고 월터 G. 하우트중위에게 하달 명령을 내렸다. 그리고 이 사실을 언론에게 브리핑 했다. 언론은 이를 일제히 대서특필로 보도했다.

그러나 군 당국은 수 시간이 지난 뒤에 떨어진 물체가 비행접시가 아닌 기상관측용 기구였다고 발표를 번복하였다. 추락한 기구는 모글 프로젝트의 일환으로 구소련의 핵실험을 탐지하기 위한 기구였다는 것이다.

Leased Wire
Associated Press

Roswell Daily Record

RECORD PHONES
Business Office 2288
News Department 2287

Movies as Usual

Claims Army Is Stacking Courts Martial

RAAF Captures Flying Saucer On Ranch in Roswell Region

House Passes Tax Slash by Large Margin

Security Council Paves Way to Talks On Arms Reductions

No Details of Flying Disk Are Revealed

Ex-King Carol Weds Mme. Lupescu

Some of Soviet Satellites May Attend Paris Meeting

Roswellians Have Differing Opinions On Flying Saucers

American League Wins All-Star Game

Miners and Operators Sign Highest Wage Pact in History

Woodburn Compares Farm Progress in

당시 로스웰 비행접시 추락사건을 기사화한 로스웰 데일리 레코드 신문

찢겨진 기상관측용 기구를 손에 들고 기자들에게 보이는 제시마셜 소령

그리고 이 로스웰 UFO 추락사건은 곧바로 군 당국에 의해 은폐되기 시작했다.

군당국은 언론에 오보사실을 전하는 한편, 동시에 텍사스 주 포트워스 제 8공군의 레미 준장의 지시로 로즈웰 추락 잔해를 오하이오주 라이트패터슨 공군기지로 운송하는 비밀 운송작전에 나선다.

그 후 로스웰 UFO 사건은 UFO 역사상 처음이자 마지막으로 미군 당국에 의해 공식 발표되어진 UFO 추락사건의 은폐된 진실로 남게 되었다.

60년이 지난 후에도 수많은 의혹이 꼬리를 물고 진위 논란이 지속되어온 UFO 사건은 로스웰 UFO 추락 케이스가 유일한 사건이 되었다.

월터 G. 하우트

로스웰 UFO 사건을 증명해줄 결정적인 증언자는 1947년 '로스웰 비행접시 추락사건'의 당시 대외 뉴스의 공보를 맡았던 전직 미군 장교인 월터 G. 하우트였다.

그는 죽기 전 남긴 유언장을 통해 자신이 죽은 뒤에 로스웰의 진실을 공개하라고 측근들에게 말했다. 그는 2005년 12월 15일에 83세 나이로 세상을 떠났다.

그의 죽음으로 유언장이 공개되었다. 그가 밝힌 진실은 군이 당시 정정보도 발표한 내용과는 정면 배치되는 최고의 기밀사항이었다.

유언의 내용인즉 "추락한 현장에는 수많은 비행접시 파편들이 즐비했고 주위에 외계인으로 보이는 휴머노이드 생물체가 여럿 발견되었으며 작은 키에 큰 머리를 가진 소인형의 인간 형태를 갖춘 외계인이었다"고 기록되어 있었다.

월터 하우트는 당시 신문에 보도된 내용을 뒤바꾸는 거짓 발표가 번복되었고 고위층의 압력이 가해졌다고 전했다. 하우트 중위가 2002년에 작성한 회고록에는 1993년 진술서와는 달리 구체적인 사항이 상세히 기술되어 있었다. 그는 로즈웰 기지 84번 격납고에 블랜차드 대령이 수거한 UFO 잔해들과 여러 명의 키가 작고 머리가 큰 외계인 시체들이 보관되고 있다고 적었다.

당시 하우트 중위는 휴가를 마치고 난 뒤 7일 부대에 귀대하여 비행접시가 추락했다는 사실을 알았고 추락지점을 직접 찾아가 비행접시의 잔해들을 수거해가지고 왔으며 수색작업은 2개월간 진행되었다고 회고했다.

로스웰 사건의 진실을 뒷받침하는 또 다른 두 명의 증인으로 첫 번째 증인은 존 크레인이란 여성이다.

이 여성은 1940년~1960년 사이 라이트패터슨 공군기지에서 타이피스트로 근무했다. 1997년 그녀가 죽기 전 UFO연구가인 제임스 클락슨에게 자신이 본 UFO 추락 잔해는 총 3번이었다고 하면서 로스웰에서 또 다른 추락사건과 1952년 3건의 UFO 추락잔해 수거물이 기지 내로 들어왔다고 증언했다.

존 크레인

그녀의 증언 중에는 1960년 어느 날 공군중위로부터 방문을 받았는데, 얇은 은백색 조각을 주면서 구부려 보라고 했다는 것이다. 그녀는 금속조작을 구부려보려고 했지만 전혀 구부려지지 않았고 생소한 미지의 물체로 보였다고 한다. 또한 그녀는 외계인의 사체로 보이는 생물체가 아이스박스에 담겨 기지로 들어왔는데 120cm의 초록색 피부를 가졌다고 했다.

이 증언내용은 녹음테이프에 기록된 상태로 남아있다. 그녀가 죽기직전에야 진실을 모두 전할 수 있었던 것은 그동안 군당국으로부터 보안과 비밀유지 각서에 서명을 했기 때문이었다.

두 번째 증인은 바로 로즈웰 UFO 추락 사건 당시 로즈웰 군 비행기지에 근무한 밀턴 스프라우스이다.

그는 미 캘리포니아 주 에스콘디도에 사는데 60년 만에 자신이 당시 보고 들은 추락에 관한 모든 사실을 공개해 화제가 됐다.

밀턴 스프라우스는 현재까지 보도된 금속파편과 외계인들의 사체 회수 및 해부, 그리고 군 당국의 은폐가 모두 사실이라고 증언했다.

2차대전 당시 공군 상등병이었던 밀턴은 B-29 폭격 편대 기지가 있는 태평양 티니안 섬의 공군 509부대에 배속되어 작전에 참가한 폭격기들의 엔진 정비 업무 일을 했다.

전쟁이 끝난 후 밀턴의 509 부대는 로즈웰로 배치되었다. 1947년 7월 어느 날 업무 차 플로리다 주에 잠시 다녀와 돌아와 보니 부대 동료들이 당일 인근 농장에 UFO가 추락했다고 말해 로스웰 사건을 처음 알게 되었다고 한다.

부대원 수백 명이 추락 지점에 출동해 수색작전을 수행했으나 그는 폭격기 정비 때문에 수색작전에 참가하지 못했다. 작전에 참가한 동료들이 돌아와 UFO 추락에 관해 말했는데 그 곳에서 발견된 UFO의 잔해가 아무리 구부려도 금이 가지 않았고 완벽하게 펴지는 기이한 금속판재라는 말을 들었다.

그는 동료들로부터 외계인 사체들에 관한 이야기도 들었는데 외계인 사체들은 회수되어 비행기 격납고에 보관했으며 기관총을 든 보초 두 명이 지키는 것을 직접 봤다고 했다.

위생병으로 근무한 동료로부터 의료진이 외계인들의 사체를 부검했다는 말을 들었는데 외계인들이 음식을 먹는 것 같지는 않다며 외계인들의 내장이 음식물을 소화하는 시스템이 없었다고 말하는 것을 들었다고 했다.

외계인들을 부검했던 의료진과 간호사들, 그리고 이를 직접 목격한 부대원들은 모두 다른 부대로 전속됐고 동료 위생병 역시 예고 없이 전출됐는데 그와는 다시 연락이 안됐다고 한다.

이처럼 한 사건에 대해 완벽한 은폐란 있을 수 없으며 추락현장에 투입되거나 잔해물의 이송과정 등에 관여한 군인들 간의 은밀한 대화와 내부 고발자에 의해 전파되거나 공개될 수밖에 없다.

이들 증언자 외에 로스웰 관련 비밀문서가 공개된 적이 있다.

2011년 4월 7일 미연방수사국(FBI)의 로스웰 사건 관련 공문서가 공개되었는데 이 문서에는 추락한 비행접시의 형태와 외계인 사체의 발견까지 기록되어 있다.

FBI의 전자문서 공개 공식 웹사이트인 '더 볼트(The Vault)'는 그동안 비밀문서들을 공개해 왔는데, 7일 새로 공개된 2,000개의 업데이트 된 디지털 문서파일 중에는 로즈웰 UFO와 외계인에 대한 기록이 포함되어 있었다.

이 내용이 알려지게 된 것은 1950년 3월 22일 FBI 워싱턴 담당 특수요원이었던 가이 호텔(Guy Hottel)이 FBI 디렉터에게 보낸 문서가 파문의 발단이었다.

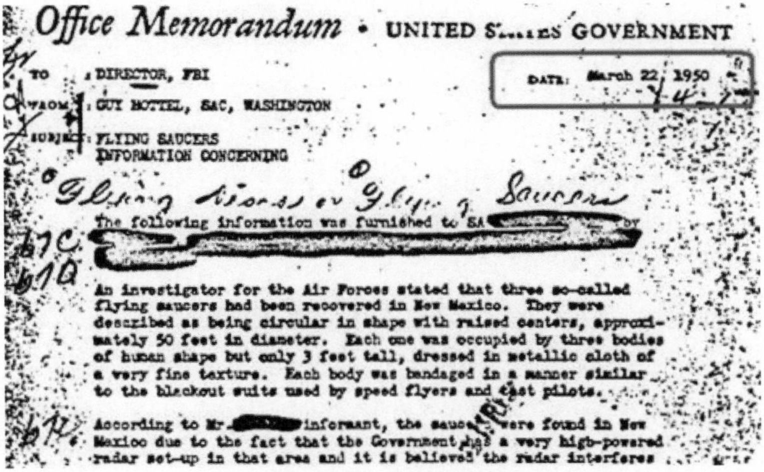

Office Memorandum • UNITED STATES GOVERNMENT

TO : DIRECTOR, FBI

DATE: March 22, 1950

FROM : GUY HOTTEL, SAC, WASHINGTON

SUBJECT: FLYING SAUCERS
INFORMATION CONCERNING

The following information was furnished to SA [redacted]

An investigator for the Air Forces stated that three so-called flying saucers had been recovered in New Mexico. They were described as being circular in shape with raised centers, approximately 50 feet in diameter. Each one was occupied by three bodies of human shape but only 3 feet tall, dressed in metallic cloth of a very fine texture. Each body was bandaged in a manner similar to the blackout suits used by speed flyers and test pilots.

According to Mr. [redacted] informant, the saucers were found in New Mexico due to the fact that the Government has a very high-powered radar set-up in that area and it is believed the radar interferes

로스웰의 상황을 기록한 FBI 기밀문서

그가 보고한 문서에는 로즈웰에서의 UFO와 외계인 발견내용을 담고 있다. "공군 조사관이 뉴멕시코에서 소위 비행접시라고 불리는 세 개의 물체를 발견했다고 진술했다."며 "비행물체는 원형으로 중간이 볼록 올라와 있으며 지름은 15미터"라고 적혀있다.

각 비행물체에서 발견한 외계인의 묘사도 기술되어있는데 "각 비행물체에는 인간형태의 생물체 셋이 있었고 키는 3피트(약 91cm)정도였다. 그들은 금속성 물질의 옷을 입고 있는데 고속비행이나 실험비행을 할 때 입는 제복과 비슷하다."고 적혀있다.

이어지는 문서에는 이름이 삭제된 채 관련내용이 담겨있었다. "○○씨에 의하면 비행접시들은 뉴멕시코에서 발견되었으며, 당시 정부는 그 지역에 강력한 레이더를 설치한 사실로 보아, 이 레이더가 비행접시의 조정체계를 교란시킨 것이 아닌가 한다."고 적혀 있었다.

이 내용에 대해 퇴역한 미공군 상사인 다니엘 셀터는 증언에서 비행접시의 추락원인에 대해 UFO 추락사건들엔 레이더가 영향을 끼쳤음을 재확인시켜 주었다. 그는 UFO 다큐멘터리(폭로 프로젝트)와의 인터뷰에서 "고성능 레이더의 안정성에 문제가 있다는게 드러났어요. 주파수가 낮거나 느려지면 증폭기와 안정기가 다운되곤 했거든요. 그게 낮거나 느려질 때마다 UFO에도 영향을 미쳤어요. 즉, 우리의 레이더가 UFO를 혼란시키는 바람에 레이더 시스템을 바꾸는 일도 있었어요."라고 말한 것이다.

이 내용은 극비문서로 알려진 공개된 MJ-12문서에도 간략하게 기술되어 있다.

2012년에는 전 CIA요원이었던 체이스 브랜든이 로즈웰 추락 UFO들에 대한 자료를 CIA 비밀문서 기록보관소에서 보았다고 주장한 것이 기사화되기도 했다.

그런가하면 같은 해 8월 중순 영국 언론들은 미 공군에서 25년간 근무하다가 제대한 리차드 프렌치(대령)의 증언을 보도했다.

리차드 프렌치는 로즈웰 외계인의 사체를 오하이오 라이트필드로 옮기던 항공작전에 함께했던 공군 조종사였는데, '로즈웰에 추락한 것은 한대가 아니라 두 대였다'고 증언한 것이다.

추락한 한 대와 다른 한 대가 몇 마일의 거리(로즈웰 서쪽 소코로로부터 약 120km 떨어진 작은 마을외곽)를 둔 상태였고 두 번째 착륙한 UFO가 승무원의 구조와 고장 난 UFO를 수리하려던 의도로 보였다고 한다.

전 미공군 대령 출신 리차드 프렌치

증언들 외에도 로스웰에 추락한 잔해의 증거물로 일반에게 정보가 새어나가 공개되어진 영상이 있는데, 그 영상에는 추락한 비행접시 내부에서 회수된 손바닥 모양이 새겨진 두 개의 패널로, 이 패널에는 6개의 손가락을 얹어놓을 수 있도록 되어있다.

군 당국은 패널장치가 어떤 기능을 하는지는 알 수 없었다. 다만 추측컨대 UFO 기체를 제어하기 위한 컨트롤 장치의 일부로 생각되어진다는 것이다. 뿐만 아니라 기체의 파편들 중에는 이상한 문자 같은 것이 새겨진 금속파편도 회수되었다고 한다.

실제 이같은 손가락으로 제어하는 장치를 개발한 발명가가 있는데 데이타핸드 시스템사의 한 발명가는 양손의 손가락을 패널의 판형에 얹힌 채로 손가락으로 장치를 터치하여 컨트롤하는 패널을 발명하여 선보인 적이 있었다.

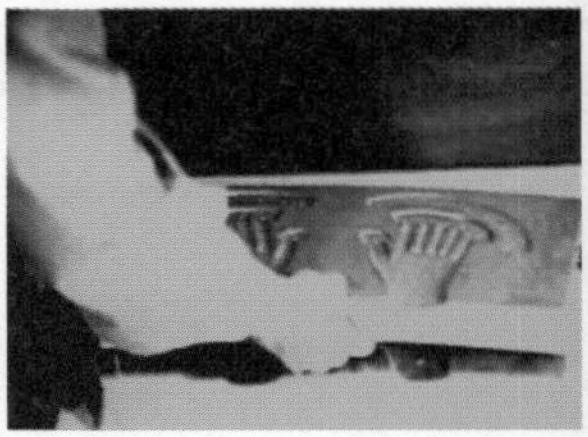
로스웰 추락현장에서 발견된 6개의 손가락을 올려놓을 수 있는 패널장치

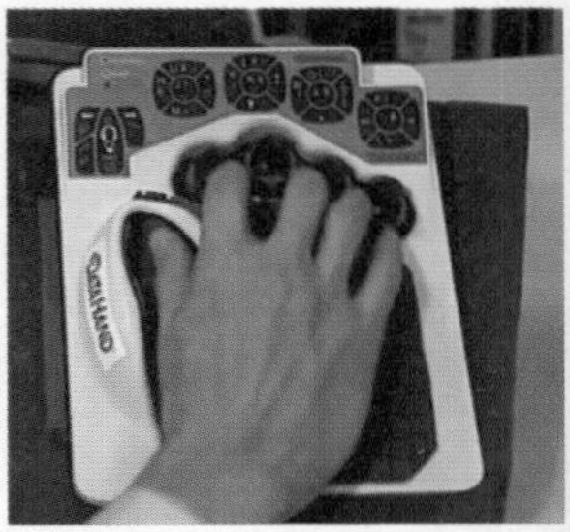
데이터 핸드시스템사의 발명품인 다섯 손가락으로 제어하는 패널장치

3. 외계로부터 지구에 진입하는 UFO들

2000년 4월 캐나다의 케이블TV 방송국에 근무하는 마틴 스텁스는 NASA의 인공위성 카메라에 포착된 UFO들이 지구로 진입하는 장면을 녹화한 영상을 공개했다.

그는 나사의 인공위성과 우주왕복선 주위로 UFO가 나타난다는 사실을 알게 되었고 그때부터 녹화를 하기 시작했다.

그가 녹화한 분량은 무려 2,000시간이 넘었고 녹화테이프의 장면 중에는 1998년 허블천체망원경 주위로 나타난 다수의 UFO도 포함되어 있었다. 그런데 정작 나사에서는 카메라에 잡히는 이러한 UFO의 출현에 아무렇지도 않은 반응을 보였다고 한다.

한 가지 덧붙인다면 1991년 9월 15일 저녁 8시 30분경 저녁시간대에 미국인들은 지역방송 TV를 통해 생중계되는 대기권 밖의 우주

광경을 보던 중 충격적인 장면을 목격하게 되었다.

그 장면은 외계의 어떤 물체가 지구 대기권 안으로 들어오려고 줄곧 비행하는 것을 요격하기 위해 지상 어디선가에서 발사된 매우 빠른 물체가 쏘아 올려졌고 그 순간 알아챈 듯이 그 비행물체는 요격을 피하기 위해 재빨리 예각 턴을 하여 마하 275에 달하는 어마어마한 속도로 내빼는 장면이었다.

결론적으로 지구밖에는 우리가 감지하지 못하는 미확인비행물체의 무리가 수도 없이 비행중임을 추측할 수 있는데 이는 존 브로 방식의 의도적 대기촬영에서도 검증이 된 바 있다.

현재 지구상에 출현하는 UFO의 건수는 예상외로 수적 증가를 보이고 있는데 한때 영국 국방성의 UFO조사데스크는 UFO의 출현이 뜸해지자 UFO 신고채널을 폐쇄한다는 공식적인 발표까지 했으나 이후 다시 UFO의 출현이 잦아지고 있다.

통계에 의하면 전 세계적으로 1분에 1건씩 UFO가 어디선가에서 목격되고 있다 한다. 그럼에도 불구하고 통계치와는 달리 대다수의 사람들은 UFO를 그리 흔하게 목격하지 못하고 있다.

오히려 UFO를 일생에 한번 볼까 말까한 희박한 가능성에 막연한 기대를 갖고 있다 해도 과언이 아니다. 반면 인터넷을 통해 쏟아지는 해외뉴스와 유투브에는 UFO 출현과 목격, 촬영소식이 끊이지 않는다.

특히 UFO의 출현지역이 군사지역과 분쟁지역 상공에 집중되고 있는 것을 보면 그만한 이유가 있지 않을까?

한국도 지난 6.25 전쟁기간 중에 약 40여건에 달하는 UFO목격보고가 미군에 의해 보고된바 있었다. 그런가하면 주한 미8군이 한때 UFO조사팀을 가동한 적도 있었다.

그런 반면 한국 군당국은 아직까지 이렇다할 만한 UFO 출현시 대

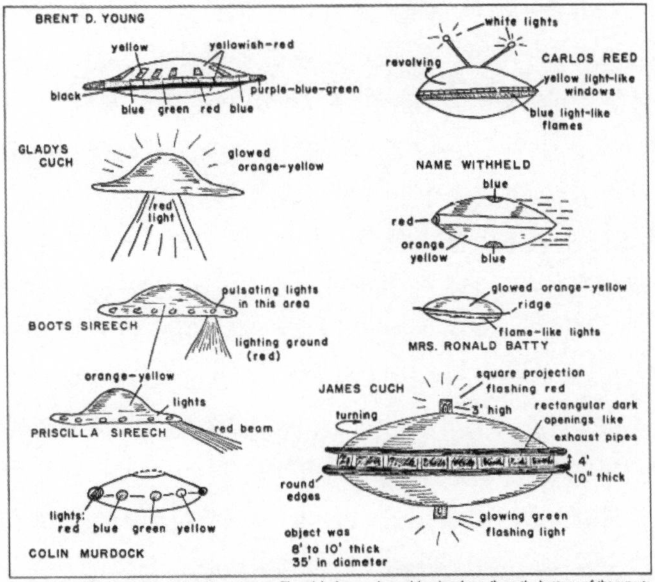

Fig. 3. Other UFO drawings as depicted by witnesses. The originals were done with colored pencils on the bottoms of the reports. A photograph was made, and then a tracing from the photograph. (From Salisbury 1974 with permission.)

목격자들이 그린 UFO형태별 스케치

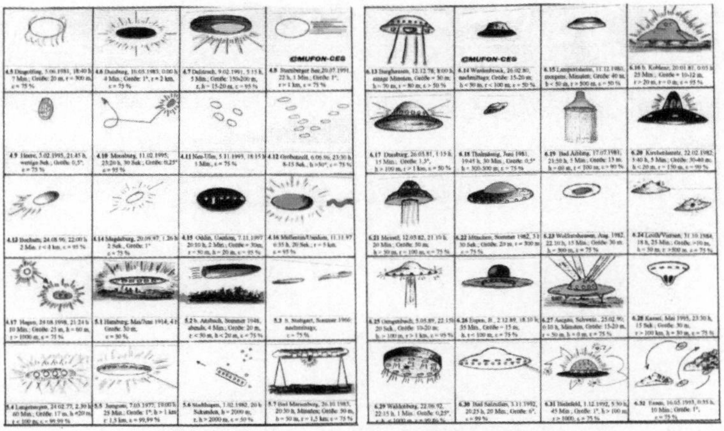

목격자들의 증언을 토대로 그린 다양한 형태의 UFO 스케치

응책에 관한 지침서와 행동요령 방침이 없는 것으로 추정되고 있다.

나는 1988년 국방부에 UFO와 관련한 질의를 했는데 내 질의는 공군본부로 이첩되어 다음과 같은 회신을 받은 적이 있다.

"세계적으로 외계인에 대한 화제가 있는 가운데 이에 대한 관심이 높아지고 있어 당 군에서도 이를 예의주시하고 있으며 귀하의 조언은 군 정책상 귀중한 참고자료가 되리라 생각됩니다. 겸하여 UFO에 관한 존재사실이나 활동에 대해서는 당 군에서도 연구된 결과나 규명된 자료가 없어 충분한 답변을 드리지 못합니다."라는 내용이었다.

결과적으로 한국 군당국에서는 UFO 출현 및 활동에 대한 대비책 마련의 시급성을 느끼지 못하고 있으며, 만에 하나 예기치 못한 사건이 발생되는 상황에 가서야 움직임이 있을 것이라 생각 된다. 하지만 필자의 의견으로는 지금이라도 대응책, 지침방안의 마련을 서둘러 착수하여야 옳다고 생각된다.

UFO에 관한한 가장 민감한 나라는 미국으로, 1940년대 초반부터 이 비행물체에 관해 면밀한 추적을 해왔을 뿐 아니라 내부적으로 집중적인 조사연구팀을 가동하여 이 물체가 외계에서 날아오는지 판단하기 위해 미공군과 그 외 여러 정보기관들이 나름대로 정보를 수집하고 분석 평가하고 있는 것으로 알려져 있다.

무엇보다 미군당국은 국민의 동요와 관심을 돌리기 위해 미확인비행물체(UFO)가 발견 될 때마다 사건 진실의 은폐와 회피를 그때그때 구실을 만들어 넘어가곤 한다.

그러던 중 급기야 1952년 7월 19일 밤 미국정부는 워싱턴 상공에 갑자기 출현한 UFO 무리로 혼란스런 상황을 맞이하게 된다.

UFO가 백악관과 국회의사당 상공을 에어쇼를 하듯 유유히 비행하면서 두 번에 걸쳐 출현한 것이다.

이 워싱턴 UFO 난무사건은 군 당국조차 혼란스럽게 만들고 결국 기자회견까지 열려 큰 화제를 불러일으켰던 사건으로 기록되어 있다.

당시 워싱턴 공항에 있는 관제탑과 앤드루우즈 공군기지에서 동일한 표적을 포착하고 있었는데 레이더에 나타난 표적들은 모두 5개로 육안관측에서도 3개가 확인되었다.

그런데 표적들 중 한 개가 갑자기 시속 7,300마일이나 되는 속도로 날아가는가 하면 몇 대는 백악관과 국회의사당을 가로질러 날아가기도 했다. 이어 UFO 무리들은 그 다음 주 토요일인 7월 26일 밤에도 또 다시 출현하여 또 한 번 워싱턴을 떠들썩하게 만들었다.

워싱턴 상공에 출현한 UFO 무리

이 정체불명의 물체들은 6~10개 이상으로 매우 빠른 속도와 움직이는 형태도 불규칙적이었다. 또한 레이더 스코프에서 순간출현하거나 순간소멸을 하는 등 종잡을 수 없는 상황에 이르렀고 미연방항공국은 국방부 산하 전투 지령소에 연락을 하여 요격명령을 요청했다.

새벽 2시 40분경 2대의 F94 전투기가 출격하자 스크린상의 표적(UFO)들이 일제히 없어졌다. 요격기들은 15분 정도를 날다가 타겟(UFO)을 발견하지 못하자 기지로 되돌아오게 되었는데 그러자마자 UFO 표적이 다시 스크린상에 나타나 재차 긴급 출격명령이 하달되었다.

출격한 요격기의 조종사는 처음에는 아무것도 보이지 않는다고 말했는데 잠시 후 조종사는 "무척 크며 흰빛을 쏘고 있다."며 이어 매우 흥분된 어조로 "죽 둘러있다!" 하면서 "이쪽으로 달려온다. 난 어떻게 하면 좋지?"하며 애원하는 듯한 목소리를 전해왔다.

레이더상에는 매우 근접한 상태로 나타났고 UFO는 요격기를 원형으로 감싸 에워싸고 있었다. 그리고 약 20초 뒤 조종사는 UFO들이 사라지기 시작하자 "놈들은 물러갑니다."라고 보고한 뒤 기지로 귀환하겠다는 연락을 취해왔다.

이 사건은 후에 기자회견을 가졌을 만큼 당시 큰 이슈를 끌었던 사건으로 남아있는데 회견석상에서의 공식 발표는 어처구니없게도 기온반전현상의 결과였다고 발표했다.

그러나 공군의 레이더전문가에 의하면 사건이 일어난 그날 밤의 기온반전층은 10분의 1도 밖에 기온차가 없었던 것으로 확인되었다. 기상자료 역시 기온역전이 일어날 만한 기상조건이 아니었으며 이러한 정보는 기자들에게 공개되지 않았다. 더욱 놀라운 사실은 여러 가지 보고를 검토한 바로는 최종적인 설명을 잡아낼 수 없다는 것이었다.

이 사건으로 말미암아 당시 미 트루먼대통령은 아인슈타인박사에게 전화를 걸어 어떤 대책을 세우면 좋을지 긴급자문을 구하기도 했는데, 아인슈타인박사는 말하기를 그 물체가 외계에서 온 비행물체라면 우리의 힘으로는 당해낼 수 없으므로 절대 적대행위만은 삼가해달라는 부탁을 했다고 한다.

최강대국의 영공을 아무런 제재없이 침범할 수 있고 영공을 수호하는 전투기들마저 속수무책으로 당할 수밖에 없는 상황에서 미 정부로서는 이에 대한 명쾌한 대책을 세울 수 없었다.

그들은 이러한 일련의 민감한 지역상공에서의 비행활동으로 시위비행(?)을 함으로서 어떤 이유에서인지는 몰라도 미 정부에 대해 묵시적인 압력행사를 가하는 듯 보인다.

이후 60년의 세월이 지난 후 정보기관들의 문서공개와 아울러 퇴역한 군, 정보관계자들의 증언이 속속 폭로되면서 UFO 출현이 생각보다 심각한 수준에 와 있음을 알 수 있었다.

외계지능생명체 연구위원회(CSETI)의 책임자인 스티븐 그리어박사의 주장에 의하면 콜로라도주 케인 산맥 내부 깊숙이 자리 잡고 있는 북미방공사령부(NORAD)의 레이더망에 연 평균 500대 가량의 UFO가 지구대기권 안으로 침투하고 있다고 한다.

저널리스트인 하워드 블럼도 이러한 사실을 인정하고 있다. 또 다른 UFO연구가인 돈 에커는 제트기에 장착된 DSP위성시스템이 포착한 것만을 보더라도 매달 2-3회에 걸쳐 UFO들이 지구로 오고 있다는 것이다.

그렇다면 우리는 이미 외계의 우주선 방문을 받고 있는 셈이다. 그들이 지구를 내방하는 목적이 어떤 이유인지는 알 수 없지만 적어도 이미 오래전부터 지구상에 출몰하고 있었음은 부인할 수 없다.

현재 미해군 우주사령부는 우주공간의 모든 물체들에 대한 위치와 확인 작업을 담당하고 있는데 그 능력은 지상으로부터 48,000Km 떨어진 거리의 축구공만한 물체도 식별이 가능하고 추적할 수 있다. 그들의 책임범위는 대기권 밖으로 대기권 안쪽의 감시임무는 북미방공사령부(NORAD)가 맡고 있다.

그들은 미확인 궤도 물체에 있는 알려지지 않은 궤도상의 물체를 3개월 동안 무려 6,000여개나 찾아내었다. 이러한 우주감시망은 원거리 추적이 가능할 뿐만 아니라 UFO와 같은 미식별 물체들의 접근경로도 실시간으로 탐지되고 있다.

NORAD는 인공위성뿐 아니라 UFO의 출현과 비행경로를 실시간으로 파악하고 있으며 만약 어떤 비행물체가 착륙하거나 부딪히게 되면 그 지점이 즉시 포착되어 특수기동부대가 신속히 현장에 도착하게 된다.

이 감시방어망은 로스웰사건이후 구축되어 세계 전략지점에 포진하고 있다고 한다. 또한 특수부대는 24시간 내에 지구 어떤 곳이든 파견되어 현장수습을 하게 된다고 한다.

고대 벽화에 새겨진 그레이 외계인 형상의 이미지

북미방공사령부 출입구로 핵공격에도 안전한 산속 지하 깊숙이 자리하고 있다.

한국 공군 전투기 조종사의 UFO 추격과 실체 확인

"그 물체가 어두움 속에서 확인이 되는 순간 나는 온 몸에 전율이 느껴졌습니다. 그 물체는 상상외로 큰 타원형의 물체였는데 타원형의 가장자리는 빨갛고 파란 불빛등으로 둘러 놓은듯이 아름다운 빛이 깜빡거리고 있었으며, 그 등의 불빛이 어두운 하늘에서 그 물체가 커다란 타원형이라는 형태를 나타내주고 있었습니다. 그런데 더욱 신기한 것은 그 타원형의 중심부에서 용광로에서 용해된 쇳물이 끓어 튕겨 오르듯이 황금빛의 찬란한 빛이 솟아오르고 있었습니다. 나는 이 물체의 상공을 낮게 가깝게 선회비행을 2회 하였으며 함께 이동한 제 2번기도 내 뒤를 쫓아 이 물체의 상공을 함께 식별비행을 하였습니다."

이 충격적인 증언은 1980년 3월 말 팀스피리트 작전훈련 기간 중 일어난 UFO와의 조우 및 추적과정에서 식별 확인한 예비역 이승배 대령의 생생한 증언이다.

공군 전투기 조종사의 UFO추적사건에 대해 나는 2002년 2월 9일 이승배 대령과 함께 UFO 추적에 나선 임병선 소장과의 당시 UFO 추격 및 식별확인에 대한 인터뷰 촬영을 가진 적이 있다.

또한 이승배 대령이 UFO를 추적하는 과정에서 근접 목격한 물체의 모습을 묘사한 목격보고 내용을 입수하였다.

이 두 전투기 조종사의 경험담은 퇴역한 군인신분으로서는 국내 최초로 알려진 매우 신뢰할 만한 조우사건으로 그동안 공중파 방송

출연 및 유명 언론사와의 인터뷰가 잡지에도 실려 화제가 된 바 있다.

이 사건은 1980년 3월 31일 팀스피릿 한미 연합훈련을 하는 과정 중 일월산 북쪽에서 야간요격임무를 마친 후 대구기지로 귀환도중 발생하였다.

공사 13기인 이승배 대령은 비행경력 23년에 총 비행시간이 3천5백시간 가량되는 베테랑 조종사였다. 그는 당시 공군중령으로 F-4 팬텀 전투기의 편대장이었으며 당일은 2기 편대의 플라이트 리더로서 임무를 수행 중이었다.

편대의 구성원은 총 4명의 고참들로 온갖 어려운 주야간 전천후 작전과 훈련을 통하여 최고의 기량을 보유한 정예 조종사들이었다.

편대는 야간요격임무를 마치고 모기지로 귀환비행을 시작하였고 전투기에 탑재된 레이더에 의존하지 않고 대형 레이더가 설치되어있는 OO기지의 유도를 받으면서 비행하던 중이었다.

그때 편대의 위치는 일월산 북방 상공에 위치하고 있었다. 일월산에서 대구 부근의 팔공산쪽으로 1만 5천피트(4.5km)상공을 날고 있었는데 계속 진로를 남쪽으로 향하여 비행하던 중 팔공산 동쪽으로 약 30마일 전방에 전투기와 같은 고도상에 있는 유난히 밝게 빛을 내는 별 하나를 발견하였다.

순간 이중령의 머릿속에는 저 별이 무슨 별이기에 저렇게 크고 강한 빛을 발하고 있는가? 하는 생각이 들었다.

뒷조종석의 조종사와 '무슨 별이 저렇게 밝으냐? 금성이냐? 뭐냐?' 대화하면서 계속 쳐다보았다.

모기지의 귀환경로가 그 별이 위치하고 있는 방향이기 때문에 그 별이 있는 쪽으로 정면 접근비행을 하게 되었다.

그 별과 거리가 가까워짐에 따라 이상하게도 고도가 낮은것을 감

임병선 대령(위)과 이승배 중령(아래)의 현역으로 근무할 당시의 모습

지한 이중령은 웬 별이 저렇게 낮은가하고 또 생각했다. 순간 호기심과 함께 확인해봐야겠다는 생각이 들었다. 약 15마일 정도 접근했을 때쯤 별이 아님을 알게 되었다.

마치 대형항공기가 한 곳에 머물고 있는듯한 생각이 들어 후방석의 조종사에게 항공기의 레이더로 전방을 서치해보도록 지시했다. 그러나 눈으로는 빤히 보이는데도 불구하고 항공기의 레이더에는 그 물체가 잡히지 않았다.

지상 레이더관제소에 문의결과 그 지점에는 레이더에 잡히는 물체가 없다는 응신을 받았다. 약 10마일 정도 그 물체에 접근했을 때 그 물체가 수평으로 엄청나게 빠른 속도로 휙하고 움직였는데 약 20마일 정도를 영일만쪽으로 움직여 다시 한 군데에 멈춰 있었다.

당시 이승배 대령의 생각은 저 물체가 항공기라면 한 군데 멈춰있을 수가 없는데 혹시 대형 헬기가 아닌가 하는 생각이 들긴 했으나 순식간에 이동하는 것을 보고 전투기 조종사의 본능이 발동하였다.

물체를 식별 확인하고자 판단을 내린 후 2번기에 식별 비행의도를 알리고 임대령은 지상의 작전통제관으로부터 "그 물체를 추적하라"라는 지시를 받고 두대의 팬텀기는 물체에 대한 식별요격으로 전환하였다.

당시 물체의 고도는 약 1만5천피트로 이대령은 시속 720km의 속도로 그 비행물체에 천피트(300m) 거리까지 접근을 시도하였다. 밤이었기 때문에 더 가까이 접근하는 것은 위험한 상황(충돌 가능성이 높은 상황)이었다.

그 물체는 이중령이 접근하였을 때 그냥 한곳에 머물러 있었는데 그 크기가 대형 여객기 정도의 크기로 전투기의 3배(36m) 정도 되어 보였다.

지시에 따라 추적을 시작한 임대령의 전투기가 비행물체를 막아서자 UFO는 그 위치에서 그대로 수직상승을 하더니 고도 3만 3,000피트(10km)까지 올라갔다.

이중령의 전투기도 따라서 나선형으로 올라가면서 물체를 올라 탄듯한 위치에서 기체에 경사를 주어 내려다 보듯 물체를 끼고 돌면서 관찰을 하기 시작했다.

그리고 임대령의 전투기는 UFO의 밑단에서 선회비행을 하였다. 이대령의 눈에 물체가 어둠속에서 확인이 되는 순간 온 몸에 전율이 느껴졌다.

그 물체는 상상외로 큰 타원형의 물체였고 타원형의 가장자리에는 빨강과 파랑불빛 등으로 둘러 놓은듯이 오색찬란한 빛들로 가득했는데 눈이 부실정도였다. 그 등의 불빛이 어두운 하늘에서 물체가 커다란 타원형이라는 형체를 나타내주고 있었다. 더욱 신기한것은 물체의 타원형의 중심부에서 용광로처럼 용해된 쇳물이 끓어 튕겨오르듯이 황금빛의 찬란한 빛이 솟아오르고 있었다.

식별비행모드로 UFO를 선회비행하는 상황도

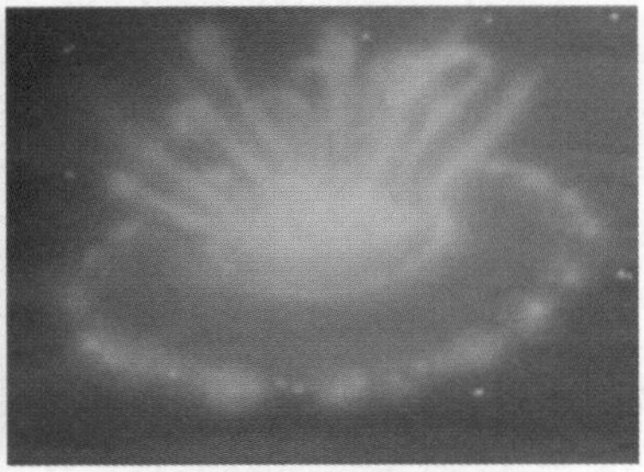

목격한 타원형 UFO의 스케치

이중령의 전투기는 UFO의 윗쪽에서 낮고 가깝게 두 차례의 선회비행을 하였고 2번기는 아랫쪽에서 식별비행을 하였다.

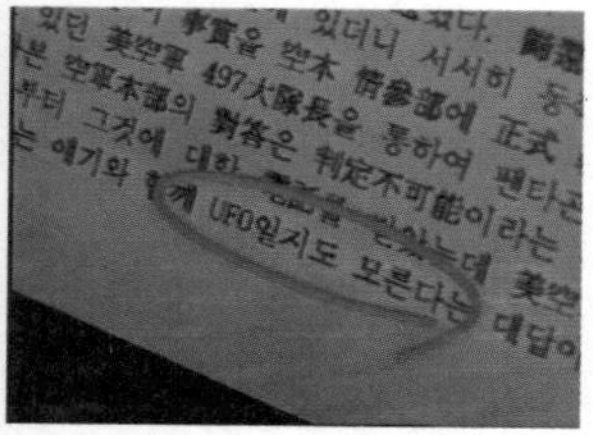

2회의 식별 선회비행이 끝날무렵 UFO는 갑자기 움직이기 시작하여 동해안 먼 곳으로 순식간에 이동하여 사라졌다.

임 대령은 당시 대구 상공에 있던 전투기 조종사들에게 영일만 앞바다 쪽을 보라고 했는데, 빛이 얼마나 밝았던지 거기서도 아주 잘 보인다는 회신을 받았다.

당시 상황은 미확인비행물체가 하늘에 25분 동안 떠 있었지만, 레이더에는 전혀 포착되지 않았다. 이중령은 이것이 말로만 듣던 UFO구나 하는 생각을 하면서 귀환을 했다고 한다.

기지로 돌아온 조종사 4명은 부대의 정보장교에게 목격사실을 보고했으며 그 후 목격담은 전 조종사들에게 퍼져나갔고 그때서야 며칠동안 야간비행 중에 유난히도 고도가 낮고 강한 빛을 발산하는 별을 보았다는 여러 명의 조종사가 이중령의 목격담에 호응을 하였다.

사실 이중령의 편대가 UFO를 식별비행에 나선 그 며칠 전부터 유난히 크고 밝은 빛이 낮은 고도에 위치한 것을 보았다는 조종사들이 있었던 것이다.

그들이 전하는 목격담은 이중령이 목격한 것과 일치하였다. 대령으로 퇴역한 이승배씨는 그때의 기억이 생생하며 여러 가지 상황을 종합하여 판단해봐도 그 물체가 UFO임에 틀림없다는 확신을 가지고 있었다.

임병선 소장은 자신의 UFO와의 조우사건을 미 공군 측에 문의한 결과 나중에 미 공군 측의 회신을 받았는데 미 공군에서는 이와 유사한 사례가 500건이 넘는다고 전해왔고 목격한 물체가 아마도 UFO일지도 모른다는 대답을 받았다고 한다.

당시 공군 전투기 조종사로써 임병선 소장과 이승배대령의 미확인비행물체의 최근접 목격과 추격담은 전 세계적으로도 보기드문 케이스로 UFO의 실체를 아무런 피해를 받지 않고 가까이서 식별 확인한 사례는 거의 없는 것으로 알려져 있다.

실제 조우상황에서 예측불능의 사고가 일어나지 않았던 것은 아마도 당시 그쪽(UFO)에서 전투기 조종사의 의도(식별확인)를 사전 인지하고 공격적인 대응을 취하지 않았던 것으로 보인다.

나의 조사연구(사례 조사와 경험)에 의하면 UFO는 인간의 사념을 거리에 관계없이 읽어 들일 수 있는 능력을 보유한 것으로 보인다.

이렇게 생각에 따른 뇌파의 변화를 정확히 감지해낼 수 있다면 적을 제압할 수 있는 선점의 기회를 노릴 수 있어 마인드 무기화가 가능할 것이다.

사실 미국의 군사비밀기지로 알려진 AREA-51지구에서는 현존하는 기술보다 50년 앞선 선행기술에 대해 극비리에 연구 중에 있다고 한다.

미 공군의 UFO 비밀 프로젝트가 내린 결론

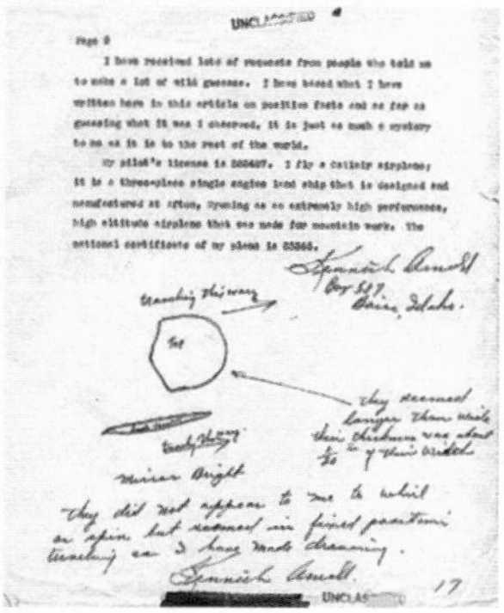

UNCLASSIFIED

Page 9

I have received lots of requests from people who told me to make a lot of wild guesses. I have based what I have written here in this article on positive facts and as far as guessing what it was I observed, it is just as much a mystery to me as it is to the rest of the world.

My pilot's license is [illegible]. I fly a Callair airplane; it is a three-place single engine land ship that is designed and manufactured at Afton, Wyoming as an extremely high performance, high altitude airplane that was made for mountain work. The national certificate of my plane is [illegible].

Kenneth Arnold

[redacted] UNCLAS

케네스 아놀드와 그가 작성한 목격조서

UFO 역사의 획을 긋는 전 세계적으로 화제가 된 두 사건이 1947년 6월과 7월에 연이어 미국에서 발생했다.

바로 케네스 아놀드의 비행접시 편대 비행 목격과 로스웰 UFO 추락사건이 그것이다.

1947년 9월 23일 미항공군수사령부는 육군항공대 총사령관 앞으로 보낸 보고서에서 비행접시는 환상이나 허구가 아닌 실재하는 것으로 인정하였다. 이 시기는 최초의 비행접시 목격자로 알려진 케네스 아놀드사건(1947년 6월 24일)이후 3개월째 되는 시점이었다.

3개월만에 항공군수사령부는 UFO의 존재에 관한 긍정적인 태도와 결론을 내리고 이 비행물체의 활동을 추적해왔던 것이다. 그리고 원반형태의 물체가 직접 또는 간접적으로 조종되고 있을 가능성과 종류별로 원형, 타원형, 도움형을 가지고 있고 소리도 없다는 점까지 파악했다. 아울러 보고서의 내용은 이와 같은 물체가 다른 국가에서 개발된 비행체일 가능성과 자국 내에서 극비리에 추진된 산물일 가능성에 대한 고려가 있어야함을 제시했다.

이 최종 보고서의 작성은 항공기 연구소의 요원들과 전문가들의 회합 결과 도출된 결론이었다.

그런데 다음 해인 1948년 1월 7일 미 공군기지의 상공에서 충격적인 사건이 터지고 만다.

켄터키주 포트녹스에 있는 고드맨 공군기지 상공에 원추형의 이상한 비행물체가 출현하였다. 당시 망원경을 통해 자세히 관찰한 군인의 보고서에는 그 물체의 밑부분에서 붉은 빛이 빙글빙글 돌고 있었으며 결코 운석이나 항공기가 아닌 스스로 빛을 내뿜는 빛덩어리 같았다고 보고했다.

기지에서는 즉각적으로 근처 상공을 비행 중이던 P-51 편대에게 무전연락을 통하여 추적명령을 내렸다.

편대장인 토마스 만텔대위는 그 물체를 추적하기 위해 산소호흡이 곤란한 고도 2만피트까지 추적하겠다는 말을 남긴 후 통신이 두절된다. 그리고 그의 비행기는 추락했으며 나중에 켄터키주의 한 농장에서 그의 시신이 발견되었다.

UFO를 추격하다 사망한 만텔대위

추적 당시 만텔대위는 육안으로 가까이 물체를 본 듯 하다. 그의 교신기록에 의하면 "우리보다 절반정도의 속도로 전방 상공을 날고 있다. 좀 더 자세히 관찰을 위해 접근하겠다."라는 말과 함께 "굉장히 큰 물체로 금속성으로 만들어진것 같다"고 말했다.

이후 그의 목소리는 더 이상 들리지 않았다. 공군 측은 추락원인으로 산소부족인 상태에서 3만피트 이상을 비행하다 정신을 잃어 사고를 당했다는 것인데, 금성을 잘못 오인한 것에서 비롯되었다는 어처구니없는 발표를 했다.

또 다른 주장은 날씨를 관측하기 위해 띄우는 스카이 훅(상층고도를 관측하는 열기구)을 추격하다가 무리하게 고도를 높여 정신을 잃고 추락하여 사망하게 되었다는 것이다.

후에 공군 측이 만텔대위가 탑승한 전투기의 기관총 탄알을 확인한 결과 300여발의 실탄을 발사한 것으로 확인되었다.

그 시점을 계기로 미국에서는 UFO 목격보고가 쇄도하면서 미공군에 목격신고가 연일 접수되기 시작했다.

스카이 훅

이어 미공군은 이 사건이 발생한지 1개월 후 국가안보차원에서 조사하기 위해 비밀리에 대책기구를 설립하게 되는데 최초로 만들어진 기구가 '프로젝트 사인'이다.

사인계획이란 미공군이 설치한 UFO조사활동 프로그램으로 UFO 현상에 관해 정보수집 및 조사, 분석하는 기구였다.

이 기구의 조직은 미확인 비행체가 혹 적국에서 날려 보내는 신무기일 가능성에 대해 조사하기 위한 기관으로 발족되었다.

1948년 미공군의 최초 UFO 조사기구인 프로젝트 사인계획이 출범한지 얼마 안되어 자체 내에서는 비행접시의 존재에 대해 양분되어 외계가설을 주장하는 쪽과 자연현상을 잘못 본 것이라는 주장이 팽배했다.

한쪽에서는 심리적인 결과나 잘 알려진 일반적인 물체, 자연현상이라고 간주했다. 그러나 비행특성을 살펴 볼 때 인간이 지닌 과학기술을 훨씬 넘어선 수준을 감지하고 이 비행물체가 타 행성에서 찾아왔을 가능성에 촛점이 모아졌다. 그리고 과학자들과 군사전문가들은 UFO의 놀랄만한 비행패턴에 매료되어 그와 같은 과학기술의 원천적 확보에 고민하였다.

그 이유는 만약 가상적국에서 UFO의 성능을 가진 비행체를 개발할 경우 전세계의 국가안전을 위협할 중대한 문제로 발전할 가능성이 있기 때문이었다. 따라서 미국정부는 어떻게든 UFO의 활동범위에 면밀한 조사와 만약의 경우를 대비하여 국가안전에 위협적인 존재로 간주하고 군사기밀사항에 포함시켰던 것이다.

2차세계대전 당시 UFO가 대대적으로 출몰하자 강대국에서는 서로 적국의 비밀병기일 가능성에 초점을 두고 첩보활동을 해왔던 사실이 이 점을 증명하고 있다.

처음에는 UFO가 다른 적국에서 날려 보내는 첩보용 비밀무기일 가능성을 예상했었으나 UFO의 특성상 보여지는 고도의 비행성능과 지구의 과학기술 수준을 초월한 듯한 비행물체라는 점에 차츰 의견이 모아져 적국의 항공기가 아님을 알게 되었을 것이다.

프로젝트 사인 보고서

어쨌든 사인계획의 구성원은 UFO가 소련이나 나치의 신병기가 아닌 지구외의 행성으로부터 찾아오는 고도로 진보된 비행물체일 가능성이 높다는데 결론을 내렸다.

이러한 결론을 내리게 된 주된 이유는 UFO의 특이한 비행패턴과 항공역학을 무시한 비행성능 때문이었다. 예컨데 그 비행체들은 고속비행 중 급정지하거나 급가속, 또는 급회전, 순간소멸 등 지구과학 수준과 물리법칙상 도저히 설명이 불가능한 행동을 보이고 있었기 때문이다.

이 프로그램의 최종 보고서인 사태평가서는 여러 각도에서 분석한 결과 '지구상의 것이라고 생각할 수 없는 점들이 많고 지구밖 문명권에서 찾아온 비행물체로 생각할 수 밖에 없다'는 잠정결론을 제시했다.

결론적으로 미공군의 사인계획의 최종결론은 UFO가 외계에서 날아오는 우주선이라는데 동의하고 1949년 2월 최종보고서를 반데버그 공군참모총장에게 전달했다. 그러나 고위층에서는 증거불충분으로 서류를 반려시키고 소각 처분하도록 지시를 내렸다.

보고서에는 기술적 분석으로 목격된 그룹은 네 그룹으로 분류된다고 명시되었다.

첫째 비행원반체, 둘째 날개가 관측되지 않는 시가형 또는 실린더형, 셋째 둥근 공과 같은 형태, 넷째 광구 형태이다.

그들은 앞의 세 가지 형태는 항공역학적으로 추진이 가능하며 네 번째는 아무런 부양장치를 가지지 못한 것으로 판단했다.

이 결론으로 UFO의 실재성은 의심할 바 없으나 단지 '그 정체가 무엇인가?'하는 문제만이 남아있다고 단정했다.

구체적으로 사인계획은 최종보고서를 작성하는데 있어 천문기상학적 측면, 심리학적 측면, 항공역학적 측면 등 여러 방면에 걸쳐 심사숙고하였다. 또한 각 분야의 전문가들에게 자문을 얻어 몇몇의 사건들은 나름대로의 설명이 가능하다고 했다.

특히 주목할 만한 것은 항공역학적 측면으로 MIT의 항공공학자에게 UFO의 추진원리에 관해 검토한바 있다는 사실이다.

이후 프로젝트팀은 해체되는 변화를 맞게 되고 외계가설은 무시되어 버렸다. 그리고 다시 '프로젝트 그러지'라는 팀을 출범 시켰다.

프로젝트 그러지 보고서

'프로젝트 그러지'라는 명칭으로 새로 출범하면서 UFO 현상의 연구방향도 대상의 원인 규명이라는 초점에서 벗어나 목격자의 제보가 그리 중요하지 않다는 쪽으로 기울어갔다.

'프로젝트 그러지' 계획은 사실상 사인계획과는 달리 UFO목격보고의 해명에 집중적인 노력을 기울였는데 대부분 자연현상 또는 천문학적 현상 등으로 분석되었다. 결국 그러지 계획은 UFO의 존재가 인공적인 비행물체가 아니라 잘 알려진 IFO와 일반적인 현상에 불과하다는 것을 알리는데 주력했던 것이다.

한마디로 순수하고 객관적인 조사를 무시한 일반대중들의 관심을 다른 데로 돌리기 위해 접수된 모든 UFO 목격보고를 어떻게든 설명이 가능하도록 밝힘으로서 결코 UFO가 특별한 존재가 아닌 단순한 현상에 불과하다는 사실을 확신시키려 애를 쓴 것으로 보여진다.

미공군의 이러한 태도는 대중들의 의문에 대한 욕구를 전혀 풀어주지 못한 채 과연 군에서 UFO의 조사활동을 제대로 하고는 있는가

하는 의구심만 품게 만들었다.

1949년 12월 '프로젝트 그러지' 계획의 최종보고서가 작성되어 공개되었는데 237건에 대한 분류를 한 결과 78건이 설명이 불가능한 것으로 나타났다.

결국 미확인으로 분류된 사례들은 심리적인 분석으로 해결이 가능할 것으로 내다봤다. 그리고 그들이 낸 최종결론은 UFO가 과학적으로 만들어진 산물이 아니고 국가안보에 전혀 위협이 없다는 것으로 판단을 내렸다. 또한 UFO조사기구의 축소를 주장하여 1949년 12월 27일 기자회견을 통해 그러지 계획의 종결이 발표되었다.

이후 1950년대에 들어와 예비역 소령인 도날드 키호가 트루(True)라는 잡지에 비행접시는 실제로 존재한다는 기사를 썼는데 그의 주장은 폭발적인 센세이션을 불러일으키게 되었다.

도널드 키호

도날드 키호는 조종사겸 작가로 활동하던 중 1949년부터 UFO에 관심을 갖기 시작한 인물로 트루지에 그가 쓴 원고에서 그는 지구밖에서 온 지적생명체가 이미 오래전부터 지구를 조사해왔고 그 빈도가 최근 급증하고 있다는 설명을 하였다.

결과적으로 키호는 다른 세계에서 온 지능을 가진 존재가 지구를 내방하여 조사하고 있을 뿐만 아니라 공군당국 역시 이 사실을 알고 있으며 또한 사실 은폐를 계속적으로 진행해오고 있다고 주장했다.

키호의 주장은 미공군이 주장하는 결론과는 너무나 대조적인 것으로 이후 UFO의 논쟁에 불씨를 당기는 역할을 했다. 그의 주장은 개인적인 차원을 떠나 군인출신으로서 다른 전직 예비역 장교출신의 증언들과도 일치를 보이고 있다는 점에서 의의를 지니게 되었다.

한 가지 흥미로운 사실은 미공군이 UFO에 관해서 일관적으로 부정적인 정책을 취해왔음에도 불구하고 1947년부터 1969년에 이르기까지 무려 22년간 UFO조사기구가 비밀리에 활동을 해왔다는 점이다. 그 암호명은 '프로젝트 블루북'이었다.

프로젝트 블루북의 스텝

프로젝트 블루북은 12,618건을 조사한 결과 대부분은 별, 행성, 인공위성, 달, 기구, 비행기, 미사일, 렌즈 플레어 현상, 렌티큘라 구름, 창문 반사 빛, 새떼, 가로등, 유성 등으로 판명하였고 6%는 설명이 불가능한 미확인으로 분류하였다.

TOTAL UFO (OBJECT) SIGHTINGS

(Compiled 15 February 1968)

YEAR	TOTAL SIGHTINGS	UNIDENTIFIED	SOURCE
1947	122	12	Case Files
1948	156	7	Case Files
1949	186	22	Case Files
1950	210	27	Case Files
1951	169	22	Case Files
1952	1,501	303	Case Files
1953	509	42	Case Files
1954	487	46	Case Files
1955	545	24	Case Files
1956	670	14	Case Files
1957	1,006	14	Case Files
1958	627	10	Case Files
1959	390	12	Case Files
1960	557	14	Case Files
1961	591	13	Case Files
1962	474	15	Case Files
1963	399	14	Case Files
1964	562	19	Case Files
1965	887	16	Case Files
1966	1,112	32	Case Files
1967	937	19	Case Files
TOTAL	12,097	697	

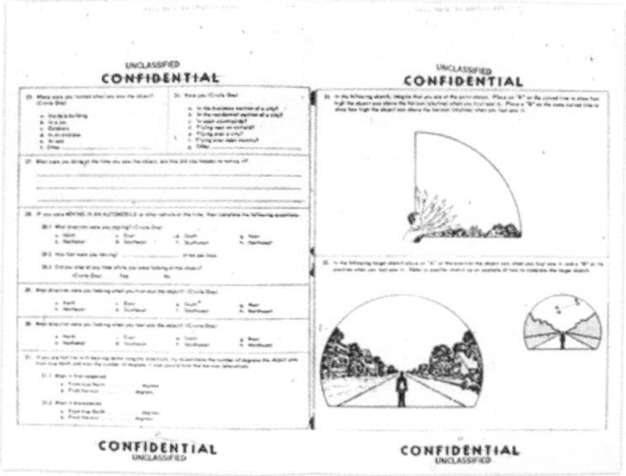

20년간의 UFO 목격보고 집계와 미공군 목격 보고서 양식

이 블루북에는 한국전쟁 당시 목격된 다수의 UFO 목격 케이스도 포함되어 있다. 또한 UFO목격 원인으로는 히스테리, 날조, 사기, 허위신고, 자연현상, 정신질환에 의한 것으로 분류를 했다.

이 계획의 탄생배경은 다름 아닌 '프로젝트 그러지' 계획이 UFO의 진위를 알기위해 마련된 프로그램이 아닌 실재하지 않는쪽의 증거 수집에만 몰두해 일반 여론으로부터 지탄을 받게 되자 활동을 중지시키고 새로운 기구가 발족하게 된 것이다.

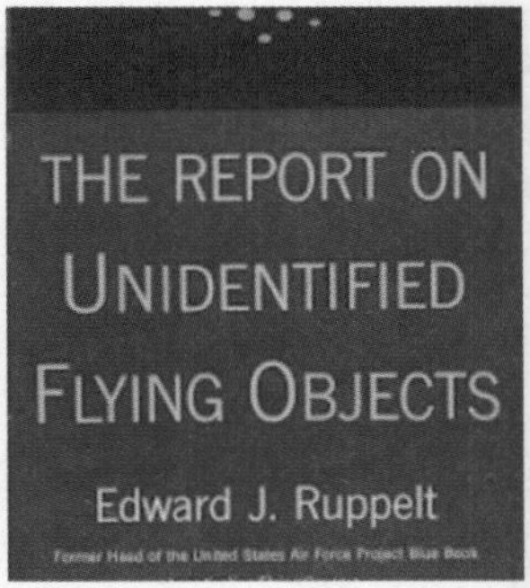

에드워드 루펠트가 쓴 UFO 보고서

이때 책임자였던 에드워드 루펠트대위는 퇴임후 프로젝트 블루북에 관한 책을 내기도 했다.

극비 조사 프로그램이었던 이 프로젝트가 책으로 발간되었다는 사실은 다시 말해서 군 당국에서 발표되어도 일반인들에게 그다지 영향을 미칠만한 정보를 제외한 부분만을 수록했다고 볼 수 있다.

어쨌든 중요한 점은 미공군이 지난 20여년간 UFO 조사 프로그램을 비밀리에 가동해온 점과 일반인이 알아서는 안 될 최고급 기밀정보들은 누락된 채 별도의 다른 조직에서 조사연구를 은밀하게 추진해왔다는 점이다.

그러한 정황 근거는 폭로 프로젝트에서 공개한 증언 중에 드러났으며 정부차원에서 UFO문제가 좌시할만한 사안이 아님을 인정하고 내부적으로 각 분야별 최고 전문가 그룹이 참여하는 극비 프로젝트가 오래전부터 추진 중에 있었다는 것이다.

UFO 외계기원설을 제시한 프랑스 정부의 COMETA 보고서

프랑스는 전 세계적으로 유일하게 공개적으로 UFO에 관한 조사와 연구 활동을 하는 개방적인 국가로 잘 알려져 있다.

드골 장군의 재임 중에는 수상인 미셸 드브레가 헌병대에 UFO사건의 모든 정황 증거를 철저히 조사하라는 명령을 하달하기도 했다.

프랑스는 UFO사건을 헌병대가 맡아서 처리하는데 최초의 조직 명칭은 GEPA(비행물체조사단)로 시작되었고, 헌병대와 공조하여 UFO 목격과 조우사례들을 빠짐없이 조사 및 수집하는 기관으로 발족되었다.

이후 명칭은 GEPAN(미확인비행물체조사단)으로 바뀌어 해당기관이 기존의 천문현상, 운석 또는 기상현상을 조사하는 기관이 아닌 미확인비행물체에 국한한 감시 및 조사하는 것으로 업무영역을 분명하게 구분 지었다.

미항공우주국(NASA)에 해당하는 CNES(국립우주연구센터)라는 기구에 속해져있는 프랑스의 공식적인 UFO조사기구인 GEPAN은 자체적으로 UFO 출현에 대한 세심한 조사연구 활동을 추진해왔다.

2007년 3월 23일 세계 최초로 정부기관에서 자발적으로 공식 기밀문서를 공개한 프랑스 정부는 1,650건에 달하는 수 만 페이지 분량의 UFO 기밀문서들을 CNES 홈페이지에 올려 전세계에 공개하였다.

당시 UFO매니아들은 물론 전 세계의 UFO연구가들이 동시에 접속하는 바람에 서버가 다운되기도 했다.

CNES가 공개한 문서들을 살펴보면 확인할 수 없는 사례가 전체 1,600건 중 28%정도로 이 경우가 UFO로 간주될 수 있다고 봤다.

프랑스가 정부차원에서 UFO를 조사해왔다는 것은 UFO가 그만큼 국가적인 사안으로 대두될 만큼 중요성이 부각되었기 때문이다.

프랑스 정부는 오래전인 1950년대부터 줄곧 UFO에 관한 목격 조우 사례들을 수집해왔는데 가장 흥미로운 보고서는 1999년에 공개된 COMETA 보고서이다.

THE 1999 FRENCH REPORT ON UFOs AND DEFENSE

EDITED BY MARK RODEGHIER

THE FORMATION OF GEPAN

CUFOS에서 발간한 프랑스 코메타 보고서의 전말

이 보고서는 1989년 이웃나라인 벨기에 전역에서 수많은 사람들에게 목격된 삼각형 UFO 집단 목격현상 보고를 접하고 당시 프랑스 미테랑 대통령이 UFO출현시 사회적, 정치적, 군사적인 대응책을 마련하고자 지시되어 작성된 보고서로 알려져 있다.

이 보고서의 초점은 특히 3가지 방향에 중점을 두고 연구한 것인데 첫째, 자국 프랑스와 국제적으로 주목을 받았던 목격 사례의 연구, 둘째, UFO와 관련한 여러 가설들에 대한 검토, 셋째, 민간 및 공군 조종사들로부터 얻은 정보에 근거한 대공방위 측면에 대한 조사와 UFO의 기원이 외계에서 온 것이 맞을 경우 정치적, 종교적, 사회적 측면의 고찰이 필요함을 언급하였다.

특히, 세번째 파트의 UFO의 적대적인 가능성에 대한 행동은 없었는지 여부, 협박과 같은 기록은 없었는지에 대한 지적도 있었다. 프랑스 공군 장성이 위원장을 맡고 국방고등연구원의 전, 현직 감사원들이 참여한 이 위원회는 〈UFO와 국가방위 : 우리는 어떤 대비책을 세워야 하는가?〉라는 제목의 코메타 보고서를 작성하여 제출했다.

최종적으로 보고서는 언급하기를 UFO가 직접 또는 간접적으로 컨트롤되는 비행체가 틀림없다는 사실과 UFO의 기원에 대한 여러가지 가설을 검토한 결과 자연현상일 가능성, 제3국의 비밀병기일 가능성, 외계에 기원을 두고 있을 가능성을 다각도로 심층분석하였다.

그 결과 UFO가 지능적인 특성을 보이고 초강대국에서 비밀리에 개발한 병기를 타국에 쉽게 노출시켜 비밀이 새어나올 수 있기 때문에 제3국의 비밀병기설은 가능성이 없다는 점을 지적했다. 마지막으로 외계에 기원을 두고 다른 태양계나 우주문명권에서 지구를 방문하는 외계우주선설이 가장 타당성이 있다는 것을 전제하고 UFO가 정치, 경제, 사회, 문화, 종교 등 여러 분야에 걸쳐 미칠 영향을 다각도로 분석하였다.

그렇다면 이 보고서의 결론은 무엇이었을까? 결론은 "UFO가 물리적인 실체를 가진 물체로 지능적인 존재에 의해 조종되는 것이 거의 확실하다"는 점과 "현재까지 검토한 자료들을 취합 분석해보면 가장 고려할 수 있는 유일한 가설은 외계기원설에 무게중심을 둔다는 것"으로 "이제는 우리가 UFO의 외계도래설을 심사숙고 해야 할 때가 되었다."고 잠정결론을 내렸다는 사실이다.

UFO가 외계비행체일 가능성을 언급한 이탈리아 공군

2009년 2월 25일 이탈리아 공군 참모총장은 공중파 TV 뉴스와의 인터뷰에서 "UFO가 군당국의 레이더에 포착되기도 했으며 그에 따른 공군 전투기의 출격도 있었다."면서 UFO가 실제 외계에서 온 비행체일 가능성도 배제할 수 없다는 발언을 해 큰 화제가 되었다.

이탈리아의 TV채널 뉴스인 〈055뉴스〉에 출현한 이탈리아 공군 참모총장인 로베르토 디 죠르지오(Roberto Di Giorgio) 장군은 방송 인터뷰에서 "2001년부터 2008년까지 공군에 보고된 UFO 목격 사례가 38건이 된다"고 밝혔다. 실제 이탈리아는 UFO 목격 빈도가 높아지면서 이와 연관한 TV와 방송 보도가 잇따른 가운데 UFO에 관한 관심도가 증폭되어 왔다.

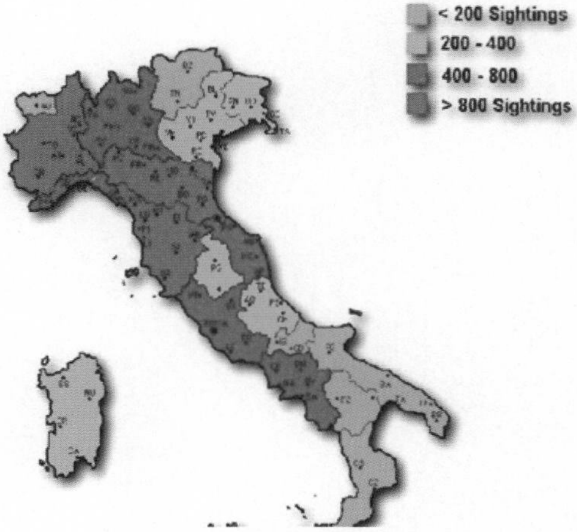

이탈리아의 UFO목격 분포도

로베르토 디 죠르지오 장군은 "이중 상당수가 공군 레이더에 포착되거나 공군의 출격이 있었다"고 밝히면서 "우리는 외계지적 영장류의 존재를 부인할 수는 없지만 이들 목격담에서 공군이 출현한 비행물체의 실체를 규명하지 못하고 있는 것도 사실이다. 이런 점으로 비추어 볼때 UFO가 외계비행체일 가능성도 있다." 고 말하면서 UFO의 실재성을 인정하는 발언을 해 이전과는 다른 이례적인 모습을 보여주었다.

실제 사례로 2008년 3월 2일 저녁 무렵 이탈리아의 테레시나 지역 상공에 나타난 구형의 미확인 비행물체 출현 사건을 예로 들면서 "여러 색깔로 빛을 내면서 구 형태로 허공에 매달린 것처럼 목격되었고 지상으로부터 200여 미터 상공에서 선회 비행하는 것이 공군과 다수의 사람들에 의해 목격되기도 했다."라고 말했다. 또 다른 목격 사례는 2008년 7월 28일 이탈리아 리치온 지역에서 공군과 민간인들이 목격한 미확인 비행물체 사례로 이 물체는 발광하면서 여러 형태로 변화되었고 스스로 빛을 내다 순간 소멸한 비행물체의 사례도 들었다.

UFO 정보 수집을 공식 지시한 브라질 정부

브라질은 남미 국가중 UFO가 빈번하게 출현하는 출현 다발국가에 속한다.

2009년 8월 브라질 정부는 무려 1,400페이지에 달하는 UFO 파일을 공개했는데 공개된 1,300여건의 UFO파일은 CBU(UFO조사를 위한 브라질 위원회)에 제출되었으며 브라질 공군이 1960년~70년대 사이에 수집한 수백 건의 UFO파일도 담겨져 있었다.

CBU는 브라질 정부로부터 많은 양의 UFO다큐멘터리 파일을 건네받았는데 주로 브라질 공군이 소장하고 있던 미확인 비행물체의 비행 현상(SIOANI)에 대한 현상 보고서와 목격담 제보자의 증언, 64장의 중요 UFO관련 사진과 스케치들, 목격자 제보의 137페이지에 달하는 컬러 사진파일이 수록되어 있었다.

1958년 브라질 트리니다드섬에서 해군 장교와 지질,해양학자들과 함께 목격 촬영된 사진

이중에는 공군의 조우사례와 그 유명한 트리니다드섬의 UFO 촬영사진 사례도 포함되어 있었다. 민간에서 보내온 자료 제보도 있었는데 한 시민 연구가가 CBU에 UFO착륙 현장 부근에서 주운 금속성 물체를 참고용으로 제시하기도 했다.

UFO파일 공개에 이어 이듬해인 2010년 8월에는 브라질 정부가 미확인비행물체(UFO)에 대한 자료 수집을 공군에 지시했다.

언론 보도에 따르면 브라질 정부는 자국내 모든 군대뿐 아니라 항공 교통 관제사 및 민간 비행사들도 UFO를 목격하면 그 기록을 국립항공방위사령부에 통보해야 한다는 내용의 법령을 재가했다는 것이다. 이에 따라 브라질 영공에 나타난 이상한 물체가 찍힌 사진이나 영상은 국립항공방위사령부에 정식으로 등록된다.

등록된 정보들은 리우데자네이루 국립기록보관소에 보관되며 이 정보들은 외계생명체를 연구하는 일반 연구원들도 이용할 수 있다. 그러나 공군은 공식성명을 통해 이번 조치가 자료수집에 제한된 것일뿐 UFO를 추적하거나 과학실험을 수행하는 것은 아니라고 덧붙였다.

외계생명체를 목격한 세명의 소녀와
담벼락에 기댄 외계생명체의 가상스케치

그동안 브라질에서의 UFO 목격사례는 여러 차례 보고돼왔다. 1986년 공군 제트기가 브라질 상파울루 상공에 나타난 미확인 물체를 확인하기 위해 긴급 이륙한 사례가 있었고, 1977년에는 주민들이 외계인 공격을 받았다는 제보를 받은 아마존 지역 당국이 군 측에 도움을 요청하기도 했다.

특히 1996년 1월 20일 브라질의 소도시인 바진하 UFO추락 및 외계인 생포사건은 전세계적인 관심을 끌었던 사건으로 알려져 있다.

당시 오후 1시가 넘어선 시각 산등성이에 추락한 UFO는 출동한 군과 경찰병력에 의해 6명의 외계인을 생포하게 되는데 오후 3시 20분경 세명의 소녀들이 길을 가다가 머리 양쪽에 뿔같은 것이 튀어나오고 눈이 빨간 한 명의 외계생명체가 공터의 담벼락근처에 기댄채 쭈그리고 앉아있는 것을 목격했다.

그 생명체는 어딘가 아픈듯한 표정으로 앉아있었는데 기운이 없어 보였다고 한다.

소녀들의 신고를 받은 경찰은 소방서와 군부대에 연락을 취했고 군 병력이 현장에 급파되어 샅샅이 추적한 결과 죽은 외계인 한 명과 살아있는 외계인 한 명을 그물망으로 생포하는데 성공했으며, 이 과정에서 군인 한 사람이 외계인의 피부와 접촉되면서 치명적인 감염으로 결국 사망하고 말았다.

사건 당시 생포한 외계인을 살려보고자 군인과 정보요원들은 시립병원에 급히 싣고 갔으나 수술도중 그만 죽고 말았다.

UFO연구가들은 죽은 외계인 사체를 조사한 담당의사의 증언을 받아내려고 노력했으나 10년 뒤에나 말할 수 있을 것 같다는 말을 전하고 더 이상의 언급을 회피했다고 한다.

외계생명체의 포획과정에서 감염되어 죽은 병사

UFO 특별조사위원회를 창설한 아르헨티나 공군

아르헨티나 역시 남미 국가중 UFO가 빈번하게 출현하는 나라로 UFO목격자가 꽤 많으며 최근에 부쩍 늘어나고 있다.

언론에 따르면 아르헨티나 북서부 카치라는 곳에선 주민 수백 명이 UFO로 추정되는 물체를 동시에 목격했다.

부아이레스 근교 이투사잉고라는 도시에선 2011년 3월부터 두 달 동안 거르지 않고 UFO가 출몰한다는 주민들의 제보가 있었고 UFO를 촬영하려는 사진가들이 몰려들어 길마다 카메라가 서 있는 모습이 해외토픽으로 보도되기도 했다.

또 다른 충격적인 소식은 그 해 한 컴퓨터 해커에 의해 공군 웹사이트가 해킹을 당했는데 1985년 1월 26일 멘도사 주의 파파가요스라는 지역에 확인되지 않은 미확인 물체가 추락했다고 한다.

당시 아르헨티나 군은 물론 외국군도 다수 현장에 출동해 추락 지점을 수색했으며 당시 현장에 출동한 익명의 공군 관계자 말을 인용해 "일반인 접근을 통제한 가운데 수색을 벌인 군이 담배 모양의 비행물체를 발견했다."면서 "비행물체 안에는 생명체가 있었다."고 주장했다.

공군은 당시 현장을 촬영한 비디오테입을 보관하고 있다고 하며 아르헨티나 지방 일간지 '로스 안데스'는 현지 주민을 인터뷰한 결과 "당시 하늘에서 이상한 물체를 봤다는 사람이 실제로 있었다."면서 "추락했을 때 땅이 크게 진동했다는 증언도 나왔다."고 전했다.

이어 2011년 6월에는 아르헨티나 공군이 미확인비행물체를 확인하기 위한 특별조사위원회를 창설했는데 '항공우주현상연구위원회'로 명명된 이 기구는 그간 아르헨티나에서 보고된 UFO 출몰소식을 체계적으로 정리·관리하고 진위를 조사하는 책무를 맡는다고 했다.

위원회의 인원 구성은 기상전문가, 항공엔지니어, 민간항공기 조종사, 레이더 및 위성위치시스템 전문가, UFO학 관계자 등 민간인이 대거 참여하며 20년째 아르헨티나에서 UFO 출몰 정보를 수집하고 추적하고 있는 민간단체 UFO조사그룹(GIFAD)도 전문가를 파견한다.

GIFAD 관계자는 "지난 2년간 UFO를 봤다는 사람이 부쩍 늘었지만 과학적인 조사가 이뤄지지 않았다."면서 "이번 위원회 창설로 실체가 확인되길 기대한다."고 말했다.

일본 국회에서 논의된 UFO 급습에 대한 대응방안

일본은 한국처럼 UFO 출현빈도수가 그다지 높지 않은 나라에 속하지만 관심도는 대단히 높은 편이다. 민간 UFO 연구단체의 활동과 TV 방송에서 UFO 특집 다큐 프로그램을 만들어 방영하거나 UFO를 부르는 시도를 방송국과 같이 진행하는 등 다양한 활동이 이루어지고 있다. 그렇게 민간차원에서 접근해온 UFO문제가 정부기관에서 정부차원의 UFO에 관한 대응방안의 논의가 다루어져 화제가 된 적이 있었다.

2007년 12월 18일 일본의 국회에서 열린 대정부 질의 UFO 관련 회의에서 때 아닌 UFO 논란이 빚어진 것이다.

이 논란의 배경은 일본 민주당의 야마네 타카지(山根隆治) 참의원이 대정부 질의서를 통해 정부에 'UFO 급습에 대한 대응방안'에 대한 답변을 요구한 데서 비롯됐다. 그러나 일본 정부는 지구바깥으로부터 온 미확인 비행 물체(UFO)에 대해서, '아직까지 존재가 확인된바 없다.'라는 부정적인 답변서 각의를 채택했다. 반면 UFO의 존재를 믿는 일부 의원들은 이 결정에 반발했다.

문부 과학성에 의하면, UFO의 유무에 관한 일본 정부의 공식 견해가 문서의 형태로 나온 것은 처음이라고 한다.

마치무라 노부타가(町村信孝) 관방장관 역시 이날 오후에 가진 기자회견에서 "개인적으로 UFO는 확실히 존재한다고 생각한다."며 그 이유로 "UFO가 없다면 페루 나스카의 거대 문양에 대한 설명은 불가능하다"는 나름대로의 논거를 제시했다.

후쿠다 야스오(福田康夫) 일본 총리는 이날 "UFO의 존재를 믿느냐?"는 기자들의 질문에 미소를 띄우며 "나는 아직 확인하지 못했다."고 말해 마치무라 장관과 다른 입장을 취했으며 일본 정부의 공식적인 입장을 지지했다.

일본 정부는 한마디로 현재 "UFO와 관련한 정보 수집, 외국과의 정보 교환, 연구 등은 하지 않고 있다"며 "UFO가 일본에 날아올 경우에 대비한 대응책도 검토하고 있지 않다"고 밝혔다.

항공자위대는 일본 영공에 침입할 우려가 있는 정체불명의 비행기를 발견하면 전투기를 긴급 출동시키지만 "지금까지 UFO를 목격한 사례는 없다"는 게 일본 정부의 입장이다. 그러나 이틀 뒤인 20일 이시바 시게루(石破茂) 일본 방위상이 "UFO는 있다"고 발언을 하여 개인적인 견해를 피력하면서 논쟁의 불씨를 지폈는데 그는 "UFO와 이를 조종하는 외계 생명체의 존재를 부인할만한 근거가 없다"면서 "개인적으로 있다고 믿는다."고 말해 긍정적인 견해를 제시했다.

이시바 시게루(石破茂) 일본 방위상

더 나아가 이시바 장관은 평화헌법 체제 하에서 '외계인의 침공'에 어떻게 대응해야 할지 고민해야 한다는 의견을 피력해 또 한 번 눈길을 끌었는데 그는 "외계인들이 무력공격을 감행한다면 자위대가 출동하겠지만 만일 우호적인 존재라면 이를 부당한 침입으로 간주할 필요는 없다"고 강조했다. 아울러 "UFO는 '외국'이라는 범주에 포함되지 않으므로 영공침범으로 간주하기 어렵다. 그들이 존재하지 않는다고 단정할 만한 근거가 없는 이상 대처방안을 생각해둬야 한다." 면서 자신은 일본군이 평화헌법 체제하에서 '외계인의 침공'에 어떻게 대항할지를 고민 중이라고 밝혔다. 그러면서 "그렇다고 방위성이 내부적으로 UFO 대응 방침을 정해놓은 것은 아니다"며 확대해석을 경계했다.

2장-증거!
UFO의 실존을 입증하는 증거들

UFO존재를 입증하는 세계각처의 사건들

전 세계에서 일어나는 UFO관련 목격 케이스는 방대하다. 수 많은 촬영 영상물, 조우 케이스들은 일일이 열거할 수 없을 정도이다. 게다가 군에서의 레이더의 포착과 전투기 조종사의 조우까지 합치게 되면 UFO는 이미 우리의 생활권에 생각보다 훨씬 가깝게 접근해 있는 듯하다.

UFO의 활동반경은 특정국가에 국한되지 않고 전세계적으로 출현하며, UFO가 어느 대륙 지역 또는 일정기간 내에 집중적으로 출현하는 것을 'UFO 웨이브'라 부른다.

특이한 점은 이 'UFO 웨이브'가 정치적, 사회적으로 민감한 시기에 맞물려 나타난다는 것이다.

소련의 경우 1961년 대규모의 집중목격이 있었으나 서방에는 잘 알려지지 않았다. 1954년에는 유럽 최대의 집중 목격보고가 프랑스에서 발생했는데 착륙사건은 물론 탑승자의 조우사례가 빈번하게 보고됨으로써 가장 많은 발생율을 기록했다.

1972년 후반부터 1973년 초까지는 남아프리카와 남미, 동유럽, 캐나다, 오스트레일리아에서 보고가 쇄도했다. 남미에서는 광대한 영토를 가진 브라질이 단연 선두로 목격보고의 대다수를 차지하며 이어 멕시코, 아르헨티나, 페루, 칠레, 베네주엘라, 우루과이가 있다. 1973년~74년까지 프랑스에서 또 다시 대규모의 UFO목격이 집중적으로 일어났다.

반면 국지적 출몰이 아닌 일시적인 UFO 소동이 일어나는 상황을 'UFO 플랩'이라 부르며 대표적인 사건으로는 1952년 7월 19일 밤 미국 워싱턴 상공을 떠들썩하게 만들었던 워싱턴 UFO 난무사건이 이에 속한다.

UFO가 지상에 착륙하다

1940년대 중반 이후 UFO가 전 미대륙에 걸쳐 비행하는 장면이 곳곳에서 목격되기 시작하면서부터 어느 시점에 UFO는 더욱 과감한 행동으로 지상에 착륙하기 시작했다.

UFO가 착륙한 곳에는 어김없이 방사능 잔류, 그을음, 눌리고 패인 흔적들을 남겼고 심지어 일부사례에서는 착륙한 UFO에 가까이 접근했다가 화상을 입거나 광선에 의해 피해를 입는 경우와 살상당하는 케이스도 있었다.

UFO가 지상에 착륙하기 위해서 준비된 시간은 그리 오래 걸리지 않았을 것이다. 그들의 행동반경을 보면 초기 지상의 풀들과 흙 채취로 시작되어 후에 인간에게 접근하거나 가축(소, 양)의 대량살상과 인간에 대한 강제납치까지 서슴없이 자행해왔다.

이런 점으로 미루어 UFO는 의도적으로 계획적인 어떤 목적을 가지고 지구에 찾아왔을 가능성이 높다. 다만 그들이 자신들과 다른 인류의 생물학적인 면에 대한 깊은 관심과 지구인들 간의 적대적인 전쟁, 인류의 무기체계가 핵무기로 확산되는 것에 우려를 갖는 저지 행동을 묵시적으로 우리들에게 보여주기 게임을 하고 있는 듯하다.

1. 멕시코 칠판싱고에 30시간 착륙한 UFO

2007년 12월 31일 이른 아침 멕시코 게레로 주 칠판싱고 시 상공에 갑자기 파란색과 흰색, 노란색, 오렌지색 등을 내뿜는 UFO가 출현하여 소리 없이 비행하는 장면이 많은 마을 주민들에게 목격되었다. UFO는 약 300 미터 상공을 비행한 후 세로 피데 데 미나스라는 언덕에 착륙하였다.

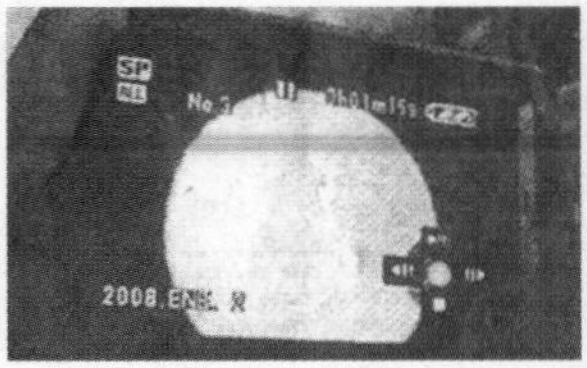
칠판싱고에서 촬영된 UFO

그런데 이 UFO가 무려 30시간 동안 꼼짝 않고 제자리에 머무른 후 아무런 소음도 없이 이륙하여 사라진 사건이 현지 신문기자인 프란시스코 란에 의해 사건 보도가 되면서 세상에 알려지게 되었다.

당시 마을 주민들뿐만 아니라 고속도로를 운행하던 자동차 운전자들까지도 차를 멈추고 밖으로 나와 원반형 금속 UFO를 구경했다고 한다. 착륙해있는 동안 대낮에도 UFO에서 내뿜는 밝은 빛의 발산이 목격되었고 이 UFO를 멀리서 구경하던 주민들의 눈에 심한 통증이 발생하기도 했다.

그리고 연방 전기공사 현지 변전소는 현지 전력 레벨이 요동쳤고 공기 중에 정체를 알 수 없는 전기가 흐르고 있는 것과 UFO에서 강한 빛을 내뿜을 때 주변의 가정용 전기가 심하게 영향을 받았다고 보고했다.

주민들은 착륙해있는 UFO를 카메라와 휴대폰 카메라로 촬영했으나 가까운 거리에서 촬영된 사진들은 자력에 영향을 받은 듯 제대로 촬영되지 않았고 기존 필름 카메라의 경우는 과다노출로 인해 사진이 전혀 찍히지 않았다.

또한 UFO가 비행하는 광경을 비디오로 촬영하던 주민들은 기이한 현상을 체험했다. 갑자기 머릿속에 비행물체를 촬영하면 승무원들에게 해를 입을 것이라는 메시지가 텔레파시로 전달됐다고 동일하게 증언했다.

UFO가 언덕에 착륙하는 것을 동시 목격한 주민들은 트럭을 타고 언덕 가까이 접근해 유심히 관찰하며 구경했는데 UFO는 금속으로 만들어졌고 외부 표면에서 여러 가지 섬광을 발산하고 있었다. 그런데 갑자기 트럭 엔진이 꺼지면서 들고 있던 카메라가 작동하지 않자 현장에서 멀리 도주했다.

일부 젊은이들은 용기를 내어 UFO에 가까이 접근하기도 했는데 기체 안에서 기이한 기계음이 나는 것을 듣자마자 갑자기 어린 아이들처럼 울면서 멀리 달아났다.

마을 원로들은 이상하게 여겨 왜 그러냐고 묻자 UFO안의 승무원들이 밖으로 나와 자신을 잡아 가려고 하는 느낌을 받았다고 말했다.

장시간 UFO가 밝은 빛을 내뿜으며 착륙해 있는 동안 신고를 받고 출동한 경찰과 군 관계자들은 UFO 근처로 전혀 접근하지 않았다. 원로들은 주민들이 무서워 일절 외출을 안 하고 공포에 떨자 이러다 유령 마을이 되는 것은 아닌가 걱정했다.

이윽고 UFO가 이륙하여 떠나자 주민들은 UFO가 무사히 떠나가 다행이라며 안도의 한숨을 내쉬었다. 게레로 주 당국은 이 지역이 우라늄, 코발트, 금, 은, 구리 등 각종 광물과 금속들이 매장돼 있는 곳이라서 UFO출현에 각별히 주목하며 조사 중이라고 발표했다.

2. 프랑스 발랑솔 UFO 착륙사건

1965년 7월 1일 프랑스 프로방스의 발랑솔에서 발생한 접촉사례는 UFO의 착륙 뿐만 아니라 그 안에 탑승한 외계인과 마주친 사례로 한 농부가 체험한 기이한 접촉 케이스이다.

당일 새벽 5시경 모리스 마르스(당시 45세)라는 농부는 평소처럼 자신의 집 근처 텃밭의 라벤더 농장에 도착하여 풀을 매고 있었다. 약 30분 쯤 뒤인 5시 30분경 갑자기 귀를 찢는 듯한 날카로운 강한 소음이 들렸다. 뒤돌아보니 마치 럭비공을 합해 놓은 듯한 계란형태의 자동차 크기만한 UFO가 여섯 개의 다리로 착륙해 있었다.

그가 본 물체는 금속성 물체로 여섯 개의 착륙 랜딩기어가 나와 있었는데 더 놀라웠던 것은 10대 소년들로 보이는 키가 작은 아이들이 그 속에서 나왔기 때문이다. 마르스는 처음에 그 아이들이 라벤더를 훔치러 도둑질하려고 온 아이들로 생각했다. 그래서 그는 자신의 경작지를 보호하려고 그 꼬마들에게 달려갔다. 그런데 가까이가자 사람이 아닌 머리털이 없는 작은 생명체인 것을 알고 깜짝 놀랐다.

목격자에 의해 재현한 상황도

그들은 1m 30cm가량의 키에 몸에 꽉 끼는 회청색의 옷을 입은 채 머리털이 없는 큰 머리와 가는 팔과 다리, 아주 좁은 구멍의 입과 턱 끝이 뾰족하며 커다란 눈을 가진 난생 처음 보는 생명체들이었기 때문이었다. 그들을 한동안 멍하니 바라다보자 그 중 한명이 마치 필기도구 같은 것을 꺼내서 마르스의 몸에 갖다 대자 순간 마르스는 온몸이 일시적으로 마비되는 현상이 일어났다.

잠시 후 라벤더 농장 이 곳 저 곳을 들러 본 그들은 공중에 둥둥 떠서 UFO쪽으로 돌아갔다. 그들은 우주선 안으로 돌아간 뒤에도 계속 농부를 관찰하였다. 그리고 15분 후 UFO는 착륙용 다리가 빙빙 돌며 올라가면서 강한 쇳소리를 내며 이륙하여 사라졌으며 이어 마르스의 마비 현상이 풀렸다.

마르스는 이를 헌병대에 신고했고 GEPAN은 조사에 나서게 되었다. 마르스는 "그들은 마치 병속의 거품들처럼 광선 띠를 따라 자유자재로 오르내렸어요"라고 말했다.

이 사건이 주목 받는 이유는 라벤더 농장에 물리적인 착륙 패드 흔적이 명백히 남아 있었기 때문이다. UFO가 착륙한 자리에는 깊이 50cm 정도의 뚜렷한 원형의 구멍 자국이 오랜 기간 남아 있었는데 GEPAN 조사결과 착륙지점에서 방사능 수치도 높게 나타났다고 한다. UFO는 물리적인 것으로 만들어진 물체임이 틀림없는 것이다.

UFO의 놀라운 비행패턴

UFO가 갖는 불가사의한 고도의 비행능력은 아마도 현재의 과학기술로서도 불가능하다고 보며 그 기술의 격차는 엄청난 갭이 존재할 것으로 보인다. UFO의 신출귀몰한 비행술은 과학자들조차도 생물의 움직임과 유사할 정도로 매우 유연한 비행방식을 보여주고 있다고 말한다.

UFO는 공기와의 마찰 저항력이나 중력권의 영향권, 관성력의 저항에 아무런 제재를 받지 않는 것처럼 비행한다. 마치 지구의 중력권에서 해방된 듯한 또는 중력에 반하는 반중력을 일으키거나 UFO 주변의 에너지 장이 중력장에 영향을 받지 않도록 반중력 관성스크린을 형성하여 완전한 별개의 독립계로 움직이는 듯 하다.

그렇지 않고서는 UFO가 무소음의 비행과 충격파없이 공기와의 저항에 따른 마찰열에도 끄떡하지 않고 초고속의 비행과 어떠한 형태의 비행이든 구사하는 놀라운 능력을 펼칠 수 없는 것이다. 우리의 눈에 비치는 UFO의 비행패턴은 상상도 할 수 없는 수준에 올라가있는데 전투기로도 추적이 불가능할 정도이며 오히려 역추적을 당하기도 한다.

시속 수백 킬로로 비행 중이다가도 수천 킬로로 급가속하는 놀라운 스피드와 초고속 비행 중에도 예각 또는 직각방향으로 꺽거나 반대방향으로 역회전하는 경우에도 기체와 승무원이 아무런 충격을 받지 않는다는 것은 기존 비행역학적 측면에서 참으로 놀라운 일이 아닐 수 없다.

예를 들어 급상승, 급강하, 고속 비행시 직각회전 및 예각회전뿐만 아니라 분열, 편대비행, 합체 등 모든 방향으로의 급속한 비행이 그 즉시로 가능하며 이 같은 상황에서도 UFO 내부에서는 아무런 동요도 일으키지 않는다.

그러한 능력은 우리의 과학에 의해 알려진 법칙이나 방식에 어떠한 의존도 하지 않는다는 시사점을 우리에게 던져준다.

그렇다면 우리의 과학수준으로 UFO의 비행원리와 추진력에 관하여 해명은 불가능한 것인가? 들리는 소문에 의하면 미국과 같은 강대국에서는 이미 UFO의 놀라운 비행술을 관측하고 정보를 입수했으며 그와 같은 동일한 성능을 갖는 비행체 개발에 오래전부터 연구를 매진하여 왔었다고 한다.

UFO 추진력의 해명은 모든 운송수단 및 기존 비행기의 성능을 가히 놀랍도록 향상시킬 뿐만 아니라 기존 물리법칙의 새로운 이해와 접근, 밝혀지지 않았던 새로운 자연법칙의 놀라운 발견이 드러나게 될 수 있다고 본다.

우리가 접근해야할 방식은 그들의 비행체 형태와 놀라운 비행술의 패턴을 면밀히 살펴볼 필요가 있다고 본다. 그런 후 기존 물리법칙이나 항공역학 관점에서 가능한 이론적 배경을 세우고 모순점을 해결할 수 있는 방법을 찾아내기 위한 관점의 획기적인 전환이 필요하다.

1. 기이한 UFO의 비행능력

2009년 6월 30일 밤 11시경 미국 아이다호 주에서 여러 명의 운전자들에 의해 신출귀몰한 비행술을 보이는 UFO가 목격되었다. 이 UFO는 지상을 향해 추락하는듯 하다가 갑자기 하늘로 치솟는 기이한 비행장면을 보였다.

미국의 민간 UFO연구단체인 UFO상호통신망(MUFON)에 신고된 바에 따르면 이 UFO는 목격자들이 식별할 수 있는 근거리로 접근한 후 지상으로 1~1.5미터까지 급하강했다가 돌연 초고속으로 상승한 후 다시 추락할 듯 땅으로 돌진했다가 급속 정지하고 갑자기 이륙하는 기이한 비행연출을 보이다가 멀리 사라져 버렸다고 한다.

2. 자동차로 급강하한 UFO

2008년 6월 호주 노던 테리토리에서 엘리어트에 거주하는 노부부가 87번 국도를 따라 승용차로 여행을 하는 중이었다. 그런데 어느 순간 UFO가 갑자기 출현하여 차로 접근해 지나가는 바람에 놀라는 일이 일어났다고 현지 엔티뉴스가 보도했다.

노던 준주 엘리어트에서 40년간 기계공으로 일한 로리 퍼치스(70)는 부인 그웬(69)과 함께 퀸즐랜드로 여행 갔다가 집으로 돌아오던 저녁 4시경 스리웨이스 동쪽 55km 지점에서 직경이 6미터쯤 되는 은색 광채를 띈 비행접시를 발견했다. 그런데 UFO가 갑자기 차 쪽으로 급강하하면서 굉장히 빠른 속도로 큰 소음을 내며 차를 스쳐 지나갔다고 한다.

UFO의 다양한 형태

우리가 UFO를 목격했을 때 쉽게 구분을 할 수 있는 이유 중의 하나는 UFO가 갖는 독특한 외형에 있는데 항공기와는 달리 날개와 같은 돌출된 부분이 없는 매끄러운 둥근 원반형이거나 구형, 시가형, 돔원반형 등 좌우대칭형꼴의 구조를 가진 매우 단순한 형태라는 점이다.

UFO의 대부분은 둥근 원형의 납작한 형태로 돔형태를 이루는 돔형 구조나 구형, 럭비볼형, 토성형, 시가형 등 좌우 또는 상하 대칭형으로 항공기처럼 앞과 뒤의 구분이 따로 없다.

항공기의 경우 추진력을 내는 양쪽 엔진과 꼬리부분의 뒤쪽이 비행기를 앞으로 날게 하는 양력을 발생시키지만 UFO는 360°의 원형 구조를 가짐으로서 비행체의 진행방향을 자연스럽게 유도하며 어느 방향으로든 즉각적인 행동이 이루어질 수 있다.

물론 UFO가 모두 원반형이라는 것은 아니며 삼각형 또는 시가형, 원통형의 UFO도 목격되지만 그들 물체 역시 양력을 발생하기 위한 특별한 날개를 갖고 있지 않다. 정확히 말하면 UFO는 어떤 형태를 갖던지 비행하는데 전혀 영향을 받지 않는다.

원반 또는 비행접시, 디스크와 유사한 UFO형태는 대표적인 10가지 유형 분류 외에도 그 형태가 매우 다양성을 띠고 있다는 사실이 전 세계 각처에서 목격한 사람들의 증언에 의해 입증되고 있다.

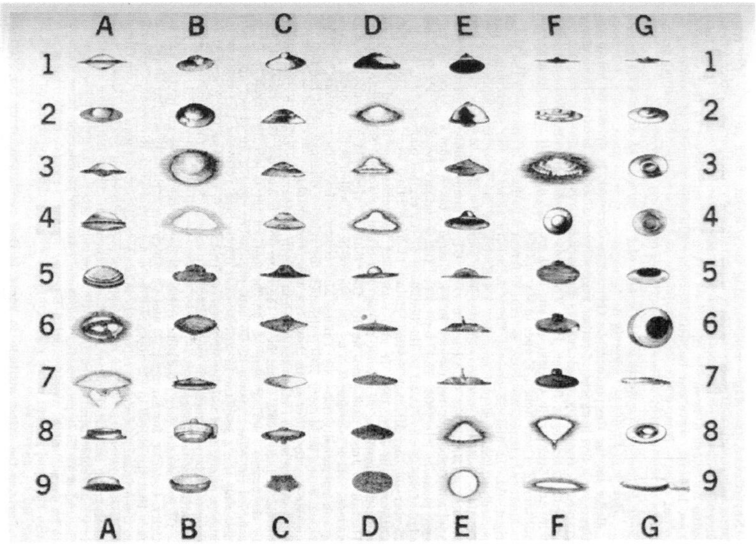

UFO의 다양한 형태들

1. 초미니 원반형 UFO의 출현

2008년 5월 아프리카 남서 해안에 위치한 남미비아 우사코스에 직경 45cm 크기의 초소형 UFO가 마을에 나타나 수많은 사람들이 그들 머리위로 낮게 지나가는 광경을 목격했다고 남미비안 뉴스가 보도했다.

목격자의 진술에 의하면 스와코푼드 방향으로 무척 낮게 떠서 굉장히 빠른 속도로 비행했다고 한다. 이 UFO는 직경 약 18인치에 긴 꼬리를 가진 둥근 형체로 마을 전체에 거대한 광채를 비추고 사라졌다고 한다.

2. 영국 상공에 출현한 삼각형 UFO

2007년 12월 삼각형의 독특한 외형을 가진 도리토스 과자 모양의 미확인 비행물체가 더들리 등 영국 중부 지역의 하늘에서 수십 명에게 목격되면서 동영상으로 촬영되었다고 영국 익스프레스엔드스타가 보도했다.

언론 보도에 따르면, 거대한 삼각형 모양에, 각각의 세 꼭지점과 기체 중심부의 중앙에서 빛을 발산했다고 했다.

당시 이 비행물체를 목격한 연령층도 다양한데 학교 수업이 끝난 후 집으로 돌아가던 10대 소녀부터 산책을 즐기던 30대 부부, 60대 남성 등 많은 사람들이 대형 삼각형 비행물체를 목격했다는 신고 전화가 언론사에 빗발쳤다.

검은색 삼각형 UFO의 출현은 1987년 이후 전 세계 각처에서 목격되기 시작했는데 일설에 의하면 미공군이 보유한 중력을 상쇄시키며 비행할 수 있는 무중력 항공기로써 극비리에 개발된 지구제 UFO의 한 종류로 보고 있기도 하다.

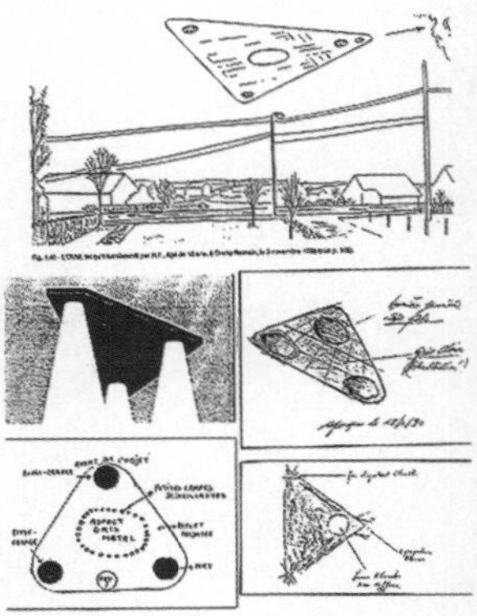

1989년 벨기에에서 목격된 삼각형 UFO의 스케치

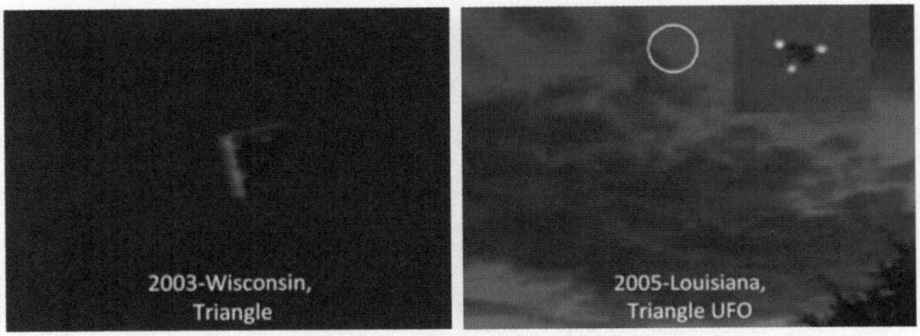

위스콘신주(좌)와 루이지애나주(우)에서 촬영된 삼각형 UFO

UFO와의 근거리 근접 조우

UFO와의 조우사례를 살펴보면 대부분은 원거리 조우가 많이 일어나지만 예기치 않은 상황에서 근거리 근접조우가 발생하기도 한다.

근접조우는 크게 두 가지 형태로 분류되는데 UFO와의 근접조우와 외계인과의 근접조우를 들 수 있다.

UFO와의 근접조우는 저공비행 또는 저공에서의 체공상태, 근거리의 착륙 상황에서 일어나곤 한다. 때로는 먼거리상의 UFO가 갑자기 목격자와의 근접거리로 접근하여 조우되는 경우도 일어난다.

그 어떤 상황에서건 UFO와의 근접조우는 조심해야 하며 극단적인 행동을 취해서는 안된다.

이러한 근접조우를 연구자들 사이에서는 제 3종 조우라고 말하는데 이런 체험을 한 사람을 콘택티라 부른다.

콘택티의 대표적인 케이스로 조지 아담스키가 있으며 그는 자신이 찍은 선명한 비행접시(자선) 및 시가형(모선)사진들과 비행접시 동승체험기를 책으로 내어 발표를 하면서 일약 유명세를 떨쳤다.

이후 이와 비슷한 체험을 한 콘택티들이 속속 나타나면서 자신이 경험한 체험담을 발표하기도 했다. 그들은 직접적인 접촉뿐만 아니라 영적인 콘택트를 하기도 하는데 일명 채널링이라 부른다.

UFO에 피납된 사람들 중에는 이처럼 채널링에 의해 그들로부터 메시지를 수신 받는 사람들도 있다고 한다. 채널러들은 정신적인 교감을 위한 텔레파시에 의해 우주정보의 메시지를 전달받는데 책으로도 출간되거나 다큐 프로그램에 출연하여 자신이 수신한 여러 가지의 정보들을 공개하기도 한다.

1. 공중으로 자동차를 들어올린 UFO

UFO에 의해 자동차가 들려 올려가는 상상도

2010년 3월 20일 늦은 밤 미국 뉴햄프셔 주 벨크냅 카운티 라코니아에서 일어난 UFO근접조우사건은 당사자들을 그날 엄청난 공포와 충격 속에 몰아넣었다.

그 녀는 집을 방문한 남자 친구와 함께 승용차를 몰고 드라이브를 즐기다가 차를 세우고 달구경을 하던 중이었다. 갑자기 하늘에 나타난 거대한 검은색의 비행물체를 목격하게 되었다.

두 사람은 그 물체를 주시하다가 UFO가 차쪽을 향해 가까이 접근해오자 몹시 당황한 이들은 차에 탄 후 급히 달아나려고 했다. 그런데 모든 장치가 말을 듣지 않으면서 핸들조차 작동하지 않았고, 더욱 공포스러웠던 것은 갑자기 자동차가 허공으로 뜨면서 차에 탄 채 하늘로 들어 올려졌고 몸은 마비된듯 전혀 움직일 수 없었다.

그들은 차체와 함께 공중으로 들어 올려진 후 180피트를 이동한 뒤 지상 아스팔트 길 위에 추락하여 내동댕이치면서 앞 유리창이 깨지고 에어백이 터지면서 남학생은 팔에 부상을 입게 되었다.

다행히도 차가 땅에 추락한 후에도 시동이 걸려 전속력으로 집으로 달려간 여학생은 어머니에게 사건의 자초지종을 설명하고 경찰에 신고했다.

경찰조사관에게 목격자들은 당시 상황에 대해 엄청나게 큰 검정색의 비행물체가 지그재그로 움직이며 외형이 바뀌는 것 같았다며, 목격 당시 물체가 달을 가리는 것을 보고 크게 놀랐다고 말했다.

그들은 당시 현장에서 이상한 악취가 진동했다며 너무 공포에 질려 울거나 소리칠 겨를도 없었는데 UFO에서 커다란 경적 소리가 나더니 그 순간 지상으로 추락했다고 증언했다.

당시 여학생은 너무 놀라 2시간 동안 울음이 멈추지 않았고 무서워서 더는 밤에 외출을 못하고 있다고 했다.

2. UFO와 충돌할 뻔 했던 영국 경찰 헬기

2008년 5월 영국에서 웨스트미들랜즈주 버밍엄에서 경찰 헬리콥터가 임무 중에 미확인 비행물체와 마주치는 사건이 일어났다.

당시 헬리콥터에는 조종사와 경찰 두 명이 탑승해 있었는데 수색 작업을 하던 중 고도 457m에서 정체를 알 수 없는 비행물체와 충돌할 뻔 했다.

항공교통사고위원회 보고서에 따르면 헬리콥터에 타고 있던 세 명은 이 비행물체에 대해 "크기가 작고 지속적으로 파란색과 초록색 불빛이 났다. 그 물체는 다른 곳으로 날아가기 전까지 100m 밖에서 헬리콥터 주위를 계속 맴돌았다."고 전했다.

조종사는 처음 이 물체를 무선으로 조종되는 모형 비행기로 여기고 열카메라로 주변을 조사했지만 어떠한 움직임도 포착하지 못했다.

이에 대해 영국 모형비행기 협회는 "이 비행물체는 무선 원격조종 비행기가 날기에 너무 높은 고도에서 날고 있었다."며 이 같은 추측을 부인했다고 한다.

그런가하면 영국 웨일스 경찰청은 당국 소속 헬리콥터 승무원들이 정체를 알 수 없는 비행물체를 목격했다고 발표했는데, 6월 8일에 또 영국 경찰 헬기가 갑자기 출현한 UFO와 충돌 위기상황이 벌어지면서 급선회를 한 뒤 UFO를 추격하는 상황까지 벌어지는 조우사건이 발생했다고 발표한 것이다.

신문들은 "UFO가 헬리콥터 옆을 스치듯 지나가자 경찰이 기수를 돌려 전속력으로 추격했지만 브리스톨 해협 상공에서 연료가 떨어져 더 이상 쫓아가지 못했다."고 전했다.

또한 경찰청은 "남부 경찰서 항공지원팀에서 지난 8일 매우 낯선 비행물체를 목격한 것이 확인됐다."고 밝혔다.

UFO와 충돌위기를 겪은 영국 헬기의 당시 상황 가상도

발표 내용에 따르면, 당시 경찰 헬리콥터는 착륙 대기중인 상황이었으며 비행물체 목격 사실은 현지 시간으로 8일 0시 40분에 최초로 보고됐다고 밝혔다.

사우스웨일스 경찰 대변인 발표에 따르면, '경찰 헬기가 500피트 상공에 정지하고 지상 관제소의 착륙 지시를 기다리던 중 밑으로부터 헬기를 향해 빠른 속도로 접근하는 UFO를 발견하고 충돌을 피해 급선회한 뒤 항공 지원팀에 상황을 보고하고 멀리 노스데번 해안선까지 추격하다가 연료가 떨어져 세인트 아던 기지로 돌아왔다'고 말했다.

3. UFO를 추격한 전투기

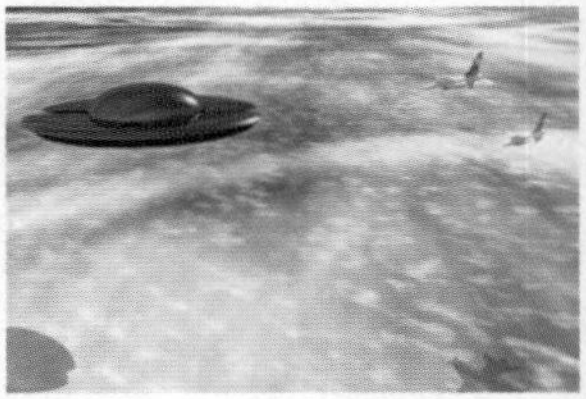
목격당시 상황을 재현한 그림

2008년 1월 13일 미국의 민간UFO연구단체인 MUFON에 제보된 한 목격자의 증언에 따르면, 텍사스주 상공에 출현한 UFO를 목격할 때 전투기가 추적하기 위해 접근하는 광경을 보았다고 했다.

목격 일시는 2008년 1월 8일 오후 10시 40분경으로 당일 집안에서 TV를 보고 있었던 목격자는 밖에서 개가 짖고 방목지의 말이 날뛰고 있는 것을 이상히 여겨 집밖으로 나갔다. 하늘을 쳐다보니 거대한 종모양의 물체가 지상으로부터 1마일 정도 높이에 떠 있는 것을 보게 되었다.

그 물체는 원반형의 밝은 물체로 수시로 삼각형 모양으로 변형되면서 30분간 집안의 TV가 이상한 잡음을 일으키는 소리가 나는 것을 알게 되었고 그 순간 멀리서 제트기 소리를 들을 수 있었다고 한다.

그 비행기는 Ft. Worth 지역에서 오는 것 같았는데 UFO에 빠르게 접근하려는 제트기를 눈치 챈듯 UFO는 빛이 네 번 점멸하더니 검게 변하면서 고속 비행으로 사라졌다고 한다.

UFO와 충돌해 구부러진 꼬리 날개와 깨진 조종석 캐노피

4. UFO와 충돌한 전투기

2007년 10월 30일 루마니아 게를라에서 6km 떨어진 상공에서 공군 MIG-21 전투기와 UFO가 충돌하는 사고가 발생하였다.

루마니아 정부는 이를 국영 PRO TV에 이례적으로 보도해 화제를 불러 일으켰는데, 당시 일상적인 영공 초계 비행 중이던 루마니아 공군 소속 미그-21기 2대는 6,300미터 상공에서 5대의 UFO를 발견하고 즉시 추격에 들어갔으나 구름에 가린 UFO들 가운데 1대가 갑자기 구름 밑으로 나타나면서 시속 800km로 비행하던 미그기와 충돌했다.

이 바람에 조종석의 유리창이 깨지고 꼬리 날개가 구부러지는 심각한 사고를 당했다.

다행히도 UFO와 충돌한 전투기의 조종사는 전혀 다치지 않은채 무사히 귀대했다.

사고기의 조종사는 증언하기를 다른 동료 전투기와 함께 UFO를 뒤쫒으며 비행했으나 UFO 한 대가 구름 밑에서 갑자기 나타나 피할 수 없었다고 말했다.

그런데 공군 당국의 발표는 이와 정반대의 입장을 취했다. 공군측은 TV 인터뷰를 통해 비행기와 충돌한 비행물체는 UFO가 아니고 새였다고 발표한 것이다.

미그-21기에 장착된 카메라는 충돌 직전 4대의 다른 UFO들이 편대를 이루며 비행하는 장면을 촬영했는데 6,300미터 상공을 전투기 속도로 비행할 수 있는 새가 있을 수 있냐는 이의제기가 들어왔다.

시청자들은 문제의 충돌 비행물체가 UFO가 확실하지만 루마니아 공군 당국이 국민들의 파장을 의식해 공식 보도 관례에 따라 UFO를 새라고 발표한 것으로 믿고 있다.

5. 초대형 시가형 UFO 의 목격

〈인디펜던스 데이〉영화에는 도시를 뒤덮을만한 초대형 UFO가 등장한다. 만약 이 영화에 나오는 것처럼 도시전체를 뒤엎을 만한 크기는 아니지만 우리가 상상할 수 없는 크기의 비행물체가 실제 날아다닌다는 것이 사실이라면 어떠하겠는가?

주로 모선으로 알려진 시가형 UFO 또는 원통형 UFO는 그 크기가 최소 수백 미터에 달하는데 지상으로부터 매우 높은 고도에서 비행하는 것으로 알려져 있다. 따라서, 웬만해선 목격하기가 어렵다.

원통형 UFO를 추적하는 전투기 동영상으로 알려진 캡처화면

그럼에도 불구하고 지상에서는 목격하기가 힘든 모선 UFO가 하늘에서는 심심치 않게 목격이 되곤 한다. 구소련의 전투기 조종사가 촬영한 전방의 원통형 UFO가 급가속하여 상승비행하는 장면을 담은 영상을 본 적이 있다.

2007년 영국과 미국에서 각각 초대형의 UFO가 조종사에 의해 목격된 적이 있는데 그 길이가 1마일이 넘는 크기의 UFO가 정지된 상태에서 여객기 조종사에 의해 목격되었다.

미국에서 같은 길이의 초대형 UFO가 목격된 것은 여태까지 목격된 UFO 중 가장 큰 축에 속하는 UFO로 채널 제도에서 여객기를 조종하고 있던 조종사와 승객에 의해 목격되었다.

Aurigny 항공사 기장 레이 보이어는 "담배 모양의 흰색의 빛으로 빛나는 물체"를 봤다. 물체를 자세히 관찰하기 위해 보이어는 프리즘 쌍안경을 꺼냈다. 아주 가느다란 노란 물체였는데 주변으로 녹색 빛이 났다.

"그건 약 610m 상공에 떠 있었고 정지한 상태였어요. 우리 비행기에서 16km 정도 떨어져 있다고 생각했는데 65km나 멀리 있더군요. 아마 가까이서 보면 엄청난 크기였을 겁니다. 동서로 1.6Km정도 될 것이라고 생각합니다."하고 당시 상황과 물체의 크기에 대해 전했다.

건지섬으로 향하던 비행기는 또 다른 이상 물체를 목격했다. 보이어는 "두 번째로 이상한 물체가 보였습니다. 첫 번째 것이랑 똑같은 모양이지만 약간 작았어요." 이상 물체는 9분 동안 선명한 모습으로 떠있었다.

승객 케이트와 존 러셀(74) 역시 이상한 물체가 떠있는 것을 봤다. "오렌지색 빛을 봤고 물체는 옆으로 길게 잡아당긴 타원형이었습니다." 당시 다른 비행기를 조종하고 있던 조종사도 똑같은 것을 목격했다.

UFO를 촬영한 사진들

UFO를 촬영했다고 주장하는 사진들이 인터넷의 공유사이트와 신문에 게재되거나 유투브에 동영상을 업로드하여 많은 이들의 관심을 증폭시키고 있다.

국내에서도 연간 평균 250건 이상의 사진제보와 동영상 촬영물이 센터에 분석의뢰를 해오는데 그 중 대다수는 잘못 오인하거나 착각한 경우가 대부분을 차지한다.

평소 UFO로 오인할 수 있는 IFO 분류와 현상 및 오인 가능성이 높은 물체를 사전에 알아두는 것이 좋으며 배율이 높은 쌍안경을 준비하여 촬영 전에 확인하는 절차를 밟으면 오인가능성이 대폭 줄게 된다.

대낮에는 광학현상이나 새, 곤충류 따위의 물체가 스쳐 지나치다가 찍히는 케이스가 많으며 야간에는 조명불빛에 의한 반사광, 항공기의 위치표시등, 금성, 달, 조명탄을 오인하는 경우가 많다.

UFO를 촬영한 사진들에서 보이는 특징은 물체의 형태를 알아볼 수 없는 뿌옇게 찍히는 경우가 많은데 이는 기체 주위에 형성되는 스크린 효과(광휘현상)로 볼 수 있으며, 이 스크린의 역할은 공기의 마찰저항과 관성 및 중력의 차폐효과를 가지는 기능을 담당하고 있을 가능성이 높다.

반면 대낮에 햇빛이 강한 곳에서 UFO를 의도적인 존브로 방식에 의해 찍게 되면 선명한 사진을 획득할 수 있는데 이 점은 강한 햇빛이 스크린의 존재를 상쇄시키기 때문인 것으로 보인다.

UFO의 폭발장면을 포착한 엘리야 프리호츠코

미확인물체가 폭발하는 장면

1. 아마추어 천문가가 포착한 UFO 폭발장면

2012년 12월 20일 미국 캘리포니아주 새크라멘토의 아마추어 천문학자인 엘리야 프리호츠코는 천체망원경으로 별들을 관측하던 중에 빠른 속도로 이동하는 물체를 발견했다. 그는 UFO일지도 모른다는 생각에 망원경의 뷰파인더에 스마트폰을 대고 동영상을 촬영하였다.

그런데 촬영도중 갑자기 미확인 물체가 공중에서 폭발하는 장면을 보게 되었다. 순간 그는 '오 마이 갓 폭발했어!'하며 놀라움속에 충격적인 장면을 포착할 수 있었다.

그는 방송사와의 인터뷰에서 '또 다른 물체가 주변을 선회하는 것을 보고 놀랐다'는 소감을 말했다.

화제가 된 광경은 큰 빛덩어리 물체에 작은 물체들이 따라붙는 모습이 보이면서 물체들 사이의 간격이 좁혀질 때 큰 빛덩어리는 더욱 밝아지는 듯 하더니 폭발을 하는 장면으로 이어졌다.

그는 이 장면에 대한 보다 정확한 분석을 위해서 CBS방송에 제보를 하였고 방송국은 이를 전직 NASA에 근무했던 천체물리학자인 스티븐 마랜에게 전달되었다.

스티븐 마랜은 분석결과 문제의 장면들은 천문현상과는 별개의 것으로 천문현상이 아님을 밝혔다.

2. 미국 아리조나주 피닉스 발광체 집단 목격 사건

1997년 3월 13일 밤 그랜드 캐년이 있는 멋진 경관으로 유명한 미국 아리조나주 피닉스시 상공에서 대규모 크기의 UFO를 집단으로 목격하는 일이 발생했다.

이 사건은 영화로도 제작되어 국내에서 2016년 8월에 상영되기도 했는데 당시 수많은 목격자들과 촬영자들에 의해 다수의 사람들에 의해 목격된 유명한 사례로써 일명 피닉스 라이트(Phoenix Lights)로 불리운다.

이 목격사건은 그 물체의 크기 규모가 어마어마하여 당시 목격자들은 너나 할 것 없이 흥분하지 않을 수 없었다고 한다.

시간은 저녁 8시 35분경이었다. 목격자들의 숫자가 많아지면서 인근 루크 공군기지에는 시민들의 문의전화가 폭주하기 시작했다.

다음날 언론에 대대적인 기사가 나가면서 공군기지의 대변인은 A10 전폭기가 떨어뜨린 조명탄이었다고 발표했다. 그러나 시민들은 이 내용을 믿지 않았다. 언론은 공군의 발표대로 조명탄이었다는 해명기사를 내보내게 되었다. 목격자들의 증언에 의하면 물체는 V자형이거나 독립된 각각의 5개의 발광체인 것으로 말했다.

어떤 목격자는 이 물체가 거대한 물체에서 나왔다고 주장 한다. 미군의 최신 비밀무기 실험이라는 주장도 있었던 이 사건은 미 공군 경비대가 자신들 소속의 비행사가 공중에서 떨어뜨린 항공 조명탄이라고 설명했다.

이에 대해 전 아리조나 주지사였던 싱민튼 씨는 “나는 이 어리석은 해석에 대해 불쾌한 감정을 기억하고 있다. 나와 수백 명의 목격자는 알고 있다. 이 현상은 조명탄과 전혀 관계가 없다.”고 말했다.

그런 후 다음해인 1998년 1월 12일에 또 다시 피닉스 상공에 삼각형을 이루어 UFO가 출현했으나, 미공군은 다음날 공군에서 테스트한 조명탄이었다는 발표를 반복하게 된다. 그 UFO들은 3일간에 걸쳐 출현하였다.

그런 후 10년째 되는 2007년 2월 6일 밤 애리조나 주 피닉스 시의 시민들이 또 다시 흥분한 상태에서 경찰과 방송국에 UFO집단 목

아리조나주 피닉스시에서 촬영된 미확인발광체

격을 신고하는 대소동이 일어났다.

6일 밤 피닉스 하늘에 마치 10년 전 부메랑 UFO를 연상 시키는 발광체가 나타나 시민들이 집단 목격했고 피닉스의 빛으로 명명된 발광 UFO들이 다시 나타난 것이다.

마치 10년 전에 있었던 일을 증명이라도 하듯 재현하는 상황처럼 보였다.

미 디스커버리 채널 UFO다큐와 E채널, 히스토리 채널 UFO다큐물에서도 대대적으로 보도된 1997년 UFO집단 목격 사건 이후에도 사건의 진상이 규명되지 않은 가운데 10년 뒤인 2007년 2월 6일 다시 출현하자 이번에도 미 공군 대변인은 일명 탱크 킬러로 불리는 A-10기의 발광 불빛이라며 이 사건을 덮으려 했다.

미국의 채널 3와 CBS 애리조나주 방송사들과 KTAR라디오 등에서는 UFO출현과 집단 목격자들의 제보에 대한 방송이 연이어지고 있었다.

그해 7월에는 피닉스 라이트의 10주년을 맞이하여 피닉스 UFO 출현내용을 소재로 한 최신 UFO 다큐멘터리가 방영되기도 했는데 이 다큐물에는 전 아리조나 주지사인 파이프 사이밍턴의 목격증언도 함께 나온다.

그는 말하기를 "그것은 거대하고 단단했습니다. 제가 기억하기에 그것은 밀알 모양이었습니다. 그 불빛은 광대했고 다른 세상의 것처럼 느껴졌습니다. 용기를 내 말한다면 그것은 다른 세상의 것이라고 볼 수밖에 없습니다."고 밝혔다.

그는 자신이 목격한 UFO에 대해 당시 말하지 않은 것은 시민들에게 불안감을 주지 않기 위해서였다고 덧붙였다. 당시 불안감을 느낀 시민들의 전화가 장관 사무실에 쇄도했고 사람들의 불안을 불식시키기 위해 싱민튼 씨는 기자 회견을 열어 직원을 우주인의 모습으로 변장시켜 등장시켰다.

그는 "당시 우리는 시민들의 공포감을 줄이기 위해 이와 같은 방법을 동원했다."라고 당시를 회고했다.

그리고 2008년 4월 21일 저녁 시간대인 오후 8시 20분 경 피닉스 상공에 날아가는 4개의 미확인 발광체가 한 시민에 의해 2분 49초 동안 생생하게 촬영되었다는 소식이 전해졌다.

이 비행물체들은 시종일관 붉은 색깔을 띠며 약 7~8분 동안 여러 형태를 취하면서 비행했다.

연방항공국 피닉스 지부 대변인은 "수많은 사람들이 이 발광물체를 목격했다고 연락했다."면서 "항공관제사나 관제탑 근무자들도 이를 목격했으나 그것이 무엇인지는 아무도 모른다."고 확인했다.

이 물체들이 약 15~20분간 상공에서 일렬로 정렬한 채 멈춰 있었으며, 주변의 많은 인파들이 이를 동시에 관찰할 수 있었다. 공항관계자들이나 루크 공군기지 관계자들도 이 시각에 비행한 항공기는 없었다고 전했다.

3. 브라질 상공의 여객기를 추격하는 계란형 UFO

2010년 8월 브라질 리우데자네이루 인근을 비행하던 여객기의 한 탑승객이 촬영한 것으로 전해진 한 장의 UFO 사진에는 마치 계란을 닮은 듯한 모양의 비행물체가 떠 있다. 이 사진은 여객기의 창문 너머, 구름 위에 떠 있는 UFO를 촬영한 것이다.

물체는 계란 모양으로 촬영자 외에 다른 승객들도 목격했으며, 일부 승객들은 여객기와 미확인 비행물체가 서로 충돌하지는 않을까 비명을 지르며 공포에 떨었다고 한다.

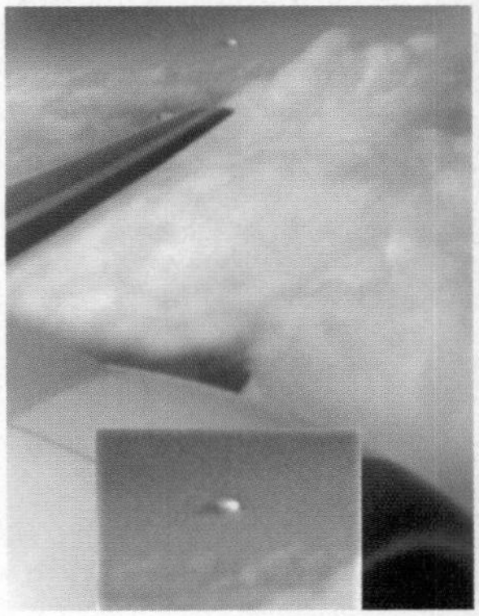
여객기를 추격(?)한 비행체를 촬영

이 계란형의 미확인 비행물체는 약 2분 동안 여객기 주위를 비행했다고 목격자들은 전했다.

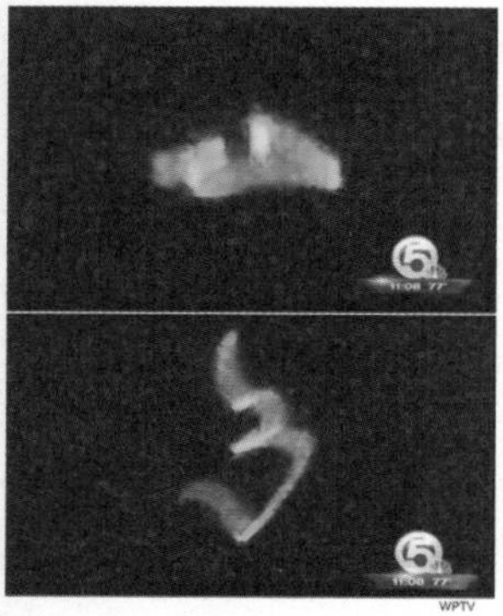
당시 촬영된 녹색 발광체

4. 미국 주택가 상공에 출현한 녹색빛을 발하는 UFO

2009년 7월 어느 날 밤 9시 경, 미국 플로리다주 팜비치의 주택가에서 녹색 불빛을 발하는 정체불명의 비행체가 약 3시간 동안 하늘에 떠 있었다고 선센티널뉴스 등 미국 언론들이 보도했다.

언론 보도에 따르면, '녹색빛의 UFO'로 불리는 축구공 크기 만한 녹색 불빛을 내는 이 비행물체는 주택가 90m 상공에 나타났고, 무려 3시간 동안 다양한 움직임으로 비행을 했으며, 수십 명의 지역 주민이 이 비행체를 목격하고 촬영했다는 것이다.

목격자들의 증언에 따르면 "느린 속도로 움직이던 비행체가 갑자기 빠른 속도로 곡예비행을 하듯 움직이기도 했다."면서 놀라움을 표했는데 항공기나 기구 등의 파편으로는 보이지 않았다는 것이다. 장시간 하늘에 떠 있던 이 비행체는 갑자기 모습을 감췄다고 한다.

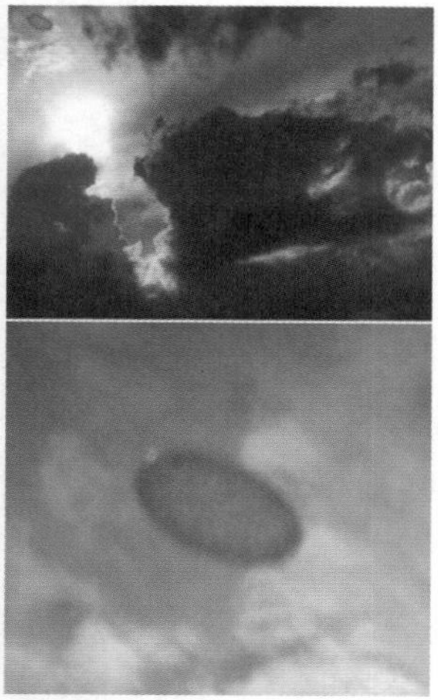
당시 일몰광경 촬영 때 포착되었던 UFO

5. 미국 콜로라도에서 포착된 원반형 UFO

2009년 6월 27일 오후 6시 50분, 미국 콜로라도에서 일몰 풍경을 카메라에 담기 위해 셔터를 누른 촬영자는 컴퓨터에서 확인한 결과 구름 사이에서 '이상한 원형 물체'를 발견했다.

대부분의 UFO 사진과 마찬가지로 촬영 당시에는 이 비행체의 존재를 알지 못했다고 했다.

'콜로라도 원반형 UFO'가 화제가 되고 있는 이유는, 테두리는 짙고, 속은 투명해 보이는 독특한 외관 때문이다. 이 물체는 도너츠형의 꼴을 가진 모습이었다.

6. 스페인에서 발생한 UFO 플랩

2008년 3월 14일 출근 차량으로 도로가 몹시 혼잡한 시간인 오전 8시 14분경, 에머랄드빛의 잔잔한 바다가 평화롭게 누어있는 '산 아구스틴' 해변도로 맞은편의 얕은 능선과 분지 위에 이상한 원뿔형 비행체가 갑자기 나타났다.

2007년 10월 13일 저녁 11시경 스페인 발렌시아 도심상공에 출현한 UFO 편대

운전하던 사람들이 너도나도 그 장면을 보려다 도로는 순식간에 혼란에 빠졌다.

목격자들에 따르면 오전 8시 14분께 원반형의 거대한 미확인 비행물체가 도로 상공에 나타났고, 사람들은 일제히 차의 속도를 줄이며 이 상황을 관찰했다고 한다.

목격자는 "우리는 분명히 봤다. 차량 행렬 바로 위 상공에 상상을 초월하는 속도로 나타나 지구상에서 상식적으로 이해가 안되는 순간 비행 기술로 갑자기 멈추었고, 다시 예각비행을 하며 한동안 창공에서 머물렀다가 빛처럼 사라졌다."고 증언했다.

또 다른 목격자는 "처음에는 너무 무서웠다. 창공에 떠 있던 거대한 원반형 비행접시 양 옆에서는 엄청난 빛이 발산되고 있었다. 더 놀라운 것은 비행접시 밑에서 나오는 엄청난 양의 하얀 섬광줄기였다."고 했다.

이날 오전 내내 스페인의 유명 지방신문사인 '카나리아 씨에떼' 고객센터는 시민들의 UFO 제보전화로 북새통을 이루었다.

핸드폰으로 제보를 한 대부분의 시민들은 상당히 놀라고 두려움에 찬 음성으로 "남쪽 '아길라 분지'에서 일어나고 있는 저 엄청난 일이 무엇을 의미합니까?"라고 물었다.

카나리아 지역으로 접근하는 모든 물체를 탐지하고 관측하는 스페인 군의 최첨단 전자 레이더 관측소에서도 선박도 아니고 비행기도

아닌 이상한 물체가 레이더에 잡혔고 바로 그 순간 관측통제소의 모든 기기들이 수 분 동안 먹통으로 변했다고 전했다.

동영상으로 촬영된 오헤어공항에 출현한 UFO

7. 미국 오헤어 공항에 출현한 UFO

2006년 11월 7일 오후 미국 시카고 오헤어 공항 상공에 출현한 목격 사례는 전 세계적으로 큰 파장을 불러일으켰다.

그도 그럴 것이 다른 곳도 아닌 공항에서 수십 명에 달하는 목격자와 여객기 조종사들 및 관제탑 직원들의 증언까지 속출하면서 큰 논란이 일었기 때문이다.

공항 활주로 상공에 출현한 미확인 물체는 접시 두 장을 포개어 놓은 듯한 모양의 대형 UFO로 공항 근처의 수십 명의 목격자가 있었음에도 불구하고 그동안 사진 자료 등의 증거는 나오지 않았다.

그런데 이 사건이 다시 한 번 주목을 받게 되었는데 당시 오헤어 공항에 나타난 미확인 비행물체의 모습을 담았다는 '동영상'이 공개되었기 때문이다.

목격 당시 물체로부터 소음이 전혀 나지 않았고 활주로 상공에 떠 있는 약 100m 크기의 비행체라는 것이 촬영자의 주장이다. 핸드폰 카메라를 통해 촬영된 1분 분량의 '시카고 오헤어 공항 UFO'을 본 사진 전문가들은 이 동영상이 조작된 것으로는 보이지 않는다는 의견을 제시했다.

8. 독일에서 찍힌 50M 크기의 원반형 UFO

2009년 3월 독일 뷔르츠부르크 상공에 출현한 UFO 목격사례는 매우 희귀한 촬영사례에 속한다. 약 100m 상공의 초저공으로 비행하는 물체를 포착하는 경우는 매우 드물기 때문이다.

자신을 마틴(익명)이라고 소개한 촬영자는 미확인 물체를 목격할 당시 상황에 대해 "일요일 오후 6시쯤 이었습니다. 미리 봐둔 장소에서 낚시를 하기 위해 강 옆 철길을 따라 걷고 있었어요. 하늘이 어두워지고 으슬으슬 추워졌는데 주변에는 차도 인적도 없었습니다. 기분이 나빠져 집으로 돌아가려고 했는데 갑자기 온 몸이 떨리고 정신이 혼미해지더니 곧바로 내 머리 하늘에 어떤 물체가 떠 있는 것을 알아차렸습니다."라고 말했다.

Wurzburg, Germany-March 8, 2009
마틴이라는 독일인이 지난 8일 독일 뷔르츠부르크에서 직경 50M에 이르는 초대형 UFO(동그라미 안)을 촬영해 화제다.

초저공비행 중에 촬영된 원반형 UFO (원안)

촬영자는 물체의 직경이 50m정도로 거대한 물체였으며 희고 푸르스름한 빛과 붉은 빛의 세 가지 빛을 내고 있었다고 설명했다.

그는 비행하는 물체로부터 아무런 소리도 듣지 못했고 첫 번째 촬영을 시도할 때 휴대폰 작동이 안 되어 실패하고 말았다.

UFO는 거의 소리 없이 큰 구름 뒤에서 나타났다. 마틴은 휴대전화를 꺼내 머리 윗쪽 상공을 지나는 UFO 촬영을 시도했지만 실패했고 UFO가 점점 멀어지자 촬영하는데 성공했다.

그는 촬영시점에 "휴대전화가 제대로 작동하지 않았습니다. 액정에는 이상한 선이 죽죽 그어져 보이지 않았고 휴대전화 버튼도 눌러지지 않더라고요."라고 말하면서 UFO가 점점 멀어지면서 거리가 확보되자 휴대폰은 다시 작동했고 간신히 UFO 촬영에 성공했다고 말했다.

이 시간은 약 15초 정도였다. 이 사례의 경우는 아마도 UFO가 저공비행 중에 강력한 에너지장의 간섭으로 인하여 주변의 사물에 일시적인 마비 또는 교란현상이 온 것으로 추정된다.

9. 영국에서 촬영된 붉은색 레이저 광선을 발사하는 UFO

2008년 11월 5일 영국 브리스톨에 사는 셰릴 윌리암스와 그의 어머니 베티는 자신의 집에서 밖을 바라보던 중 UFO로 보이는 물체가

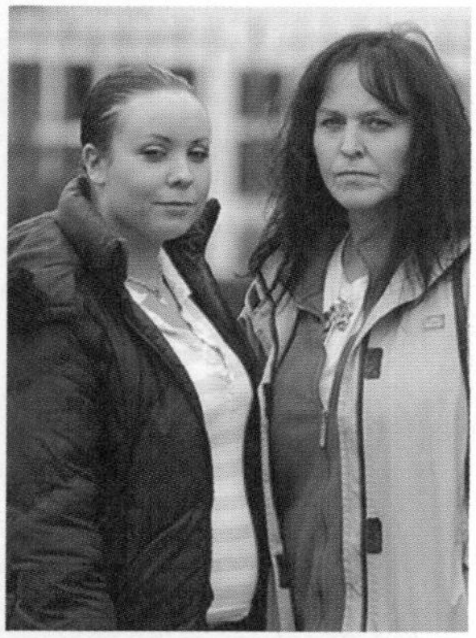

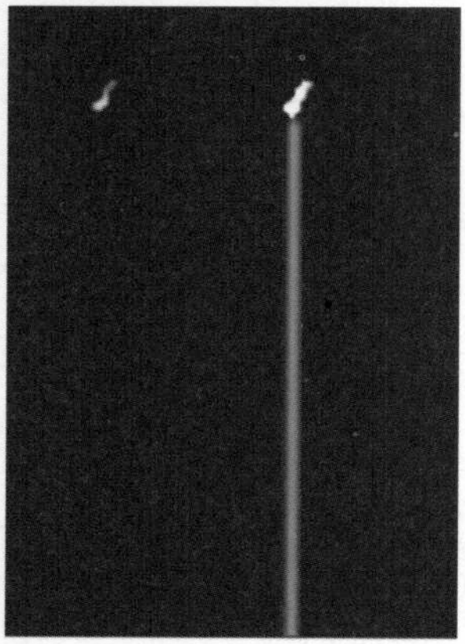

Shaft of fright ... red beam caught on footage

모녀가 함께 목격하고 촬영한 빔을 발사하는 UFO

하늘을 배회하고 있는 장면을 목격했다. 셰릴은 휴대폰 카메라로 촬영하는데 성공했고 레이저 광선과 같은 붉은색과 흰색 광선이 일직선으로 곧게 땅을 향해 내리 쬐듯이 발사하는 장면도 함께 동영상으로 녹화됐다.

해당 장면은 맨 눈으로 볼 수 없으며, 카메라 렌즈를 통해서만 보였다고 목격자들은 밝혔다.

베티는 "프리즘 쌍안경을 통해 빛의 무리를 봤고 이들은 원을 형성하고 있었다."고 말했다. 이웃에 사는 토니 제퍼리도 "2주 전 하늘에서 빛이 깜빡이는 것을 봤다."고 말했다고 신문은 보도했다.

하지만 촬영 당시 브리스톨 국제 공항의 항공교통관제 측은 "어떤 보고도 받은 바 없다."고 말했다. 또 잉글랜드 남서부주인 에이번과 서머셋 지역 경찰은 "그 시각 비행하던 헬리콥터는 없었으며 UFO에 대한 어떤 보고도 없었다."고 전했다.

10. 한국 문경에서 촬영된 솥단지형 UFO

2010년 2월 17일 문경에서 촬영된 사진은 매우 보기 드문 희안한 형태의 미확인 물체사진으로, 센터의 분석과 함께 미국의 전문가에게도 분석의뢰를 맡겼다.

이 물체의 사진은 국내에서 촬영된 사례 중 잠실, 주왕산, 수원에 이어 네 번째로 찍힌 사진이며, 해외에서 제보된 사진에서도 같은 형태의 물체사진이 있다.

미확인 물체는 매우 특이한 형태의 구조로 기존의 새나 곤충류는 아니며, 매우 구체적인 형태를 보이고 완전한 좌우 대칭형꼴을 갖추고 있다.

물체의 중앙 윗쪽에는 뾰족한 침과 같은 돌출된 부분이 관찰되고

2010년 2월 문경에서 촬영된 사진

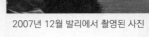

2007년 12월 발리에서 촬영된 사진

있으며 물체의 색깔은 햇빛의 반사와는 거의 관계없이 어두운 검은 색 계열을 띠고 있었다.

아래는 미 전문가의 회신으로 먼거리상의 큰 물체임을 말하는 분석결과를 센터로 보내왔다.

"카메라의 초점은 먼거리의 가지들에 맞춰져있다. 반면 가까운 나뭇가지들(왼쪽의 낮은 위치)과 미확인 물체는 초점이 불일치되어있습니다. 미확인 물체는 하늘의 뿌연 대기상태의 증거를 나타내주고 있으며 물체와 카메라 사이의 희미한 대기상태와 일치함을 보여줍니다. 물체는 먼 거리상에 있는 것으로 따라서 큰 물체입니다. 이전에 보낸 또 다른 사진과 명확히 비슷한 형태를 보여주고 있습니다."

UFO의 탑승자 목격 사례

그레이형 외계인의 모습

UFO를 조우한 사람들의 증언에 의하면 UFO 탑승자 또는 승무원들의 모습을 다양하게 보고하고 있는데 그중 약 70%는 소인형의 키가 80~130cm 이하로 작고 머리가 크며 머리칼이 없고 눈은 아몬드처럼 생기고 입과 코는 거의 없는 것처럼 보이며 팔과 다리는 가는 형태를 가지고 있다. 피부색은 회색빛을 띠고 있으며 인간과의 대화는 텔레파시로 한다.

나머지 30%는 인간형을 닮은 휴머노이드 타입과 로봇형, 털복숭이형, 괴물형, 거인형 등이 보고되고 있는데, 그동안 지구를 내방하여 인간에게 모습을 드러난 케이스별로 구분해보면 외계인의 타입은 수십 가지 종류에 달한다.

1996년 브라질 바진하에 추락한 UFO에서 탈출하여 생포된 외계인은 작은 키에 머리에 뿔처럼 생긴 돌기가 양쪽에 나 있었고 핏줄이 보일 정도로 피부가 얇았으며, 눈이 크고 붉은색이었다고 한다.

지난 50년간에 걸쳐 UFO가 미국을 비롯하여 전 세계 몇몇 나라에 추락한 것을 사실로 가정할 경우, 현장에 급파된 특수임무를 띤 군인들에 의해 그들의 사체가 회수되었을 것이며 추락현장에서 회수된 외계인의 종류는 매우 다양할 것으로 추측된다.

실제 이와 같은 업무를 수행한 전직 미 육군 외계인 회수 전담팀에 근무한 하사관 클리포드 스톤은 1997년 'UFO에 관한 진실의 폭로' 인터뷰에서 자신은 UFO추락현장에서 살아있는 외계인과 죽은 외계인도 보았다고 증언했다.

그의 말에 의하면 군에 근무할 당시 57종의 외계인들에 대해 기술한 현장 지침서가 있었으며 그들 중 9종이 '지구를 방문 중에 있었다'고 증언하기까지 했다.

1. 휴머노이드 타입의 외계 지적생명체

1961년 9월 19일 한밤 중 휴가를 마치고 자택을 향해 차를 몰고 가던 바니 힐 부부는 국도상에서 전방 상공에 발광체가 떠 있음을 발견했다.

바니 힐부부가 목격한 UFO의 모습

그 물체는 바니 힐 부부의 차를 추적하는 듯 했다. 바니는 이상한 생각이 들어 차를 세우고 쌍안경으로 물체를 살폈는데 핫케이크처럼 생긴 물체에는 창문처럼 보이는 것이 여러 개가 있었는데 그 안에 휴머노이드 타입의 형상이 여럿 있음을 보게 되었다.

바니는 그 중 한 명과 눈이 마주쳤는데 무엇보다 치켜 올라간 눈이 기분을 상하게 했다.

이후 바니 힐 부부는 공포에 질려 다시 차를 몰고 국도를 달리고 있었다. 그런데 2시간의 시간이 흘렀을 즈음 문득 정신을 차리고 보니 달리던 지점에서 무려 50km 이상 다른 지점을 달리고 있었다.

그 후 바니 힐 부부는 이 이상한 상황에 대해 의문을 품고 심리학자를 찾아가 시간역행 최면요법으로 2시간의 잃어버린 기억을 되찾았는데, 놀랍게도 그들은 UFO안으로 피랍되어 피부, 머리카락 채취 등 생체검사를 받고 기억이 지워진 채 지상으로 되돌려졌음을 알 수 있었다.

바니 힐 부부의 케이스처럼 UFO와의 근접조우시 그 안에 탑승한 승무원의 존재를 목격하는 경우가 많다.

국내에서도 이와 유사한 사례가 1997년 8월에 발생했는데, 목격자는 일가족 3명으로, 당시 초등학생이었던 딸은 저녁식사 후 부모와 함께 산책을 하러 나왔다가 거대한 원추형의 UFO를 명확하게 목격했다.

주부인 OOO씨는 OO산 상공 쪽을 바라보다가 유성과 같이 보이는 별빛이 떨어지는 모습을 보고 '유성이다'라고 손짓으로 가리켰다. 그런데 그 불빛이 갑자기 지그재그비행으로 상승 비행하더니 순식간에 가족들이 서있는 쪽으로 날아왔다.

그 비행물체는 머리 위를 지날 때에 큰 불빛정도로 보였는데 어느새 아파트 크기로 변해있었다. 물체는 아파트(15층) 바로 윗쪽 상공에 머물고 있었다.

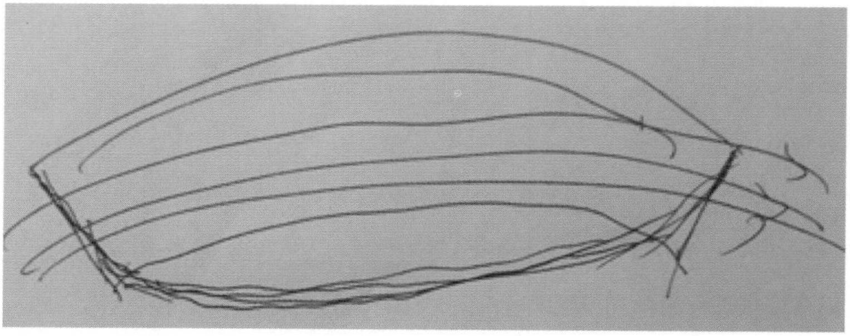

물체의 밑면 모습 스케치
물체를 감싸고 있는 빛이 우측으로 회전하고 있었다.

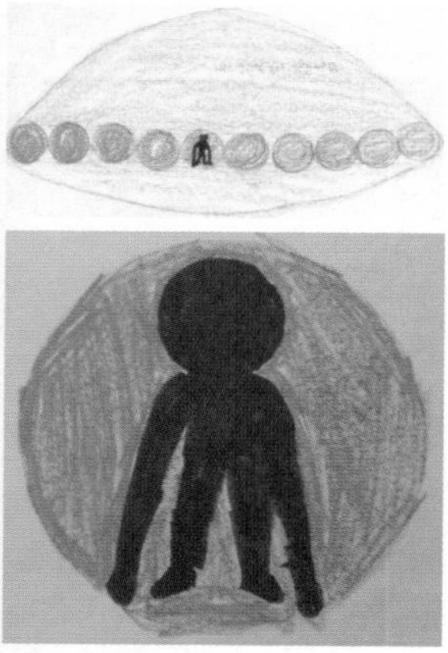

당시 목격한 원추형 UFO와 그 안에 탑승한 생물체의 목격 스케치

형태는 둥그런 접시형으로 밑부분은 오렌지 빛이 은은히 빛나는 밋밋한 형태로 윙윙하는 기계음 같은 소리가 연속해서 나고 있었다.

물체와 가족들과의 거리는 약 60m 이내였다. 순간 가족들은 심한 공포감에 사로잡혀 이를 다른 사람들한테 알리기 위해 딸을 차도가 있는 대로변으로 보냈고, 딸은 80m 위치에 떨어진 약국으로 갔으나 아무도 없어 다시 가족들이 있는 쪽으로 오는 도중에 물체의 측면 쪽을 정면으로 바라보게 되었다.

나는 이 사건을 조사하면서 목격할 당시 물체의 스케치를 본 그대로 그려보라 했고, 학생이 그린 물체는 UFO의 둥근 현창과 이상한 검은색의 팔이 긴 두 팔과 두 다리로 서있는 생물체를 그렸다.

약 15분 정도 목격된 이 UFO는 이후 움직이더니 동쪽방향으로 몸체가 작아지면서 마침내 사라졌다.

이 목격담은 국내 최초로 발생한 근접 조우사례로써 공식적인 조사자료로 남아있는 최근접 UFO 조우 케이스에 속한다.

UFO 현상에는 시대적 주기가 있는 것처럼 보이는데, 1947년 케네스 아놀드의 목격사건 이후 UFO의 방문이 4년을 주기로 출현이 잦아져왔다는 사실이 1980년 미 시카고대학의 심리학교수인 데보트 산토스박사의 분석결과로 밝혀졌다.

지난 30년간의 세계각처의 목격 데이터를 컴퓨터로 분석한 결과였다.

그 결과에 따르면 UFO뿐만 아니라 1950년대에 들어와 세계 각국에 UFO 착륙이 발생하면서 외계인의 모습이 인간에게 노출되기 시작하고 1960년~1970년대 사이에 외계인의 활동이 부쩍 활발해졌음을 알 수 있다.

아마도 지금까지 전 세계에 걸쳐 외계인과의 만남을 가진 사람의 숫자는 수만 명에 달할 것으로 추정된다.

외계인을 찍었다고 하는 사진들 중에 가장 신뢰도가 높은 사진은 다음에 소개하는 두 가

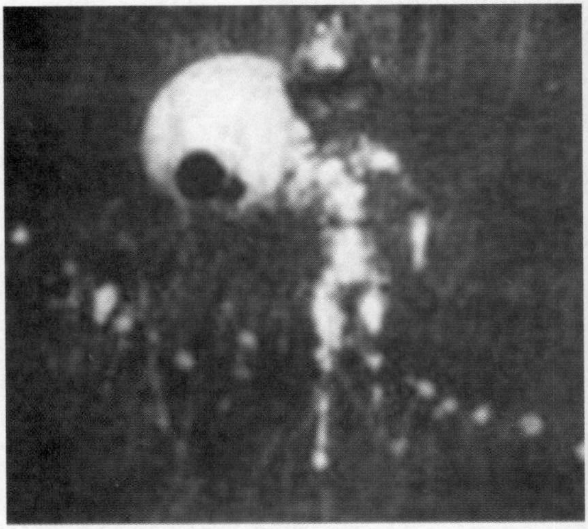

1967년 7월 21일. 로니 힐 소년이 촬영한 소인형 외계인

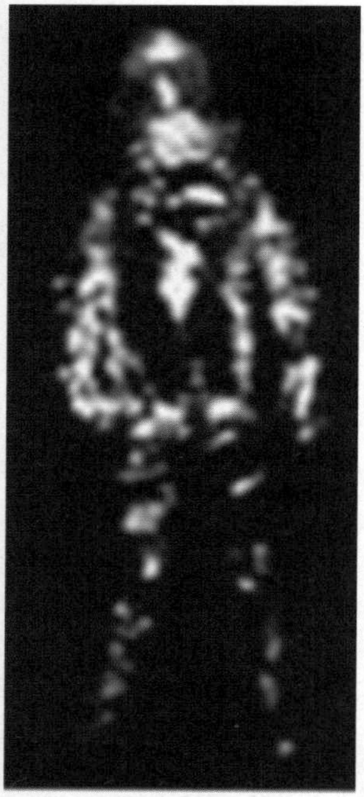

1973년 10월 17일 제프리 그린호 경찰 서장이 찍은 외계인 모습

지 케이스가 있다.

1967년 7월 21일 미국 노스캐롤라이나주 팜리코 군에 사는 로니 힐 소년(14세)은 집 앞 뒷마당에서 갑자기 이상한 '웅~' 소리와 함께 UFO가 출현한 것을 보게 되었다.

그런데 그 안에서 은빛 색깔의 슈트를 입고 나타난 1.2미터 가량의 키가 작은 외계인이 나타났다.

로니 소년은 집으로 들어가 카메라를 들고 나와 이 외계인의 사진을 찍었다. 외계인의 움직임은 부자연스러웠으며 다리를 흔들거렸다고 한다.

또 다른 조우사건으로는 1973년 10월 17일 밤 10시경 미국 앨라배마주 헌츠 빌 농장에 UFO가 착륙한 것이다.

신고를 받고 경찰서장인 제프리 그린호는 현장으로 가던 도중 비포장도로에 서있는 1.5~1.8m 신장을 가진 외계인과 마주하게 되었고 이때 4장의 사진을 찍었다.

인간과 비슷한 체격에 입고 있는 슈트가 마치 알루미늄 호일로 감은것과 같았고 어색한 걸음걸이를 했다고 한다.

서장은 이 외계인에게 말을 걸어보기도 했지만 반응이 전혀 없었으며 경찰차의 라이트를 점등할 때 방향을 바꾸어 재빠르게 도망을 쳤다고 한다.

의문의 가축 학살 사건과 UFO

1983년 7월 미국 미주리 주 마운트 버논의 왓슨부부는 멀리서 괴이한 광경을 쌍안경을 통하여 목격했다.

키가 작은 휴머노이드 타입의 생물체 둘이 소를 UFO안으로 들여보내려고 하는 광경을 목격한 것이다.

그런데 근처에는 털복숭이 괴물과 같은 형상의 생물체와 파충류의 눈을 가진 괴생물체가 이를 지켜보는 듯한 장면을 같이 목격했다.

이처럼 간혹 UFO와 이상한 모습의 털복숭이형 괴물이 같이 목격되는 사례가 있다.

미국에서는 이와 같이 수천 마리의 소들이 UFO에 의해 납치되거나 살육 당하는 사례가 꾸준히 있어왔다. 소뿐만이 아니라 양들까지도 피해가 있었고 매 번 사건이 일어날 때마다 경찰이 수사를 해왔지만 가해자의 단서를 찾지는 못했다.

초기에는 육식동물의 공격에 의한 소행이거나 악마숭배교의 집단에서 제물로 쓰기위해 몰래 살륙하는 것으로도 추정했으나 소 근처에 개들이 짖지 않은 점, 소의 피가 한 방울도 남김없이 빠져나간 점, 소의 주요 생체부위가 레이저 메스 또는 뜨거운 열에 의한 특수기구로 베어낸 것과 같은 피해증상을 보이면서 알 수 없는 미궁의 미스터리로 빠져들게 되었다.

그런데 소들에게 이런 사건들이 자주 일어나자 농부들은 보초를 서거나 누구의 소행인지를 알아내기 위해 관찰을 하던 중 소들에게 이상이 발견될 때마다 UFO가 출현한다는 사실을 알아냈다.

이를 뒷받침이라도 하려는 듯 마침내 미 국가 수사기관인 연방수사국(FBI)이 2011년 4월 공개한 기밀 문건이 FBI 웹사이트에 올라와 논란이 되었다.

FBI 웹사이트에는 "UFO가 8,000마리도 넘는 소들을 납치했다며, 미국 뉴멕시코 등지의 농장에서 젖소들을 납치한 뒤 죽여서 훼손된 사체들을 버렸다."는 충격적 내용을 담은 문서가 공개된 것이다.

1979년 1월 그리핀 벨이란 미국인 요원이 상사에게 건넨 것으로 알려진 이 문서는 "내 기억 속에 가장 희한한 일이 일어났다."는 벨 요원의 말이 쓰여 있는 것으로 전해졌다.

백악관으로 이 메모가 보내졌다는 주장도 있으나 확인은 되지 않았다.

문서에서 벨 요원은 "농부들이 젖소들이 UFO에 납치되는 광경을 목격했으며, 이렇게 사라진 소들이 8000마리가 넘었다."면서 "이후 소들이 근처 공터나 지붕 등에서 사체로 발견됐는데 장기 일부가 사라지고 피가 다 사라져 '특별한 실험'을 한 뒤 버려진 것으로 추정된다."고 주장했다.

뉴멕시코주와 이웃한 콜로라도주에서도 끔찍한 소 도살사건이 수없이 일어나기도 했다.

이같이 그동안 미국 전역에서만 소 살륙사건이 1만 여건을 상회하고 있다. 구멍이 뚫린 채로 발견되는 소의 사체는 피를 외부로 흘린 흔적도 발견되지 않으며, 가장자리는 뜨거운 레이저빔을 이용한 절개용 특수기구에 의해 잘려나간 것처럼 날카롭고 예리하게 도려진 채 버려졌다.

도살된 소들의 절개된 부분을 현미경으로 살펴본 결과 소의 살점이 익어진 상태로 마이크로웨이브처럼 구운 상태의 세포변화가 일어났고 대부분은 다리가 부러진 경우가 많아 공중에서 떨어뜨려 버려진 것이 아닌가 보고 있다. 그 많은 소들의 피는 어디로 간 것일까?

1. 양들의 미스테리한 죽음

2010년 4월 5일 일간 텔레그래프는 슈롭셔주 슈루즈버리의 농민들이 아침에 일어나 보면 이따금 '실험을 당한 듯한' 양들 사체가 발견되곤 했다고 보도했다. 이렇게 발견된 양들 사체 가운데는 뇌와 두 눈이 제거된 것도 있었다. 이곳 인근은 양들의 사체가 곧잘 발견되는 지역으로 양들의 몸에는 깨끗하게 구멍이 뚫려 있고 뇌와 다른 내장은 제거된 상태였다. 두 눈이 제거된 양 사체도 있었다. 그것도 왼쪽 부위의 고기만 깨끗하게 사라진 사체도 발견됐다.

현지 주민들 중에는 밤에 이상한 오렌지빛을 목격했다는 사람들이 있었다. 심지어 원반처럼 생긴 두 비행물체에 양들이 잡혀 가는 것을 봤다는 주민도 있었다.

UFO 헌터들이 특별 조사팀을 구성한 것은 이 때문이다. 이들은 훼손된 동물 사체가 밤하늘의 기이한 광선과 무관하지 않다고 주장하며 양들의 죽음은 외계인의 소행이라는 것이다.

지난 9년 동안 양들 사체의 수수께끼를 파고든 UFO 전문가 필 호일은 "양들 거의 모두가 이상하게 훼손된 채 사체로 발견되곤 했다." 고 전했다.

철강노동자로 일하다 은퇴한 그는 "양들이 고도의 기술에 의해 임상학적·외과학적으로 실험당한 것"이라고 주장했다.

호일 등 16명의 특별 조사팀은 어느 날 밤 웨일스 지방의 한 구릉지에서 밤하늘을 살피고 있었다. 그러던 중 원형 비행물체가 이상한 빛을 발하며 그보다 작은 비행물체까지 내려 보내는 것이 목격됐다.

이들이 당시 목격한 광선과 원형 비행물체는 지구인의 것이 아니었다고 말했다.

이 단체는 "외계인들이 수류즈버리 근처 농가에서 기르는 양들에게 병리학적 실험을 실시하고 있다."면서 "UFO가 출몰하는 모습을 본 피해 농부들의 증언도 확보했다."고 주장했다.

이 지역의 반경 50마일을 정찰하는 UFO가 정체불명의 오렌지색 광선을 쏘자 양들이 눈이나 뇌, 내장기관 등이 사라졌다고 피해 농부들이 증언했다는 것이다. 심지어 기르던 양 한 마리가 알 수 없는 원형 비행물체에 끌려 하늘로 올라갔다는 믿을 수 없는 주장을 한 농부도 있었다고 이 단체는 설명했다.

필 호일은 "지난 달 웨일스 지방에서 UFO가 광선을 쏘는 모습을 직접 봤다. 이 기이한 현상은 절대 우리의 지식이나 기술력으로는 설명할 수 없는 부분"이라고 외계인 소행설을 주장하며 외계인이 모종의 실험을 실시한 것이라고 확신하고 있다.

2. 소 도살 사건과 UFO와의 관계

2009년 12월 미국 콜로라도, 뉴멕시코에서 '의문의 소 도살 사건'이 일어났다.

콜로라도주 라스애니머스 카운티에서 일어난 가축학살 사건은 암소 한 마리가 농장 근처 강가에서 죽은 채 발견되었는데, 소의 생식 기관 등이 절단 된 채 발견된 것이다. 소의 사체 근처에 혈흔의 흔적이 전혀 없었고, 다른 동물이 소를 공격한 정황도 발견되지 않았다. 혀, 안구, 생식기 등이 잘린 채 숨진 암소의 사망 원인을 밝히기 위해 수의사, 경찰, 농장 관계자 등이 나서 조사를 했지만 뚜렷한 원인을 찾지 못했고 목격자 또한 나타나지 않아 오리무중이었다.

키우던 소를 잃은 농장 주인은 지난 1995년에도 비슷한 사건이 일어난 적이 있었다면서 "외계인이 소를 납치한 후 도살했다."고 주장했다.

언론보도에 따르면, 미국 콜로라도에서 농장을 운영하고 있는 농장주 마뉴엘 산체스는 최근 농장의 송아지 4마리를 잃고 상심에 빠졌고 그의 소들은 껍질이 벗겨지고 내장 등 장기가 제거되는 등 처참한 모습으로 발견되었다.

마치 레이저 광선, 외과용 메스 등을 사용해 정밀한 방식으로 소를 죽인 것으로 보인다는 것이 농장주의 주장이다. 소의 사체 주변에는 혈흔이 없었고, 동물의 발자국이나 소가 반항한 흔적이 전혀 없었고 또한 소는 혀가 사라진 끔찍한 모습으로 발견되었는데, 맹수 등 동물이나 고기를 노린 사람의 공격으로 보이는 흔적이 전혀 발견되지 않았다.

이와 비슷한 사건이 최근 몇 년 동안 콜로라도, 뉴멕시코의 농장에서 다수 보고되었고, 이 사건으로 인해 "소를 잡아먹는 괴물이 존재한다." 또는 "UFO가 소를 납치해 연구한 후 버렸다."는 등의 괴소문들이 퍼져나갔다.

사건을 조사한 지역 보안관은 "피해를 입은 농장주는 물론 UFO 연구가 등 전문가들 또한 사건의 진실에 대한 아무런 설명을 하지 못하고 있다."면서 답답함을 토로했다.

미국 언론들은 '외계인 젖소 납치 사건'이라는 제목으로 이 사건을 보도했는데, 1960년대에 비슷한 사건이 일어나 FBI가 수사에 나서기도 했었다. 하지만 비슷한 사건은 해결되지 않았고 미제 사건으로 처리되었다. 관계 당국의 관계자는 "소의 사체 주위에 존재하던 혈흔 등은, 자연 상태에서 저절로 사라질 수 있다."면서 외계인 음모 이론이 확산되는 것을 경계하는 조심성을 보였다.

Chuck Zukowski/denverpost

UFO expert investigating Colo. cow mutilations

In Duran's mind, that leaves only one other option.

미국 언론 보도 화면 /kwgn

외계인에 의한 인간납치 사건

외계인들의 인간에 대한 모종의 생체실험이 전 지구적으로 발생하고 있다면 매우 충격적인 일이 아닐 수 없다.

UFO를 지상에서 근접 목격하는 경우, 예기치 않은 UFO승무원과의 조우가 일어나는 예가 의외로 종종 발생한다. UFO를 발견한 후 호기심에 다가가다가 광선에 의해 온 몸이 마비된 채 의식을 잃고 UFO 안으로 끌려들어가 신체검사를 받거나 혈액, 피부나 머리카락, 손톱 등을 채취당하는 경험을 하거나 몸 속 어딘가에 전자 칩이 심어지고 심지어 여성의 경우 강제 임신이 되어 당시 기억이 상실된 채 되돌려지는 경우도 있다.

문제는 자신이 피랍당한 경험을 까맣게 잊어버린다는 사실이다. 가해자인 외계인들은 피랍자의 기억을 완벽하게 편집해내는 능력을 가진 듯하다. 피랍자들의 대부분은 잃어버린 시간동안 무엇을 했는지 전혀 기억해 내지 못한다.

1961년 9월 미국 뉴햄프셔주에서 주행 중 발생한 바니 힐 부부의 피랍사건과 1975년 11월 미국 아리조나주의 숲속에서 다이아몬드형의 UFO에 접근하다가 청록색의 광선을 맞고 쓰러져 UFO로 납치당한 경험을 한 벌목공인 트래비스 월튼의 5일간 실종사건, 1979년 6월 브라질의 상파울루주 미라솔에서 3명의 외계인에 의해 몸이 마비된 채 2시간동안 피랍되었던 사건, 외계인의 아기를 수차례에 걸쳐 임신했었다는 이태리의 지오반나의 사건 등 다양한 상황에서 그들과의 조우가 일어났다.

그럼에도 불구하고 외계인에 의한 피랍사건은 일반인들에게 대수롭지 않은 믿기 힘든 영역으로 남아있다.

이 분야의 세계적인 권위자인 데이비드 제이콥스 교수는 피랍사례들의 조사 연구가 인류에 있어 매우 중요한 문제임을 지적하고 있다. 그는 미 펜실바니아의 템플대학에서 20세기 미국사를 가르치고 최근에 퇴임한 역사학자이다.

외계인에 의한 피랍 조사연구 전문가인 데이비드 제이콥스 교수

1965년부터 UFO를 연구해왔으며 UFO현상의 외형적인 측면뿐만 아니라 UFO현상의 외계인에 의한 납치 등 내면적인 측면을 연구하는데 일생을 바쳐온 인물이다.

그는 피랍현상에 대해 다음과 같이 말했다.

인간과 똑같이 생긴 외계인 혼혈종들이 인간사회에 잠입하고 있는 증거들을 제시한 제이콥스 교수의 최근 저서(2015)

"이 주제를 연구하는 것은 쉽지 않습니다. 대부분의 학자들은 허황된 얘기라고 일축하고 연구할 가치가 전혀 없는 것으로 취급합니다. 물론 이 분야는 극히 논란이 많은 분야입니다. 사실 이보다 논란이 더 많은 분야는 상상하기조차 힘든 정도입니다. 지난 수십 년간 미국을 포함해 각국의 정부는 UFO목격사건들을 조사해왔지만 피랍현상은 아직 조사해본 적이 없습니다. 그들은 UFO안에 누가 타고 있으며, 왜 우리에게 왔으며, 도대체 이들 목격사건들은 결국 무엇을 뜻하는가 하는 문제에 대한 의문을 풀려고 노력을 했습니다. 미국 정부는 이 모든 것을 그저 상상의 산물이나 잘못된 정보, 혹은 시각적 착각정보로 치부해왔습니다. 또는 국가안보에는 전혀 영향을 주지 않으므로 관심조차 둘 필요도 없는 주제로 제쳐놓기도 했습니다. 미국 정부는 1948년 이후 여러 차례 이들에 대해 연구 프로젝트를 진행했음에도 불구하고 이런 이유를 들어 그 비행체들이 무엇인지, 여기서 무엇을 하고 있는지, 여기에 왜 왔는지에 대해 체계적으로 이해하려는 시도

를 전혀 하지 않았습니다. 이 연구들은 대중의 눈을 피해 극도로 조용히 진행되었고 아주 극소수의 사람들만 관여되어 있습니다. 1953년 이후부터 정부쪽에서는 한두 명밖에 이 주제에 심각하게 연구한 사람이 없었습니다. 이들 관료들은 UFO현상이 허황된 것에 지나지 않는다는 입장을 취했습니다. 그러나 과학자들의 시각은 달랐습니다. 알렌 하이네트 박사는 미 공군 프로젝트인 프로젝트 블루북에 20년간 민간인으로서 참여한 자문위원이었는데 연구하는 도중 UFO가 외계에서 날아온 비행물체일 가능성이 높음을 알게 되었습니다. 물론 이때에도 피랍현상은 다루어지지 않았습니다."

캐나다 맥길대학교 심리학 교수인 돈 돈 데리 교수

2013년 〈UFO, 외계인, 그리고 피랍 : 과학자의 입장에서 본 증거들〉이란 책을 펴낸 캐나다 맥길대학교 심리학 교수인 돈 돈 데리 교수는, 인간의 피랍현상에 대한 정통 과학자들의 부정적인 편견과 선입관을 지적하면서, 외계 지성체의 방문과 그들의 피랍목적에 대해 심도 있는 연구가 필요함을 UFO 피랍현상 주제 세미나의 영상 초청 인터뷰에서 다음과 같이 주장했다.

"경험하는 현상들이 이론과 맞지 않을 때에는 과학자들은 현상을 어떻게 봐야 할지 우왕좌왕하게 됩니다. 이런 경우 오히려 과학자들보다 보통 사람들이 과학자들도 보지 못하는 증거들을 더 정확하게 관찰하고 올바른 결론에 도달합니다. 과학자들이 무시하는 이 현상을 오히려 비과학자들이 정확하게 효과적으로 연구하며 신비한 사건들에 대해 그 의미를 알려줍니다. 여기서 과학자들이 이해하지 못하는 신비한 사건들이란 바로 외계지성체들의 지구방문을 두고 말하는 것입니다. 여기에는 마치 인간도 동물을 잡아 연구하고 놓아주는 것처럼, 이들이 인간을 데려가 연구하고 돌려놓는 소위 피랍사건도 포함됩니다. 이들은 인간보다 기술적으로 현저히 앞서 있기 때문에 현재까지는 이런 사건을 막을 수 있는 방법은 없습니다. 과학자들이 이들 사건들을 다룰 수 있는 능력이 없다면 비과학자들이라 하더라도 이에 관해 정확한 지식이 있는 한 그들의 존재를 증명할 수 있는 증거들을 일반인들에게 알려야 하는 책임이 있습니다."

또한 한국인으로서 외계인에 의한 피랍사건들의 국제적인 사례들을 깊이 연구해오고 있는 영국 옥스퍼드대의 지영해교수는 그들이 지구를 내방하는 목적과 지구의 인간사에 개입하는 이유에 대해 다음과 같이 설득력 있는 주장을 내세웠다.

"그들은 바로 인간이 보지 못하고 만지지 못하는 지구의 인접영역에서 우리 쪽으로 들어오고 있습니다. 그것은 마치 인간이 물속으로 들어가 고기와 직면하는 것과 같다고 볼 수 있습니다. 물고기들은 우리가 그들 바로 옆에 살고 있는 것을 알지 못합니다. 20세기 중반부터 인류는 대규모 핵실험과 산업화를 통해 지구의 생태계를 급격히 파괴하고 있는데 지구의 생태계는 인간뿐만이 아니라, 물속의 고기나 땅속의 지렁이들도 같이 사용하는 생명공간입니다. 외계인들도 지구의 다른 생명체와 같이 이 생태계를 공유하고 있으며 그들은 인간의 행위로 인해 파괴되어 가는 공동의 집을 보호하기 위해 인간사에 개입을 하고 있다고 봐야 할 것입니다. 20세기 이전에도 그들은 가끔 인간사회에 출현하기도 했으나, 인간사에 개입하지 않는 것이 원칙이었습니다. 그러나, 이제 그들 스스로를 보호하기 위해 인간사에 개입하고 인류의 진화론적 방향에 전환을 가하는 것으로 보입니다. 20세기 중반이후 UFO가 집중적으로 나타나기 시작한 것이나, 원자력시설, 군사시설, 핵무기 시설 주변에서 자주 UFO가 목격되는 것도 이런 이유에서입니다."

지교수는 피랍자들이 겪는 다양한 경험들에서 외계인들이 모종의

지영해교수의 초청으로 영국 옥스퍼드대에서 UFO 강연을 한 캐나다 맥길대학의 돈 돈데리 교수

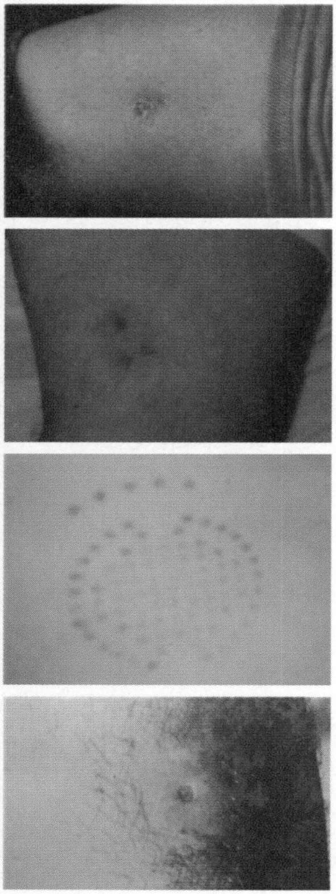
외계인에게 피랍된 후 보이는 피부에 나타난 이상 증상들과 마크

생체실험을 위한 프로젝트를 장기적으로 추진하는 것은 아닌가하는 잠정결론을 내리고 있는데, "피랍자들이 겪는 경험들은 실로 다양하며 생체실험과 생식프로젝트와 관련된 경험입니다. 남녀가 정자와 난자를 채취당하거나, 피랍 후 여성들은 임신증세를 느끼고 태아를 추출당하면서 임신증세가 곧 사라진다는 것입니다. UFO내에서 인간과 외계인간의 혼혈종인 듯한 아이들이나, 인간과 거의 같은 사람들을 목격한다는 것, 그리고 자기 몸을 갖고 목적을 알 수 없는 의학적 검사와 실험을 한다는 것, 기억을 하지 못하지만 무엇인가를 훈련받고 있다는 것을 들 수 있다."라고 주장한다.

피랍현상을 다루는 연구가 중에는 데럴 심스라는 독특한 인물이 있는데 그는 전직 미 CIA에 근무한 적이 있으며 놀랍게도 자신이 어려서부터 외계인에게 여러 차례에 걸쳐 피랍당한 경험이 있었다고 하는 것이다.

그의 주장에 따르면 피랍된 사람들에게서 보이는 몇 몇 특징들이 있다고 하는데 피랍된 사람들의 몸을 적외선 검출기로 스캔해보면 특정 부위에서 형광물질이 나타나곤 한다고 주장한다. 또한 초소형 반도체와 같은 물질이 인체 내에서 발견되기도 한다.

그중 몇 가지를 살펴보면 몸에 이상한 상처나 주사자국, 긁힌 흔적, 피부의 이상 증상들이 있는지, 산부인과적 이상 징후, 입고 있던 옷이 더러워졌거나 바뀌어졌는지, 악몽을 꾸는지, 자신이 있었던 장소에서 멀리 떨어진 장소에 와있는지, 방안에 외부의 흙이나 풀들, 잎사귀들이 있었는지, 병원에서 특정 신체부위의 X-ray 또는 MRI를 찍었는데 정체불명의 이식물이 발견된 경우를 살펴보라고 한다.

UFO 추락사건의 진실

UFO의 역사에서 1947년 '로스웰 비행접시 추락사건' 이후 이미 반세기가 넘었다. 그럼에도 불구하고 아직 어느 나라도 이 미확인 비행물체의 존재에 대해 긍정도 부정도 하지 않는다.

미국, 영국과 프랑스, 브라질, 뉴질랜드 등 몇 몇 국가는 정부차원에서 비밀리에 지난 50년간을 UFO관련 목격담과 촬영물에 대한 수집과 조사활동 및 연구를 진행해왔고, 그 일부 기밀문서들이 정보자유화법에 의해 순차적으로 공개되어 왔다.

그러나 그들 자료들 속에는 일반인들이 이미 알고 있거나 공개해도 무방한 사례들만이 공개되었고, 최고급 정보는 아직도 철저하게 은폐된 채 잠자고 있다.

이들 정보들은 정보자유화법에 의해서도 공개가 불가할 만큼 기밀정도의 수위가 매우 높다.

예를 들면 UFO존재를 확고하게 입증할 수 있는 증거물인 UFO추락사고 현장에 급파된 군인들의 증언, UFO관련 기밀정보를 취급해왔던 군 관계자들의 증언이 그것이다.

이들 증언들의 내용은 어딘가에 상세한 기록으로 남아있을 것이다. 그것은 극비로 묶인 채 특별한 이슈가 없는 한 전 인류에게 공개될 가능성은 매우 희박하다고 본다.

그런데 천만 다행히도 영원히 묻힐 것 같았던 놀랄만한 UFO 기밀정보들이 전직 관계자들의 증언에 의해 폭로되어 왔다.

그들의 신분은 전직 군 장교출신, 정보기밀 취급 관계자, 전투기 조종사, UFO관련 기밀 취급자 등 다양한 분야에서 근무한 사람들로 UFO에 관한 직접적인 정보취득과 근접 조우를 한 신뢰할 만한 위치에 있었던 사람들이다.

나는 그들이 폭로한 중요 정보를 4장에서 가감없이 전달하고자 한다.

때로는 UFO기밀정보가 UFO연구가들에 의해 어떤 채널을 통하여 은밀히 입수되기도 하는데 일본의 저명한 UFO연구가인 야오이 준이치는 미공군의 프로젝트, '그랏지의 리포트 No.13'의 극비문서(624페이지)를 입수한 바 있다.

그 문서에는 1942년부터 1951년 사이의 UFO활동 - 제 1 급 비밀이라는 타이틀이 붙어있는데, UFO의 활동에 대해서 다음과 같이 기술하고 있었다.

〈UFO의 목격건수가 놀라울 정도로 급증하고 있으며 UFO가 착륙했던 사건이 여러 번 있었다. 그리고 UFO와 우주인, 그리고 그들과의 조우, 추락한 UFO 또는 UFO기체의 회수, 회수된 UFO의 기술적 상세함에 대해 우리에게 알려지지 않은 핵반응과 무기에 대해서 오염이 없고 깨끗한 증식형 원자로가 사용되고 있으며 크기는 농구공만 하며 형태도 공과 같은 구형이다. 또한 극초음파와 광선을 링으로 한 것과 같은 레이저 무기가 사용되고 있었다.〉

이런 정보들만 보아도 군에서 얼마나 UFO에 큰 관심을 두고 조사 연구를 진행해 왔는지를 파악할 수 있다.

사실 로스웰 사건 이후 이렇다 할 만한 대외적으로 큰 이슈를 끈 UFO 추락사건이 몇몇 사건을 빼고는 거의 알려진바 없었고 설사 그와 같은 사건에 정보를 접한 위치에 있었다고 해도 수십 년간 침묵할 수밖에 없었다.

이유는 자신의 신변에 위험이 따르는 것을 원치 않았기 때문이다. 모든 사건들이 그렇듯이 UFO 추락현장의 지휘는 고위장교들이 하지만 일선에서 현장으로 출동하여 기동성 있게 움직이는 사병들의 눈까지 속일 수는 없다.

때문에 UFO의 추락현장에 다가간 군인출신과 민간인의 목격사례가 포함되지 않을 수 없고 그런 이유로 정보는 새어나오기 마련이다.

그들 중 로스웰 사건보다 훨씬 이전인 1941년 미국에서 일어난 세간에는 알려지지 않은 UFO추락사건을 폭로한 인물이 최근 세계적인 민간 UFO연구단체인 MUFON에 의해 공개되었는데, 자신이 죽기직전 이 단체에 그 당시의 상황을 본 그대로 전한 것이다. 그가 전한 내용은 다음과 같다.

1941년 미국 미조리주의 케이프 지라도 지역에 밤하늘을 가로지르는 불덩어리가 숲에 원인모를 추락을 했다.

그날 저녁 인근 지역에 살던 침례교 교회의 윌리엄 허프먼 목사는 갑자기 군대로부터 요청을 받고 추락현장으로 갔다. 현장에는 이미 군대요원들과 FBI, 소방관들로 에워싸고 있었고 추락현장에는 비행접시가 부서진 채 땅에 처박혀 있었으며 세 구의 외계인 사체가 있었다고 한다.

허프먼 목사는 예정대로 군대의 요청에 의해 장례예배를 치루어 주었다. 장례예배가 끝나자 현장의 모든 파편들과 외계인 사체는 물론 토양까지도 철저하게 수거해갔다.

군관계자는 목사에게 UFO 추락사건에 대해 일체 함구할 것을 요청했고 허프먼 목사는 이 사실을 수십 년간 함구하다가 죽기 직전 MUFON에 공개한 것이다.

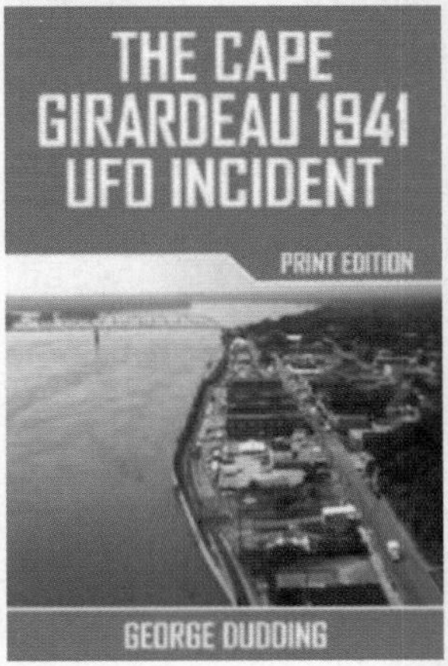

(위) 윌리엄 허프먼 목사
(아래) 1941년 케이프 지라도의 UFO 사건을 다룬 책의 표지

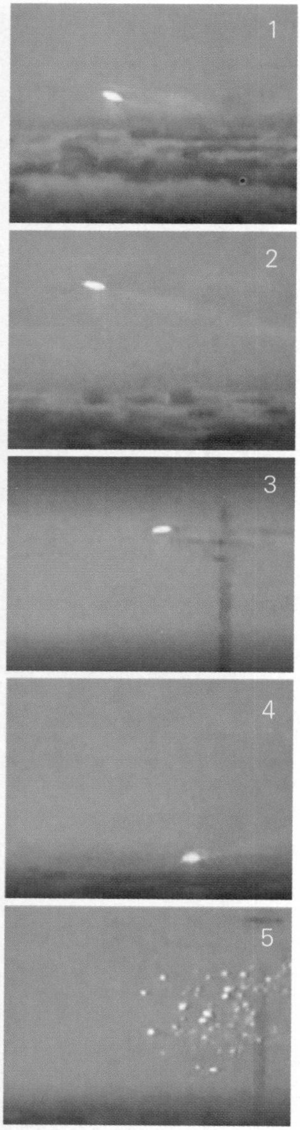
1
2
3
4
5
UFO가 추락할 당시 촬영된 영상의 캡쳐 사진

UFO Crash and Retrieval in Missouri, 1941
Date
April, 1941
Location
Cape Girardeau, Missouri, United States
Summary: One of the most mysterious stories of a crashed UFO with alien bodies preceded the well know Roswell events by some six years. Reverend William Huffman was summoned to pray over alien crash victims outside of Cape Girardeau, Missouri in the spring of 1941. He was shown three victims, not human as expected, but small alien bodies with large eyes, hardly a mouth or ears, and hairless.
미조리주에 추락한 UFO에서 회수된 외계인 형태 스케치

목사는 말하기를 당시 자신이 본 것은 기술적으로 매우 진보된 비행선과 외계인의 사체였다고 증언했다.

이처럼 UFO 추락사건의 목격 증언자가 직접적으로 나중에 자신이 본 목격현장을 공개하기도 하지만 UFO 추락영상 증거물이 공개된 적도 있다.

이 영상은 촬영자의 신분이나 사건이 일어난 일시 등 모든 정보가 알려지지 않은 출처가 불분명한 공개된 영상으로 멕시코의 UFO연구가인 제이미 사이먼이 입수했다고 한다.

영상의 배경을 보면 황량한 사막 같아 보이는데 핑크색을 띤 쌀알 같은 흰색의 물체가 저공에서 고속으로 추락하는 장면을 보여준다. 영상의 길이는 17초로 매우 짧으며 추락하는 생생한 장면이 잘 포착되어 있다.

물체는 추락하는 상황에서 2초 뒤 지표면과 1차 충돌을 한 후 충격의 반동으로 다시 튀어오르면서 약 6초간 수평비행을 하다가 다시 급하강 비행을 하더니 지표면에 2차 충돌(13초 대)을 하게 된다. 그러더니 물체는 결국 폭파되면서 공중으로 산산조각난 파편들이 비산을 하는 장면으로 끝이 난다.

이 영상의 진위는 원본필름을 볼 수 없어 판단을 내릴 수는 없지만 적어도 나의 경험에 의하면 사실이라고 본다.

내가 직접 UFO 출현을 포착하여 촬영한 경험으로 볼 때 UFO 기체 주위로 핑크색의 광휘효과를 동반하는 현상을 알고 있다.

UFO 추락사건 만을 전문적으로 조사 연구해온 레오나르 스프링필드는, 1940년부터 1970년대 초까지 미국에서 발생한 UFO 추락사건 만을 조사하여 MUFON의 세미나에서 발표한 적이 있다.

그는 전직 장성, 정보장교, 사병, 간호사, 민간인 목격자, 과학자들의 익명 증언을 토대로 22건의 사건을 정리했는데 사건이 발생한 날짜, 추락장소, 정보제보자의 증언내용, UFO의 보관장소 등에 관해 자세히 언급하기도 했다.

그동안 공개된 정보자료에 의하면 1947년 7월 로스웰 사건 외에도 1948년 2월 뉴멕시코주의 아즈텍, 1950년 9월 뉴멕시코 앨버커크, 1953년 4월 애리조나주, 1953년 5월 애리조나주 킹맨, 1961년 독일 티멘도르프, 1962년 뉴멕시코주 홀맨, 1965년 12월 펜실바니아주 켁스버그, 1972년 7월 모로코 사하라 사막, 1976년 5월 호주 사막지대, 1977년 멕시코 토바스코, 1978년 5월 볼리비아, 1988년 11월 아프가니스탄, 1989년 7월 러시아 시베리아, 1996년 1월 브라질 바진하 추락사건 등이 전 세계 각처에서 발생했다.

또 하나 흥미로운 정보는 로스웰 사건이 UFO추락사건의 최초가 아니라 그 이전에도 1939~1946년 사이에 노르웨이 스피젠버겐에서, 1941년에는 미국 미조리주의 케이프 지라도에서도 UFO추락이 있었다고 하는 목격자의 증언이 기록되어 있다는 점이다. 더욱 충격적인 사실은 이들 추락한 UFO에서 회수된 외계인 사체만 해도 120구가 넘는 것으로 비공식 집계되었다고 한다.

3장-공개!
극비로 취급된 UFO 정보의 유출과 문서 공개

기밀로 취급되어진 UFO의 은폐된 진실 공개

미 정부를 비롯하여 어느 국가든 UFO와 같은 대중적인 논란의 대상이 되는 문제는 국가적으로도 유익이 되지 못하기 때문에 기밀을 요하는 중요 정보들은 일정기간 동안 은폐하게 된다.

이 같은 사실은 각국의 정부들이 은밀하게 수집해온 UFO관련 정보들을 기밀로 취급해오다가 수십 년의 세월이 흐른 후 공개한 것만 봐도 알 수 있다.

2010년 7월 유럽연합(EU)의회의 한 의원은 일반인도 외계 생명체에 대해 알 권리가 있다면서 유럽연합의회 회원국 정부들에 UFO에 관해 그동안 숨겨온 비밀자료들을 공개하라고 촉구를 한 적이 있다.

이탈리아 출신 마리오 보르게지오 의원은 AP통신과 이메일 인터뷰에서 군이 수집한 자료를 포함해 UFO관련 정보를 누구나 열람할 수 있는 EU판 'X 파일' 보관소를 마련해야 한다고 말했다. 모든 유럽 국가들이 UFO에 관한 '조직적인 은폐'를 그만하고 이제 대중에게 정보를 공개해야 한다는 것이다.

보르게지오 의원은 또 UFO연구를 위한 과학센터를 세워야 한다며, UFO 연구는 "커다란 과학기술적 파생 효과"를 가져올 것이라고 덧붙였다. 그는 이 결의 추진을 위해 다른 의원들의 지지를 구했다고 한다.

실 예로 지난 2010년 영국에서 공개된 5천 페이지 분량의 UFO X-File 기밀문서에 담긴 내용에는 처칠 수상이 UFO 정보에 대한 은폐명령을 지시한 것을 들 수 있다.

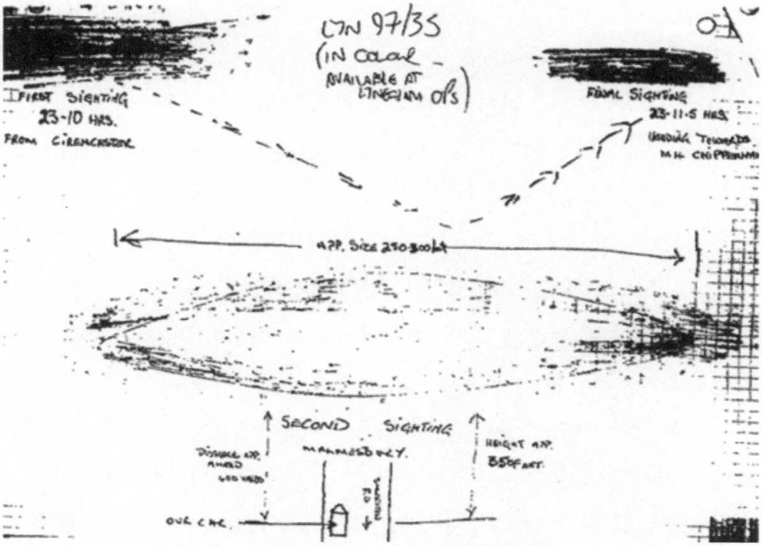

영국 UFO X-File에 수록된 UFO 목격보고 스케치

처칠은 2차 세계대전 당시 공군 정찰기가 영국 동부 컴브리아 상공에서 UFO와 만난 사실에 대해 이를 국가기밀로 분류할 것을 지시하고 50년간 함구령을 내린 것이다.

당시 조종사는 정찰비행을 마치고 귀환하던 중 영국 동부해안근처에서 소리 없이 정찰기 주위를 맴도는 UFO와 조우하고 여러 장의 사진까지 찍은 것으로 확인되었다.

이와 관련해 UFO를 포착한 두 명의 조종사는 기밀보호 차원에서 50년 가까이 특별관리를 받았다.

처칠은 이 같은 보고가 국민에게 알려지면 전쟁 때문에 가뜩이나 불안한 국민들이 큰 패닉상태에 빠지거나 종교적인 믿음을 잃을 것을 우려하여 비밀로 해야 한다는 지시를 내린 것으로 알려졌다. 또 미확인 비행물체에 관한 처리 문제를 아이젠하워 미국 대통령과도 상의했었다고 당시 기록은 전하고 있었다.

2010년 8월 영국 언론은 공개된 기밀문서에는 1995년 맨체스터에서 축구장 20배 크기의 UFO가 목격됐다는 기록도 담겨 있는 것으로 전해졌다.

1. 미 정부기관의 지속적인 UFO 정보 은폐

2011년 미 백악관은 외계 지적생명체의 존재에 관해 단언하는 공식발표를 다음과 같이 말했다.

“지구 밖에 외계생물이 존재한다는 어떤 증거도 가지고 있지 않으며 외계인이 인류와 만났다는 어떤 증거도 갖고 있지 않습니다.”

외신에 따르면 시민 5,000명이 외계생물체의 존재에 대한 증거를 밝히라는 탄원을 한 데 대해 백악관 홈페이지에 ‘외계생물체가 존재한다는 어떤 증거도 가지고 있지 않다’고 밝힌 것이다.

백악관 관계자는 홈페이지 글을 통해 “외계생명체가 인간과 접촉한 증거를 미국정부가 가지고 있지 않으며 그러한 정보가 일반인들에게 알려지지 않도록 하고 있다는 것을 암시하는 믿을 만한 정보도 없다.”고 밝혔다. 그러나 이 관계자는 많은 과학자와 수학자들이 믿는 바와 같이 엄청난 우주 속에서 어디선가 생명체가 존재할 수 있다는 점을 들면서 인간과 외계생물 간의 조우에 대한 가능성을 조심스레 말했다.

미 행정부는 한마디로 외계의 지적생명체와 UFO 정보들을 국민들이 관심조차 갖지 않도록 모든 것을 차단하고 원천봉쇄하려는 의도하에 증거가 없다고 단언하는 발표를 한 것이다.

사실상 미 정부가 이런 공식적인 발표를 하기 위해서는 정부의 내부 정보기관들과 군당국의 모종의 협의를 거쳐 공식 발표보고서가 백악관에 전달되었을 것으로 본다.

그렇다면 미 정보기관중 대표격인 CIA는 UFO에 어떤 태도로 일관해왔을까? 정보기관의 성격은 정보 내에 민감한 부분이 있거나 일반인들이 바로 알아서는 안될 기밀사항이 있다고 판단될 경우 대외적으로 기밀사항에 부친다.

그런 CIA가 2016년 1월 21일 수천 건에 달하는 UFO 기밀문서를 홈페이지에 전격 공개한 것이다.

'X파일'이라고 명명된 이들 문서는 38년 만에 기밀이 해제되었는데 모든 기록물은 1940년대~1960년대 사이에 수집되고 작성된 것이다. 물론 당시에는 비밀에 부쳐진 정보들로 대외비에 속했다.

CIA는 1953년, 전신인 OSS로부터 조직개편을 단행하였다. 그런 후 미국의 주요도시에 나타난 UFO의 정체를 긴급 조사하라는 아이젠하워 대통령의 지시에 따라 저명한 과학자들(당시 프로젝트를 이끈 HP 로버트슨 박사와 FC 듀란트 박사 등)로 구성된 프로젝트팀을 만들고 그동안 미국 내에서 목격된 UFO와 관련된 모든 정보자료를 정밀 분석한 끝에 미 대통령과 정부의 주요 인사들에게 보고서를 제출했는데 이 보고서의 명칭은 '듀란트 보고서'였다.

보고서를 접한 아이젠하워 대통령은 UFO가 국가안보에 큰 위해를 주지 않는다는 잠정결론을 내린다.

듀란트 보고서에는 "하늘에서 정체불명의 비행물체가 목격될 시 목격자들이 직접적인 피해를 입은 사례는 없었다. 2차세계대전 중 유럽전선에서 폭격기와 전투기 조종사들에게 목격된 퓨 화이터 사건에 대해 언급하면서 현재 미국 전역에 나타나고 있는 '비행접시'는 우리가 과거에 연구한 퓨 화이터와 똑같은 내부성능을 보유하고 있는 것으로 확인되었다."고 지적했다.

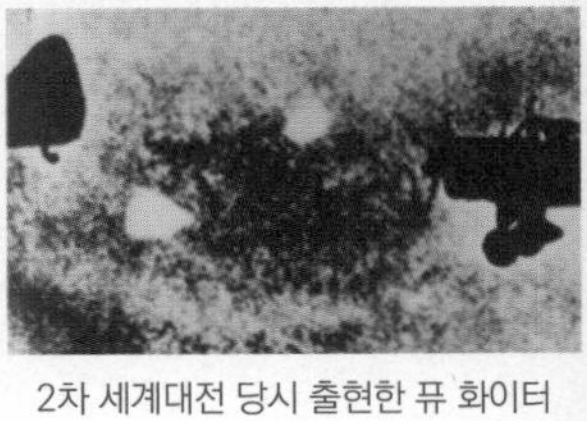

2차 세계대전 당시 출현한 퓨 화이터

듀란트 보고서에는 또 다음과 같은 내용들을 지적하고 있었는데, '민간인들에게 UFO에 관한 정보가 공개되어 혼란을 줄 수 있는 어떤 계기를 만들지 말아야 한다'는 점과 '원천적으로 관심을 갖지 않도록 하는 교란작전과 방해공작이 필요함'을 내비쳤다. 또한 UFO가 혼란을 초래할 수 있는 상황의 가정과 UFO의 존재를 공식적으로 불신하는 공군을 비난하는 여론에 대해, 공군에게 새로운 대민 발표요령의 지침 및 UFO가 일반인들에게 공개되어 큰 혼란을 만들어낼 수 있는 계기를 차단하고 봉쇄해야 한다는 점을 지적했다.

또 비행접시가 위험한 결과를 초래할 수 있는 상황으로 미 공군의 보고시스템이 가짜 제보들에 의해 마비가 될 때, 적국의 심리전에 의해 국민들이 혼란과 무질서에 빠져들 수 있는 상황을 지적했다.

2. 미공군의 UFO 정보 교란작전

1997년 4월 1일 미 국방부의 케네드 베이컨 대변인은 UFO에 관한 공식성명을 발표했다.

프로젝트 블루북(Project BlueBook)이라는 암호명의 공군 부대가 지난 1947년부터 69년까지 UFO 확인노력을 기울이다 종료할 때까지 12,618건의 UFO 목격보고를 검증했으나 확인할 수 없었다고 발표하고 UFO를 보았다는 대부분의 주장은 기상현상이거나 항공기인 것으로 밝혀졌다고 설명했다.

프로젝트 블루북은 1951년부터 1969년까지 장기간에 걸쳐 운영되어온 미공군의 UFO 조사 프로젝트였다.

블루북 프로그램 역시 외관상 UFO조사기구였지 내부적으로는 다른 부처에서 은밀히 UFO의 중요정보를 발췌하거나 운영해 온것 같았는데 로스웰 사건 역시 블루북에는 빠져있다는 사실이 이를 뒷받침한다.

광범위한 UFO조사활동을 담당하기 위한 기구치곤 그 규모가 너무나 작았고 허술하게 구성된 요원과 정보의 관리체계도 문제였다. 겨우 장교 한사람과 하사관 두 명으로 구성된 조직으로 들어오는 수많은 보고 중 일부는 민간인 전문가에 의뢰하기도 하였기 때문이다.

프로젝트 블루북(PBB) 조직에 대해 전직 미 육군 외계인 회수 전담팀에서 근무했던 클리포드 스톤의 증언에 의하면 프로젝트 블루북 조직 외에 또 다른 별개의 조직이 있었다고 하면서 증언하기를 다음과 같이 말했다.

“1950년대에 미 공군에는 ‘블루북’ 외부에 UFO를 조사하는 엘리트 조직이 하나 더 있었어요. 겉으론 블루북 조직과 같이 일했지만 실상은 전혀 별개였습니다. 처음에 그 조직은 ‘제 4602 항공정보대’로 창설된 조직이었는데 평상시의 업무는 ‘블루플라이’라고 불렀죠. 블루플라이의 직무는 지구상에 떨어진 정체불명의 물체들을 조사하는 일이었어요. 중요한 점은 그 특별한 물체가 바로 ‘지구에 떨어진 물체’라는 겁니다. 왜냐하면 그 당시에는 우주선을 띄우던 시대가 아니었기 때문이죠. 그 후 1957년에 조직이 확장되는데 조사범위가 모든 ‘미확인 물체’로 확대됩니다. 그리고 1957년 10월 ‘문 더스트 프로젝트’의 일부 업무로 편입됩니다. 이윽고 ‘문 더스트’와 ‘블루 플라이 프로젝트’하에 외계에서 날아온 파편들을 회수하게 된겁니다.”

블루북은 군이나 민간을 막론하고 UFO의 정보나 자료가 있으면 무조건 압수하고, 확실한 UFO라고 판단되는 경우 착각 또는 오인에 의한 것이라고 설득했다고 한다.

PBB는 한마디로 외관상 대외적으로 UFO를 조사하는 기구처럼 보이게 하기 위한 위장막 전술에 불과한 것처럼 보였는데 UFO의 존재를 입증하는 결정적인 로스웰 UFO 추락사건의 경우 PBB 보고서의 어디에서도 관련 정보를 찾아볼 수 없다는 점이다.

정리를 해보면 PBB는 겉으론 공군의 대외적인 UFO조사기구로 보였지만 매우 중요한 정보입수나 자료는 따로 관리하는 조직이 있어 고도의 기밀유지가 가능했을 것으로 보여진다.

앞서 1997년 미 국방부의 발표처럼 UFO문제를 지난 과거 22년간(1947년~1969년)의 조사 수집한 자료를 토대로 30년의 세월이 흐른 이제 와서 별일이 아니라는 듯이 발표하는 것은 1969년 종결된 미공군의 프로젝트 블루북이 내린 최종결론에 기인했다.

한마디로 미국방부는 프로젝트 블루북의 결론을 효과적으로 써먹은 것이다. 22년간의 조사연구 끝에 1969년 12월 17일 PBB계획이 종료되면서 공군의 UFO조사기관은 폐쇄한다는 성명이 발표되고 8,400페이지의 보고서가 작성되었다. 당시 공군이 내린 결론은 다음과 같았다.

① 어떠한 UFO도 미합중국의 안전에 대한 위협이 될 징조는 보이지 않았다.
② 현재의 과학지식을 넘어서 기술적 진보 내지 원리를 제공한다는 증거는 없다.
③ 지구 외의 것이라는 것을 내세울만한 명백한 조사대상물을 수집하지도 못했고 증거도 없다.

UFO조사계획을 수행했던 프로젝트 블루북의 루펠트 팀장은 공개석상에서 UFO 활동 조사목적에 관해 말하기를 "UFO가 국가안전에 위협이 되는지 여부와 우리의 과학기술 발전에 도움이 될 만한 기술적 배경을 갖고 있는지를 알아내는 것이 목적이다."라고 했다.

결국 이 말은 잠재적으로 UFO가 허상이나 자연현상이 아닌 실재적인 물체로써 인식하고 조사해왔다는 것을 입증한 셈이다.

루펠트 대위의 말을 뒷받침하는 증언자가 있는데 그는 2001년 디스클로저 프로젝트 행사에 참여하여 자신이 군 복무시절 보고 듣고 입수한 정보들을 폭로했다. 전직 미 육군 외계인 회수 전담팀의 클리포드 스톤으로 블루북 파일에 들어있는 레이더 기록 및 사진 자료들에 대해 다음과 같이 증언을 했다.

"블루 북 안에 들어있는 목록들은 과학을 뛰어넘는 것들입니다. 그 안에 포함돼야 할 필요가 충분한 것들이죠. 그 정보들은 외부유출이 절대 금지돼 있는 것들이었어요. 군 특수 관계자들만 접근이 가능했던 것이죠. 그 당시에 1,500건의 UFO 관련사례가 있었습니다. UFO가 레이더에 걸려든 사례는 200~300건 정도 될겁니다. UFO라는게 명백히 드러나서 블루북에 포함된 겁니다. 우린 엄청 많이 봤어요. 엄청나게 많은 UFO 사진들을요. 요즘 보는 UFO들도 그 사진에 등장한 것들과 흡사하더군요. 그 당시 제가 본 것들은 요즘 사진보다도 선명했어요. 공군 측에서 직접 찍은 것이기 때문이죠. 공군뿐만 아니라 민간인이 찍은 사진도 있었고 일부는 해병대 소속 파일럿이 찍은 것도 있었죠. 어떤 건 외국에서 가져온 것도 있었어요."

PBB의 세 가지의 결론에서 추측컨데 이미 군에서는 내부적으로 UFO를 단순한 현상이 아닌 비행물체로 간주하고 이 물체가 정말 외계에서 온 뛰어난 비행능력을 보유한 비행체로 진보된 과학기술을 가졌는지 국가 안전에 위협적인 대상인지를 고민해왔을 수 있다. 하지만 군당국에서는 국민들에게 관심을 갖지 않게 하고 의혹을 해소시킬 만한 단순 명쾌한 결론을 내려 발표함으로서 더 이상 흥미를 갖지 않게끔 유도하려 했을 것이다.

이 세 가지 결론은 거짓에 불과한 것임을 UFO 전문가들은 여러 채널을 통해 입수된 정보로 알게 되었다.

한 예로 미 공군 규정 제 200조 2항에는 UFO는 미합중국의 안전을 위협할 위험한 존재로 규정짓고 있으며 민간인과 얘기하면 군법에 회부된다고 적혀있다.

또한 AFR 80-17이라는 공군규칙에는 UFO를 목격했을 때 대비할 절차를 조종사에게 자세히 지시하고 있다. 이 규정을 보면 미 공군이 UFO에 대해 얼마나 신경을 쓰고 있는지를 잘 대변해주고 있다.

루펠트 대위는 UFO 출현이 자국내 핵시설과 연관성이 있다는 잠정 결론을 내리고 상부 층에 보고하기도 했다. 군에서는 과학적 배경의 조사보다는 당장 이 비행물체가 적대적인지 위협적인 요소를 갖고 있는지를 알아내는 것이 급선무이기 때문에 시시각각 일어나는 상황에 대해 대단히 예민하게 반응하게 된다.

따라서 군 당국은 레이더망을 통해 영공을 감시하면서 UFO가 어느 곳에 출현하는지를 실시간으로 알아낼 수 있을 뿐 아니라 자주 출현하는 지역을 중심으로 그들이 무엇에 민감하게 반응하는지를 조사하여 UFO출현 대비책을 강구할 수 있게 된다.

결국 미공군의 프로젝트 블루북은 대외적으로 정보교란 작전과 정보를 은폐하는데 집중하면서 일반인들이 이에 관해 관심을 갖지 않도록 하고 관심을 다른 곳으로 돌리기 위해 일반적인 현상이나 IFO를 잘못 본 것으로 무마하는데 주안점을 두었다.

하지만 PBB보다 훨씬 앞서서 추진된 미공군의 사인계획의 최종결론은 프로젝트 블루북과는 정반대의 결론이 도출되었다. 즉, UFO가 지구 밖 외계에서 찾아오는 비행물체라는 점을 기술적인 분석으로 구체적인 파악을 했으며 1949년 2월 최종보고서를 공군참모총장에게 전달했으나 증거불충분으로 서류가 반려되었다는 점을 들 수 있다.

이는 내부적으로 군당국의 고위층 또는 또 다른 기관에서 이미 UFO의 존재를 익히 알고 있었거나 자칫 프로젝트 블루북을 통하여 UFO의 실체를 입증하는 결정적인 정보가 유출되어지는 막기위해 차단시킨 것으로 추정된다.

3. UFO 기밀을 취급한 관계자들의 충격적인 증언들

"지난 80년대에 국방부가 UFO를 목격한 뒤 격추시키라는 명령을 내렸다. 영국 공군은 UFO에 공격을 시도한 적이 있었다."

이러한 충격적인 주장은 전직 영국 국방부에서 21년간 근무하면서 가장 많은 UFO를 목격한 사람으로도 유명한 UFO 조사 담당부서를 지휘해 온 닉 포프(Nick Pope)이다.

그는 2009년 1월 25일 처음으로 UFO 관련 특급비밀인 공군 조종사들의 UFO 요격 사실을 밝혀 전세계적으로 화제가 되었다.

닉의 증언에 따르면 군인들은 명령을 받고 UFO를 향해 몇 차례 공격 시도를 했었고 그중 몇몇 공격은 UFO에 약간의 충격을 주기도 했다고 한다. 그는 "공군 전투조종사들이 여러 차례 격추 명령을 받고 사격을 가했으나 별 효과가 없었으며 영국 공군들은 번번이 격추 작전에 실패한 채 돌아서야만 했다."고 밝혔다.

때문에 점차 정교한 무기들을 사용해 공격을 하여 한 대 정도는 격추될 것으로 여겼지만 결과적으로 격추시키지는 못했다고 말했다.

그 후 영국 영공에서 전투기들이 수십 차례 UFO들과 조우했으나 사격을 가하지 않았다며 당시 UFO에 대한 선제공격은 영공 침범을 모종의 위협으로 간주했기 때문이라고 말했다.

또 "당시 군인들은 UFO가 위협적인지 아닌지에 대한 빠른 판단을 해야만 했다."고 전하면서 "국방부 측은 UFO를 격추시킨 뒤 연구할 수 있기를 바랬다. 하지만 만약 UFO가 격추되어 떨어졌어도 사람들은 그것이 무엇인지 알지 못했을 것"이라며 "왜냐하면 국방부가 국민들의 눈을 속이고 UFO를 은폐하기 위해 갖은 수를 동원할 것이기 때문"이라고 주장했다.

닉 포프의 증언처럼 실제적인 UFO관련 기밀 정보를 취급해온 관계자들의 주장은 매우 신뢰할 만한 기밀정보로서 UFO문제에 관해서는 대중들도 알 권리가 있음을 인식하고 자신의 신변에 미칠 영향을 감수하면서까지 공개적으로 밝히는 것이다.

비단 닉 포프가 그 일선에 선 유일한 장본인은 아니다. 이미 2001년도에 미국 프레스 센터에서 '폭로 프로젝트'가 추진되어 수 많은 전직 군, 또는 정부기관에 근무했던 UFO 기밀 정보 취급 관계자들의 충격적인 공개 증언들이 대대적으로 보도된 바 있다.

그들의 증언내용을 살펴보면 일반인들이 도저히 믿기 힘든 놀랄만한 정보들로 베일에 싸인 UFO 기밀정책이 얼마나 철저하게 유지되어 왔는지를 실감하게 된다.

그들은 정부가 대중들이 이를 알게 될 경우 혼란에 빠져들 것을 우려해 은폐할 수밖에 없다는 것이지만, 그 이면에는 UFO의 존재를 입증할 만한 결정적인 증거물의 획득과 이를 둘러싼 군사적 측면의 활용가능성, 외계로부터의 침범에 대한 대비책 강구, 대중들의 심리적 동요 및 관심을 차단하기 위한 교란정책, UFO와 관련한 주요사건들의 은폐 등으로 인하여 UFO 자체가 기밀에 속할 수밖에 없다는 것이다.

그럼에도 불구하고 은폐된 진실을 과감히 폭로하는 증언자들이 속속 오래전부터 등장하여 왔다. 그들이 전하는 공개적 증언 내용의 일부를 살펴보면 다음과 같다.

1) 레이더 화면상에서 눈 깜짝할 사이에 한 지점에서 수백 마일 떨어진 다른 지점으로 이동이 가능했습니다. 이것들은 분명 금속성을 띤 물체들로 레이더 상에 명확하게 포착 되곤 했었습니다.

2) CIA요원은 내게 "만일 우리가 앞에 나서서 미국 시민들에게 UFO와 조우했다고 발표하게 되면 그것은 나라 전체에 패닉을 몰고 올 것이요. 그러므로 당신은 이번 일에 대해서 발설할 수 없소!"하고 말했습니다.

3) 모든 기지에는 소위 'UFO Officer(UFO 담당장교)'가 있습니다.

4) UFO는 로켓 발사 시험장과 핵미사일 저장고 상공에 자주 출현했습니다.

5) 다른 행성들에서 온 그 비행체들이 우리를 방문하고 있다고 확신합니다.

6) 내가 거의 30년 동안 모아온 민간, 군인, 개인 그리고 테스트 파일럿들로부터 모은 매우 광범위한 지식의 보고입니다. 나는 3,000건이 넘는 사례들을 가지고 있습니다.

7) 1957년 당시 시간당 3,400마일의 속도(마하 5.4정도)였으며 그 당시 우리가 가진 것 중 가장 근접한 속도는 1,100마일(마하1.7)정도였습니다.

8) 그들에게 35mm 카메라가 주어졌었고 만일 그들이 UFO를 볼 때에 어떻게 보고서를 작성하는지 지시가 내려졌습니다.

9) UFO가 나타났는데 발사통제소가 아닌 미사일들이 위치해있는 실제 발사장치 상공에 출현했습니다. 1967년 3월 16일 아침 지상에 근무하던 경비병들이 상공에 떠있는 UFO를 본 후 즉각적으로 두 곳의 다른 발사기지에서 16대의 핵미사일들이 동시 다발적으로 작동 불능상태가 된 사건이 있었습니다. 실험실에서 테스트 중이던 보잉사 엔지니어 중 한 명은 자신이 판단하기로는 어떤 종류의 전자기력, 혹은 전자기장이 그런 신호를 발생하게 한 원인이 될 수도 있다는 것이었습니다.

10) 나는 1960년대 공군에서 광학기계관리를 담당하는 장교였고 임무는 켈리포니아에 있는 반덴버그 공군기지로부터 발사되는 핵미사일들을 전달할 탄

도 미사일 발사시험을 촬영하는 것이었습니다. 1964년, 첫 번째 미사일 테스트를 촬영하는 도중, 그들은 필름 속에서 미사일 바로 옆으로 이동 중인 UFO가 포착되었고 그 물체는 두 개의 접시를 합쳐놓은 모양에 꼭대기 표면에는 둥그런 탁구공 모양의 구체가 달려 있었습니다. 그 구체로부터 빔이 미사일로 발사되었는데 이것은 네 번이나, 네 곳의 다른 각도에서 발생했고 미사일은 바로 그 빔에 의해 격추되었습니다. 그 당시 미사일은 60마일 상공에서 11,000~14,000마일의 속도로 이동하고 있었습니다.

11) 1962년 루즈벨트호는 이미 엄청난 UFO사건과 조우했고 구름으로부터 아래로 하강하는 UFO를 본 승무원들에 의해 촬영되어졌습니다. 이런 일들은 루즈벨트호가 핵무기들을 탑재한 이후로 빈번히 발생했습니다.

12) 블루북은 선전용 눈속임이었고 그 사이 다른 장소에서 실제조사가 이루어져왔습니다. 공군에서만 이런 사진들을 촬영한 것이 아니라 일부 민간 파일럿들에 의해 촬영되기도 했습니다. 그리고 일부는 해군항공대에서 촬영되었고 그밖에 외국에서 촬영된 자료들이 있습니다. 확실한 것은 당시 사용되고 있던 다른 기관에 있던 상당수의 자료들이 블루북에는 포함되지 않고 있었다는 것입니다

13) Wright Patterson공군기지는 몇 가지 사례들이 있었습니다. 아마도 다른 공군기지보다 그곳에서 보다 많은 레이더 탐지가 있었습니다. 에드워드 공군기지는 실험장소로 언급되어졌습니다. 내가 말한 언급이라는 말 자체는 에드워드기지는 그들이 발견한 외계물체들이 무엇이건 연구하는 것과 관련이 있었습니다.

14) 약 10미터 너비에 20미터 정도의 길이를 가진 그 물체의 생김새는 아마도 달걀과 눈물방울의 중간 형태였고 금속같았지만 표면에 어떠한 반사광도 없었습니다. 나는 아무런 파편도 보지 못했지만 그 비행체 뒤쪽에 커다랗게 갈라진 상처들이 있었습니다. 그것이 어떤 형태인가 하면 지대공미사일이 표

면에 충돌한 듯 보였습니다.

15) 2.5톤의 무언가가 지면에 앉아있던 것을 나타냅니다. 그 수치들은 그 지역의 보통 자연방사능 수치보다 25배 높았습니다. 그 물체는 극도로 밝은 빛의 여러 개의 파편으로 분열되었습니다. 나와 다른 사람들은 눈에 화상을 입는 고통을 겪었습니다.

16) 맥아더(Douglas MacArthur)장군은 이 주제를 연구하기 위해 1943년 IPRU(Interplanetary Phenomena Research Unit : 행성간 현상 연구부대)라 불리는 군 조직을 만들었고 그것은 오늘날에도 계속되고 있습니다.

17) NSA의 내부자가 A.H에게 말하길 로널드 레이건, 미카엘 고르바쵸프 뿐만 아니라 헨리 키신저(Henry Kissinger : 전 미국가 안보담당보좌관 및 국무장관), George Bush(전 미대통령)는 모두 외계지적 생명체의 존재에 관해 알고 있었습니다.

18) CIA소식통이 말하길 USAF(미공군)이 이런 일부 비행체들을 격추시켜왔다고 말했습니다.

19) 보잉사에 근무했던 A.H의 친구 중 한명은 잔해 수거 팀의 일원이었고 개인적으로 외계인 사체를 목격하고 운반했습니다.

20) FBI의 한 그룹이 발견한 사실은 군의 레이더 훈련들이 외계비행체의 어떠한 기능을 방해했고 이것이 그와 같은 많은 UFO 추락의 원인을 제공했다는 것입니다.

21) 오직 항공으로만 접근이 가능한 유타주의 한 지역, 켈리포니아의 Enzo, Lancaster / Palmdale, 에드워드공군기지, 플로리다의 March AFB, Eglan AFB, 영국 런던 그리고 수많은 다른 지역들 속에 외계기술을 연구하고 테스트하는 지하기지들이 있다고 합니다.

4. MJ12의 UFO/ET 비밀 프로젝트 : 아쿠아리어스 프로젝트

CSETI의 스티븐 그리어박사는 2014년도에 UFO와 관련한 또 다른 비밀문서를 입수하고 이를 공개하였다. 이 문서의 핵심내용은 UFO/ET의 비밀 프로젝트와 관련하여 기술한 내용으로 일급비밀로 취급되어진다고 언급했다.

2014년 5월 21일, 우리는 MJ-12의 UFO/ET와 관련된 비밀프로젝트로 알려진 '아쿠아리어스 프로젝트(Project Aquarius)' 관련한 '일급비밀' 문서 하나를 받았습니다.

이전에 이 문서의 요약문이 인터넷에 올라 왔었지만, 우리는 실제 문서의 사진을 받았습니다. 우리가 알기로 실제 문서(글로 옮긴 것이 아닌)가 공개되기는 이번이 처음입니다. 이것이 미국정부의 진짜 문서인지는 알 수 없습니다.

군데군데 오타와 실수가 보입니다. 특히 정부의 문서들에 오타는 늘 생기는 일이라, 이것이 그 자체로 문서의 신뢰를 떨어뜨리지는 않습니다. 이 문서에 적힌 정보는 다른 알려진 증거와 사건들을 확인해 주고 대체로 맞는다는 점에 유념해야 합니다.

우리는 이 문서의 출처에 대해 일차적으로 알고 있거나 아쿠아리어스 프로젝트와 이 문서에 언급된 암호명의 다른 프로젝트들, 또는 이와 관련된 비밀공작과 개인적으로 관련이 있는 사람들을 찾고 있습니다. 그럴만한 자격이 있다 해도 이차적으로 얻은 의견은 가치가 떨어집니다.

가장 도움이 되는 것은 일차적인 정보제공자가 확증해 주는 것입니다. 이 문서를 보내준 사람은 UFO와 관련된 항공우주와 군 관련 비밀프로젝트들과 여러 접촉을 했고 믿고 신뢰할 만한 정보제공자입니다.

우리가 이 문서를 받은 시점과 대중에게 공개하는 시점 사이에 간극이 커지면 좋지 않다고 느끼고, 안정상의 이유로 이것을 서둘러 공개합니다. 이 문서가 진짜 문서라면, 이는 역사적이고 폭발적인 사건이 될 것입니다. 이 문서와 문서에 적힌 다른 암호명 프로젝트들, 사건들과 비밀활동을 확증해주는 일차적인 정보제공자를 찾아내도록 여러분의 도움이 필요합니다.

\- 스티븐 그리어

일급비밀

간부급 브리핑자료

주제: 아쿠아리어스 프로젝트

주의: 이 문서는 MJ-12가 준비한 것이다. MJ-12는 전적으로 이 문서의 통제에 책임이 있다.

'일급비밀' 분류와 공개지침

이 문서에 담긴 정보는 ORCON(기안부서 정보전파 통제지침)에 따라 일급비밀로 분류된다(최초 작성자만이 정보를 배포할 수 있다).

아쿠아리어스 프로젝트에는 MJ-12만이 접근 가능하다. 군을 포함한 정부의 다른 부서는 이 브리핑에 들어있는 정보에 접근할 수 없다. 아쿠아리스 프로젝트에 대한 문서는 2부 밖에 없고 그 위치는 MJ-12만 안다.

이 문서는 브리핑이 끝나면 파기될 것이다. 브리핑에서는 메모, 사진촬영, 또는 녹음이 금지된다.

아쿠아리어스 프로젝트

이 프로젝트에서는 미확인비행물체(UFO)와 확인외계비행선(IAC)에 대한 미국의 조사가 시작된 뒤로 수집된 정보를 16권의 분량으로 기록했다. 프로젝트는 원래 국가안전보장회의(NSC)와 MJ-12의 통제 아래 1953년 아이젠하워 대통령의 명령으로 시작했다.

1966년에 프로젝트의 이름은 글림(Gleem) 프로젝트에서 아쿠아리어스 프로젝트로 바뀌었다. 글림(Gleem) 프로젝트는 1947년에 시작되어 외계 문명에 관한 연구와 정보를 관리해왔고 1966년에 프로젝트 이름이 아쿠아리스로 바뀌었다고 말했다.

이 프로젝트는 CIA의 비밀자금(비배정자금)을 받았다. 프로젝트는 원래 '비밀'로 분류되었지만 1969년 12월에 블루북(Blue Book) 프로젝트가 폐쇄된 뒤로 지금의 '일급비밀'로 상향조정되었다.

아쿠아리어스 프로젝트의 목적은 UFO/IAC 목격과 외계생명체와의 접촉에서 얻은 모든 과학적, 기술적, 의학적, 그리고 첩보정보를 수집하는 것이다. 수집된 정보는 미국 우주프로그램의 발전에 사용되었다.

이 브리핑은 공중현상, 수거한 외계우주선, 외계생명체 접촉에 관련한 미국정부조사에 대한 역사적인 내용이다.

1947년 6월, 워싱턴 주 캐스캐이드 산맥을 비행하던 민간조종사가 공중에서 9개의 디스크들(나중에 UFO로 불림)을 목격했다. 당시 육군항공부대의 공중기술정보센터의 사령관은 이에 관심을 갖게 되어 조사를 명령했다. 이것으로 UFO의 조사에 미국이 손대기 시작했다.

1947년에 외계에서 온 비행선 한 대가 뉴멕시코 주의 사막에 추락했다. 비행선은 군이 수거했다. 잔해에서 4구의 외계인(호모사피엔스가 아닌) 사체가 수습되었다. 이 외계인들은 인간과 관련이 없는 생물체로 판명되었다.

1949년 말, 또 다른 외계비행선이 미국에 추락했고 군은 일부가 온전한 채로 그것을 수거했다. 외계기원의 외계인 한 명이 비행선에서 살아남았다. 생존한 외계인은 남성이었고 스스로를 "EBE(외계 생물학적 개체)"라고 불렀다.

이 외계인은 뉴멕시코의 한 기지에서 군 정보기관으로부터 철저한 심문을 받았다. 그의 언어는 영상그래프의 방법을 써서 번역되었다.

지구에서 거의 40광년 떨어진 제타 리티큘리 항성계의 어느 행성에서 왔다는 것을 알아냈다. EBE는 1952년 6월 18일에 설명이 되지 않는 병으로 결국 죽었다. EBE가 살았던 기간에 그는 우주기술, 우주의 기원, 그리고 외계생물학의 문제들에 대한 가치 있는 정보를 주었다.

그 이상의 자료는 첨부자료 2에 있다. 외계비행선의 수거로 미국은 이 외계인들이 국가안보에 직접적인 위협이 되는지를 결정할 확대 조사프로그램에 착수했다.

1947년에 UFO 관련 사건들을 조사하는 공군이 주도하는 새로운 프로그램이 만들어졌다. 이 프로그램은 3개의 서로 다른 암호명으로 운영되었다. 그러지(Grudge), 사인(Sign), 그리고 마지막으로 블루 북(Blue Book)이다.

공군 프로그램의 원래 임무는 UFO와 관련한 보고된 모든 목격담이나 사건들을 수집분석해서 미국의 안보에 어떤 영향이 있다면 정보를 차단할 수 있는 지를 결정하는 것이었다.

얻은 자료를 우리의 우주기술과 미래의 우주프로그램을 발전시키는데 이용한다는 생각으로 일부 정보들은 평가되었다.

공군이 분석한 약 12,000건의 보고들의 90%가 공중현상이나 자연천체들로 설명되는 잘 알려진 현상과 물체인 것으로 여겨졌다. 나머지 10%는 진짜 외계인의 목격이나 사건들, 또는 둘 다인 것으로 여겨졌다. 그러나 공군의 프로그램에서 모든 UFO 목격이나 사건들이 보고된 것은 아니었다.

1953년, UFO가 미국의 국가안보에 위협이 된다고 믿었던 아이젠하워 대통령의 명령으로 글림 프로젝트가 착수되었다.

1966년에 아쿠아리어스 프로젝트가 된 글림 프로젝트는 UFO 목격과 사건들에 대해 비슷한 보고를 했다.

아쿠아리어스 프로젝트에서 수집된 보고들은 실제로 외계비행선을 목격한 것이거나 외계생명체와 접촉한 것으로 여겨졌다. 군과 국방부의 신뢰할 수 있는 민간인들이 대부분의 보고서를 작성했다.

1958년, 미국은 유타 주의 사막에서 세 번째 외계비행선을 수거했다. 비행선은 상태가 아주 좋았다. 비행선 안이나 주변에서 외계생명체가 발견되지 않았으므로, 그 비행선은 알 수 없는 이유로 버려진 것처럼 보였다.

미국의 과학자들에게 이것은 기술적인 경이로움으로 여겨졌다. 그러나 비행선의 조종장치들이 너무 복잡해서 우리 과학자들은 알 수가 없었다. 비행선은 일급비밀구역에 보관하면서 몇 년 동안 최고의 항공우주과학자들이 분석했다.

미국은 수거한 외계비행선에서 수많은 기술 자료를 얻었다. 비행선과 관련한 자세한 내용과 더 많은 정보는 첨부자료 3에 있다.

공군과 CIA의 요청으로 몇몇 독자적인 과학조사가 블루북 프로젝트 기간 동안에 시작되었다.

MJ-12는 공군이 공식적으로 UFO 조사를 끝내야 한다고 결정했다. 이 결정은 1966년에 있었던 ______회의에서 도출되었다(첨부자료 4). 그 이유는 두 가지였다.

첫째, 미국은 외계인들과 교신하게 되었다. 미국은 외계인들이 지구를 탐사하는 것이 공격적이지 않고 적대적이지 않다는 것이 비교적 확실하다고 여겼다. 외계인들의 존재가 미국의 안보를 직접 위협하지 않는다는 결론도 나왔다.

둘째, 대중이 UFO가 실재한다고 믿기 시작했다. NSC는 이런 대중의 느낌이 국가적인 공황상태를 가져올 수 있다고 생각했다. 미국은 이 기간 동안 몇 가지 민감한 프로젝트에 손댔다. 대중이 이 프로젝트들에 대해 알았더라면 미래의 우주프로그램이 위태로웠을 거라고 느꼈다. 따라서 MJ-12는 대중의 호기심을 만족시키려면 UFO 현상에 대한 독자적인 과학연구가 필요하다고 결정했다.

공군과 계약한 콜로라도대학교가 UFO 현상에 대한 공식적으로 마지막 연구를 끝마쳤다. 이 연구는 UFO가 미국의 안보에 위협을 준다는 것을 보여주는 자료는 충분치 않다는 결론을 내렸다.

이 마지막 결론은 정부를 안심시켰고 공군은 공식적으로 UFO에 대한 조사에서 손을 떼게 되었다.

공군이 1969년 12월에 공식적으로 블루북 프로젝트를 폐쇄했을 때, 아쿠아리어스 프로젝트는 NSC와 MJ-12의 통제아래 활동을 계속했다.

NSC는 UFO 관련 목격담과 사건들에 대한 조사를 대중이 알지 못하도록 비밀리에 계속해야 한다고 생각했다.

이런 결정의 배경이 된 이유는 이랬다. 공군이 만일 UFO 조사를 계속한다면, 마침내 공군이나 국방부의 일부 불분명하고 적지 않은 민간인 관계자들이 아쿠아리어스 프로젝트에 감춰진 사실을 알게 될 것이다. (비밀활동의 안전상의 이유들로) 분명히 이것은 허용될 수 없었다.

UFO 목격담과 사건들에 대한 조사를 비밀리에 이어가기 위해, CIA, 국방부, MJ-12의 조사관들이 모든 진짜 UFO와 IAC 목격담과 사건들을 조사하라는 명령을 받고 군과 기타 정부기관들에 배치되었다.

이 요원들은 미국과 캐나다 전역의 다양한 자리에서 지금도 활동하고 있다. 모든 보고는 MJ-12로 직접 또는 간접적으로 들어간다. 이 요원들은 민감한 정부시설들 위나 근처에서 있었던 UFO와 IAC의 목격담과 사건들에 대한 보고들을 수집하고 있다. (참고: 외계인들은 우리의 핵무기와 원자력연구에 아주 많은 관심을 가져왔다. 군의 핵무기기지에서 많은 목격담과 사건들이 보고되었다. 우리의 핵무기에 외계인들이 관심을 갖는 것은 오로지 지구에서의 핵전쟁의 위험 때문인 것으로만 설명된다. 공군은 외계인들이 핵무기를 탈취하거나 파괴하지 못하도록 조치를 취하기 시작했다)

MJ-12는 외계인들이 평화적인 목적으로 우리 태양계를 탐사한다고 확신하고 있다. 그러나 외계인들의 미래계획에 우리의 국가안보나 지구문명을 위협하는 일이 들어있지 않다는 점이 확인될 때까지 우리는 그들의 움직임을 계속 주시하고 추적해야 한다.

UFO 목격과 사건, 그리고 블루북 프로젝트를 비롯한 정부정책들과 관련이 있는 정부문서들 대부분이 정보공개법이나 여러 가지 다른 공개프로그램들의 일환으로 공개되어왔다.

MJ-12는 외계인들의 의학적 소견, 그리고 외계인 한 명이 산 채로 붙잡혔고 3년 동안 비밀리에 살았다는 사실에 관한 기술적인 사실들과 관련된 검토문서들과 정보들(아쿠아리어스 프로젝트와는 관련이 없는)이 대중에 공개될 수는 없다고 생각했다.

SHIS(?)가 이 정보를 얻을 것이라는 두려움 때문이었다. EBE에게서 얻은 정보들 중에는 민감한 것으로 여겨져서 대중에 공개될 수 없는 것들도 있었다. 특히 문명을 발전시키는데 지구의 거주자들을 도우려고 인간 한 명을 입식했던 외계의 첫 조상들의 추적과 관련된 아쿠아리어스 프로젝트 IX권이 그렇다.

이 정보는 모호하기만 했고 이 호모사피엔스에 대한 정확한 정체나 참고정보는 얻지 못했다. 만일 이 정보가 대중에 공개된다면, 의심할 나위 없이 세계적으로 종교적 공황상태를 불러일으킬 것이다.

MJ-3는 아쿠아리어스 프로젝트 I권부터 III권을 공개할 계획을 만들었다. 이 공개프로그램은 미래에 있을 정보공개에 대중을 준비시킬 목적으로 일정 기간 동안 정보를 점차적으로 공개할 것을 요구한다. 이 브리핑자료의 첨부자료 5에는 앞으로의 대중공개를 위한 특정 가이드라인이 들어있다.

MJ-3의 1976년 보고(첨부자료 6)에서는, 외계인의 기술이 미국보다 몇 천 년이 앞서 있다고 추정했다. 우리 과학자들은 우리의 기술이 외계인들과 동등해지는 수준으로 발전할 때까지는, 미국이 외계인들에게서 이미 얻은 많은 양의 과학정보를 이해할 수 없다고 짐작한다. 이 정도로 미국의 기술이 발전하려면 몇 백 년이 걸릴 것이다.

아쿠아리어스 프로젝트의 하부 프로젝트들

1) 반도(Bando) 프로젝트(통신약어 - "RISK")

1949년에 처음 시작했다. 임무는 생존한 외계인과 회수한 사체로부터 의학정보를 수집하고 평가하는 것이었다. 이 프로젝트에서는 EBE를 의학적으로 검사했고 미국의 의학연구자들에게 진화이론에 대한 어떤 답들을 주었다(운영주체: CIA. 1974년 종료).

2) 시그마 프로젝트(통신약어 - "MIDNIGHT")

1954년 글림 프로젝트의 일환으로 시작했다. 1976년에 독립 프로젝트가 되었다. 임무는 외계인들과 교신하는 것이었다.

이 프로젝트는 1959년에 미국이 외계인들과 초보적인 교신을 하게 되면서 긍정적인 성공을 거두었다.

1964년 4월 25일, 미 공군의 한 정보장교가 뉴멕시코 주 사막의 미리 약속한 장소에서 두 명의 외계인과 만났다. 이 접촉은 거의 세 시간 가량 이어졌다. EBE가 우리에게 준 외계언어를 바탕으로, 공군 장교는 두 명의 외계인과 기초적인 정보를 교환하는데 성공했다(첨부자료 7). 이 프로젝트는 뉴멕시코 주의 공군기지에서 계속되고 있다(운영주체: MJ-12와 NSA).

3) 스노버드 프로젝트(통신약어 - "CETUS")

1972년에 시작했다. 임무는 수거한 외계비행선을 시험 비행하는 것이었다. 이 프로젝트는 네바다 주에서 계속되고 있다(운영주체: 미 공군, NASA, CIA, MJ-12).

4) 파운스(Pounce) 프로젝트(통신약어 - "DIXIE")

1968년에 시작했다. 임무는 우주기술과 관련된 UFO와 IAC의 모든 정보를 분석하는 것이었다. 파운스 프로젝트는 계속되고 있다(운영주체: NASA, 미 공군).

5. 로스웰 UFO 추락사건의 진실 공개와 MJ-12 극비문서

UFO 역사상 가장 널리 알려진 사건은 '로스웰 UFO 사건'이라고 말해도 과언이 아니다. 로스웰은 미국 뉴멕시코주에 있는 소도시로 이곳은 지하핵실험을 하던 극비 군사시설이 존재하던 곳이다. 문제는 1947년 이 지역에 UFO가 자주 출현한다는 사실을 미 공군이 일찌감치 감지하고 UFO출현이 핵실험과 밀접한 관련이 있음을 상부에 보고하였다.

핵실험 중에 출현한 미확인비행물체의 사진

이어 미육군은 핵실험을 할 때마다 나타나는 UFO를 격추시키고자 UFO를 포획하려는 작전을 펼쳤는데 UFO가 출몰하는 예상지점에 수백 개의 대공포를 배치한 것이다.

1947년 8월 12일 지하핵 실험시 출현한 UFO를 향해 수천 발의 대공포탄이 발사되었고 그 중 단 한 발이 UFO를 맞혀 추락했다고 한다.

이처럼 뉴멕시코주가 UFO의 본고장이 된 것은 그 나름대로의 이유가 있었던 것으로 보이며, 특히 핵실험과 핵미사일 기지의 UFO 출현 상관관계는 이후에도 전 세계 각처의 군사기지에서 증명이 되고 있다.

로스웰 사건이 유독 일반인들에게 조차 널리 알려진 이유는 미군 당국이 공식적으로 인정하고 언론뉴스에 기사화를 했기 때문이었다. 그러나 몇 시간이 지나지 않아 그 사실은 철회되고 단순한 기구였음을 기자들 앞에 급조된 물증을 선보인 것이다.

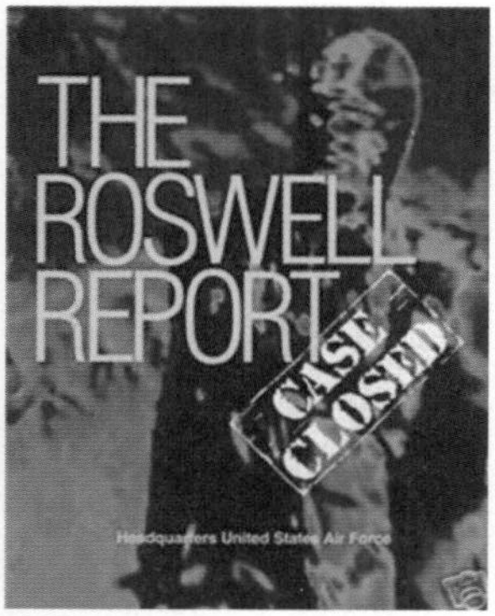

미공군이 조사한 로스웰 최종보고서

당시 여러 명의 증언자들이 있었음에도 불구하고 이 사건은 점점 묻혀져 가는 듯했으나 로스웰 사건이 있은지 50주년이 되는 해인 1997년 6월 미공군은 로스웰 사건의 해명과 231페이지에 달하는 미공군의 사건 조사 결과보고서를 공식적으로 발표했다.

미공군의 결론은 뉴멕시코주에 추락했다는 UFO는 근거 없는 주장이라고 밝힌 것이다. 미공군은 기자회견에서 1947년 7월 뉴멕시코주에 추락한 비행물체와 이곳에서 수거된 사람 크기의 물체가 미국 내 외계인 착륙설의 진원지가 되어왔고, 50주년을 맞아 이런 믿음이 극에 달하고 있기 때문이라고 말했다.

미공군은 '로스웰 보고서-사건 종결'이란 제목의 231페이지 분량의 보고서에서 당시 우주선으로 알려졌던 물체는 소련 핵실험의 증거 포착을 위해 만든 기구의 잔해였다고 말했다.

또 당시 회수된 것으로 알려진 외계인의 시신은 인간 크기의 인형들로 공군은 1954~59년에 67개를 만든 뒤 9만8천피트 상공에서 투하실험을 했으며, 잔해가 대부분 뉴멕시코주 사막에 떨어졌다는 것이다.

이 일이 외계인 침투설로 번지게 된 것은 당시 잔해를 발견한 목장 주인이 경찰에 신고하자 이 지역 군 당국이 비행접시라고 둘러대면서 시작됐다는 것이다. 그러나 미공군이 실험인형을 사용한 시점이 로스웰 추락사건이 발생한 1947년과는 다른 1954년 이후여서 당시 목격자들의 증언과는 상반된다.

지금까지도 UFO전문가들과 일반인들은 미공군의 공식발표를 신뢰하지 않고 있다. 미공군의 사건종결 발표에도 불구하고 UFO와 관련한 진실의 은폐는 시간이 흐르면서 여러 채널을 통해 그 진실이 드러나고 있는데 로스웰 UFO추락사건만큼 큰 이슈가 된 사건은 이후에도 여러 번 있어왔지만 로스웰 사건만큼 큰 화제를 일으키진 못했다.

예컨대, 1965년 12월 9일 펜실바니아주 켁스버그에 추락한 도토리형 미확인물체 추락사건도 사건의 진실이 은폐된 채 지금까지도 사실 확인이 드러나지 않고 있다.

그 외에도 1950년대에 미 본토의 여러 주에서 몇 차례의 UFO 추락사건이 있었다고 정보 관계자들의 증언이 있어왔다. 군 당국과 정보기관들은 그러한 추락사건이 있을 때마다 곧바로 은폐작전에 들어갔고 모든 정보는 철저하게 차단되었다.

그럼에도 불구하고 은폐된 진실에 대한 공개를 위험을 무릅쓰고 비공개적으로 우회하여 익명으로 문서를 전달하거나, 공개적인 컨퍼런스에 직접 나서서 지난 과거에 자신이 직접 관여했었던 사건이나 접촉했던 UFO 기밀정보에 관해 과감하게 진실을 전하는 관계자들이 있었다.

로스웰 UFO추락사건에 대한 결정적인 증언을 한 사람은 1947년 7월 초에 발생한 '로스웰 비행접시 추락사건'의 당시 공보 업무를 맡았던 전 미군 장교 월터 하우트이다.

그는 2005년 12월 생을 마감했는데 죽기 직전 자신이 세상을 떠난 후 로스웰 사건의 진실을 공개하라는 유언을 남겼다. 유언의 내용인즉 자신이 로스웰에 추락한 비행접시의 증거물을 직접 보고 들었고

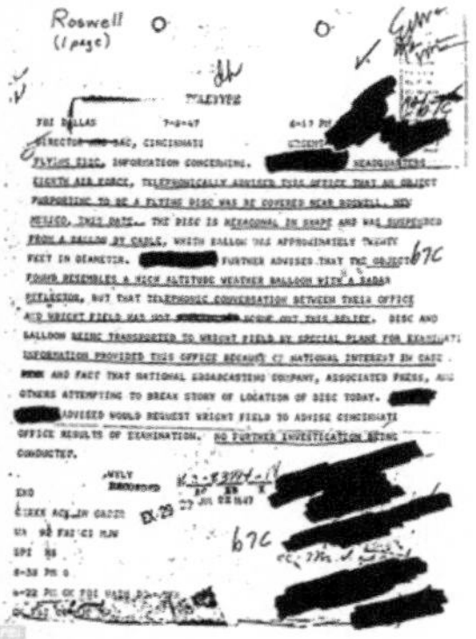

Roswell
(1 page)

TELETYPE

FBI DALLAS 7-8-47 6-17 PM [redacted]

DIRECTOR AND SAC, CINCINNATI URGENT [redacted]

FLYING DISC, INFORMATION CONCERNING. [redacted] HEADQUARTERS EIGHTH AIR FORCE, TELEPHONICALLY ADVISED THIS OFFICE THAT AN OBJECT PURPORTING TO BE A FLYING DISC WAS RECOVERED NEAR ROSWELL, NEW MEXICO, THIS DATE. THE DISC IS HEXAGONAL IN SHAPE AND WAS SUSPENDED FROM A BALLOON BY CABLE, WHICH BALLOON WAS APPROXIMATELY TWENTY FEET IN DIAMETER. [redacted] FURTHER ADVISED THAT THE OBJECT FOUND RESEMBLES A HIGH ALTITUDE WEATHER BALLOON WITH A RADAR REFLECTOR, BUT THAT TELEPHONIC CONVERSATION BETWEEN THEIR OFFICE AND WRIGHT FIELD HAS NOT [redacted] BORNE OUT THIS BELIEF. DISC AND BALLOON BEING TRANSPORTED TO WRIGHT FIELD BY SPECIAL PLANE FOR EXAMINATION. INFORMATION PROVIDED THIS OFFICE BECAUSE OF NATIONAL INTEREST IN CASE [illegible] AND FACT THAT NATIONAL BROADCASTING COMPANY, ASSOCIATED PRESS, AND OTHERS ATTEMPTING TO BREAK STORY OF LOCATION OF DISC TODAY. [redacted] ADVISED WOULD REQUEST WRIGHT FIELD TO ADVISE CINCINNATI OFFICE RESULTS OF EXAMINATION. NO FURTHER INVESTIGATION BEING CONDUCTED.

[redacted]

END

b7C

EX-29

로스웰 사건에 대한 정보를 담은 FBI의 공개된 기밀문서

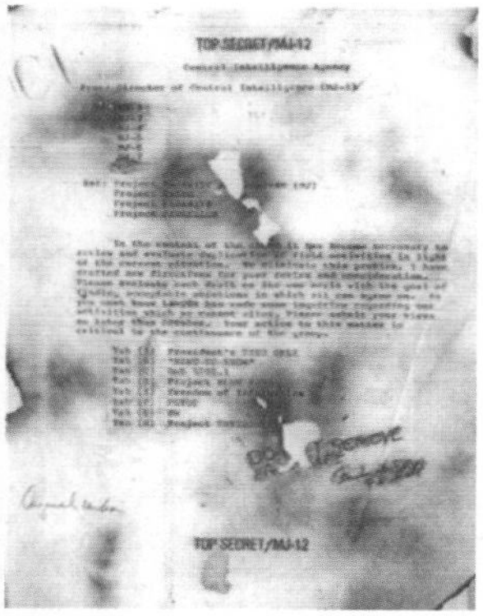

TOP SECRET/MAJ-12

TOP SECRET/MJ-12

소각되기 직전의 MJ-12 문서 표지

당시 보도된 내용은 모두 사실이라는 것이다.

이어 2007년 7월 2일, 미국 언론들은 60년이나 지난 로스웰 UFO X-파일은 '진실'이었다고 보도했다.

그의 유언에서 추락한 물체가 이 세상에서 단 한 번도 보지 못했던 얇은 금속성 재질의 비행접시 파편이라고 적어 놓았다.

비행접시의 몸체 길이는 3.6~4.5m이하였으며 폭은 1.8m정도였고 기어나 창문 같은 것도 없었다고 했다. 그리고 비행접시의 기체와 모든 파편은 미군 당국이 수거해갔다고 했다.

직접 두 눈으로 목격한 외계인 사체에 대해서는 '머리가 크고, 신장은 초등학교 2학년생(9살) 정도'라고 설명했다.

월터 하우트는 유언 말미에 보고서 작성 당시 로스웰 기지의 고위층이 압력을 넣었고, 비행접시가 추락한 곳을 숨기기 위한 거짓 보고서도 작성됐다고 주장했다.

이처럼 한 개인의 진실 주장과 더불어 영원히 묻힐뻔한 로스웰 사건에 대한 사실 입증을 해줄 충격적인 극비문서 하나가 유출되는 일이 일어났다. 바로 MJ-12라 불리는 기밀문서이다.

MJ-12 문서가 유출되어 입수된 시점은, 1984년 12월 11일로 미국 로스앤젤레스의 TV 프로듀서인 제이미 샌드라(Jaime H. Shandera)에게 익명의 우편물이 전달되었다.

그가 우편물을 개봉하자 그 안에는 35밀리 필름이 들어있었고 샌드라는 필름을 현상한 후 내용을 보게 되었다.

그건 바로 미 정부의 기밀문서로써 초대 CIA장관인 로스코 힐렌쾨터가 아이젠하워 대통령에게 보고한 로스웰 관련 UFO기밀문서였다.

샌드라는 곧바로 이 문서에 관한 진위여부를 파악하고자 UFO 연구가인 윌리엄 빌 무어와 핵물리학자이자 UFO연구가인 스탠튼 프

리드먼 박사에게 알렸다. 그리고 곧바로 문서의 진위여부를 확인하는 작업에 들어갔다.

그 결과 1987년 5월 29일 MJ-12 문서와 함께 내용을 전격 공개하여 당시 방송과 언론은 대대적으로 보도하고 미 정부의 UFO 은폐사실 전모가 밝혀져 큰 이슈를 끌었다.

UFO연구가인 윌리엄 무어는, 1981년 2월 미국 카트랜드 공군기지에서 특별 조사국(AFOSI)임무에 종사하고 있던 상급지위의 군사정보 기관원 리차드 도티에 의해 미국 정부가 UFO에 깊숙이 관여하고 있음을 나타내는 아쿠아리어스 문서(Aquarius document)'를 본적이 있는데 그 문서에서도 MJ-12가 언급되어 있는 것을 본 적이 있다는 주장도 하였다.

문서의 내용을 살펴보면 지금까지 알려져 온 것과는 달리 전혀 알지 못했던 추락 이후의 정부차원에서 일련의 후속조치를 취한 처리과정과 잠정적으로 내린 결론이 기술되어 있었다.

문서에 의하면 로스웰 사건의 일련의 수습과 처리과정 및 그들의 발진지, 동력원에 대해 파악하고자 조사연구가 진행되었으나 결과는 만족할만한 성과를 거두지 못했다고 언급하고 있었다.

이 문서는 1947년에 일어난 로스웰 UFO 추락사건을 계기로 미 대통령 직속의 UFO 문제를 전문으로 취급하는 비밀기구 MJ-12(머제스틱 12)를 발족시켰다는 사실과 로스웰 UFO추락사건 이후의 정부당국의 철저한 조사연구 과정의 전체적인 윤곽이 포괄적으로 기술되어 있었다.

문서는 오직 대통령에게만 보고하는 복사가 금지된 극비문서로 MJ-12는 1947년 9월 24일 배너바 부시 박사(Vannevar Bush)와 국방장관 제임스 포러스틀(James Forrestal)의 권고로 트루먼 대통령이 설립한 12명의 위원회를 말하며 MJ-12의 멤버들은 당시 막강한 권력과 최고의 권위자들로 구성되어 있었다.

MJ-12 멤버

그 구성원을 보면 초대 CIA 장관인 로스코 힐렌쾨터(Roscoe H. Hillenkoetter), 배너바 부시 박사(Vannevar Bush), 국방장관 제임스 포러스틀(James Forrestal), 미 공군의 Nathan Twining 장군, 미국 중앙 정보국의 Hoyt Vandenberg 장군, 미국 네바다 주 핵실험장의 소장 Robert M. Montague 장군, MIT 항공연구학 교수 Jerome Hunsaker 박사, OSS에서 독립한 NSA 정보국의 초대 국장 Sidney Souers 부제독, 미 육군 장군이자 CIA의 심리전 부대 부대장인 Gordon Gray 장군, 암호 연구와 CIA와 NSA의 보안 컨설턴트였던 하버드의 천문학자 Donald Menzel 박사, 의학물리와 항공 생리학 박사이자 국립 과학 아카데미와 국립 연구 협의회, 그리고 존스 홉킨스&록펠러 대학의 회장인 Detlev Bronk, 물리학자 부시 박사의 수석비서인 Lloyd Berkner로 총 12명의 멤버들로 이루어진 마제스틱 12는 트루먼 대통령 당시 대통령 직속의 모든 UFO 관련 사안들을 이곳에 보고가 되도록 하는 정부내 최상위의 비밀조직이었다.

문서의 내용을 개략적으로 살펴보면 로스웰 사건을 지목하여 기술한 내용으로 보이는 상황정리가 일목요연하게 정리되어 있는데, 정부가 개입되어 사건을 은폐시키고 내부적으로는 UFO 잔해와 회수된 외계인 사체에서 그들의 발진지와 과학기술의 정도, 비행체의 동력원에 관한 비밀을 알아내기 위해 조사연구를 진행했다는 것이다.

MJ-12 문서 내용 :

『한 지역의 목장주가 로스웰 육군 항공 기지의 북서쪽 약 75마일(약 121km) 지점 뉴멕시코 변경 지대에 미확인 물체 하나가 추락했다고 보고했다. 1947년 7월 7

일, 과학적 연구를 위해 이 물체의 잔해를 회수하기 위한 비밀작전이 개시되었다.

이 작전과정 중에, 폭발이 있기 전 어느 시점에 비행물체에서 비상탈출한 것으로 보이는 인간과 닮은 조그마한 생물체 네 명이 공중 정찰로 발견되었다.

이 생물체들은 잔해 지점에서 동쪽으로 약 3km 지점에 발견되었다. 생물체들은 모두 사망했으며 발견되기 이전 약 일주일이 지나도록 육식동물에 뜯기고 비바람에 노출되면서 심하게 부패해 있었다.

특수과학팀이 연구를 위해 이 시체들의 이송을 맡았다. 항공기의 잔해 또한 각지로 이송되었다. 해당 지역 민간인 및 군 목격자들의 보고가 있었으며, 기자들에게는 물체가 잘못 유도된 기상관측용 기구였다는 변명으로 대했다.

대통령의 직접 지시에 따라 트와이닝 장군과 부시 박사의 주관하에 은밀하게 분석이 진행된 결과, 비행물체가 아마도 단거리 수색용 정찰기일 것이라는 예비 합의를 낳았다. [1947년 9월 19일]

이 결론은 대부분 항공기의 크기 및 식별 가능한 보급품이 명백하게 부족했다는 점에 기인한다. 네 구의 승무원 시체도 브롱크 박사에 의해 유사한 분석이 이루어졌다.

이 그룹의 임시 결론은 이 생물체들이 보기엔 인간 같기는 하지만, 생물학상 및 그들의 발달에 진화 과정이 호모사피엔스에서 관찰되고 상정되는 것과는 명백하게 딴판이었다. [1947년 11월 30일]

브롱크 박사팀은 더 확실한 명칭에 합의할 때까지는 이 생물체들을 언급할 때 '지구 외 생물학적 개체(Extra-terrestrial Biological Entities' 또는 'EBEs')라는 용어를 표준용어로 채택할 것을 제안했다.

이러한 비행물체가 지구상 어느 나라에서도 유래된 것이 아니란 게 사실상 확실하므로, 그들이 어디에서 어떻게 왔는지를 중심으로 많은 추측이 진행되었다. 비록 몇몇 과학자들, 특히 멘젤 박사는 우리가 다루고 있는게 다른 태양계에서 온 것일 가능성이 높다고 고려했지만 화성도 예나 지금이나 가능성이 있다. 그리고 잔해에서 문자 형태로 보이는 샘플들이 대량으로 발견되었다. 이것들의 해독에도 힘써왔으나 여전히 성공을 거두지 못하고 있다.

마찬가지로 추진방식과 동력원의 본질 또는 동력원의 전달 방식을 밝혀내려는 노력도 성과를 거두지 못했다. 이 일련의 기계장치 연구가 난항에 빠진 것은 날개로 인식 가능한 것, 프로펠러, 제트 엔진 내지 통상적인 추진 및 유도 장치가 전무했으며 게다가 금속 배선, 진공관, 또는 이와 유사하다고 인식 가능한 전자 부품이라고는 전혀 찾아볼 수가 없어서이다. 추진기관은 추락의 원인이 된 폭발에 의해 완전히 파괴된 것으로 추정된다.』

중요한 점은 이 문서의 신뢰성인데 MJ-12의 활동을 언급하고 있는 또 다른 기밀문서인 아쿠아리어스 문서제공자가 UFO와 관련된 군 관련 비밀프로젝트들과 접촉한 신뢰할 만한 정보제공자라는 점이다. 아쿠아리어스 프로젝트 문서에서도 엿볼 수 있는데 이 프로젝트는 UFO와 외계인에 관련한 정부주도의 기밀에 부친 UFO 관련 연구 프로젝트를 말한다.

다행히 스티븐 그리어박사에 의해 2014년도에 입수되어 전문이 공개되었고 문서에 의하면 아쿠아리어스 프로젝트에는 MJ-12만이 접근 가능하다고 되어 있다. 그만큼 비밀의 수위가 극비위의 또 다른 최상위 단계에 달하는 것이다.

1985년 7월 워싱턴 D.C의 국립공문서보관소에서 기밀이 해제된 후 보관되어온 아이젠하우어 대통령 보좌관 로버트 커틀러의 메모(1954년 7월 14일 날짜)에는 'MJ-12 특별 연구 프로젝트의 개요 설명'을 7월 16일로 예정된 백악관 회의에서 시행한다고 적혀있는걸 봐서 이 메모로 비추어 볼 때 MJ-12가 실존한다는 증거가 명백하다. 오늘날까지도 MJ-12는 명칭을 바꾸어 각 기관에 파견된 요원들에 의해 직간접으로 정보가 들어가며 현재까지도 그 프로그램이 지속되고 있다고 한다.

6. 렌들셤 UFO 착륙 사건의 기밀문서 공개

"대원들은 저를 숲으로 데려간 후 흔적이 남아있는 현장을 보여줬죠. 재해대책반의 하사관이 방사능 감지기를 꺼냈고 착륙 추정지점과 마주한 나무의 앞면에 감지기를 대었더니 나무의 뒷면보다 착륙 지점을 향하고 있는 앞면에서 훨씬 높은 수치가 감지됐죠. 나무에 긁힌 자국도 있었습니다. 경찰이 손으로 울창한 나무 위를 가리키고 있어서 봤더니 가지가 꺾이고 나무가 부러져서 위쪽이 뻥 뚫려 있었어요. 저희는 현장을 조사하며 기록을 남기고 있었고 제가 녹음기에 음성기록을 남기고 있을 때 경위 한 명이 하늘을 가리키며 뭔가 나타났다고 말했죠. '어디서 빛을 봤나? 위치가 어디지?', '천천히 내려오고 있습니다.', '위치가 어디지?', '바로 이 위쪽입니다.', 머리 윗쪽의 나무사이에서 또 다시 나타났습니다. '저기 있군. 나도 봤어.' 기이하고 작은 적색 빛입니다. 눈처럼 생겼다는 말 외에는 달리 표현할 방법이 없었죠. 약간 타원형이고 밝고 붉은 빛을 냈습니다. 한 차례 아주 가까이 다가온 후 경작지가 있는 곳으로 다시 물러났습니다. 20~30초 동안 경작지 쪽으로 이동하더니 소리 없이 폭발하며 5개의 백색 물체로 쪼개진 후 사라졌죠. 저희는 멍하니 서서 아무 생각도 하지 못했죠. 누군지 기억이 나지 않지만 대원들 중 한 명이 북쪽을 보라고 말했어요. 다양한 색상의 물체들이 기이한 형태로 움직이고 있었죠. 남쪽에서 이쪽으로 다가오고 있었습니다. 남쪽에 있던 물체가 우리 머리 위 600~900미터 상공에 멈췄고 백색의 레이저 광선 같은 빛을 지상으로 발사했습니다. 이것이 무기나 통신수단일까요? 아니면 경고의 표시일까요?"

이 같은 증언을 공개적으로 인터뷰를 한 사람은 전직 미공군기지 부사령관을 지낸 찰스 홀트 대령이다.

찰스 홀트 대령

이 사건의 전말은 영국판 로스웰 사건이라 일컬을 만큼 처음엔 비밀에 부쳐지다가 정보가 새면서 3년 만에 전격 공개된 일명 '렌들셤 파일(Rendlesham File)'이다.

이 사건은 공군기지내의 UFO착륙사건으로써 방사능 검출과 착륙한 흔적들이 뚜렷이 남았고 군기지 근처에서 일어난 사건이라 사건의 신뢰도는 매우 높았다.

1983년 10월 2일 영국의 일요신문인 〈News of the world〉지는 1980년 12월 27일 서포크(Suffork)지방의 우드 브리지(Wood bridge)에 있는 미군공군기지 근처의 렌들셤 숲속에 UFO가 착륙했다는 사건을 머리기사로 보도했다.

이 사건은 약 3일 정도에 걸쳐 발생했는데 당시 미공군 기지의 부사령관인 찰스 홀트(Charles Holt)중령에 의해 공식보고서가 작성되었다. 이 보고서는 일명 '렌들셤 파일'로 정보자유화법에 의해 3년 만에 공개된 것이다.

영국판 로스웰 사건을 연상케 할 만큼 당시 기지 부사령관으로 근무했던 홀트 중령을 비롯한 미국과 영국 공군장교들은 UFO를 목격하고 큰 충격에 빠졌었다. 이 기밀 보고서는 영국 국방부의 승인을 받아야만 접근이 가능해 한동안 단 20명만 열람한 것으로 알려졌다.

홀트 중령이 목격한 내용 중에는 UFO의 폭발과 분열, 소멸, 그리고 형체 변형 등이 기술되어 매우 기묘도가 높은 UFO 사건에 해당한다.

이 내용은 미국의 CAUS라는 민간 UFO 연구단체에서 1983년 정보자유화법으로 얻어낸 홀트 중령이 직접 작성한 미공군 비밀문서의 내용과 2010년 11월 공개된 찰스 홀트 중령의 당시 상황을 녹음한 18분짜리 녹음 테이프 자료에 기초했다.

녹음테이프엔 외계인들이 핵무기 비축 구역에 착륙했다는 소리도 들렸다. 홀트에 따르면 UFO 중 하나가 빠른 속도로 기지 약 2,000피트 상공까지 접근, 레이저빔을 쏘았다. 직경 8인치 정도의 이 레이저빔은 지상에서 광채를 뿜어내며 소멸했다는 것이다. 홀트는 야간조준투시경으로 물체를 확인하려 했지만 빛이 너무 강렬해 실명할 뻔했다고 말했다. 그럼에도 불구하고 국방성은 이 사건에 대해 '보고된 물체의 크기로 볼 때 조종사에 의해 조종되는 비행체라고 보기에는 어렵다. 영국영공을 침범한 것이 그런 불빛에 의해 알려진다는 것은 가능하지도 않다. 우리는 그 사건에 대해 큰 중요성이 없다는 것에 만족한다.'고 통상적인 방침을 내비추었다.

그러나 이 UFO 조우사건은 높은 방사능 수치를 기록한 지면 자국과 당시 상황을 생생하게 기록한 녹음 테잎, 공군 중령을 포함한 다수의 병사들이 동시 목격했다는 점, 그리고 한가한 농촌에서 매우 괴상한 폭음이 들려왔고 UFO가 발사한 섬광이 마을 전체를 뒤엎었다는 마을 주민들의 증언 또한 사건의 신빙성을 뒷받침할 만한 충분한 정황증거가 마련된 UFO사건이라고 볼 수 있다.

다음 기록내용은 휴대용 녹음기에 담긴 생생한 기록, 그리고 홀트 중령이 전역 후 TV다큐멘터리와 세미나에서 진술한 체험을 토대로 정리한 것이다.

[12월 27일]

공식 문서의 기록에 따르면, 1980년 12월 27일 새벽 3시경으로 UFO가 처음 목격된 시간이었다.

영국 노포크(Norfork)주의 와턴(Watton)영국 공군 레이다 기지에서 미확인 비행물체가 이곳 랜들섬 숲 근처의 장소에서 없어지는 것을 포착했다. 랜들섬 숲은 영국 남동부의 벤트워터즈 영국 공군 기지에서 불과 3킬로미터 떨어져 있는 곳에 있다.

벤트워터즈는 1956년에 세계적으로 손꼽을 만한 대표적인 UFO 사건이 일어났던 곳이다. 랜들섬 숲을 사이에 두고, 벤트워터즈 기지 맞은 편에는 우드브리지 공군기지가 있는데, 이 기지는 1980년대 말까지 미공군이 임대해서 쓰고 있었다. 이곳은 영국 남동쪽의 해안지대에 위치하며 런던에서 차로 3시간가량 소요된다. 또, 우드브리지 미 공군기지를 순찰하던 헌병 두 명도 기지의 동쪽 문밖 숲으로부터 강한 섬광이 비치는 것을 목격하고 그들은 비행기가 숲 속에 추락했다고 생각하고 공군기지에 보고한 후 곧바로 세 명의 수색조가 조사에 나섰다.

착륙지점 현장에 도착했을 때 그들은 추락한 비행기 대신 숲 속에서 금속으로 만들어진 것 같은 밑변이 약 2~3미터, 높이 2미터 가량의 이상한 원불형 물체가 땅에 착륙해 있는 것을 목격했다. 원불의 꼭대기에서는 빨간빛의 강한 섬광이 나오고 있었다. 그 물체는 상공을 선회하거나 착륙용 다리를 내리기도 했다.

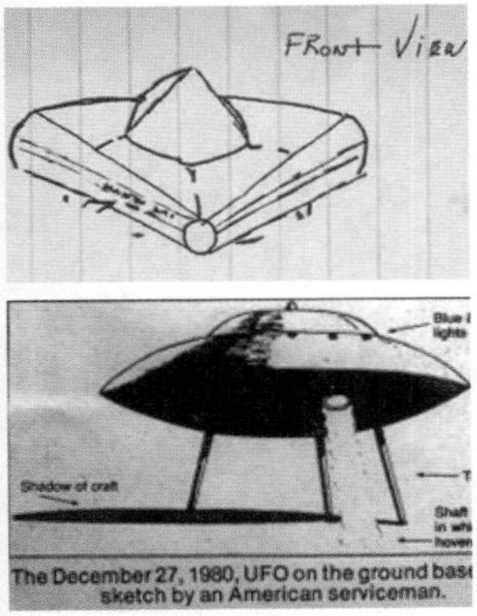
FRont View
Shadow of craft
The December 27, 1980, UFO on the ground bas
sketch by an American serviceman.
당시 목격된 미확인물체의 스케치

당시 공군 레이더도 교란현상을 감지했던 것으로 보고됐다. 보고서는 이어 같은 날 밤 붉은 태양 빛 같은 두 번째 UFO가 발견됐는데, "이 물체는 한 순간 발광체 입자들을 내뿜은 뒤 5개의 흰 물체로 분리됐다."고 진술했다. 또한 그 물체에 가까이 접근할수록 이들은 시간의 흐름이 늦춰지고, 주변 환경이 이상하게 바뀌는 체험을 했다. 또 주변의 공기가 정전기로 대전되어 있는 것 같았고, 피부에 찌릿한 느낌을 받았다(이와 같은 특성은 UFO 근접 조우시에 목격자들이 흔히 겪는 체험이다. 종종 UFO 연구가들은 UFO로부터의 이런 전기적 방사가 근접 체험자의 지각을 왜곡시켜서 이상한 영상을 보거나 잃어버린 시간을 체험하거나 유체이탈을 일으키도록 한다고 주장한다.).

이날 밤 발생한 또 한 가지 중요한 사건은 수색조가 UFO에 다가가던 시각에 인근 농장의 동물들이 미친 듯이 날뛰다가 갑자기 조용해지는 것을 반복하는 등 이상한 행동을 반복했다는 점이다. 이런 동물들의 이상현상도 UFO가 지상으로 저상 근접시에 흔히 보고되는 전형적인 징후이다.

[12월 28일]

보고서에 의하면 28일 UFO 착륙지점에서 깊이 4센티미터 폭 15센티미터 정도의 움푹 들어간 눌린 자국 세 개가 발견되었다고 한다.

그날 밤 늦게 물체는 5개의 물체로 분리된 뒤 사라졌다. 나중에 일부 저널리스트들이 랜들섬 숲의 UFO는 사실 유성이었다거나, 인공위성의 추락잔해였다거나, 심지어는 6마일이나 떨어진 인근 해안에 세워져있는 등대 불빛이었다는 억측설명으로 해명하려 했다.

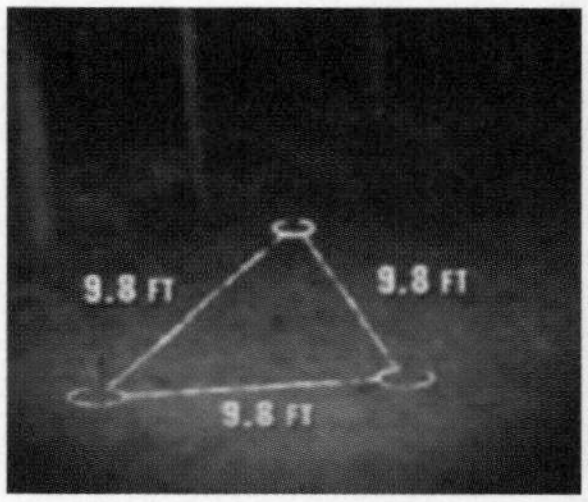

UFO가 착륙한 곳의 크기 측정수치

하지만, 이 모든 설명은 그날 조명등이나 무선기가 작동하지 않았던 사실을 적절히 설명할 수 없었다. 이런 전기적 장애는 UFO 접근시의 가장 전형적인 증후 중 하나이다. 특히, UFO가 자동차에 저상으로 접근하는 경우 흔히 차의 시동이 꺼지고, 헤드라이트와 라디오가 꺼진다고 보고되고 있다.

[12월 29일]

12월 29일에는 인근의 방사능 측정이 이루어졌는데 착륙자국 지점 근처에서 베타와 감마선이 검출되었고 방사능 수치가 평상시보다 10배나 높았다고 증언했다.

방사능 수치는 주변의 흙과 나뭇잎에서 0.06 밀리 뢴트겐 정도였고, 최대치를 기록한 세 개의 착륙자국에서는 0.1밀리 뢴트겐정도의 방사능이 검출되었다. 이는 정상치보다 25배정도 높은 수치다.

부사령관 차알스 홀트 중령은 늦은 밤 UFO가 또 출현했다는 긴급 보고를 받았다. 27일 밤의 사건을 보고 받고 흥미를 갖고 있던 그는 이번에는 직접 수색대를 조직해서 인솔하고 당시 상황을 녹음하기 위해 휴대용 녹음기를 가지고 나섰다.

수색에 착수하자 맨 처음 커다란 조명등을 숲 속으로 비추려했다. 그런데, 그것이 작동되지 않는 것이었다. 그래서 급히 부대에서 새로운 조명등을 가져왔는데 이것 역시 작동되지 않았다. 그뿐 아니라 그들이 가져간 무전기도 제대로 작동되지 않았다. 그들이 사용하는 세 종류의 주파대역이 그날 밤 모두 통신 불능상태였던 것이다.

홀트 중령은 빨간 태양과도 같은 물체가 랜들섬 숲에서 비추는 것을 목격했다. 수색대가 더욱 접근해서 보니 UFO는 움직이면서 단속적으로 발광하고 있었다. 잠시 후 그 물체는 조용히 소리 없이 폭발하더니 5개의 하얀 물체로 쪼개졌고, 곧 시야에서 사라져버렸다.

잠시 후 하늘에서 세 개의 별같은 UFO가 관측됐다. 그 물체들은 급한 예각회전을 하면서 무엇인가를 찾는 듯 매우 빠른 속도로 움직이고 있었다. 그것들은 각각 빨강, 녹색, 청색 빛을 발했다. 처음에는 타원형이었다가 점점 구체로 모양이 바뀌었다. 이 물체들은 대열을 지어 이동했는데, 그중 한 물체가 지면에 깔때기 형태의 빛을 비추는 것을 홀트 중령이 목격했다. 그가 이 물체들이 레이더 상에 나타나는지 확인하려고 무전기를 열었을 때 공군기지 본부에서도 깔때기 형태의 빛을 비추는 물체를 발견했다는 말을 들었다. 그 물체들은 2시간 정도 공군의 핵무기 저장고 근처 상공에 머물렀다.

[12월 30일]

스티브로버츠가 묘사한 당시 상황 스케치

또 다른 증인으로는 12월 30일 갑자기 소집명령을 받고 출동한 군인의 생생한 증언으로 그가 본 목격담은 UFO뿐만 아니라 외계인까지 목격했다는 것이다. 그의 주장에 의하면 비디오와 스틸사진으로 현장의 상황이 기록되었다는 것이다.

19살의 미공군 래리 워렌(Lary Warren)일등병은 벤트워터즈 공군기지 소속으로 4인 1조가 되어 랜들섬 숲 속으로 들어가 물체가 공중에 떠 있는 것을 목격했다. 약 6m크기의 금속으로 된 물체로 잠시 후 물체의 밑 부분에서 둥근 원형의 광선이 내리비치더니 1m정도 키의 외계인 3명이 나타났다고 한다.

그들은 지상에서 30cm 정도의 공중에 떠 있었는데 잘 알려진 그레이(Grey)같은 모습 그대로였다. 얼마 후 기지사령관인 고든 윌리엄즈 대령이 도착해 3명의 소인형 외계인들과 대화를 나누는듯한 모습이 이루어졌다. 20분 후 UFO를 둘러싼 병사들의 철수명령이 내려졌고 해리의 소대도 철수했다. 래리는 그 후 1981년 6월 명예제대를 하게 되었다고 한다. 그 후 그는 마음을 바꾸어 몇 달 뒤 다시 입대하려 했으나 그의 입대는 거부되었다.

2주 후 홀트 중령은 간단한 보고서를 영국 국방부에 제출을 했다.

할트 중령은 당시의 심경을 후에 다음과 같이 진술했다.

"우리는 그것의 정체가 별 것 아님을 증명하려고 수색에 나섰습니다. 나는 그것이 UFO라고는 전혀 생각지 않고 있었습니다. 하지만, 나는 그것이 무엇인지 몰랐고, 따라서, 도대체 무슨 일이 일어나고 있는지 논리적인 해답을 구하려고 직접 나섰던 겁니다. 나는 당시의 생생한 상황을 녹음 테잎에 담기를 잘했다고 생각합니다. 그런 녹음 테잎이 없었다면, 나중에 우리가 그날 밤 무슨 일을 겪었는지 우리 자신도 믿기 어려웠을 겁니다."

랜들섬 숲 UFO 사건 전문가 중 한 사람으로 브렌더 버틀러와 '하늘로부터 추락(Sky Crash)'이라는 책을 공동으로 펴내기도 한 제니 랜들즈는 랜들섬 숲 사건에 대해 이렇게 단언했다.

"내가 지금까지 면담했던 목격자들의 목격담을 종합해보건대 이들이 뭔가 이상한 것을 보았다는 점에 대해서는 의심의 여지가 없습니다. 이들은 번쩍거리는 불빛, 뭔가 안개에 싸인 듯한 형태들과 주변의 전자기장 형성, 그리고 동물들의 이상 동요, 물리적인 에너지와 정신의 왜곡을 체험했습니다. 이들은 모두 자신들이 이해할 수 있는 범위를 넘어선 뭔가를 본 것입니다."

결론적으로 랜들섬 사건은 핵시설을 갖춘 공군기지 근처에서 발생했다는 점과 UFO가 지상으로 착륙했다는 점 등이 미국의 로스웰 사건과 매우 비슷하다. 실제로 첫날 UFO를 목격했던 헌병들 중 한 명은 착륙한 UFO 주변에서 외계인들을 보았다고 주장했다. 최면요법으로 되살려낸 그의 기억에 의하면 이 외계인들은 UFO를 수리하는 듯한 행동을 했다고 한다.

DEPARTMENT OF THE AIR FORCE

13 Jan 81

Unexplained Lights

찰스 할트 중령의 상부제출용 목격 보고서

세계 각국의 UFO 기밀문서가 속속 공개되다

1947년 이후 반세기가 넘는 세월이 흐르는 동안 UFO현상은 전 세계에서 끊임없이 보고되어 왔지만 각국 정부는 이에 대해 아무런 관심조차 갖고 있지 않고 조사할 책임도 없다는 듯이 표면적으로는 무관심으로 일관성을 취해왔다. 그러나 내부적으로는 이를 심각하게 여기고 1950년대부터 자국에서 발생하는 UFO목격보고와 조우사건들을 조사하고 정보를 수집해왔다는 사실이 정보공개법에 의해 밝혀졌으며 그 결과 수 만 건에 달하는 UFO X-파일이 21세기에 들어서면서부터 대거 공개되기 시작했다.

각국 정부의 UFO 관련 파일 공개는 2007년 3월 프랑스 정부가 1,650건의 UFO 파일을 공개하였고 2008년 5월 이후 영국 국방부가 네 차례에 걸쳐 10,000 페이지가 넘는 UFO파일을 공개하기 시작했다.

2009년 1월에는 덴마크 정부가 1978년~2002년까지 329페이지의 UFO파일을 공개했으며 5월에는 스웨덴 정부가 18,000건의 파일을 공개하였다. 2009년 5월 1차로 600페이지의 UFO파일 공개를 밝히면서 8월에는 1,400여쪽 분량의 파일을 공개했다.

2009년 2월에는 캐나다 정부가 1947년~1980년까지 9,500건 공개, 2009년 11월에 핀란드가 1933년~1979년까지 300페이지 UFO 파일을 공개했다. 이어 2010년 12월에는 뉴질랜드 정부가 2,000페이지 공개 등 세계 각국 정부는 경쟁적으로 UFO 관련 파일을 공개하였다.

그 중 핀란드 국방부는 1933년~1979년까지 특별한 UFO 사례를 모은 300장 분량의 파일을 2009년 11월 핀란드의 뮤폰(MUFON-범세계 UFO 네트워크)홈페이지와 핀란드 국가 기록 보관 인터넷 홈페이지에 공개했다. 그 보고서 파일들이 핀란드 내 국가 기록 보관 홈페이지에도 실렸다. 핀란드도 다른 국가들과 마찬가지로 자료공개를 한 곳이 핀란드 국방부라는 사실이다.

여기에 UFO로 오인되는 U-2기나 유성 운석 위성 항공기 새떼의 이동, 기상학적인 구름 등의 가능성도 조심스럽게 소개했다.

공개된 UFO리포트들은 주로 1965~1973년 사이의 파일들이다. 이 공개 파일들의 서두 부분엔 1933년부터 1937년까지 수 백만 명의 핀란드 시민들이 목격한 미스터리한 유령 전투기와 고스트 항공기들에 대한 목격담들이 담겨져 있다.

아마도 그러한 사례들은 전세계에서 이례적으로 다수가 목격한 사례들 중 하나로 연구가들이 조사한 사례들이다. 어떤 개인적인 조사자들은 핀란드 UFO민속신앙 사례로 출간하기는 했지만 제 2차 세계대전이전까지 이 같은 사건 조사가 다양한 분야에 진행돼 왔다.

대외적으로 알려지지 않아 확실하지는 않지만 군대에서도 설명할 수 없는 유령 항공기에 대한 조사를 진행해 온 것으로 보인다. 유령 항공기에 대한 전문가들의 설명은 대부분 UFO들은 천문학적 낙하물일 가능성이 높다는 주장이 일반적이었다. 그렇지만 많은 사례들이 설명할 수 없는 미확인 비행물체나 미스터리로 남아 있다고 핀란드 국방부는 말한다.

1937년 후반 유령 전투기 목격 소동은 핀란드내에서 사회적 히스테리를 일으키기도 했지만 유령전투기의 기원과 출몰지가 구소련의 스파이 항공기일 가능성이라는 설명들이 나오기도 했다. 1960년에 가서야 2차대전 당시 나타난 푸 파이터즈(Foo-Fighters)같은 UFO에 대한 재조명이 이루어졌다.

1969년 4월 12일 핀란드 서부 포리 공항에서 발광하는 UFO 7대가 출현했고 당시 공군기가 출격하여 그들을 추격하였다. 약 20여명의 민간항공기 조종사와 공항 관계자들이 지상으로부터 2000~3000미터 높이에 발광하며 떠 있는 UFO를 보았고 레이더에도 미확인 비행물체들을 추격했다. 공군과 레이더의 추격에도 불구하고 UFO는 북쪽으로 날아가더니 사라졌다.

1970년 1월 핀란드 헬싱키 임예르비의 한 스키장에서 두 명의 스키어들이 스키를 즐기고 있었다. 영하 17도의 차가운 날 스키를 즐기던 그들 앞에 하늘에서 강한 광선이 쏟아졌다. 잠시 후 구름에 휩싸인 아담스키형 UFO가 다가와 그들의 스키를 막아서더니 키작은 난쟁이 외계인이 마치 홀로그램처럼 광선을 타고 내려왔다가 순식간에 사라져 버렸다고 한다.

1971년 2월 5일 핀란드에서 목격된 UFO와 승무원의 스케치

1. 미 정보기관 CIA가 보관해온 UFO 기밀문서 해제

2016년 1월 21일 미 중앙정보국(CIA)은 수백 건에 달하는 UFO 기밀문서를 공식 홈페이지에 전격 공개했다.

CIA가 스스로 'X파일'이라고 부른 이들 문서는 1978년 진행된 UFO 관련 조사 당시 작성된 보고서와 사진 등을 포함, 38년 만에 기밀이 해제됐다.

모든 기록물은 1940년대부터 1960년대에 수집, 작성된 것으로 당시에는 기밀로 취급되어 일반인들은 모르는 내용들이 다수 포함되어있었다. 특히 CIA는 이번 문서 공개 소식을 전한 홈페이지에 국내에서도 큰 인기를 끌었던 미국 드라마 'X파일'에서 외계인 존재에 긍정적인 견해를 보인 멀더 요원과 그에 맞서 회의적인 입장이었던 동료 스컬리 요원이 각각 관심을 가질만한 문서들이라고 하여 각각 5건씩 선별 소개해 눈길을 끌었다.

CIA의 전경사진

CIA가 포스팅에서 폭스 멀더가 좋아할 만한 톱 문서라고 밝힌 5가지의 내용은, 1.동독에서 보고된 비행접시(1952년) 2.CIA지국장이 UFO를 만난 몇 분 간(1952년 8월 11일) 3.스페인과 북아프리카에서 보고된 비행접시(1952년) 4.비행접시 발견보고 조사(1952년 8월 1일) 5.벨

UFO가 발견된 장소를 답사한 장면

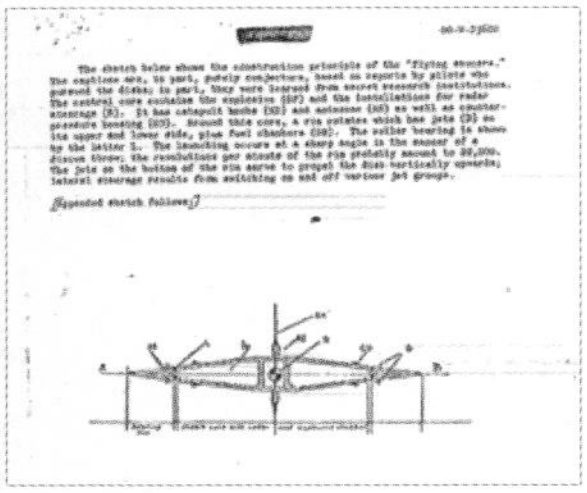

목격한 비행접시의 스케치

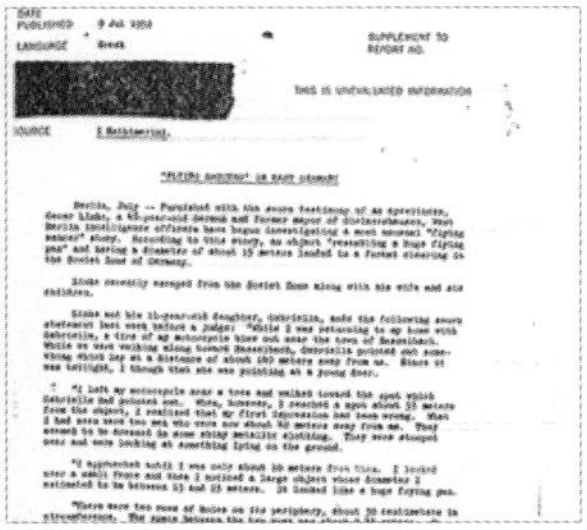

1952년 오스카 링케(46세)가 서베를린에서 11살된 딸과 함께 목격한 비행접시와 외계인에 대한 목격담 조사 문서

기에렁 콩고 우라늄광에서 보고된 비행접시 등이다.

이와 함께 스컬리가 직접 보고 싶어 할 만한 톱 5라며 소개한 문서에는 1.UFO에 대한 과학자문위원회(1953년 1월 14~17일) 2.CIA 비망록(1949년 3월 15일) 3.CIA국장에게 보내는 UFO에 대한 비망록(1952년 10월 2일) 4.UFO에 대한 OSI자문그룹 미팅(1953년 1월 21일) 5.비행접시에 대한 기록을 위한 비망록(1952년 12월3일) 등이다.

보고서는 모두 타자기로 작성한 문서를 스캔해 PDF 파일로 만든 이미지인데, 이 중 '멀더 요원이 관심을 가질만한 문서 5건'에서 '비행접시 설문 보고서, 1952년 8월 1일'(Survey of Flying Saucer Reports, 1 August 1952)을 살펴보면 다음과 같이 적고 있다.

작성자는 "신뢰할만한 100건 미만의 보고서 중 현재 설명할 수 없는 부분이 있다. 이들에 관한 CIA의 조사가 계속 진행되는 것이 바람직하다."면서도 "CIA가 UFO에 관심을 가진다는 것을 시사하는 정보가 언론이나 대중에게 유출되지 않도록 하는 것이 매우 중요하리라 생각된다."라고 밝혀 당시 CIA가 UFO에 상당한 관심을 가졌다는 것과 이를 기밀로 유지해왔다는 것을 알 수 있다.

문서에는 '벨기에령 콩고의 우라늄 광산 상공에서 목격된 비행접시, 1952년'(Flying Saucers Reported Over Belgian Congo Uranium Mines, 1952)이라는 제목으로 소개된 다른 보고서를 보면, 시작 부분에 "최근 불타는 원반이 벨기에령 콩고에 있는 우라늄 광산 상공에서 목격됐다. 두 대의 비행접시는 우아한 곡선을 그리면서 이동하고 서로 위치를 수차례 바꾸는 등 보이고, 지상에서 그 형상이 원반형이나 타원형, 간단한 선형으로 보였다."고 쓰여 있다. "목격자는 귀를 찌르는 듯한 고음으로 윙윙거리는 소리가 들렸다. 모든 활동은 10분에서 12분에 걸쳐 진행됐다."고 적고 있어 당시 상황을 명확하게 보여주었다. 이

뿐만 아니라 문서 뒷부분에는 목격된 비행접시를 스케치한 일러스트도 꼼꼼하게 기록돼 있다.

기록물에 따르면 오스카 링케라는 46살의 남자는 11살된 딸 가브리엘라와 오토바이를 타고 가다가 타이어가 날아가자 건던 중 멀리서 UFO와 외계인을 보았다. 주변이 어둑해질 무렵이었다.

1950년대와 1960년대 촬영된 UFO사진들

그는 UFO로부터 50미터 근처까지 다가갔고 UFO의 크기는 13~15미터였다. 거기에는 금속 옷을 입은 두 인간형의 형체가 있었다. UFO 주변에는 지름이 30cm정도 되는 구멍이 줄지어 나 있었다.

또한 CIA는 보고서 외에도 UFO 촬영사진도 공개하였다. 왼쪽 위아래에 있는 두 사진은 1962년 4월 4일 영국 셰필드(조작된 사진)와 1960년 10월 20일 미국 미니애폴리스에서 각각 촬영된 UFO이고, 오른쪽 사진은 뉴저지의 한 아마추어 사진작가가 1952년 7월 31일 찍은 'UFO 추정 물체'(alleged UFOs)다. 이는 전형적인 UFO 형태를 매우 선명하게 보여준다.

이번 문서 공개는 CIA가 공식적으로 UFO 관련 회의를 진행했다는 것도 확인시켜주었다. 'OSI(과학정보국) 고문단 UFO 회의'(Meeting of OSI Advisory Group on UFO)라는 제목으로 공개된 문서에서도 알 수 있듯이 CIA에서 과학자들이 UFO에 관한 회의를 하기도 했던 것 같다. 또한 CIA가 어떤 방식으로 UFO를 조사하고 있었는지도 밝혀져 눈길을 끈다.

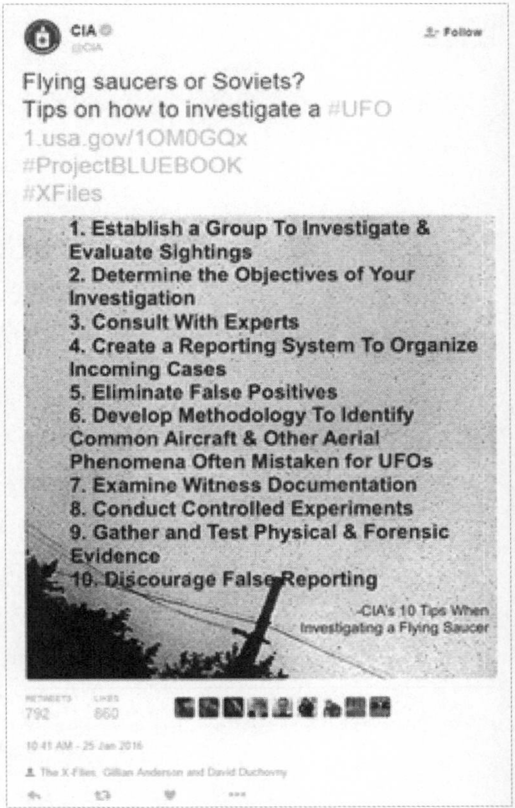

CIA의 UFO 관측 조사방법 기준 리스트

2. 세계최초로 UFO 기밀문서를 공개한 프랑스 정부

2007년 3월 23일 프랑스 국립우주연구센터(CNES)는 지난 50년간 UFO목격 및 외계인과의 조우사례 등 10만 페이지 분량에 달하는 1,650건의 기밀문서를 세계 최초로 CNES 홈페이지에 전격 공개했다. 당시 CNES의 웹사이트는 뉴스 발표이후 전 세계에서 너무 많은 사람들이 한꺼번에 자료를 열람하려고 접속하는 바람에 몇 시간만에 서버가 다운되기도 했다.

CNES는 현재도 전국 경찰국을 통해 한해 50~100건의 UFO 목격 보고서들이 접수되고 있는데 CNES에서 UFO 사건 조사부서를 이끌고 있는 항공학 기술자 자크 파테넷은 "이처럼 모든 UFO 파일을 빠짐없이 공개하는 국가는 프랑스가 세계 최초"라고 말한다.

그는 말하기를 "영국과 미국처럼 UFO 관련 정보를 조직적으로 수집하고 비밀 관리하는 나라들은 사안별로 정보공개법에 따라 한건씩 공개하고 있지만 프랑스는 이와 달리 모든 정보를 세계인에게 빠짐없이 공개한다."고 밝혔다.

이처럼 공개하는 이유는 "세계의 과학자들과 UFO 연구가들과 UFO에 심취해 있는 UFO 팬들에게 연구에 필요한 자료들을 보다 쉽게 접하게 하여 지구 너머에 존재한다고 믿는 외계 생명체의 진실을 모두가 함께 규명하기 위해서이다."고 했다.

CNES에 따르면 UFO 연구부서에 접수된 사건들 중 일부는 자연적인 현상이나 인위적인 현상을 목격하고 신고한 것들도 있는데, 1990년 11월 5일 프랑스 상공에 나타난 조명을 내뿜은 비행물체가 1,000여명에게 목격됐으나 이는 로켓 잔해가 대기권으로 재진입하며 불이 붙어 추락한 것으로 확인됐다.

프랑스에서는 UFO를 ONVI라고 부르는데 CNES에 따르면 1954

년 이래 1,600건의 목격 자료들이 수집됐고 이 가운데 25%가 'D 타입'으로 분류된 신뢰할 수 있는 목격자들로부터 제공된 자료들이라고 한다.

프랑스에서 유명한 조우사례는 1981년 1월 8일 프랑스 남부 트랜스-엔-프로방스에서 들판에서 일하던 사람이 하늘에서 이상한 휘파람 소리가 나는 것을 듣고 쳐다보다 지름이 2.5m 정도 되는 UFO가 50m 떨어진 들판에 착륙했다가 바로 이륙하는 것을 목격했다. 달려가 보니 UFO가 착륙했던 지점에 불에 탄 자국이 남아 있었다.

목격자는 즉시 경찰에 접시형의 희미한 아연같은 회색 비행물체가 농장에 잠시 착륙했었다고 신고했는데 출동한 경찰과 조사팀은 현장 사진을 촬영하였고 타들어간 부분 샘플을 채취해 성분을 분석하고 비행물체의 흔적은 확인했으나 무슨 비행물체인지는 끝내 규명할 수 없었다.

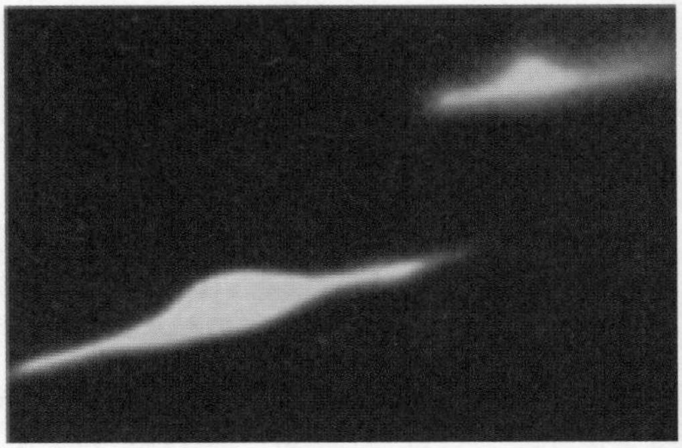
1973년 6월 7일 샨테레인에서 촬영

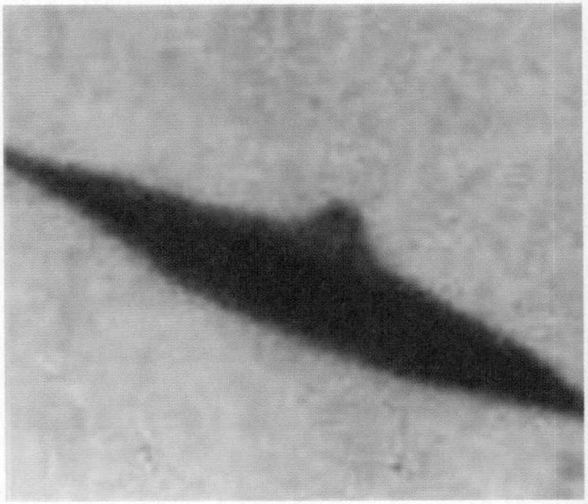
1972년 9월16일 허볼트에서 촬영

3. 영국 국방부의 UFO X-File 공개

프랑스와 비슷한 시기인 1950년 이후 UFO 조사 프로젝트를 시작한 영국 국방부는 그동안 1만 건 이상의 UFO 목격사례를 접수했으며, 사실 확인 조사를 벌여 이 가운데 약 5%가 일반적으로 설명할 수 없는 사례인 것으로 결론지었다.

1993년 초 영국 국방성 주도로 UFO에 대한 조사를 한 후 460페이지에 달하는 '콘다인 리포트(condign report)'를 발표했다.

보고서는 1만여 건에 달하는 UFO목격사례를 국방성의 조사팀이 분석한 자료들로 보고서는 'UFO는 플라즈마장이 주변 환경과 간섭하면서 일어나는 신기한 자연현상'으로 결론을 내렸다.

콘다인 프로젝트의 주된 결론중 하나는 러시아군이 비행체의 공기의 저항을 감소시키는 기술에 플라즈마를 사용하고 비행접시형태의 비행체를 만드는데 플라즈마를 사용한다고 언급했다는 점이다. 또한 리포트에는 UFO를 UAP(Unidentified Area Phenomenon)로 명기하고 있어 영국 정부로서는 이상한 걸 믿는 걸로 보일까봐 다른 용어를 사용한 것으로 보인다. 보고서에는 민항기와 전투기 조종사들에게 '만일 UAP와 조우하면 공격이나 추월을 시도하지 마라. 위험할 수 있다. UAP는 군사기밀로 활용할 가치가 있으므로 계속 연구할 것을 권고한다'라고 적혀 있었다.

UFO조사팀의 관계자들은 UFO의 추진시스템과 비행속도 그리고 보이지 않도록 하는 스텔스기술을 자국에 이용할 수 있을 것으로 암시하는 내용을 지적하였다. 또한 UFO들이 지구에서 만든 비행체가 아니라면 군사적 목적의 정찰, 과학적인 또는 여행을 위한 지구방문을 하는 것으로 추측하였다.

영국 국방부는 2007년 12월 23일 자국 내에서 목격된 UFO관련 1급 비밀정보를 2008년 봄부터 시작하여 3년간에 걸쳐 순차적으로 공개하겠다고 밝혔다.

런던 교외 큐(Kew) 소재 국가기록원에 보관 중인 UFO 관련 비밀정보가 수록된 160여권에 달하는 UFO파일을 국방부 홈피에 공개하겠다는 것이다. 국방부 대변인도 "UFO에 대한 세간의 관심은 항상 높은 수준"이라면서 관련 정보 공개 계획을 확인했다. 그런데 영국 국방부 대변인은 "우리는 영국 상공의 군사적 목적이 있는 비행물체만을 연구한다. 잠재적인 위험성이 없다면 굳이 그것을 밝히려 노력하

1998년 영국 국방부에 신고된 옥수수밭 위의 공 모양 UFO

지 않을 것"이라고 밝혔다.

이미 2월에는 2007년도에 목격된 사례를 1차 발표하기도 했다.

2008년 5월 14일 9권 분량 8,000건 이상을 파일을 공개한 이후 10월 21일에 이어 2009년 1월과 5월에도 1994년~2000년도 사이의 UFO파일을 인터넷에 공개했다.

현재까지 네 차례에 걸쳐 10,000 페이지가 넘는 UFO파일이 소개되었는데 영국과 스코틀랜드 각지에서 지난 1960년대부터 오늘날까지의 UFO관련 목격 조우 근접 기록이 총망라되어 있다.

BBC 방송에 따르면, 2010년에 공개된 자료에서는 제 2차 세계대전 중 처칠 수상이 UFO와 영국 폭격기의 충돌 사고를 진지하게 우려하고 있었다는 사실이 밝혀진 적도 있다.

2012년 7월 12일에는 영국 공문서관이 미확인비행물체에 관한 영국 정부의 조사기록을 공개했다. 영국 공문서관에 따른 UFO 자료 공개는 1980년대부터 90년대 자료가 대부분으로 1980~90년대 외계인과 조우했다는 800건의 사례에 관한 4천쪽 분량의 보고서를 온라인상에 공개했다. 이 같은 방대한 수집된 정보들은 정부 산하에 UFO조사국을 두고 있기에 가능했다.

지난 1991년부터 약 3년간 UFO를 조사 연구한 영국 국방부 UFO 프로젝트 책임자인 닉 포프(전[前])는 일부 목격 사례가 “상당히 신뢰할 수 있다.”고 밝혔다. 포프는 이어 처음에는 자신도 UFO에 대해 회의적이었으나 국방부가 소유한 UFO 관련 고급정보에의 접근과 영국군과 경찰의 UFO목격사례를 접하면서 생각을 바꿨다고 전했다.

1995년 자료에 따르면, 담당자는 UFO가 존재한다는 확실한 증거는 발견되지 않았다고 말은 하면서도 UFO 목격이 사실일 경우 군사적 정찰, 과학적 조사, 관광 등이 비행 목적일 가능성을 지적하는 등 영국 정부가 UFO 문제에 진지하게 대처하고 있었던 것으로 보인다. 나아가 외계인의 기술은 인류보다 훨씬 앞서 있으며 영국의 군사기술에도 적용이 가능하다고 예측했다. 이러한 조사, 분석은 당시 토니 블레어 수상에게도 보고가 됐다.

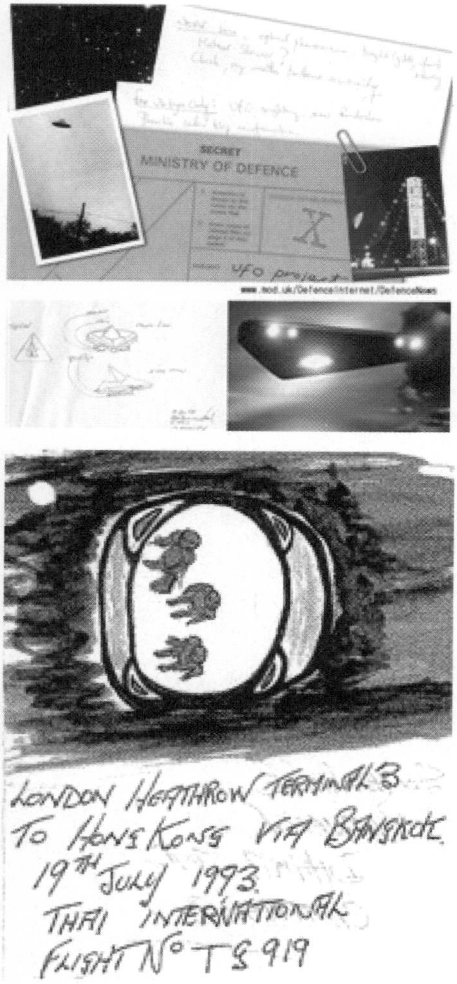

영국 UFO X-FILE 공개자료의 일부

국방부의 공개된 X-파일 자료에 따르면 2007년 한 해 동안 영국 전역에서 무려 135건의 UFO목격 보고가 있었던 것으로 밝혀졌다. 2006년에 공개된 97건보다 크게 늘어난 횟수다.

공개 자료에 따르면 2006년 4월 12일에 캠브리지셔 덕스포드에서 오렌지색 빛을 내는 비행물체 50여개가 목격 됐으며 같은 달 23일 올더니섬 상공에서도 같은 오렌지색 비행물체가 목격됐다. 또 포츠머스에서는 구형의 비행물체가 빠르고 불규칙적으로 이동하는 것을 목격한 사례가 있었으며 카디프에서는 UFO가 집 근처를 비행하다가 자신의 차와 텐트, 애완견 등을 가져갔다는 한 남자의 주장이 보고되기도 했다.

1980년 12월 서포크에 있는 벤트워터스 및 우드브리지 공군기지에서도 인근 숲에서 뿜어져 나온 빛을 공군이 항공기 충돌사고 징후인 것으로 의심, 현장조사를 벌이기도 했다.

이 사건은 유명한 랜들셤숲 사건으로 알려져 있다. 당시 조사를 벌인 공군 관계자는 읽기 힘든 글자가 새겨진 달착륙선 같은 물체가 갑자기 날아가는 모습을 목격했고 다음날 아침 비행물체 착륙 지점의 방사능 수치가 평소의 10배 수준으로 높아져 있었다고 보고했다.

1993년 영국 공군의 슈롭셔 소재 쇼버리 기지와 웨스트 미들랜드 소재 코스포드 기지에서는 큰 삼각형 비행물체가 지상으로 한줄기 빛을 쏘고 저주파 음을 내뿜으며 창공을 날아가는 모습이 각각 목격되기도 했다.

4. 뉴질랜드 국방부가 공개한 2,000페이지 분량의 UFO 기밀문서

2010년 12월 22일 뉴질랜드 국방부가 미확인비행물체 목격과 외계인 접촉 등에 관한 기밀보고서 수백 건을 공개했다. 공개된 UFO파일은 12권 분량으로 그 양이 2,000페이지가 넘는다.

뉴질랜드 UFO연구단체 소장인 수잔 핸슨은 그동안 정보공개법에 의거 뉴질랜드 공군 당국의 UFO파일 사례들을 추적해 왔다. 군 당국에 상당한 양의 정보 자료집과 사례집 등의 열람을 요청 해왔지만 공군 당국은 이들 자료를 개인정보 보호와 안보를 이유로 접근 자체를 막아왔었다.

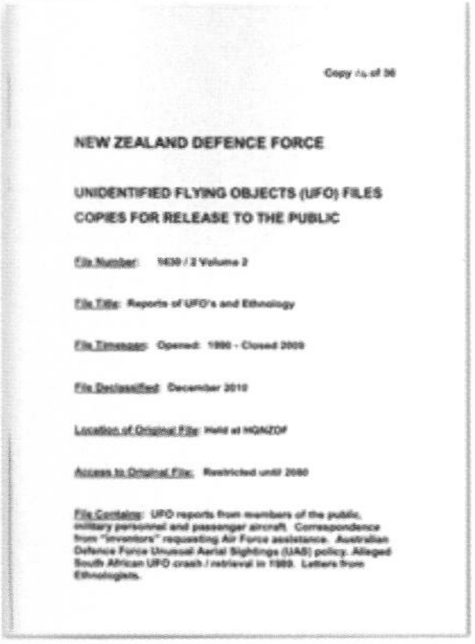

Copy [illegible] of 36

NEW ZEALAND DEFENCE FORCE

UNIDENTIFIED FLYING OBJECTS (UFO) FILES
COPIES FOR RELEASE TO THE PUBLIC

File Number: 1630 / 2 Volume 2

File Title: Reports of UFO's and Ethnology

File Timespan: Opened: 1990 - Closed 2009

File Declassified: December 2010

Location of Original File: Held at HQNZDF

Access to Original File: Restricted until 2080

File Contains: UFO reports from members of the public, military personnel and passenger aircraft. Correspondence from "inventors" requesting Air Force assistance. Australian Defence Force Unusual Aerial Sightings (UAS) policy. Alleged South African UFO crash / retrieval in 1989. Letters from Ethnologists.

뉴질랜드 국방부의 UFO 공개문서의 일부

타마리키 뉴질랜드 공군 대변인은 이번 파일 공개와 관련, "UFO와 관련한 어떠한 조사도 한 적이 없다."며 "또한 어떤 질문에도 확인해줄 수 없다."고 밝혔다. 그는 "우리는 정보 수집을 담당했을 뿐"이라며 "어떤 진상 조사나 보고서 작성은 하지 않았고 문서를 어떤 것과도 바꿔치기 하지 않았다."고 말했다.

1954~2009년에 걸쳐 지난 50여 년간 작성된 총 2,000페이지 분량의 이들 보고서는 정보공개법에 따라 특정 이름이나 신원을 확인할 수 있는 정보는 삭제된 채 공개됐다.

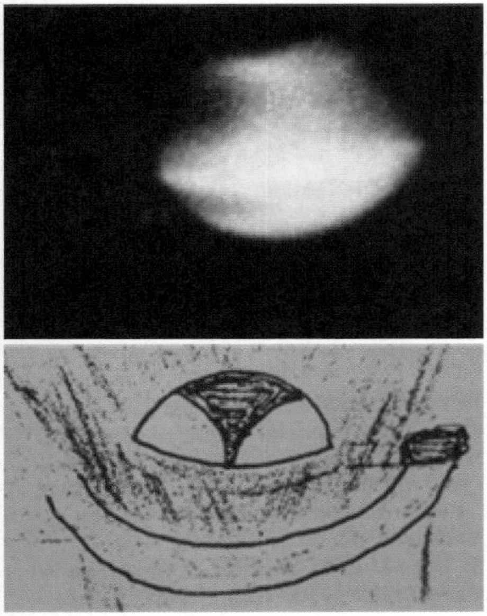

카이코우라 사건당시 촬영된 UFO와 스케치

보고서에는 '파라오 가면'을 쓴 외계인에 관한 묘사, 외계인이 쓴 것으로 추정되는 글자 등의 자료와 UFO의 사진 또는 외계인으로 추정되는 그림, UFO가 나타난 현장의 모습을 묘사한 그림도 포함되어 있었다. 주로 공무원과 공군, 민간항공기 조종사 등이 하늘에서 빛을 발하며 움직이는 물체를 목격한 뒤 진술한 것을 토대로 구성됐다.

이 문서들이 특히 UFO 연구가에게 주목을 받는 이유는 카이코우라 해안상공의 UFO 관련 내용 때문이다. 1978년 12월, 뉴질랜드 남섬 카이코우라 해안에서 정체불명의 엄청나게 크고 밝은 탁구공을 닮은 발광체가 두 차례 목격된 사건이 있었는데 카이코라 사례에 대한 자세한 분석보고서가 2,000페이지 분량 중 1/3인 4권에 포함되어 있을 정도로 그 비중이 컸다.

방송사 취재팀을 태운 항공기에서 포착된 이 물체는 비행기와 같은 고도상에서 날고 있었다.

카이코우라 UFO 조우사건은 다음과 같은 세 가지 점에서 UFO의 존재를 입증할 유력한 증거로 남아있다. 첫째, 비행기의 탑승인원 5명 전원이 목격했다는 점, 둘째, 방송 카메라에 영상이 촬영되었다는 점, 그리고 셋째, 관제탑 레이더에까지 포착되었다는 점이다. 당시 뉴질랜드와 호주 근처에선 이상한 불빛이 120번 이상 포착됐다. 이 사건은 삽시간에 전세계로 퍼져나가 UFO추종자들을 열광시켰고 각국 언론은 '대단한 UFO 발견'이라며 큰 관심을 보였으나 진작 당사자인 뉴질랜드 정부는 당시 이것이 자연현상에 의한 것이라고 발표했다.

군 당국은 보트에서 반사된 빛이 구름에 비쳐진 경우 또는 오징어잡이 배, 자동차 불빛, 등대, 금성을 잘못 본 것일 수 있다고 밝혀 자연현상일 개연성이 있다고 일축했다. 그러나 나중에 확인한 결과 금성의 경우 목격자들이 금성이 뜨기 3시간 전에 발광체를 목격한 것으로 드러났으며 오징어잡이 배 역시 신빙성이 떨어지는 것으로 확인되었다.

당시 괴발광체의 비행속도는 약 180노트(333km/h)였다. 또한 촬영된 영상을 세계적인 광학물리학자이자 UFO 사진분석가로 유명한 브루스 맥카비 박사가 분석을 했는데 불빛의 밝기가 일반전구의 2만 6천배(260만 칸델라)나 밝은 물체였으며 발광체의 크기를 계산한 결과 높이 12m, 너비 18m로 추정된다는 분석결과가 나왔다.

5. 미국방정보국에 보고된 한국 DMZ 상공의 미확인 물체 폭발사건

1970년 2월 10~11일 양 이틀 간 서울 공군본부에서는 비무장지대(DMZ)에 나타난 이상한 비행물체에 관하여 의견을 나누기 위해 전 공군 보안부대장 회의가 열렸다.

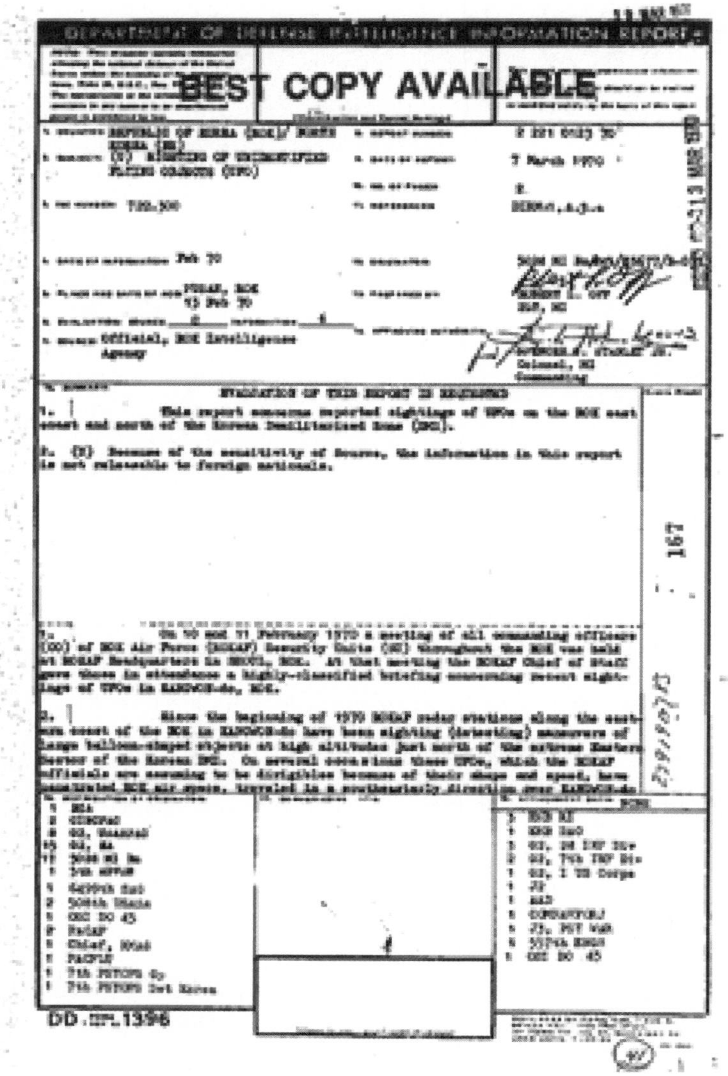

DEPARTMENT OF DEFENSE INTELLIGENCE INFORMATION REPORT

BEST COPY AVAILABLE

REPUBLIC OF KOREA (ROK)/ NORTH KOREA (NK)

(U) SIGHTING OF UNIDENTIFIED FLYING OBJECTS (UFO)

7 March 1970

Feb 70

Official, ROK Intelligence Agency

Colonel, MI
Commanding

EVALUATION OF THIS REPORT IS REQUESTED

1. This report concerns reported sightings of UFOs on the ROK east coast and north of the Korean Demilitarized Zone (DMZ).

2. (U) Because of the sensitivity of Source, the information in this report is not releasable to foreign nationals.

3. On 10 and 11 February 1970 a meeting of all commanding officers (CO) of ROK Air Force (ROKAF) Security Units (SU) throughout the ROK was held at ROKAF Headquarters in SEOUL, ROK. At that meeting the ROKAF Chief of Staff gave those in attendance a highly-classified briefing concerning recent sightings of UFOs in KANGWON-do, ROK.

4. Since the beginning of 1970 ROKAF radar stations along the eastern coast of the ROK in KANGWON-do have been sighting (detecting) maneuvers of large balloon-shaped objects at high altitudes just north of the extreme Eastern Sector of the Korean DMZ. On several occasions these UFOs, which the ROKAF officials are assuming to be dirigibles because of their shape and speed, have penetrated ROK air space, traveled in a southeasterly direction over KANGWON-do

167

DD 1396

한국 DMZ에서 발생한 미확인물체 보고를 담은 DIA문서

이 회의의 소집은 1970년대 초부터 강원도 DMZ에 나타나기 시작한 미확인물체에 관한 브리핑 때문이었다. 거대한 풍선 모양의 물체가 비무장 지대의 북동쪽해안을 따라 비행하는 모습이 몇 차례 레이더에 포착되었다고 한다. 그러다가 이 비행물체가 남쪽영공으로 침투해오다가 폭발하였다는 것이다.

모양과 속도로 보아 비행물체로 추정되는데 나중에 폭발지점을 샅샅이 훑어보았지만 아무런 잔해도 수거하지 못했다고 한다.

이 보안 부대장 연석회의는 그 비행물체가 남한에 선전물이나 스파이를 침투시키기 위한 북한이 띄운 프로펠러형 기구였을 것으로 추정하고 회의를 끝냈다.

이 사건은 한국중앙정보부(KCIA)가 미국방정보국(DIA)에 보고한 내용으로 나중에 정보자유화법에 의해 기밀이 해제되면서 DIA에 보관되어온 문서가 공개된 것이다.

영국의 유명한 UFO연구가인 티모시 굿은 그의 저서인 초극비 〈Above Top Secret〉에서 2페이지에 걸쳐 한국의 DMZ에서 일어난 UFO 추정 사건의 기밀내용에 대해 밝히고 있다.

문서에 의하면 한때 한국의 DMZ상공에 출현한 이상한 기구형 물체가 남하하다가 폭발한 사건이 있었는데 북한의 대남 불온전단 살포용 기구였을 가능성에 대해 추정된다는 것으로 결론을 내렸다는 것이다. 그러나 당시 잔해는 발견되지 않아 이 사건은 미궁으로 빠져드는 결말을 짓게 되었다.

티모시 굿은 이 같은 결론에 대해 몇 가지 의혹을 제시하였다. 즉, 북측의 정찰기구일 것이라는 가능성이 가장 그럴듯하지만 아무런 잔해를 발견하지 못했다는 것은 이해할 수 없는 일이라는 것을 지적했다.

4장-폭로!
UFO 기밀정보가 폭로되다!

Disclosure Project : 초특급 UFO 기밀정보가 폭로되다

"저는 모든 것을 밝힐 준비가 되어 있습니다. 지구에서 만들어지지 않은 정체불명의 비행물체가 착륙한 현장에 제가 있었다는 사실을 말입니다. 저는 그곳에서 지구상의 생명체가 아닌 어떤 존재들이 산 채로 혹은 일부는 죽은 채로 발견 됐다는 것을 공개할 준비가 돼있습니다. 저는 정보기관의 용어 그대로 그 존재와 '접촉'했었음을 밝힐 준비가 돼있으며 목격자들을 세뇌시키는 교육시설이 존재한다는 사실도 폭로할 준비가 돼있습니다. 우리는 외국도 아닌 다른 태양계에서 온 외계인을 만난 적이 있습니다. 제가 바로 그 증인입니다."

전 미 육군 외계인 회수 전담팀에 근무한 클리포드 스톤 하사관

이 놀라운 충격적인 증언을 내뱉은 사람은 전직 미 육군 외계인 회수 전담팀에 근무했었던 하사관 클리포드 스톤으로 그의 생생한 증언 내용이 폭로 프로젝트에서 공개되었고 그는 죽은 외계인과 살아있는 외계인도 보았다고 주장했다.

그의 증언에 의하면 1947년부터 시작되어 22년간 추진된 UFO 조사프로젝트인 '프로젝트 블루북'의 조사팀 외에도 별도의 엘리트로 구성된 조사팀이 따로 있었다고 하며, 더욱 놀라운 충격적인 증언은 자신이 근무할 당시 알려진 57종의 외계인들에 대해 기술한 현장 지침서를 가지고 있었다고 한다. 또한 그 중 두 종류가 인류와 지구에 깊게 관여하고 있다고 했으며 9종이 지구를 방문 중에 있다고 했다.

이 증언내용은 지난 2001년 〈폭로 프로젝트〉를 직접 주도한 CSETI의 스티븐 그리어 박사의 다큐멘터리 영상에 공개된 인터뷰

내용이다. 그런데 어떻게 이런 충격적인 기밀정보가 만인에게 공개될 수 있었을까?

UFO는 이미 오래전부터 정부차원에서 비밀리에 조사에 착수하여 수십 년간 정보수집이 진행되어 왔지만 철저히 비밀에 부쳐져왔다. 그리고 정보교란, 은폐 작전과 함구명령, 무시, 협박, 세뇌 등의 방법을 동원하여 관계자들과 접촉자들의 입을 통해 정보가 새어나가는 것을 막으려고 갖은 방법을 동원하여 함구하게 만들었다. 그럼에도 불구하고 일부 관계자들은 자신의 위험을 무릅쓰고 자신이 직접 보고 겪었던 체험들과 정보들을 UFO연구가들에게 노출하기 시작했다.

그들이 그렇게 공개하는 이유는 UFO와 관련된 사안들을 국민들도 알 권리가 있기 때문에 위험을 무릅쓰고 기꺼이 폭로한 것이다. 그 중에는 정보자유화법에 의해 공개된 자료들도 있지만 진짜 최고급 기밀정보는 아직까지도 공개되지 않은 채 기밀저장고에 잠자고 있다. 그러나 단 한사람이 영원히 묻혀질지도 모르는 UFO의 진실을 알리기 위해 직접 나서서 주도적으로 진두지휘한 사람이 의학박사이자 CSETI의 대표이자 UFO연구가인 스티븐 그리어 박사이다.

그는 1990년대 중반이후 〈제 5급 만남〉이라 불리는 의도적인 UFO 호출을 시도하여 여러 증인들과 함께 실제 수차례 성공시킨 것으로 유명해진 연구가이다. 또한 2013년에 〈시리우스〉라는 UFO관련 다큐제작 영화를 만들어 발표하기도 했다. 이 영화에는 외계생명체의 다양한 정보와 자료를 공개하면서 조사 연구하는 전 과정을 다큐멘터리화 했다.

디스클로저 프로젝트를 주관한 CSETI의 스티븐 그리어 박사

이 책에 담긴 인터뷰 내용들은 그가 추진한 '디스클로저 프로젝트(폭로 프로젝트)'에 참여한 UFO 기밀정보 취급 관계자들의 증언으로 공개되는 정보들은 다양한 곳에서 근무했었던 신뢰할 만한 항공, 군 관계자과

기밀취급 정보관계자, 과학자들의 증언에 기초를 두고 있다.

디스클로저 프로젝트의 행사 장면

그는 최고기밀의 UFO 정보를 대중들도 알 권리가 있기에 2001년 5월 내셔널 프레스 센터에서 전 세계 최초로 UFO X-File(UFO 기밀정보)을 공개하는 행사를 열었다. 그가 주관한 디스클로저 프로젝트 행사에는 21명의 내부 고발자 증인들이 참석하여 일반인들이 접하지 못했던 충격적인 놀라운 사건들과 정보들을 공개 발표하였다. 수많은 언론사 기자들과 방송사 카메라들이 즐비했으나 주요 메이저급 뉴스 방송사인 CNN과 BBC 방송들은 간략하게 이 행사를 소개하는데 그쳤다. 그러나 이 두 시간짜리 행사는 300만 명이 넘는 시청자들이 지켜보았다.

이 프로젝트에 참여한 관계자들은 매우 신뢰할 만한 사람들로서 군 복무 당시, 군사 기지, 항공업계, 정보기관 등에 근무하면서 겪었던 일들을 가감없이 그대로 진술하여 UFO의 존재와 이와 관련된 놀라운 접촉사실을 전했다.

그가 만난 사람들은 미국, 영국, 프랑스, 스페인, 구소련, 이탈리아에서 UFO의 핵심 기밀사항들을 취급해 오거나 관계했던 400여명에 달하는 전직 군과 정부, 기업 관계자들이다.

그가 이처럼 대대적으로 폭로 프로젝트를 추진하게 된 배경은 일반인들에게 철저하게 감춰어진 UFO의 진실을 직접 전하기 위해 나서게 된 것이다. 그는 그들을 직접 비디오 인터뷰 촬영을 했다. 녹화된 비디오 영상의 길이는 110시간을 넘었고 1,200페이지가 넘는 녹취록이 기록되었다. 그리고 2007년 11월 12일에는 미국 워싱턴의 내셔널 기자 클럽에서 19명(자유정보연합)의 또 다른 UFO 증언자들이 참여한 가운데 심포지엄 행사가 열렸다.

UFO를 목격했거나 관련 조사에 참여한 바 있는 7개국의 전직 정부 관계자, 비행사, 군 관계자들이 근거리에서 UFO를 목격한 체험 등을 밝혔다. 미국 정부의 공식적인 재조사와 미 정부가 외국의 정부와 제휴해 UFO 현상을 공동 조사할 것을 주장했다.

미 의회의 직원과 주요 언론사의 기자들이 방청한 가운데 프랑스, 영국, 벨기에, 칠레, 페루, 이란, 미국의 대표가 실제 자신이 겪은 체험사례를 발표했다.

이날 심포지엄의 사회자를 맡은 사람은 미 애리조나 주지사였던 파이프 시밍턴이다. 그는 1997년 애리조나주 피닉스에서 일어난 거대한 UFO가 야간 비행하는 것을 목격한 바 있다.

1997년 피닉스시 상공에 뜬 미확인발광체 사진

싱민튼에 의하면, 애리조나주 장관 임기 2기째인 1997년에 거대한 삼각형의 비행 물체가 조용히 상공을 통과하는 광경을 목격했다. 당시 자신이 목격한 비행물체는 인간이 만들었다고는 도저히 생각할 수 없는 비행체였다는 것이 그의 증언이다.

당시 현장에는 수백 명의 사람들이 이 물체의 비행장면을 동시 목격했다. 주지사의 사무실에는 불안감을 느낀 시민들의 전화가 빗발쳤고 싱민튼 주지사는 사람들의 불안을 불식시키기 위해 기자 회견을 열면서 긴장감을 해소시키기 위해 직원을 우주인의 모습으로 분장시켜 등장시키기까지 했다.

그는 "우리는 시민들의 공포감을 줄이기 위해 이와 같이 했다."라고 말했다. 목격자수가 워낙 많아 이 목격사건은 전 국민의 주목을 받게 되었고 사태가 점점 커지자 미 공군 경비대는 자신들 소속의 비행사가 발사한 조명탄이라고 해명했다.

이후 주의회의 기자회견이나 언론들의 보도는 '피닉스 UFO'라는 용어대신 '피닉스 라이트'로 바꾸어 정정 보도를 내게 되었고 이에 대해 싱민턴 주지사는 "나는 이 어리석은 해석에 대해 불쾌한 감정을 기억하고 있다. 나와 수백 명의 목격자는 알고 있다. 이 현상은 조명탄과 전혀 관계가 없다."고 말했다.

그는 말하기를 "국가 안보를 위해 또 항공기 안전을 위해 모든 국가는 영공의 모든 물체의 정체를 밝히려는 노력을 해야 한다."고 언급하면서 UFO는 더 이상 코미디나 공상과학 소설의 대상이 아니라, 국가적으로 심각한 현상이므로 미국 정부는 세계 각국과 정보를 교류하며 조사를 벌여야 한다는 것과 미 정부에 대해 책임감있게 '매우 진실한 현상'을 조사하라고 촉구했다.

전투기 조종사 파르비 쟈파리

미국 정부는 UFO의 존재를 부인하고 있지만, 참석한 대표들은 입을 모아 '미국 정부의 설명을 믿는가, 자신의 눈을 믿는가.'라는 질문을 제기했다.

이날 참가자들의 증언내용을 훑어보면 지상에서 멀리 단순 목격되는 케이스와는 상황이 전혀 다른 공중에서의 근거리 조우가 주목을 받았다. 공군에서는 미확인 비행물체를 확인하기 위해 정찰기를 보내거나 격추시키고자 전투기를 출격시키며 여객기 조종사는 항공기의 진입항로 근처에서 갑자기 출현한 UFO의 움직임에 당황하게 된다.

이렇듯 군과 항공관계자들의 UFO조우는 실제적인 상황에 맞닥뜨리기 때문에 그들의 증언내용은 신뢰도가 매우 높을 수밖에 없다. 이날 심포지엄 연사 중 가장 관심을 이끌어낸 증언자는 퇴역한 이란의 전직 공군장교인 파르비 쟈파리와 페루 공군 조종사인 오스카 산타 마리아의 UFO 근접 추격 체험담이었다.

페루 공군 조종사 출신인 오스카 산타 마리아

1976년 9월 18일 오후 11시 경, 이란의 수도인 테헤란시 상공에 정체불명의 UFO가 출현했을 때 전투기 조종사인 파르비 쟈파리는 물체와의 최근접시 공격을 가하려 했으나 무기 통제가 안되고 지상과의 무선교신도 불통이 된 경험을 했다.

그런가하면 페루 공군 조종사인 오스카 산타 마리아의 조우사건은 실제 UFO에 공격을 시도하여 더욱 충격적이다. 그는 1980년 4월 11일 아침 7시 15분 경, 페루 남부 아레키파시의 모 공군 기지에서 훈련할 때, 비행 금지구역인 기지상공에 나타난 UFO를 격추하라는 명령을 받았다. 그는 즉시 전투기를 몰고 미확인물체로 향했다.

그가 물체에 최근접으로 다가갔을 때 약 64발의 기총사격을 가했는데, 일부가 물체에 명중했지만 공격효과는 전혀 없었다고 한다. 당시 그런 상황에서 그는 직감적으로 UFO라는 것을 알고서는 자칫 생명의 위협을 느낄 정도의 위험한 상황에 처할 수 도 있겠다는 것을 느끼고 가까스로 기지에 귀환했다고 한다.

그 외에도 민항기 조종사로 전직 프랑스 공군 대위인 쟌-크러드 듀복크는 1994년 1월 28일, 프랑스 니스에서 런던으로 향하는 프랑스 3532편기의 다른 승무원과 함께 파리 부근 상공에서 UFO와 조

전직 프랑스 공군 대위인 잔-크러드 듀복크

칠레의 공군 대위 조종사인 로드리고 브라보

우를 했다.

물체는 거대한 원반 형태를 하고 있었고 여객기 좌측방향에서 약 1분간 관찰했다. 눈으로 보기에 직경은 약 1,000피트로 달이나 태양의 크기에 필적할 수 있었다고 한다. 가장 믿기 어려운 것은 이 물체가 10초에서 20초 이내에 사라졌다는 것이다.

그런가하면 칠레의 공군 대위 조종사인 로드리고 브라보는 자신의 체험을 통해 UFO가 항공기의 비행안전에 영향을 주고 있다는 주장을 폈다. 그는 2000년 비정상적인 고공현상 연구에 파견되었을 때 아주 중요한 민간 항공사건이 1988년에 발생했다고 말했다.

당시, 보잉 737 여객기가 칠레 몬테 파토 리어시의 공항 활주로에 가까워졌을 때, 갑자기 큰 덩어리의 흰 빛이 보였다. 물체 주위는 초록과 빨강 빛이 발산했다.

그는 미확인 물체가 비행기에 정면으로 돌진해 왔기 때문에 비행방향을 급선회하지 않을 수 없었다고 한다. 당시 긴급한 상황은 공항 관제센터의 요원들에 의해서도 목격되었다.

다음에 소개되는 내용들은 디스클로져 프로젝트에 참여한 전직 군 관계자, 정보 관계자, 전투기 조종사, 군사기밀 담당자, NASA 근무자, 항공관계자들의 생생한 육성증언에 기초한 것이다.

일반에게는 전혀 알려지지 않았던 UFO 관련 기밀사항들을 과감히 폭로한 이들의 주장에 의해서 미 정부와 군당국, 정보기관들이 겉으로는 관심이 없는 척 하면서 내부적으로는 미 본토 안에서의 UFO 활동에 대한 촉각을 곤두세우고 기민한 대처를 해왔다는 사실이 드러났다.

전 미 공군장교의 증언과 레이더 포착 기록

전 미 공군 퇴역장교 찰스 브라운 중령

전직 미 공군에 근무한 퇴역 장교인 찰스 브라운의 주장에 의하면 군에서는 물체를 식별할 수 있는 레이더장비와 고공관측 항공기를 통하여 물체를 포착하기 때문에 UFO여부를 검증할 수 있는 완벽한 시스템이 구축되어 있다고 한다.

그의 인터뷰 증언에서 "저는 미공군 특별수사단에서 정보훈련을 받은 경험이 있고 비행경력을 보유한 수사관이었기 때문에 이례적으로 보이는 수많은 비행기 사고 조사에 참여할 수 있었습니다. 그 덕택에 저명한 과학자들과 교류를 나눌 수 있었으며 일명 '그루지 프로젝트'를 미공군기술정보센터(ATIC)와 공동조사를 가졌습니다. 그 당시 미공군기술정보센터는 범세계적인 수사기구였습니다."

"우리는 이른바 미확인비행물체에 대해 조사하는 임무를 가지고 있었습니다. 제가 맡은 일은 조사결과를 본부로 가져와서 프로젝트 책임자와 의견을 나누고 제가 수집한 정보에 묻고 답하는 일이었습니다. 그중에는 레이더의 추적을 받은 물체들도 있었습니다. 우리는 네 가지의 검증시스템을 갖추고 있었습니다. 지상관측과 지상레이더, 공중 관측과 공중 레이더의 감시를 받습니다. 제가 알기로 그처럼 완벽한 시스템은 없을 겁니다. 분명히 기억하는 것 중 하나는 시속 6천~8천 Km(마하5~6)로 이동하는 물체가 있었는데 여태까지 아군이나 적군을 통틀어 그런 속도로 나는 비행물체를 본 적이 없었습니다. 레이더 판독사진을 본 적도 있었는데 거기에는 아주 구체적으로 생긴 정체불명의 구형 불빛 덩어리들이었습니다. 레이더 뿐만 아니라 지상 관측과 지상 레이더 공중관측, 공중 레이더에 포착된 것들이죠. 공중 관측의 경우 전투기 몇 대가 현장에 도달할 때 쯤 그들은 마음 먹은 대로 종적을 감춰버렸습니다."고 말했다. 예컨데 미군 당국의 기민한 전투기의 긴급 출격명령은 결국 정부차원에서 UFO에 활발하게 대응해왔다고 볼 수 있는 것이다.

마이클 W 스미스 전 미 공군 항공관제사

전 미 공군 항공관제사였던 마이클 W 스미스는 미 전역에 출현하는 미확인비행물체의 포착을 북미방공사령부(NORAD)에서 실시간으로 감시 및 추적하고 있다는 것과 전략폭격기인 B52전폭기가 UFO와 마주치지 않게 하기 위해 회항시킨 사건이 있었다고 증언했다.

그의 증언을 들어보기로 하자.

"1970년 봄, 저는 오렌곤주 클라매스 폴스에서 복무 중이었습니다. 어느 날 저는 저녁 교대시간이 되어 레이더실로 갔어요. 그곳에는 평소 한두 명이 있곤 했는데 그날은 웬일인지 꽤 많은 사람들이 모여 웅성대고 있더군요. 제가 무슨일이냐고 물어봤더니 레이더에 UFO가 한대 잡혔다고 하더군요. 순간 저는 놀라서 펜타곤이나 백악관에는 보고가 됐느냐고 물어봤죠. 그랬더니 안했다고 하더군요. 보니깐 그 UFO는 전혀 미동도 않고 있더군요. 그러다가 천천히 고도를 낮추면서 산 뒤로 날아가더니 레이더에서 사라졌습니다. 머문 시간은 약 15분가량 되었습니다. 보니까 순식간에 산 뒷켠에 가있는 것입니다. 고도는 2,500미터쯤 되었을 것입니다. 레이더로부터 300km 정도 떨어져 있는 곳이었는데 그곳에서 미동도 않고 떠 있었습니다. 그래서 저는 상부에 보고해야 하는 것 아니냐고 했어요. 그러자 그들은 '진정하고 가만히 있어.'라고 하더군요. 이미 북미방공사령부에는 보고가 되어있었습니다. 직속상관 하사관이 내게 오더니 사령부에서도 이미 알고 있다고 하더군요. 그는 '이일을 발설하지 말라. 누구에게도 말해선 안 된다. 혼자만 알고 있어라. 그저 지켜보기만 하면 된다. 그게 우리 임무다.'라고 말했습니다. 저는 그래도 근무기록은 작성해야하지 않느냐고 말했어요. 그는 기록하는 곳이 따로 있다고 하더군요. 그건 꽤 두꺼운 서류철이었는데 처음 두 페이지가 목격담을 적는 곳이고 나머지는 저와 제 가족들 성향이나 가계도 따위로 온통 채워져 있었습니다. 그리고 제가 두 번째로 UFO를 목격한 것은 미시건에서 였습니다. 1972년 그날 밤 혼자 근무 중이었는데 교환으로부터 전화가 오더군요. 주립경찰이 저하고 통화하고 싶다는 겁니다. 통화해보니 그의 목소리는 무척 흥분된 상태였습니다. 지금 매키넥 다리 위에 3대의 UFO가 떠 있다고 하더군요. 그래서 저는 즉시 레이더를 확인해보았습니다. 레이더에서 확인 할 수 있느냐고 묻길래 저는 아무것도 안 보인다고 했습니다. 절대 발설해서도 안 되고 기록해서도 안 되며 누구와도 얘기해서는 안 된다는 것을 알기 때문이죠. 저는 북미방공사령부로 연락을 취했습니다. '지금 I-75 도로 쪽으로 가고 있는 것 말입니까?' 묻더군요. 그래서 저는 맞습니다. 시속 130km로 날고 있군요.라고 했죠. 세인트 이그네스로 이어진 도로에는 킨셀로 공군기지가 있는데 그곳은 전략기지로서 B-52전폭기가 있는 곳 입니다. 그때 마침 전폭기 두 대가 이륙해서 I-75도로 위를 지나고 있었습니다. 그런데 그들을 부대로 회항시키더군요. 핵무기를 탑재하고 있었는지는 모르지만 아무래도 I-75도로에서 UFO와 조우하는 걸 피하기 위해서였던 것 같습니다. 정말 놀랄 만한 일이죠.."

그의 증언으로 볼 때 미 본토의 주요 군사기지에서는 UFO의 존재를 인정하고 있다는 사실과 그 대상체가 미 전역을 활동무대로 누비는 것을 실시간으로 추적 및 감시를 하고 있다는 점을 알 수 있다.

UFO 요격 지시를 받은 전 미 공군 정보장교

다음에 소개하는 증언 내용에서 군에서는 이미 미확인 비행물체의 존재를 확실히 인식하고 있다는 것과 레이더에의 식별을 명확히 하고 있으며 그에 따른 요격명령을 하달하고 있다는 것을 볼 때, UFO의 출현이 자국 영공침범의 적대적인 존재로 간주하고 있음을 엿볼 수 있다.

전 미공군 정보장교인 조지 파일러 소령

전 미 공군 정보장교인 조지 파일러 소령은 베트남전 때 UFO의 공격으로 미 순찰함이 공격당한 사건을 폭로한 인물로 1962년 레이더에 포착된 UFO를 요격하라는 명령을 받았던 적이 있었다고 증언했다.

그는 인터뷰에서 당시 상황을 "저는 공중급유기를 몰고 잉글랜드 상공을 날고 있었습니다. 그런데 런던의 관제소로부터 UFO 한 대를 요격하라는 요청이 오더군요. 막 공중급유를 끝마치고 난 후였기 때문에 우리는 그 요청을 받아들였습니다. 북해 영공을 넘어가고 있는데 잉글랜드 중심 지점으로 오라고 하더군요. 약 40km 전방까지 따라 붙었는데 저의 레이더에 이미 포착된 상태였습니다. 물론 런던 관제소 레이더에서도 포착하고서 그 비행물체가 있는 곳으로 비행진로를 이끌어 주고 있었죠. UFO 전방 1.5km 앞에 다다랐을때 저희를 향해 전속력 강하비행을 하는 바람에 우리 비행기 동체가 엄청난 진동을 일으키더군요. 그런데 그 순간 UFO는 온데간데 없어졌습니다. 시속 수 천Km의 속도로 사라져 버린 것이죠."

그의 이 같은 증언에서 당시 UFO는 자신의 존재가 외부에 노출이 되었다는 것을 눈치 채고 의도적으로 항공기와의 조우를 피하는 것을 볼 때 그들이 오히려 우리의 적대적인 행위를 호전적인 것으로 받아들여 회피한 것일 수 있다. 당시 UFO는 만에 하나 있을 수 있는 불가피한 공격에 의한 상호 불상사를 피하려 한 것은 아니었을까?

UFO 추격에 나선 전투기 조종사들

전 미공군 항공 관제사 척 소렐스는 1961년 에드워드 공군기지에서 다수의 UFO를 추격했던 사건을 떠올렸다. 당시 북미항공사령부에서도 이를 인지하고 전투기 한 대를 급발진 시켰다고 한다.

군 관계자의 증언을 토대로 보면 UFO의 출현은 미 본토 상공의 불법 침입인 동시에 국가 방위적 차원에서 전투기의 긴급 출격이 상황에 따라 매번 긴박하게 일어나고 있음이 확인된다.

전 미공군 항공 관제사 척 소렐스

척 소렐스 관제사의 증언은 이러했다.

"새벽 1시 30분 정도 되었을 겁니다. 관제탑 동쪽에 상당히 밝은 불빛이 떠 있는 것을 발견했습니다. 연한 녹색 불빛이었는데 밑에선 붉은 불빛이 나오더군요. 그 붉은 빛은 계속 깜빡 거리고 있었는데 정확히 표현하자면 밑에서 붉은 빛이 번쩍거렸어요. 저는 즉시 LA에 있는 방공센터로 연락을 취했습니다. 그곳에는 최소한 4군데의 레이더 기지가 운용되고 있었는데 그들은 서로 긴밀하게 정보를 공유하고 있었죠. 그때 갑자기 불빛 3개가 더 나타나더군요. 하지만 그 불빛들은 서로 계속 붙어있었죠."

"어떤 포메이션을 하고 있었는지 저도 모르지만 그 상태로 제가 있는 남쪽을 향해 오더니 한동안 꼼짝 않고 공중에 떠 있더군요. 잠시 후엔 3개가 더 나타났는데 그 셋은 따로 날고 있었어요. 모두 합쳐 7개로 불어난 거죠."

촉각을 곤두세운 북미항공사령부는 UFO를 요격하기 위해 전투기

한 대를 긴급 발진시켰다. 그는 이어 말하기를 "그날 밤 전투기 조종사는 세 차례의 시계비행이 이뤄졌다고 연락이 왔습니다. 시계 비행은 전투기 레이더에 뭔가가 걸려들었다는 뜻이죠. 저의 근무 시간 내내 그 물체들은 그곳에서 계속 맴돌고 있었어요. 그러다가 대기속으로 사라져 버리더군요. 그게 헬리콥터가 아니라는 것은 저도 알고 있고 비행기도 아니었어요. 그 어떤 종류의 기상관측용 기구도 아니란 걸 알고 있어요. 그건 제가 듣도 보도 못 했던 비행물체였던 것만은 분명합니다."고 말했다.

또 다른 전투기의 UFO 추격사건에 대해 전 미해군 군사기밀 담당이었던 멀리 셰인 맥도우는 대서양 인근 군 지휘시설에서 UFO 한 대를 전투기가 맹렬히 추격했던 사건에 대해 다음과 같이 증언했다.

전 미해군 군사기밀 담당을 맡았던 멀리 셰인 맥도우

"6개월간을 기다린 끝에 고도의 보안을 요하는 극비사항 취급 권한이 저에게 주어졌습니다. 얼룩무늬가 새겨진 인식표와 함께 영내를 드나들 때마다 그것을 보여줘야 했어요."

그는 제브라 경보에 다음과 같이 설명했다.

"그건 해군이 발령할 수 있는 최고 단계의 경보입니다. 전 세계적인 핵 위협에 대처하고자 하는 것이죠. '제브라 경보'가 발령되면 훈련상황이든 아니든간에 인식표를 지니지 않은 사람은 영내에 있을 수가 없습니다. 즉시 영내에서 나가야 합니다. 부대 안팎에는 해병대가 경계를 하고 있었는데 그들은 영내에 허가 없이 머물고 있는 사람들을 쏠 수 있는 권한이 있었습니다. '훈련상황입니다. 지브라 경보를 발령합니다.'라고 사전에 방송을 내보내서 미처 방송을 못들은 외부인들을 안내해서 영내 밖으로 나가게끔 유도하는 것이죠. 사방에 불이 나갔는데 훈련상황이란 방송도 안 나오는 겁니다. 해병들이 문으로 들어오길래 저는 무슨 일인가 했어요. 지금 이게 훈련상황인지 무슨 일인지…. 언제라도 총을 쏠 수 있는 상황이었거든요. 당직사관의 어리둥절한 표정을 보면서 제가 해병들에게 물었죠. 당직사관에게 '설명 좀 해줘야겠어. 안 그러면 응사할 지도 모르니깐.' 해병들이 당직사관에게 비키라고 하진 않더군요. 나중에 결국 비켜서긴 했지만……. 그를 빨리 데리고 나가야겠다는 생각부터 들었어요. UFO가 영내에 출현했다고 하더군요. 그게 소련 비행기가 아니란 걸 알게 된 트레인 제독은 만일에 있을지도 모를 소련 측의 반응에 대비해 진상을 파악하기 위해 전투기 두 대를 출격시키라는 명령을 내렸습니다. 전투기 조종사의 목소리가 영내방송을 타고 생생하게 들려왔어요. 육안으로 물체를 확인했다는 소식과 함께 구체적인 생김새도 전해주었습니다. 조종사들은 몇 차례 근접비행을 했는데 그 물체는 우리가 흔히 아는 그런 종류의 비행기가 아니라는 겁니다. 그런 비행물체는 본적도 없고 소련 비행기도 아니라고 했어요. 그건 척보면 알 수 있거든요. 그 비행물체는 상황을 완전히 주도하고 있었어요. 눈 깜짝할 사이에 어느 곳이든 자유자재로 움직였습니다. 우리 전투기들이 메인 연안 상공까지 바짝 뒤를 쫓아가나 싶었는데 어느 새 플로리다의 노포크로 날아가 있는 겁니다. 트레인 제독은 동쪽연안에 배치되어 있는 모든 전투기들에게 출격명령을 내렸어요. 그 물체는 대서양 넘어 아조레스 제도까지 날아갔습니다. 제가 듣기론 아조레스 제도 상공에 닿을 때쯤에 그 UFO가 갑자기 66도의 각도로 꺾어 올라가더랍니다. 전혀 속도를 줄이지도 않은 채 말이죠. 그리곤 대기 속으로 사라졌어요. 우주로 날아가 버린 겁니다. 조종사들의 증언에 따르면 그 UFO에는 아무런 표식도 없었고 날개 같은 것이 달리지도 않았고 꼬리와 창문 조종석 등…… 소속 국가를 나타내는 아무런 표지도 안 달려 있었답니다. 가까이 근접했을 때 사진 몇 장을 찍었는데 그 후에 사령부로 제출했다고 합니다. 제가 그 사진을 본 기억에 따르면 그게 원통형 모양을 하고 있었어요. 대부분의 비행기처럼 끝으로 갈수록 가늘어지는 모양이 아닌 일자형 모양이었습니다."

전직 군관련 업무를 취급한 이 두 사람의 증언을 토대로 추정해본다면 미 공군은 이미 UFO를 실체를 가진 비행물체로 확고하게 인식하고 있다는 사실과, UFO가 전투기로서도 추격이 불가능한 항공역학적으로도 그 물체를 따라잡을 수 없는 고도의 비행능력과 가공할만한 비행속도를 낼 수 있다는 점을 파악할 수 있다.

JAL 여객기의 UFO 조우 사건

FAA에 근무한 존 캘러한

미 연방항공국의 사고조사반을 담당한 고위직원이었던 존 캘러한은 1986년 11월 17일 파리에서 도쿄로 향하는 JAL 여객기가 알라스카 상공에 나타난 UFO와 조우했던 사건에 대해 증언을 했다. 당시 이 사건에 지대한 관심을 가지고 찾아온 미 행정부 관료들, CIA 요원들 그리고 레이건 과학연구팀 소속 교수 및 박사들이 브리핑 현장에 참석했는데, 그들이 매우 흥분하면서 30분 정도의 영상에 기록된 UFO 근거자료들을 전부 가져갔다는 사실을 말했다. 그의 증언을 들어보면 당시 상황을 매우 소상하게 파악하고 있었음을 알 수 있다.

"일본항공 소속 보잉 747기가 알라스카 접경을 지나 북서쪽으로 향하고 있을 때의 일이었어요. 대략 9천에서 만 미터 비행을 하고 있었죠. 밤 11쯤 되었을 겁니다. 기장은 혹시 자기 주변에 지나가는 비행노선이 있느냐고 관제탑에 문의했어요. 그러자 관제탑에선 없다고 했습니다. 사실 그렇게 늦은 시각에 비행기들이 날아다닐 이유가 없거든요. 747기장은 11시에서 1시 방향 쪽으로 약 12km 떨어진 곳에 어떤 물체 하나가 날아가고 있다고 했습니다. 747항공기 앞부분에는 외부 기상상태를 탐지하는 레이더가 달려있는데 그 레이더가 반응한 것입니다. 레이더에 물체가 포착되었고 기장도 두 눈으로 그 물체를 목격했죠.

그의 설명에 따르면 UFO는 어마어마한 큰 구형체였는데 그 물체 주위로 불빛이 회전하고 있었다며 그 크기가 747기의 네 배에 달한다고 했어요. 미연방 항공국 측은 그 보고서를 접하자마자 자신들을 보호할 필요를 느꼈어요. 즉, '그 목표물을 못 본 것으로 하자'는 것이었죠. 그래서 보고서에 고쳐 쓰기를 '위치식별표시'란 단어로 바꿔 버렸어요. 즉, 원래의 '목표물'이란 뜻이 희석되어 버린 것입니다."

당시 UFO와 조우한 JAL 항공기 기장

그는 UFO가 전투기의 요격을 받았던 일을 회상하면서 다음과 같이 증언했다.

"공군관제탑에는 이른바 '고도 측정용 레이더'가 운용되고 있었어요. 그밖에 단거리와 장거리 측정용 레이더도 가지고 있었죠. 만약 그 중 어느 하나가 목표물을 포착하지 못하면 다른 레이더가 대신 잡아낼 수 있었던 것입니다. 교신 중에 고도측정 레이더에 잡혔다거나 단거리 레이더에 잡혔다고 하는 것은 한마디로 목표물이 눈앞에 있다는 뜻입니다. 747기장이 그게 지금 11시 방향에 있다. 1시 방향에 있다. 지금은 3시 방향에 있다. 무전을 보내는 사이 그 UFO는 747기 주위를 맴돌며 마구 방향을 바꾸었습니다. 그러자 전투기 조종사가 무전으로 '그게 두시 방향으로 가고 있다.' 라고 747기장에게 알려주었습니다. 그 UFO는 747기로부터 10~12Km거리에서 1시 방향에서 7시 방향으로 급격히 이동을 했습니다. 불과 4~5초 사이에 말이죠. 따라서 그것을 쫓아가느라 굉장히 빨리 움직여야 했을 것입니다."

그는 FAA당국자가 다음과 같이 반응을 했다고 증언을 했다.

"모든 조사가 끝난 다음날 우리는 워싱턴으로 돌아갔습니다. FAA에서는 회의가 열리고 우리는 조사결과에 대해 보고를 했습니다. 저의 상관은 기록된 비디오에서 뭔가가 발견되었다고 보고를 했습니다. 당시 FAA 책임당국자는 엔건제독이었는데 비디오를 가져왔냐 하면서 보여 달라고 하더군요. 그래서 저는 가져왔으니 보시라고 했어요. 비디오가 상영되면서 그가 5분가량 화면을 바라보더니 부관에게 다른 일정을 취소하라고 시키더군요. 처음에는 좀 늦을 것 같다고 하다가 그냥 취소시켰어요. 결국 그는 30분간에 걸쳐 그 테이프를 모두 시청했습니다. 몇 분후에 제독은 밑에 전화를 걸더니 내일 아침 9시에 브리핑을 하겠다고 하더군요. 그리고 조사결과를 모두 가지고 오라 했습니다. 관련 부서원들 앞에 모두 공개하라고 했어요. 나머지 일은 자기에게 맡기라고 하더군요. FBI에서 세 사람이 왔고, CIA 요원이 세 사람, 그리고 레이건 행정부 과학조사팀에서 세 명을 보내왔더군요. 어쨌든 모두들 굉장히 큰 관심을 보였습니다. 모두 끝나자마자 모든 사람들에게 서약을 받더군요. 이 모임은 없었던 일이고 아무것도 기록에 남기지 말라고 했습니다. 그는 CIA측에서 말하기를 레이더에 기록된 30분 분량의 UFO기록은 처음이라고 말하더군요. 자신들도 그 자료들을 속속들이 조사해서 무슨 일이 벌어졌는지 파악해야 한다고 했어요. 만약 UFO 문제가 미국사회에 공개된다면 극심한 혼란이 일어날 것이라고 하더군요. 아무것도 말해선 않된다구요. CIA는 우리에게 이 일은 일어난 적도 없고 만난 적도 없었다고 말을 건넸어요. 우리는 발설해서도 안 되며 자기들은 모든 자료들을 가져가야 한다고 했습니다. 그래서 '전 좋습니다. 원하는 대로 다 가져가세요.' 했죠. 그런데 그들이 가져간 건 그날의 자료뿐이었죠. 그 밖의 다른 자료는 묻지도 않더군요. 현재 저는 비디오 원본도 가지고 있고 조종사 비행기록도 모두 가지고 있어요. FAA보고서 원본도 사무실에 보관되어 있습니다. 그들이 요구하지 않는 바람에 줄 필요가 없었던 것들이죠. 제 생각을 물어보길래 그 당시 하늘에 있던 건 UFO 같습니다. 그게 FAA 레이더 기록에 남지 않는 이유는 비행기치곤 너무나 큰 물체여서 기상현상의 하나로 간주되었기 때문이었어요."

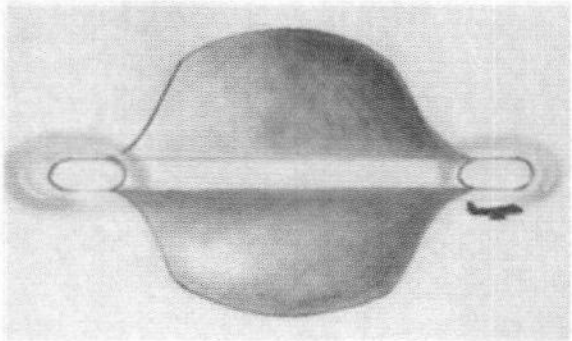

당시 목격된 물체의 모양과 747항공기와의 크기 비교

"일본 항공 기장도 두 눈으로 목격했고 사진도 몇 장 찍어 놓았죠.

덕분에 그 사람도 힘든 시간을 보냈다고 하더군요. 일본에 가서 곤란도 겪었구요. 군 관제사들도 목격했다고 증언했으며 FAA 관제팀에서도 증언을 했습니다. FAA관제사들의 경우는 한참 뒤에 와서 자기들이 본 건 다른 것이었다고 번복을 하더군요. 말하자면 누군가가 뒤를 봐주는 듯한 느낌이 들었습니다. 좀 이해가 안가는 일이었죠."

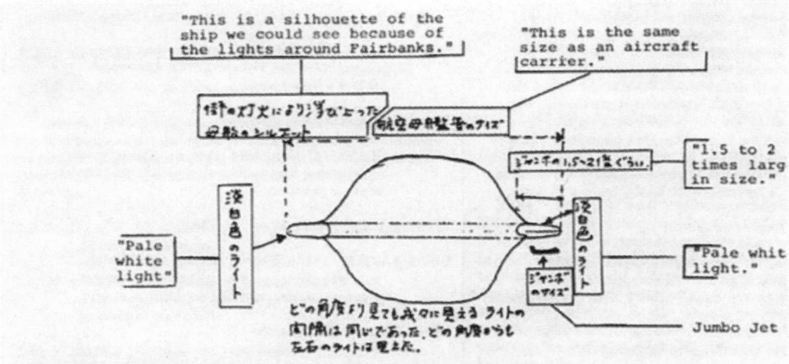

Figure 8: Capt. Terauchi's drawing, a month and a half after sighting, of "gigantic spaceship"

기장이 목격한 물체의 스케치

당시 기장의 말에 의하면 두 개의 불빛이 요동치면서 약 7분간 수평비행을 한 뒤 순식간에 전방 200~300미터 앞으로 이동하는 신출귀몰함을 보였다고 한다. 더욱 충격적인 것은 그 크기가 어머어마했는데 보잉 747기의 몇 십 배 이상의 크기를 가졌다고 했다.

그런데 그 다음해인 1987년 1월 11일에 이번엔 JAL 화물기가 UFO와 조우하게 되는데 이때에도 거의 동일한 장소에서 일어났으며 목격자는 바로 JAL 기장이라는 사실이었다.

핵미사일 모의 발사실험을 광선으로 요격시킨 UFO

다음에 소개하는 증언들은 미 전략공군 사령부와 핵기지에 관련한 내용으로 원자력위원회, 전략공군사령부 그리고 미국 및 캐나다에 위치한 미사일 통제본부에 이르기까지 다양한 분야에서 일했던 관계자들의 입에서 나온 말이다.

이들은 외계인들이 대량살상무기들을 상세하게 파악하고 있다는 것을 증언하고 있다. 몇몇 증언자들은 UFO의 출몰이유에 대해 우리 인류가 멸망하고 우주로 뻗어가는 날 다른 외계문명에 위협이 될지도 모른다는 우려를 가지고 있기 때문이라고 말해주었다. 로버트 제이콥스 박사는 18년 동안 은폐되어 왔던 충격적인 진실을 공개했는데 바로 실험용 ICBM 미사일이 UFO에 의해 격추됐던 충격적인 사건에 대해 증언했다.

로버트 제이콥스 박사

“카운트다운이 시작되고 엔진이 점화되자 미사일이 발사 직전에 있음을 알게 됐지요. 우린 남서쪽을 주시하고 있었는데 미사일이 안개 속으로 솟구쳐 올라가더군요. 저는 그 엄청난 장관을 보고 ‘저것 좀 봐!’하며 탄성을 질렀죠. 우리는 180인치 망원렌즈를 장착한 M45 카메라로 그 장면을 담고 있었습니다. 미사일을 쫓고 있던 대형 망원경은 세 개의 로켓 추진체가 차례로 점화돼서 공중에서 하나씩 떨어져 나가는 장면을 잡았습니다. 맨 눈으로도 하늘에서 미사일이 연기꼬리를 남기며 목표지점인 태평양상의 섬쪽으로 향하고 있는 게 보였습니다. 미사일 발사 장면 촬영은 그날이 처음이었죠. 우리는 그날 찍은 필름을 부대로 보냈는데 그로부터 며칠이 지났는지 기억은 잘 안 나는데……. 제 1전략 공군사령부에 있는 맨즈만 소령이 저를 만나 보고 싶다고 하더군요. 그의 집무실로 들어가니 벽에 스크린과 함께 16mm 프로젝터가 준비되어 있었어요. 맨즈만 소령이 저에게 앉으라고 하더군요. 거기엔 회색양복을 입은 두 민간인이 와있었는데 그건 좀 이례적인 일이었죠. 맨즈만 소령은 '이것 좀 보시지요.'하면서 필름을 틀기 시작했습니다. 화면을 보니까 며칠 전에 우리가 찍은 미사일 발사 장면이 돌아가고 있더군요. 망원렌즈로 잡은 것이었기 때문에 프레임 안에 모두 들어있었어요. 3단계 추진 모습이 모두 찍혀 있었어요. 두 개의 발화노즐이 점화되는 모습부터 말이죠. 260km 떨어진 곳에서 하늘을 당겨 찍은 것입니다. 첫 번째 추진체가 점화되는 것부터 마지막 점화장면까지 모든 것을 볼 수 있었습니다. 그런데 화면 속에 어떤 물체가 나타나더군요. 그게 이런 식으로 날아가더니 미사일 탄두를 향해 광선을 한 차례 쏜 것입니다. 미사일 뒤에서 수천 km의 속도로 뭔가가 따라가는 모습을 상상해보세요. 그 광선이 탄두에 명중하자마자 그 물체가 탄두 윗쪽으로 올라가더니 물론 그 미사일과 그 물체는 동시에 날아가고 있는 상태였어요. 또 한 번 광선을 발사하고 나서 미사일 앞쪽으로 날아서 한 번 더 쏘고, 밑에서 또 한 번 쏘고 난 다음, 왔던 방향으로 쏜살같이 날아가 버리더군요.

미사일 탄두는 빙빙 돌아서 대기권으로 날아가 버렸어요. 그 물체와 광선, 그리고 탄두 등등이 95km 상공 대기권에서 함께 움직이고 있었던 것이죠. 그리고 UFO가 미사일을 추적하면서 주위를 돌다가 사라졌을 때 미사일의 날아가는 속도가 대략 시속 17,000~22,000km 였습니다. 그 UFO가 미사일을 따라 잡은 다음 이렇게 미사일 앞으로 돌아가고 다시 뒷쪽으로 날아가는 속도가 말이죠. 이 모든 게

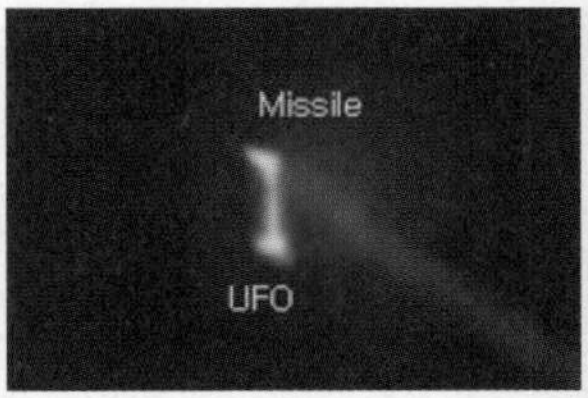

미사일을 빔으로 공격하는 UFO 출현당시 상황 시뮬레이션 장면

22,000km 날아가며 벌어진 일입니다. 불이 켜지자 맨즈만 소령이 나를 돌아보더니 '자네들 무슨 수작이라도 벌인건가?'라고 하더군요. 저는 '아닙니다.'라고 했어요. '그럼 저게 도대체 뭔가?' 그래서 저는 '아무래도 UFO인 것 같습니다.' 라고 했어요. 우리가 본 물체의 형태는 접시 두 장이 맞붙어있는 둥근 형태로 그 위에 있는 탁구공 같은 곳에서 빔이 나왔습니다.맨즈만 소령은 필름 판독엔 일가견이 있는 사람이었는데 '외계에서 온 게 틀림없는 것 같군.'이라고 말하더군요. 그의 추정으로는 탄두를 향해 발사한 광선이 사실은 그건 실험용 탄두였습니다만 자신이 보기엔 플라즈마 광선인 것 같다고 하더군요. 귀가 후 나중에 소령에게 들은 얘기는 사복을 입은 민간인처럼 보이는 사람들이 그 필름을 양손으로 풀더니 가위를 꺼내어 UFO가 촬영된 부분을 잘라내더랍니다. 그런 다음 그걸 가방에 따로 집어넣었어요. 그리고는 나머지 필름을 맨즈만 소령에게 건네주었습니다. '이거 받으시오.'라고 하더니 '당신이 소령이니 잘 알겁니다. 군 보안사항에 대해서 말이오. 이 사건은 이것으로 종결된 것이요.' 라고 했답니다. 이 같은 군기밀 사항을 폭로한 로버트 제이콥스 박사는 훗날 군 내부에서 일어난 충격적인 이 사건에 대해 기사를 쓴 후 온갖 협박에 가까운 전화에 시달린 적이 있었다고 말했다.

이 사건에 비추어볼 때 UFO는 지구인이 보유하고 있는 살상무기 체계에 대해 보이지 않는 곳에서 늘 감시 경계를 하고 있으며 미사일 발사실험에 개입하여 탄두를 파괴시킨 것은 호전적이고 장차 외계문명에 위협이 될 수도 있는 인류에게 경종을 울리는 일종의 경고 메시지라 할 수 있다.

핵무기 저장시설 상공에 자주 출현하는 UFO

전 미 공군 로스 데릭슨 대령

전 미 공군에서 핵무기 감축량을 관리하고 무기들의 안전성을 점검하는 안전팀에서 퇴역한 로스 데릭슨 대령은 1952년 7월 워싱턴 D.C상공에 출현한 9대의 UFO 편대를 목격한 군인으로 핵 저장시설과 핵 제조시설 지역에 UFO가 자주 목격되고 있다는 보고를 접했다고 한다.

그가 말하는 증언내용 중에는 외계의 존재들이 우주공간으로 향하는 핵무기를 파괴했던 놀라운 사건도 포함되어 있었다. 그는 이런 일련의 사건에 대해서 외계의 존재들에 의해 지구상의 핵무기가 결코 허용되지 않음을 입증하는 것이라고 말했다.

"1952년 7월의 일이었습니다. 그동안 저는 수차례 UFO를 목격한 경험이 있는데 저는 원자력위원회와 미국방부간의 연락을 담당하는 군사연락위원회 참모장교직에 있었어요.

저는 제가 목격한 사례들에 관해서 육, 해, 공군뿐 아니라 민간기관과 CIA, 그리고 국가안보국과 의견을 교환했습니다. 그 기간 안에 제가 맡았던 임무중 하나는 안보담당자들을 대동하고 핵관련 시설 내 무기관리 실태를 살피는 것이었죠. 그리고 무기보관소는 물론 생산시설 상공에까지 출현했던 UFO 목격사례들을 수집하기도 했습니다. 그 후에 저는 샌디아 방산업체의 군사연락사무소에 배치되어서 핵무기 생산 품질을 관리하고 보증하는 작업에 참여했습니다. 그래서 핵무기 부품을 조립하는 '로키 플랫'이나 판택스와 같은 모든 제조시설들을 돌아보았죠. 그런 장소에서 또 다시 UFO들을 목격했는데 우리가 방문했던 핵무기 시설들 상공에서였어요. 대부분의 경우 UFO가 레이더에 포착되거나 정식보고가 되면 전투기가 뜨곤 했습니다. 굉장히 적극적이었죠. 말하자면 정부차원의 신속한 적극적인 대응이 있었던 겁니다."

로스 데릭슨 대령의 증언에서 UFO가 자주 출현하는 곳이 핵무기 저장시설과 군사시설 상공으로 그들은 지구인의 무기체계에 큰 관심을 보이는데 이는 아마도 호전적인 지구인들의 핵무기 확보와 핵실험의 억제를 위한 일련의 묵시적인 압력을 행사하는 행위로 추측된다.

우주공간으로 쏜 핵탄두 실험 미사일이 UFO에 의해 파괴된 사건

로스 데릭슨 대령은 또 우주공간으로 쏜 핵무기가 외계의 우주선에 의해 파괴된 사건에 대해서도 말했다.

"저는 1960년도에 펠트제독 휘하의 통합사령부에 배속되었는데 그 당시 핵무기 운용계획과 관련된 예비 지휘소를 감독하는 장교였습니다. 그 기간 동안 저는 우주공간에 쏴 올려진 핵무기 몇 발이 외계인들에 의해 파괴된 일이 몇 차례 있었다는 것을 알게 되었습니다. 달 표면에서 핵무기 폭발 실험도 있었다고 하더군요. 과학적인 데이터나 폭발 반응 따위의 실험이었죠. 외계인들은 우주공간에서의 핵실험을 지구상의 그 어떤 세력에게도 용납하지 않았어요. 그러한 '시위'는 한동안 계속되었습니다. 그 후 저는 공군에서 제대하고 보잉에 들어갔는데 그곳에서 핵미사일 미니트맨 1호에서 3호까지의 개발을 책임지는 미니트맨 프로그램을 맡게 되었어요. 저는 핵무기와 관련된 몇 가지 사건을 알게 되었습니다. 예를 들어 발사된 미사일을 UFO가 뒤따라와서 광선을 쏴서 미사일을 파괴시킨 일(로버트 제이콥스의 증언내용 참조)이 있었는데 그 사건이 고스란히 촬영까지 된 겁니다. 이건 기록에도 남아있는데 모두들 쉬쉬했지요. 목격한 팀원들은 해체되었지만 사건의 전말은 결국 새어나왔어요. 나중에 책으로도 출판되어 누구나 알게 된 겁니다."

로스 데릭슨 대령의 증언이 시사하는 바는 군당국이 UFO의 출현에 얼마나 신경을 곤두세우고 있고 예민하게 대처하고 있는지를 여실히 입증하고 있음을 알 수 있다. 다시 그의 말을 들어보자.

"또한 군에서는 UFO가 핵시설 관련 기지나 핵무기 저장시설 상공에 자주 출현하는 것에 대해 적대적인 것으로 간주하고 있다기보다는 자칫 핵무기의 오작동 사고를 방지하려는 방어책의 일환으로 대처하고 있는 것으로 보여진다. 나는 오히려 UFO가 핵무기 시설에 자주 나타나는 점에 대해 인류가 핵무기로 인해 스스로 자멸의 길로 접어드는 것을 우려해 경고차원에서 무언의 행동 메시지의 전달과 방해 활동으로 자신들이 결코 적대적이지 않음을 보여주려는 의도적인 출현으로 판단된다. 만약 그들이 정말 우리에게 적의를 가지고 적대적인 공격적 행동을 개시했다면 우리가 공격하기도 전에 그들의 월등한 테크놀러지에 의해 이미 지구는 초토화되는 상황을 맞게 됨이 분명할 것이기 때문이다."

미사일 발사 시스템을 작동 불능상태에 빠뜨린 UFO

UFO는 전 세계 어디를 막론하고 레이더에 포착되지 않은 채 순식간에 영공을 침범할 수 있고 자신들의 출현이 '보여주기 게임'을 진행하듯 무력시위(?)를 때때로 벌이곤 한다.

단독 비행하는 경우와는 달리 수 십대 또는 수 백대가 떼를 지어 보란 듯이 유유히 비행하기도 한다. 이제는 UFO가 어느 순간부터 지구상공에 출현하는 것을 우리는 대수롭지 않게 여기는 상황에까지 왔다.

UFO가 자주 출몰하는 곳을 UFO Hotspot이라 부르는데 그런 장소나 지역은 예외 없이 군사시설이 밀집되어 있거나 핵무기 또는 미사일과 같은 가공할 만한 무기가 설치되어 있는 지역들이다. 다음에 소개하는 증언자는 전 미 공군 군사기밀 장교로 근무한 드와인 아너슨 대령으로 군 재직시 미사일 격납고 상공에 출현한 UFO에 의해 미사일이 모두 발사불능 상태에 빠져있었던 사건이 발생한 적이 있었다고 말했다.

전 미 공군 군사기밀장교로 근무한 드와인 아너슨 대령

"저는 몬타나주에 있는 맴스트롬 공군기지의 제 20 공수사단 통신센터에서 복무하고 있었습니다. 그곳에서 저는 군사기밀 관련 장교로 일했어요. 전략공군사령부의 미사일 담당부서에 핵무기 발사에 대한 인가를 내리는 일이었죠. 군사기밀에 관한한 저는 매우 신뢰성 있는 배경을 갖고 있는 셈이죠. 어느 날 통신센터에 메시지가 하나 떴는데 정확한 날짜나 전달부서는 기억이 안 납니다만 저는 두 눈으로 똑똑히 읽은 기억이 납니다. '미사일 격납고에 UFO가 출현했다.'는 메시지였는데 몇 대인지 기억은 안 나지만 그 위에서 맴돌고 있다고 하더군요. 당시 근무하러 간 사람들과 근무를 끝낸 사람들은 그 UFO가 공중에 뜬 채 돌고 있는 걸 봤다고 했습니다. 금속으로 된 원형물체였는데 모든 미사일 작동이 중지되었다고 하더군요. 미사일은 모두 격납고에 있었는데 사령부측에서 어떤 명령을 내렸는지 모르지만 기본적으로 발사대기 상태에 있었을 것입니다. 그런데 작동중지가 됐다는 건 다시 말해서 작동불능에 빠졌다는 얘긴데 무엇인가가 미사일 작동을 차단했다는 것입니다. 그래서 미사일을 발사조차 할 수 없었어요."

전 미 공군 기술자로 퇴역한 로버트 샐러스 대위

이 사건에 관해 전 미 공군 기술자인 로버트 샐러스 대위는 맴스트롬 공군기지에서의 UFO 사건을 다음과 같이 증언했다.

"저는 490 전략 미사일 부대 예하의 오스카 편대에 근무하고 있었습니다. 그곳에는 다섯 개의 발사통제시설이 있었습니다. 그 사건이 일어났던 일이 아마 1967년 3월 16일 아침이었던 같군요. 당시 저는 지하 18m 깊이의 대륙간탄도미사일(핵탄두가 탑재된 미니트맨 미사일) 발사통제시설에 있었습니다. 이른 아침 지상근무 중이던 경비병으로부터 전화가 왔는데 위에서 어떤 이상한 불빛들이 부대주변에 떠다니고 있다는 겁니다. 나는 'UFO를 말하는 건가?' 했더니 그는 그 물체들이 무엇인지는 잘 모르겠다고 하며 빛들이 날아다니고 있다고 했습니다. 그로부터 대략 30분이 지난 후 다시 전화가 왔는데 이번엔 무척 놀란 듯한 목소리였어요. 전화 거는 목소리가 굉장히 떨리고 있었죠. '부대 정문 입구 상공에 붉은 불빛을 내는 물체가 떠 있습니다. 제가 지금 지켜보고 있는데 군인들이 모두 총을 겨누고 있습니다.' 목소리만 들어도 놀란 표정이 보일 정도였어요. 엄청나게 흥분해 있었죠. 저는 눈을 붙이고 있던 상관에게 즉시 달려갔습니다. 저는 전화내용을 그에게 전해주었습니다. 얘기를 전하고 있는 도중 갑자기 미사일 버튼이 하나 둘씩 꺼지는 겁니다. 꺼졌다는 의미는 미사일이 발사될 수 없음을 의미합니다. 6~7기의 미사일이 꺼지기 시작했는데 굉장히 빠른 속도로 차례로 꺼지더군요. 극히 드문 일이었어요. 그래서 저는 전화로 상황이 어떻게 돌아가는지 물어봤습니다. 그랬더니 경비병이 빠른 속도로 사라져 버렸다고 하더군요. 미사일이 꺼지기 시작하자 상관은 벌떡 일어나더니 상황실을 점검하기 시작했고 조사결과 유도 및 통제시스템의 오류로 확인되었습니다. 공군은 이 사건에 대해 추가 조사를 실시했지만 타당한 원인을 찾지는 못했습니다."

그는 또 100km 인근에서 동시에 일어난 UFO 사건에 대해 증언하기를, "상관은 지휘본부에 전화를 했고 같은 사건이 또 다른 비행중대에서 발생했다고 말했습니다. 에코 플라이트는 또 다른 비행대대인데 우리 기지에서 80~100km 떨어진 곳에 있었어요. 그런데 그곳에서도 똑같은 일이 벌어진 것입니다. 그곳에 UFO 몇 대가 출현했는데 우리처럼 미사일 발사통제센터가 아니라 실제로 미사일이 발사되는 곳이어서 미사일이 배치된 곳이었습니다. 그 시간에 보수관리팀과 보안팀이 근무 중이었는데 그들 모두 UFO를 목격한 것입니다. 거긴 모두 10기의 미사일이 피해를 입었습니다. 같은 날 아침에 일어난 일입니다. 피해를 입은 ICBM 미사일이 모두 합해서 16~18기 였습니다. UFO가 동시다발로 출현했던 곳에서 말이죠. 공군 부대원들도 두 눈으로 봤고요. 전략공군사령부 본부에서도 그 사건을 심각하게 여겼습니다. 정말 이해 불가한 사건이었거든요. 도무지 설명할 길이 없었습니다. 그로부터 1주일 후에도 그와 비슷한 사건이 있었는데 레이더 기록으로도 남아있고 목격자도 몇 명 있었어요. 돈 크로포드 대령의 증언에 의하면 그 미사일들은 하루 종일 내내 꺼져 있었다고 합니다. 나는 이 사고의 상황일지를 제출해야 했는데 공군특별수사대에서 온 사람이 저에게 이 사건은 기밀정보이기 때문에 타인에게 말해서는 안 된다는 비밀유지동의서에 서명을 요구했습니다."고 말했다. 그는 또 1968년 8월 노스다코타주의 마이넛 공군기지의 미사일 발사통제시설 상공에서 발생한 UFO 출현으로 레이더에 포착되었을 때 통신 일부가 두절된 사건에 대해서도 기록으로 남겨졌다고 증언했다.

전략공군사령부 인근 레이더 기지에 출현한 3대의 UFO

UFO가 자주 출현하는 곳은 핵기지 시설이나 미사일 부대 외에도 지상 레이더 사이트가 있는 군사기지나 무기저장고 근처 상공도 예외가 되지 않는다. 그들은 레이더 주파수에 민감하게 반응하는 것으로 보인다. 마치 공중에서 무기가 배치된 곳을 샅샅이 알고 있듯이 자신들의 능력을 마음껏 과시(?)하기도 한다.

그들의 비행능력은 가히 가공할만한 수준에 있으며 전투기는 그에 비하면 장난감 수준에 불과할 정도이다.

전 미 공군 상사 다니엘 셀터는 전략공군사령부 인근 레이더 기지에서 3대의 UFO를 목격한 사건에서 그들의 놀랄만한 비행능력에 대해 말하기를, "우리 모두가 고개를 돌려보니 타워로부터 500m 전방의 약 900미터 상공에 3대의 은빛 UFO가 떠 있었는데 두 대는 밑에 또 한 대는 위에 있었어요. 그 물체들은 움직이자마자 수평으로 상승하더니 그 상태로 휙 하고 사라져 버리더군요. 레이더가 400km 범위를 커버할 수 있는데 그걸 벗어난 것입니다. 그러니 그게 얼마나 빠른 속도인지 알 수 있죠. 저는 본부로 연락을 했어요. 상황이 발생했습니다. 사령부에서 작전을 벌이고 있다는 건가? 사령부에서 온 게 아닙니다. 그럼 뭐지."

전 미 공군 상사로 근무한 다니엘 셀터

"외계에서 온 겁니다. 그러자 그는 잠시만 기다리라고 하더니 도청방지장치를 작동하라고 하더군요. 그 장치는 항상 대기 중이었거든요. 제 전화에 도청방지를 작동시키고 나서 상대방 전화도 물어보니 작동시켰다고 하더군요. '사진 촬영은 했나.', '했습니다.' '화상 레이더는 찍었나?' '화상 레이더도 찍었고 사진도 찍었습니다.' 그러자 그가 그러더군요. '잘했군. 아무에게도 말하지 말고 기다리게. 전령을 보낼 테니. 도착하려면 6시간 정도 걸릴 거야. 그에게 모든 자료를 건네주게.' 그런데 우리는 공식적으로 본부 쪽에서 그 사진들을 받았다는 사후보고를 받은 적이 없었어요. 그냥 비밀에 부쳐진 겁니다." 라고 증언을 했다.

이처럼 400km의 범위를 눈깜짝할만한 사이에 순간적으로 사라져버린다는 것은, 초 급가속을 한 경우와 물체가 존재하되 없는 것처럼 보이게 하는 완벽한 스텔스기능이 작동한 것으로 추측될 수 있다.

문제는 전자의 경우라면 급가속시 발생할 수 있는 엄청난 중력의 쏠림으로부터 받는 영향권에서 승무원이 어떻게 견딜 수 있는가와 비행속도에 따른 기체 표면에서 발생하는 고열의 마찰을 UFO가 어떻게 극복하는가이다.

유일한 방법은 한가지 밖에 없다. UFO는 지구의 중력과 관계없이 별도 자체적인 반중력장 필드를 생성하면서 지구의 중력으로부터 해방되도록 반중력장을 완벽하게 제어하는 것으로 보인다. 또한 전자적 관성 스크린(보호막)을 만들어 공기와의 직접적인 마찰로부터 기체를 보호하고 외부로부터의 공격에도 기체를 안전하게 보호할 수 있도록 하는 것이다.

이 점은 밤중에 출현하는 UFO를 살펴보면 굉장히 밝은 빛으로 둘러싸여 있는 것을 볼 수 있는데, 대낮에는 강한 태양빛으로 인해 보호막이 상쇄되어 보여 기체의 형태를 파악할 수 있는 것으로 보여진다.

루즈벨트 핵항공모함의 레이더에 포착된 UFO

전직 미 해군 레이더 운용병이었던 해리 앨런 조던은 루즈벨트 핵항모에서 UFO를 포착했던 사건을 증언했다. 당시 루즈벨트 항공모함에는 핵무기가 탑재된 상태였고 UFO가 레이더에 포착되자 팬텀 전투기가 긴급 출격하기까지 했다고 한다.

미 해군 레이더 운용병이었던 해리 앨런 조던

"저는 두 번째 승선기간이었는데 당직 근무 중이었습니다. 자정부터 새벽 2시까지 근무였습니다. 그때 레이더에 무언가가 걸려 들었어요. 저는 해상탐지 레이더와 공중탐지 레이더가 서로 어떻게 다른지 알고 있습니다. 무선신호가 되돌아오는 파동을 보면 어떤 물체인지 구분할 수 있거든요. 유도방향장치가 능동방식인지 수동방식인지 그렇기 때문에 새떼인지 아니면 잘못된 신호인지 금방 알 수 있습니다. 그동안 복무하면서 레이더에 무언가가 걸려든 게 실제상황으로 판명된 건 그때가 처음이었습니다. 그 물체의 크기는 대략 200m정도로 추정됐고 음파신호의 크기도 항공모함의 것과 맞먹었어요. 엄청나게 큰 것이었죠. 저는 촉각을 곤두세우고 있었고 같이 근무하던 수병들도 마찬가지였습니다. 그 시간에 당직 4명과 장교 두 명이 깨어 있었습니다. 그 물체는 고도탐지 장비와 레이더 장비 양쪽에 모두 잡혀 있었죠. 그게 처음엔 서서히 움직이더니 속도를 엄청나게 높이더군요. 당직사관도 와서 '도대체 무슨 일이냐?'고 묻고 모두 레이더를 보며 영문을 몰라 했죠. 당직사관인 클라크 대위는 놀라서 보고 있었어요. 그 당시 사령관은 깁슨이었습니다. 그곳에 레이더 분석 장치를 담당하는 사람은 단 한 사람밖에 없었습니다. 단 15분 만에 뱃머리를 돌린 다음 두 대의 팬텀기가 발진준비를 갖췄어요. 팬텀기 두 대가 출격했는데 UFO로부터 160km 전방에서 추적 레이더를 가동시켜서 표적을 고정시켰어요. 그런데 그게 눈앞에서 사라져버렸습니다. 그냥 없어져 버린 겁니다. 팸텀기는 약 35분 후 귀환했습니다. 그런데 그 UFO가 다시 나타났어요. 항모로부터 20~24km 전방 9천 미터 상공에서 맴돌고 있었습니다. 어쨌든 모두들 밖으로 나와 올려다봤는데 아무것도 안보였습니다. 하지만 레이더에는 나타나 있었죠. 당직사관이 그러더군요. '조던, 귀관이 본 사건은 없었던 일로 하게.' 그런데 그날 밤 사건을 아는 건 저 하나뿐이 아니었어요. 그 시간 근무자들도 진실을 다 알고 있거든요. 하지만 그날 밤 사건을 아는 사람은 불과 10여명 밖에 안 됩니다. 항모에는 모두 5,000명이나 있었는데 말이죠."

그는 또 UFO 출현과 루즈벨트 항모에 탑재된 핵무기의 관련성에 대해 언급했다.

"루즈벨트 항공모함 상공에 수차례 출현한 UFO에 다큐멘터리에도 언급된 내용입니다만 특히, 항공모함에 핵무기가 탑재됐을 때 주로 그런 일이 일어났습니다. 제가 목격한 날이 바로 그런 날이었습니다."

UFO는 특히 핵과 관련된 곳이라면 민감하게 반응을 하는데 핵항공모함에까지 출현했다는 것은 UFO의 집중 감시대상에 포함되어 있음을 의미하는 것은 아닐까?

달표면에 착륙한 UFO 사진들과 NASA의 은폐 프로젝트

전직 나사직원으로 근무한 도나 헤어

전직 NASA에 근무한 적이 있었던 도나 헤어라는 여성은 나사와 계약을 맺고 일러스트레이터, 사진 슬라이드 제작자로 일했던 여성이다. 근무기간 중 나사로부터 많은 상을 수상하기도 했는데 퇴직 후 디스클로저 프로젝트와 언론 인터뷰에서 NASA가 달에 관한 비밀을 감추고 있다는 충격적인 주장을 했다. 그 비밀이란 달에 관한 수많은 사진 중 일반인들이 보아서는 안 될 미확인 물체의 이미지를 지우고 은폐하는 작업이 비밀리에 진행되어 왔었다는 것과 직원들에게는 UFO의 존재를 누설하면 연금을 못 받게 될 것이라는 협박까지 했다고 주장했다. 그러나 도나 헤어는 자신의 이야기를 친구와 가족들에게도 했지만 나사 측으로부터 어떠한 제재도 받지는 않았다고 말했다.

그가 말하는 충격적인 비밀이란 달 사진을 공개하기 전에 사전 작업을 거쳐 공개하지 말아야 할 부분을 지우고 편집하는 과정을 거친다는 것과 달에 이미 UFO가 착륙해 있었다는 사실을 은폐하고 있음을 주장했다.

그는 1970~1971년 사이에 이름을 밝힐 수 없는 여러 명의 정보원(동료 포함)으로부터 달 탐사 아폴로 프로젝트가 추진되던 기간 중 달착륙선 하나가 달에 내린 직후 세 대의 UFO가 함께 달에 착륙했었다는 사실에 대해 들었다고 주장했다. 그리고 한 동료는 자신에게 '우주비행사들이 달에 UFO가 착륙하는 것을 보았다고 말했다.'고 귀띔해 주었다고 한다.

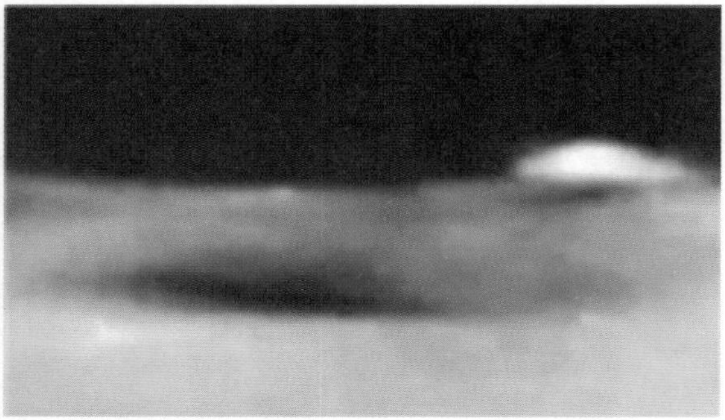
달 표면위에 착륙해 있는 UFO. 1971년 아폴로 15호 짐 어윈 우주비행사가 촬영한 달표면 동영상에서 찾아낸 UFO

그녀의 증언은 "아폴로 달착륙선이 달에 내렸을 때 미확인비행물체들이 함께 달에 착륙했습니다. 미항공우주국(NASA)은 산타클로스라는 암호명으로 UFO를 은폐하는 프로젝트를 수행했으며, 이 같은 UFO흔적 지우기를 시도했습니다. 따라서 일반인이 보아서는 안 되는 물체의 흔적을 지운 수천 장의 사진이 판매됐습니다. 또 나사의 제한구역에서 달 사진에 찍힌 세 대의 UFO를 보았습니다."라고 밝혔다.

그녀는 안면이 있는 직원으로부터 NASA가 외부로 달의 사진을 공개하기 전에 미상의 물체가 찍힌 사진들을 골라내어 지우는 정교한 작업을 거친다는 것을 동료로부터 말을 들었다고 한다.

"저는 제한구역인 사진실로 걸어 들어갔는데 그날은 제가 잠시 차출된 날이었어요. 거기엔 전부터 안면이 있던 직원이 와 있었어요. 그가 모자이크된 어떤 사진을 보여주더군요. 한 장짜리 모자이크 사진이었는데 저는 흥미가 가기 시작했죠. 그는 얼굴에 미소를 머금으며 사진 한 쪽을 보라 하더군요. 보니까 사진 한 부분에 동그랗고 하얀 점 같은 것이 하나 있었어요. 형상이 매우 또렸했고 선은 날카로웠어요. 그래서 저는 이게 뭐냐고 물었죠. 유화도료위에 그린 것 아니냐고 말이죠. 그랬더니 그가 싱긋 웃더니 유화도료위에 그리면 그런 그림자가 생기지 않는다고 했어요. 사진 속엔 땅위에 둥근 그림자와 함께 햇빛을 받은 소나무들이 있었습니다. 주변엔 해안선 같은 것도 없고 그게 어디서 나온건지도 몰랐어요. 저는 놀란 표정으로 그를 바라봤죠. 제가 그 회사에서 몇 년 동안 일했지만 그런 사진을 본 적이 없었기 때문이에요. 들어본 적도 없었구요. 저는 이거 'UFO 아닌가요?'라고 물었어요. 그랬더니 그는 웃으면서 대답해줄 수 없다더군요. 그의 태도로 미루어봐서 그게 UFO라는 걸 알고 있었지만 저한테 말해줄 수 없음을 직감적으로 알았죠. 이 사진 용도가 뭐냐고 물었더니 그걸 외부에 공개하기 전에 에어브러시로 수정을 한다고 하더군요. 저는 그런 과정이 있다는 사실에 놀랐어요. 사진에 나온 UFO를 지우는 작업 말이죠. 그리고 저는 UFO 사진들을 소각하라는 명령을 받은 보안요원을 만난 적이 있었어요. 하루는 우리 사무실로 찾아왔더군요. 그땐 제가 다른 일을 하고 있을 때였죠. 그는 겁에 질린 표정이 역력했어요. 제가 UFO에 관심이 많다는 걸 안다면서 자기도 그런 일에 종사 했었다는군요. 어느 날 군인들이 그에게 사진을 소각해 달라고 말했다고 합니다. 하지만 그는 호기심에 사진을 슬쩍 봤는데 거기에는 UFO가 한 대 있었대요. 그 직후 그는 총대로 앞머리를 얻어 맞았는데 아직도 이마에 상처가 남아있답니다. 사진을 들여다봤다고 구타당한 것이죠."

도나 헤어의 증언대로 달 표면에 UFO가 착륙해있었고 우주비행사들의 잇따른 목격담이 이를 뒷받침하고 있다면, 나사는 일반인들에게 달과 관련된 진실을 은폐하고 있을 뿐 아니라 UFO의 전초기지가 달에도 존재하고 달이 외계의 지적고등 생명체의 중계기지로 활용되고 있으며, 그들이 의외로 우리에게 가까이 와 있다는 사실을 부인하지 않으면 안 될 중대한 이유를 감추고 있다고 볼 수 있다.

달 뒷면의 UFO 기지 촬영 사진들의 은폐 작전

2007년 10월, 시애틀 타임스 등의 언론은 NASA에서 23년간 일해 온 정보 분석 전문가인 켄 존슨 박사의 충격적인 주장을 기사화로 내보냈다. 그는 아폴로 달 탐사 프로젝트 당시 사진 분석을 담당했었던 인물로 달에 '고대 문명의 흔적과 거대 건물'이 있다는 주장을 펼친 것이다.

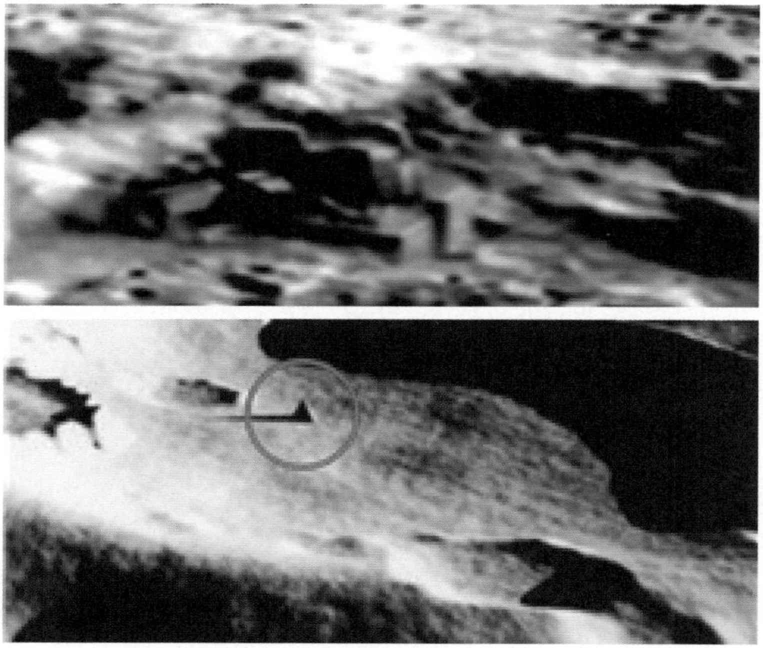

달 표면 위의 인공구조물로 보이는 거대 구조물과 피라미드형 구조물

존슨 박사는 달에 착륙했던 우주비행사들이 고대(?)에 건설된 것으로 보이는 '인공 구조물의 흔적'을 발견했고 이 구조물의 흔적(석재 및 유리로 건설된 거대한 돔 및 공중에 떠 있는 탑 등)이 우주 비행사에 의해 촬영까지 되어 NASA가 증거물을 보관 중이며 이를 40년 동안 비밀로 숨겨왔다는 것이다.

이 같은 내용은 CBS 방송 과학 자문 위원인 리처드 호글랜드와 우주공학 전문가인 마이크 바라가 공동 저술한 책 '다크 미션, 나사 비밀의 역사'라는 책으로 출간되었는데, 이 책에는 당시 우주비행사가 촬영했던 사진 등의 증거 자료를 담았다. 그동안 달에 관한 무성한 소문은 세 가지로 분류되는데 달 착륙 UFO 사진, 달 표면위의 이상한 인공 구조물들, 달 뒷면의 UFO 기지설이 끊임없이 공공연하게 입에 오르내리게 되었다.

칼 울프 상사

그러나 이를 확증하는 증언자들의 확고한 주장을 들어보면 무시할 수 없는 근거자료들이 이미 미 정부기관에서 확보해 놓고 있는 것처럼 보인다.

특히 달의 UFO기지 존재설은 사실상 지구에서 비밀리에 오래전 달에 기지를 만들어놓은 지구인의 산물이라는 것으로, 이는 NSA가 외계인들로 받은 기술로 8년 앞서서 그곳에 기지를 건설했다는 것이다.

당시 NSA는 NASA와 군당국도 모르게 이를 추진했었다고 한다. 이 내용은 사실로서 입증된 것은 아니나 미국은 극비리에 추진하는 수많은 프로젝트가 추진되고 있음을 볼 때 무조건 무시할 수 있는 사항은 아니다.

달의 뒷면에 UFO의 기지가 존재한다는 루머가 그동안 회자되어 왔는데 1965년 랭글리 공군기지 복무당시 달 뒷면의 기지 사진을 목격했던 칼 울프 상사의 증언은 그러한 루머가 진실임을 뒷받침해주

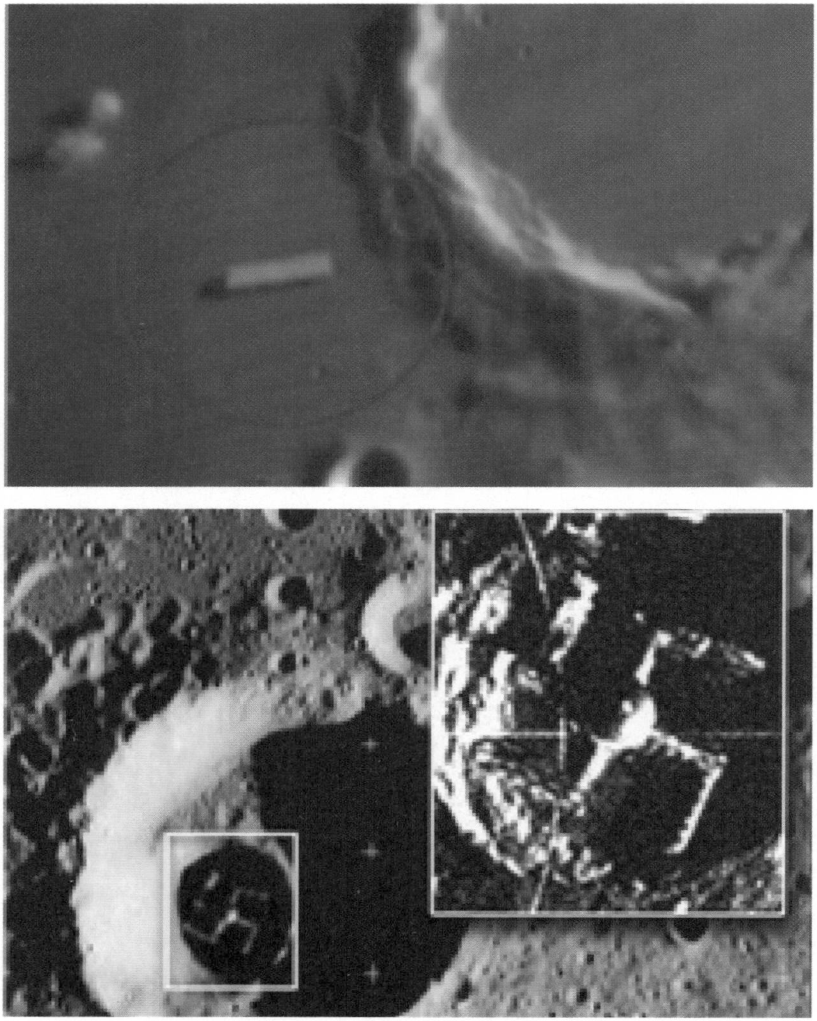

달 표면의 사진들에서 발견된 인공구조물 형태

고 있다. 칼 울프 상사는 달 뒷면의 기지 사진을 보게 된 연유에 대해 다음과 같이 증언했다.

"그 당시 저는 컬러 보정실에서 사진 기술자로 있었는데 저의 상관이 저에게 다가오더니 기지내의 어떤 건물로 가보라고 하더군요. 국가안보국(NSA)이 있는 곳이었는데 달 탐사선에서 보내온 정보를 받는 곳이었어요. 저는 공구세트를 들고 그 건물로 갔어요. 들어가니까 요원 두 사람이 나와서 저를 커다란 격납고로 안내하더군요. 저는 방으로 들어가 장비를 살펴봤습니다. 그곳에 공군일병이 있었는데 저와 같은 계급이었어요. 그가 장비를 켜서 돌아가는지 보여줬습니다. 작동이 잘 안 되길래 제가 장비를 살펴보았죠. 그래서 제가 그랬어요. 고치려면 이 장비를 밖으로 가져나가야 한다고. 이렇게 어두운 곳에서 수리하기 어렵다고 말이죠. 그래서 그 공군일병과 저만 남고 모두 밖으로 나갔어요. 우린 이 장비를 옮길 사람들이 오길 기다리고 있었죠. 그때까지도 저는 왜 그렇게 어두운 암실이 필요한지를 모르고 있었어요. 그저 달 탐사선 데이터를 이미지화해서 일반에게 공개하는 곳인 줄 알았죠. 그 당시 쓰이던 필름은 35mm짜리였는데 그 화상들이 합쳐져서 18×11크기의 모자이크가 되는 거죠. 매 필름 화상마다 흑백의 디지털 마크가 새겨져 있는데 달 주위를 회전하면서 보내온 화상들입니다. 그 공군일병은 장비들에 대해 설명해 주었어요. 그가 한쪽 방으로 가더니 저에게 말하더군요. '그런데 말이죠. 달 뒷면에 기지가 하나 발견되었어요.' 저는 '그게 뭔 소리예요?' 물었죠. '사실이에요. 달 뒷면에 기지가 있어요.' 그 순간 저는 너무 놀라서 겁이 덜컥 났습니다. 이 방안에 우리 말고 누군가가 들어오다 듣는다면 우린 위험에 빠질게 뻔하거든요. 그 누구도 발설해서는 안 되는 말이니까요. 그러더니 그가 화면의 모자이크를 벗겨 내더군요. 그러자 기하학적으로 생긴 달기지가 나타났습니다. 거기엔 타워도 여러 개 있었고 구형으로 생긴 건물들과 굉장히 높은 타워들과 함께 접시 레이더 같은 것도 보였는데 엄청나게 큰 것들이더군요. 요즘 나돌고 있는 달 사진들을 떠올려 보면 저는 당시에 봤던 사진과 유사한 인공물들이 찍힌 최근의 달 사진들을 가지고 있습니다만……. 구조물 크기가 엄청났어요."

"어떤 구조물은 500m정도 될 거예요. 굉장히 큰 구조물이죠. 어떤 건물들은 반사재질로 돼 있었습니다. 몇몇 구조물은 마치 발전소의 냉각탑을 연상케 했는데 그와 똑같은 형태였어요. 어떤 구조물은 일자로 솟은 채 꼭대기는 편평한 모습이었죠. 또 어떤 것은 둥그스름하게 생겼고 또 다른 것들은 온실처럼 생겼는데 반쪽으로 된 돔 모양이었어요. 제가 본 것 중에 특이한 게 있었는데 넓은 공터에 옹기종기 모여 있는 구조물들이었습니다. 저는 계속 보고 있으면 안 되겠단 생각이 들었습니다. 생명이 위험해질 것처럼 느껴졌어요. 무슨 뜻인지 아시겠죠. 더 보고 싶었고 복사본까지도 얻고 싶었어요. 계속 서서 얘기를 나누고 싶었지만 그럴 순 없었어요. 그 젊은 친구가 절대로… '넘어선 안 될 선을 넘고 있다'고 여겼습니다."하고 증언했다. 칼 울프 상사는 이미 미 정보기관에서는 달의 놀라운 자료들을 획득해놓고 외부에 노출시키지 못하도록 은폐시키려는 비밀유지가 지속적으로 이루어졌음을 추측케 한다.

전 미 공군 보안 전문가였던 레리워랜

이 같은 증언을 뒷받침하는 또 다른 증언자는 1980년 영국 벤트워터에서 UFO와 조우한 전직 미 공군 보안 전문가였던 레리워랜으로 자신이 본 극비 영상에 대해 다음과 같이 증언을 했다.

"그가 이렇게 말하더군요. 귀관들이 목격한 사건에 대한 인식을 돕기 위해 우리가 제공하는 영상을 꼭 봐야 한다. 악몽을 꾸지 않도록 도와줄 것이다. 그 아폴로 기록영상에는 그 장면이 계속 나왔어요. 신께 맹세컨데 그 영상에는 달 위의 구조물들이 찍혀 있었는데 모래색깔로 된 박스 구조물이 있었습니다. 주변에 월면차도 움직이고 있었어요. 저는 분명히 기억하고 있어요. 전 어렸을 때의 기억도 잊어버리지 않는 사람이거든요. 우주비행사들이 멀리감치서 그 박스 구조물들을 가리키더군요. 이어서 그 구조물들이 달 표면으로부터 서서히 움직이고 있었습니다. 이게 모두 아폴로 탐사 때 찍힌 겁니다."

아폴로 우주비행사의 UFO 조우

아폴로계획이 추진되기 시작하면서 1969년 7월 20일 인류 역사상 기념일로 남은 달에 첫발을 내디딘 암스트롱을 기억할 것이다. 그런데 전 세계인들이 지켜보는 가운데 아폴로 11호의 생중계 광경이 갑자기 몇 분간 중단되는 사고가 있었다.

NASA측은 그 원인을 카메라의 이상으로 돌렸으나 당시 아마추어 무선가들에 의해 지상의 휴스턴과의 교신내용이 고스란히 송출되어 달에 관한 충격적인 진실이 폭로되었다. 그 진실이란 암스트롱 우주비행사가 달 표면에서 뭔가를 봤는데 "분화구 저편에 조금 떨어진 곳에 또 다른 우주선들이 있다." 는 말을 한 것이다. UFO가 달 표면에 있었던 것이다. 그는 또 "우주선들의 크기는 거대하며 아주 가까이에 있다. 카메라로 사진을 찍으려 했으나 비행접시들에서 빛이 세 번 번쩍하더니 첫 번째 필름을 망가뜨린 것 같다." 고 말했다.

올드린 비행사는 "아무도 우리가 보고 있는 것을 믿지 못할 거다. 그들은 꽤 오래전부터 거기서 달착륙선과 장비들을 관찰하고 있었던 것 같다."는 대화가 휴스턴 관제소와 오고갔다.

훗날 암스트롱은 그 이야기는 사실이나 CIA가 마무리를 지은만큼 아무 말도 하지 않겠다고 진술했다. 정말 이 충격적인 대화내용은 앞서 달에 관한 기밀정보를 공개한 도나 헤어의 증언과 칼 울프 상사의 증언과도 일치한다는 점에서 신뢰할만한 정보로 보여진다.

NASA와 우주비행사간의 오고간 교신 내용 중에 또 다른 사건이 있었음을 입증해줄 증인으로 전 미 육군 출신 할랜드 벤틀리는 아폴로 탐사선에서 송신된 UFO와 관련된 대화를 엿들었던 이야기를 증언해 주었다.

전 미 육군 기밀정보 취급자 할랜드 벤틀리

"저는 캘리포니아에 있는 어떤 곳에서 복무하고 있었어요. 장소는 그것밖에 말씀 못 드리겠군요. 그곳에서 기밀업무를 담당하고 있었습니다. 그 업무와는 별개로 제가 겪었던 사건은 전혀 생각지도 못한 일이었죠. 제가 말씀드리고 싶은 것은 아폴로 우주선이 달 주위를 계속 돌고 있을 때 일어났던 일이라는 겁니다."

"달 탐사선이 달 주위를 도는 동안 탐사선으로부터 11시 방향에서 UFO가 출현했다는 얘기를 아폴로 우주비행사들로부터 듣게 되었습니다. 귀를 곤두세우고 열심히 경청하고 있었는데 그 비행물체와 충돌할 것 같다는 대화가 휴스턴 기지와 비행사간에 오고갔습니다. 비행사들은 그 물체를 피해가도 되느냐고 휴스턴에 문의해서 결국 허가를 받았습니다. 잠시 후에 비행사의 목소리가 들려오더군요. '피할 필요 없게 됐다. 지금은 같은 방향으로 날고 있다.' 그리곤 나란히 비행하고 있는 물체가 뭔지 휴스턴간에 대화가 오갔어요. 그건 전혀 다른 형태의 비행물체였어요. 외부에 창문들이 있어서 들여다 보였는데 안에는 뭔가가 움직이는 것 같다고 하더군요. 그게 어떻게 생겼는지의 대화는 없었고 그냥 사진을 찍어 뒀다고 했습니다. 그렇게 몇 바퀴를 달 주위를 나란히 돌다가 아폴로 우주선으로부터 멀어지더니 어디론가 가버렸답니다."

우주비행사들의 목격담에 근거하면 UFO의 창과 기체 내부에 뭔가가 움직이는 낌새를 알아챌 정도였다면 아폴로 우주선이 UFO와 꽤 근접한 상황으로 보인다. 무엇보다도 UFO의 실체가 외계에서 온 우주선임을 짐작케하는 조우사건으로 남아있다.

인공위성에 포착되는 UFO

인공위성의 본래 목적은 기상변화, 통신, 지상의 물체위치 및 추적, 적진의 첩보수집 등 다양한 목적 하에 쏘아올리고 있지만 인공위성이 우주 바깥의 정찰목적으로 쓰인다면 그 이유는 무엇일까? 언젠가 일어날 행성간 우주전쟁을 위해서일까?

1983년 레이건 행정부 시절 입안된 SDI 계획(전략방위구상)은 상대국가의 미사일이나 핵미사일 공격으로부터 자국에 도달하기 전에 파괴시키는 것이 가능한가를 연구해온 프로젝트이다.

여기에는 킬러위성을 이용한 상대방의 위성을 공격하여 상대국가의 전략적 군사기능을 무력화시키는 방안도 검토되었다.

군사정보 분석관 출신인 존 메이너드

문제는 이 계획이 우주군비확장을 위한 '스타워즈 계획'이라는 거센 비판을 받기도 했으나 이후 클린턴 행정부로 들어오면서 구소련의 붕괴로 SDI가 축소되어 탄도미사일 방위계획으로 바뀌었다. 그런 가운데 인공위성의 목적은 어느 덧 지구에 국한 된 임무를 넘어서 우주 바깥까지 그 임무가 확장되었다. 그 임무란 외계로부터 지구로 진입해오는 우주선들의 정찰을 포착하기 위한 것은 아닐까? 군사정보 분석관 출신인 존 메이너드는 인공위성에 잡힌 UFO 증거들에 관해 다음과 같이 증언을 했다.

"우린 꽤 많은 자료들을 확보하고 있었죠. UFO 목격담이나 그림자료라든가 지구에 착륙했는지 안했는지 사람들이 접촉했는지의 여부……. 외계인 같은 것들과 말이죠. 지구위에 쏘아 올려진 인공위성

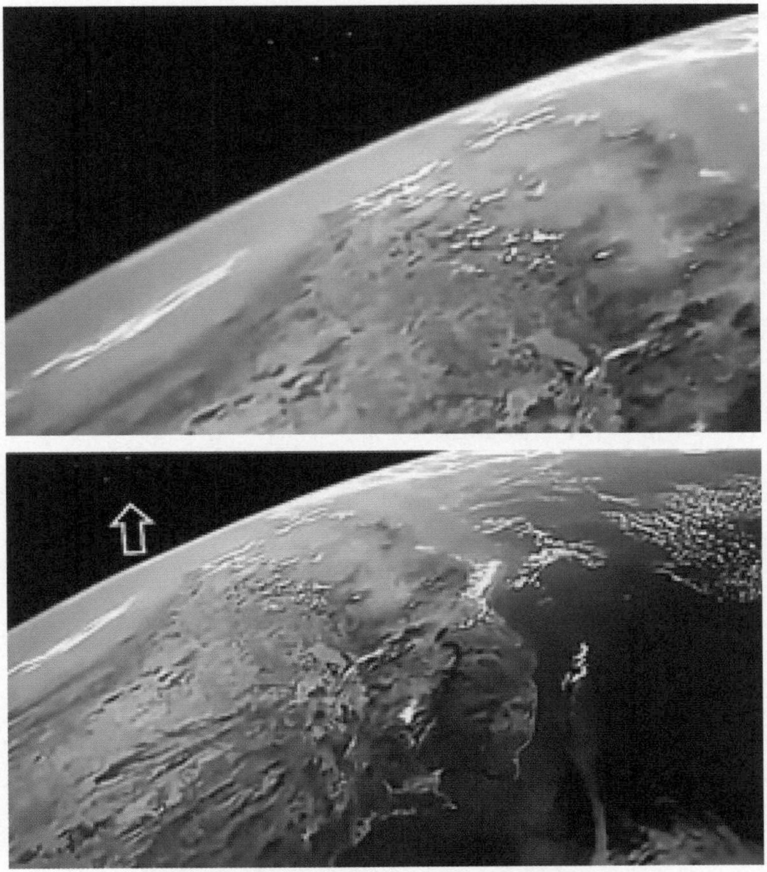

지구 위 상공을 3대의 미확인 비행체가 나란히 빠른 속도로 날아가는 장면

들이 직접 찍은 사진들도 가지고 있었어요. 가끔 청체불명의 물체가 찍힌 사진이 나올 때도 있었습니다. 둥글게 생기거나 세모꼴로 생긴 물체 같은 거죠. 사진에 박힌 마크가 아니라 분명히 공중에 떠 있는 물체였어요. 인쇄된 모습이 아니었습니다."

그는 또 OMNI 비밀 위성 프로젝트에 대해 인공위성들의 위치가 안쪽(지구쪽)이 아닌 바깥쪽(우주)을 향하고 있는 것을 알고 관계자에게 물어보기도 했지만 확실한 답변을 얻지 못했다고 하며 당시 상황을 이렇게 말했다.

"OMNI 비밀 위성 프로젝트에 대해 인공위성들의 위치를 보게 된 저는 물어보았죠. 위성들은 지구상의 물체를 추적하기 위한 것이 아닌가요? '그럼요. 그게 목적이죠.' 그래서 또 물어봤어요. '그런데 왜 바깥쪽을 향하고 있는 거죠. 달 쪽이나 아무것도 없는 빈 우주공간을 겨냥하고 있는 이유가 뭡니까?' '글쎄요. 저도 모르겠네요.' 그렇게 대답하더군요. 거의 절반에 달하는 위성이 지구 바깥쪽을 향하고 있다니…… 저는 물었죠. '뭘 찾고 있는 겁니까?' '궁금하면 직접 알아보셔야 할 겁니다.' '그렇군요. 그럼 뭔가가 오길 기다리는 건가요?' 그가 대답하길 '우리도 모릅니다.' 거기서 대화가 끊겼습니다. 그 당시엔 외계로부터 공포심이 팽배했어요. 가장 큰 관심사였죠. 정부 내에는 피해망상 같은 것도 있었죠. 분명히 그걸 느낄 수 있었어요. 그들이 진실을 말해줄까요? 천만에 말씀입니다."

UFO 격추와 추락사건에 대한 증언

UFO와 관련한 사건들 중에는 UFO 실체를 입증해줄 결정적인 증거물과 접촉한 증언자들도 있는데 그들은 한결 같이 자신이 본 물체는 지구상의 물체로 볼 수 없으며, 또한 UFO 주변에는 외계인의 사체와 함께 심지어는 살아있는 외계인을 생포하기까지 했다고 하는 놀라운 증언들이 포함되어 있다.

지구에 착륙했거나 충돌해서 미군에 의해 회수된 UFO 사건들과 관련된 관계자들의 증언도 있다.

1940년 태평양의 덴마크령 스위츠버그섬에 UFO 한 대가 추락한 것을 회수하는 사건이 있었고 1946년에는 추락한 UFO를 영국, 네덜란드, 덴마크의 공동군사작전으로 회수하여 미국으로 보내졌다는 보고도 있다. 이 사실로 보아 이미 오래 전부터 세계 각국의 수뇌부들은 UFO의 실체에 관해 익히 알고 있었으며 긴밀한 접촉을 시도해왔다는 것이 여실히 입증된다. 지난 과거 수십 건에 달하는 UFO 추락사건들에서 죽은 외계인과 살아있는 외계인을 생포하여 자료를 입수하고 여러 가지 연구를 진행해왔다는 것이다.

전 미공군 상사인 다니엘 셀터는 '1960년대 후반에 미군 측이 UFO 한대를 조준 격추시킨 적이 있었다'고 하는 놀라운 증언을 폭로프로젝트에서 증언해주었다.

전 미공군 상사인 다니엘 셀터

"그때 우리가 UFO를 추적해서 계속 공격했는데 결국 추락시키는데 성공했죠. 거기엔 외계인 몇 명이 타고 있었어요. 그들을 생포한 거죠.”

이에 관해 미 육군 외계인 회수 전담팀의 클리포드 스톤은 추락한 UFO와 외계인 생포에 대해서 다음과 같이 증언해주었다.

미 육군 외계인 회수 전담팀의 클리포드 스톤

“생포한 외계인이 몇 이나 되냐고요? 아무도 모릅니다. 우리가 도착하기도 전에 추락한 비행접시가 다시 날아가 버리는 바람에 고작 잔해들만 회수해야 했던 사고가 몇 건이나 되냐고요? 그것도 모릅니다. 하지만 전부 실제로 있었던 일들이죠. 그들에게 긴급상황이 닥치면 그들도 우리처럼 구조신호를 보냅니다. 그 사실을 대부분의 사람들만 모를 뿐이죠. 그런 의문조차 가져본 적이 없거든요. 우린 그들 존재를 그저… 저기 있는 곰인형 정도로만 여기거든요. 그렇지만 그들도 분명히 살아 숨 쉬는 존재입니다. 인지능력이 있으며 사랑하고 좋아하는 감정을 가지고 있으며 싫어하는 감정도 있고 나름의 사회 환경도 갖추고 있어요. 그런 것들이 모두 사실이라는 것을 사람들에게 인식시키는 일이 무엇보다도 중요한 일입니다.”

클리포드 스톤은 이어서 초창기에 UFO가 추락했던 회수와 유형에 대해 다음과 같이 증언했다.

“그 당시 듣기론 1940년대와 50년대에 추락했던 UFO 숫자가 수십 건에 달할 정도로 수위를 달리고 있었어요. 당시엔 추락건수가 정말 많았습니다. 이건 믿어지지 않는 얘기지만 우리의 레이더가 UFO를 혼란시키는 바람에 우리 레이더 시스템을 바꾸는 일도 있었어요.”

이에 대해 전 미공군 상사인 다니엘 셀터는 UFO 추락사건들엔 레이더가 영향을 끼쳤음을 재확인시켜 주었다.

“고성능 레이더의 안정성에 문제가 있다는 게 드러났어요. 주파수가 낮거나 느려지면 증폭기와 안정기가 다운되곤 했거든요. 그게 낮거나 느려질 때마다 UFO에도 영향을 미쳤어요.”

클리포드 스톤은 또한 UFO 추락사고시에 취해지는 행동 매뉴얼의 존재에 관해서도 언급을 했다.

그는, “일반적으로 비행기 사고에 대한 매뉴얼이란 것이 있죠. 그와 똑같이 비행접시나 파편을 회수할 때도 그에 대비한 행동 매뉴얼이 있습니다. 저는 ‘파편’에 더욱 중점을 두는데 그 이유는 거기에 바로 최첨단 기술이 집약돼 있기 때문입니다. 지구에서 만든 것들은 완벽한 것이 아니라서 여러분이나 저나 언젠가는 사라지게 돼있죠. 즉, 우리는 언제라도 실수를 저지를 수 있다는 겁니다. 잔해 같은 것들을 수습할 때는 위험물을 취급할 때처럼 조심하지 않으면 안 됩니다. 정말 조심해야 해요. 비행접시를 조사할 땐 한층 더 조심해야 합니다. 우리에게 외계인은 위험한 존재가 아니라고 저는 지금도 생각하고 있지만 때로는 죽음에 이를 정도의 위험을 감수해야 합니다.” 라고 말했다.

전 미공군 군사기밀장교인 드와인 아너슨 대령은, “1962년 당시 저는 독일 램슈타인 공군기지에서 중위로 복무하고 있었습니다. 저는 그곳에서 암호해독을 맡고 있으면서 군사 극비사항들을 통제하는 일을 했습니다. 당시 저는 우연히 통신센터에서 노르웨이의 스피츠베르겐 섬 일대에 UFO가 한 대 추락하여 과학자들이 급파되었다는 메시지를 접하게 되었어요. 그 메시지가 어디서 온건지 어디로 가는 건지는 기억이 나지 않는데 그 이유는 ‘이곳에서 본 것은 잊어버려라’ 라고 하는 말을 종종 들었기 때문입니다. 하지만 그 메시지는 기억이 납니다.”라고 덧붙였다.

실제 UFO 추락현장에 투입된 군인의 생생한 증언도 있다. 미 해병 출신 존 웨이건트 일병은 1997년 페루에서 있었던 UFO 추락사건의 현장에 직접 파견되어 관찰한 군인으로 현장 상황에 대해 상세

미 해병 출신 존 웨이건트 일병

한 증언을 했다.

"어느 날 앨런 병장과 애키슨 병장이 우리한테 오더니 그러더군요. '비행기 한 대가 추락했는데 아군기인 것 같아 가서 뭔 일인지 알아보래.' 우리가 추락장소를 찾아가는데 어려움은 없었어요. 뭔가가 추락한 듯한 커다란 구덩이를 발견했거든요. 주변이 모두 불에 타고 있었는데 마치 버터를 칼로 베어낸 듯한 모습이었어요. 레이저 같은 것이 훑고 지나간 것 같았죠. 정말 신기한 모습이었어요. 선체를 처음으로 발견한 건 우리들이었어요. 그건 능선 넘어 협곡 옆에 있었는데 약 60m되는 골짜기 옆 절벽 아래 있었어요. 우린 곧장 올라가지 않고 왼쪽으로 우회해서 능선을 올라갔더니 그 비행물체가 보이더군요. 상당히 큰 비행물체였어요. 폭 10m 길이 20m는 되어 보였습니다. 제가 기억하기론 그 정도 되어 보였어요. 어쨌든 굉장히 컸습니다. 계란모양 혹은 물방울 모양처럼 생겼더군요. 처음 봤을 땐 무서웠습니다. 두려워 벌벌 떨 정도였죠. 어찌할 바를 몰랐어요. 시럽처럼 생긴 액체가 여기저기 흩어져 있더군요. 땅 위에도 나무들 위에도 온통 뒤덮여 있었어요. 초록빛 나는 자주색이었는데 매우 찐득해 보였습니다. 보는 방향에 따라 모양이 달라보였어요. 흡사 살아있는 것 같았어요. 쳐다보는 방향에 따라 색깔도 달라보였습니다. 정말 괴상했어요. 선체 위에선 빛이 회전하고 있었고 아직 작동이 멈추지 않았는지 윙윙 소리가 나고 있었어요. 깊은 파동소리가 나다가 멈췄는데 결국 선체 작동이 멈춘 것 같았습니다. 선체를 자세히 살펴봤는데 반쯤 묻혀 있었고 뒷부분에는 커다란 통풍구 같은 게 달려 있었는데 생선 구울 때 보는 환기구 같은 거였어요."

웨이건트 일병은 레이더 기록에 대한 얘기와 복무일지를 압수당했던 일을 회상하면서 증언하기를, "저는 스팅거 교련스쿨에서 온갖 종류의 비행기에 대해서 교육을 받은 적이 있어서 웬만한 비행기 종류는 다 알고 있었습니다. 그런데 그 비행물체를 본 순간 '이런 비행기는 생전 처음 봐'라는 말이 절로 나왔습니다. 선체를 둘러봤더니 뭔가에 맞은 것 같았어요. 무엇인가가 명중시켜 떨어뜨린 것입니다. 제가 생각하기엔 이래요. 우리가 그걸 떨어뜨린 것이죠. 레이더 기지에서 그게 날고 있는 걸 봤대요. 사령부내 레이더 기지에 있었을 때 제가 들은 얘긴데 UFO가 마하 10이 넘는 속도로 영내 안팎을 날아다니는 것을 봤다는 사람들이 있었어요. 그런 일은 다반사였어요. 제가 그 기지에 있었을 때 몇 차례 발생했었는데 공군장교 하나가 복무일지를 가져가 버렸어요. 공군이 UFO를 추적했었다는 사실이 외부에 알려지는 걸 원치 않았던 것 같았어요."

로스웰 UFO 추락사건과 UFO 파편 및 외계인 회수

유일하게 군 당국이 공개적으로 보도하고 은폐한 로스웰 비행접시 추락사건은 70년이 다 되어가는 오늘날까지도 미 공군의 로스웰 사건에 대한 조사결과의 공식적인 발표에도 불구하고 그 진실의 내막은 여전히 감춰져 있다고 많은 사람들은 믿고 있다.

그 중 가장 신빙성을 더하는 증언은 이미 타계한 월터 하우트의 유언장 내용으로 자신이 현장에서 본 비행접시의 잔해와 외계인의 사체를 분명하게 진술하고 있다는 점이다.

그가 죽기 전에 남긴 진술내용은 로스웰 사건이 그동안 군당국의 조사 발표와는 정면 배치되는 당시 신문에 보도된 그대로의 진실을 폭로하는 주장이었다. 사실 군당국의 입장에서 보면 당시 상황을 섣불리 공개적으로 알리기보다는 하루가 멀다하고 하늘에 빈번히 나타나는 비행접시의 목격 신고와 출현, 근접 조우에 대단히 민감한 반응을 보이고 긴장 했던 터라 내부적으로 신중함을 기했으리라 본다.

당시 군 당국의 발표는 기상관측용 기구, 모글 프로젝트로 인한 오인으로 발표했었다. 그리고 나서 이후 미 공군의 로스웰 공식조사 리포트에서 사람인형을 이용한 고공 낙하실험의 일환이 잘못 비행접시의 추락과 외계인 사체로 오인한 것에 불과했다고 말했다.

폭로 프로젝트에서 증언한 전 미 공군 퇴역장군인 스티븐 러브킨 준장은 1947년 로스웰 UFO추락 당시 외계인들이 타고 있었다는 사실을 알게 되었다고 한다.

그의 말을 들어보면, "외계인들이 타고 있었어요. 그건 확실해요. 3명 또는 5명이었는데 공군 측에서도 확신은 못했어요. 정보조차 명확하지 않았기 때문인데 어쨌든 제가 확실히 기억하기론 3~5명 이었어요. 그 당시 외계인 한 명은 살아있는 상태였는데 그 후에 어디로 데려갔는지는 저도 모릅니다."라고 주장했다.

미 공군 스티븐 러브킨 준장

그는 이어서 말하기를 "그 당시 우리는 펜타곤 지하에서 일했습니다. 1959년 당시에 펜타곤 경비는 정말 삼엄했어요. 거기서 일했던 사람이라면 제 말이 무슨 뜻인지 잘 알겁니다. 저는 UFO사건을 다루는 '프로젝트 블루북'에 관해 많은 사실을 알게 되었습니다. 사무실에서는 비교적 자유롭게 그 얘기를 나눌 수 있었죠. 블루 북의 내용은 회의 주제로 오픈되어 있었거든요."

"그 중에는 우리의 눈길을 끌었던 게 한 가지 있었습니다. 어느 날 오후 두세 시경쯤 연수준비를 끝냈을 때였습니다. 홀러버드 중령이 무슨 물건을 하나 들고 왔는데 금속조각이었어요. 야드 자처럼 보이는 것이었죠. 그 위에는 알 수 없는 글씨가 새겨져 있더군요. 중령은 그게 일종의 지침을 나타내는 문양이라더군요. 자신도 거기까지 밖에는 추측할 수 없었을 겁니다. 어쨌든 그 문양은 그 뜻이 뭔지는 몰라도 군에서 꾸준히 연구를 계속 할만한 가치가 있는 것이었어요. 제 눈엔 엄청나게 크게 보였습니다. 내 생전에 그런 물건은 처음 보는 거거든요. 모든 사람들 눈이 모두 그 물건에 쏠려 있었죠."

"중령이 그 물건에 대해 설명하기 시작했는데…… 무섭고 소름이 끼칠 정도였습니다. 그 방안에 바늘 떨어지는 소리가 들릴만큼 조용해졌죠. 그 금속물체는 뉴멕시코주에 추락한 UFO에서 가져온 파편이었는데 군에서 조사 중인 어떤 상자 속에서 나온 거라더군요. 그 당시엔 '역추진 공학'이란 용어가 없었지만 그와 비슷한 도구로 쓰인 것으로 보이는데 성분 분석을 하는데 몇 년 걸릴 거라고 했어요."

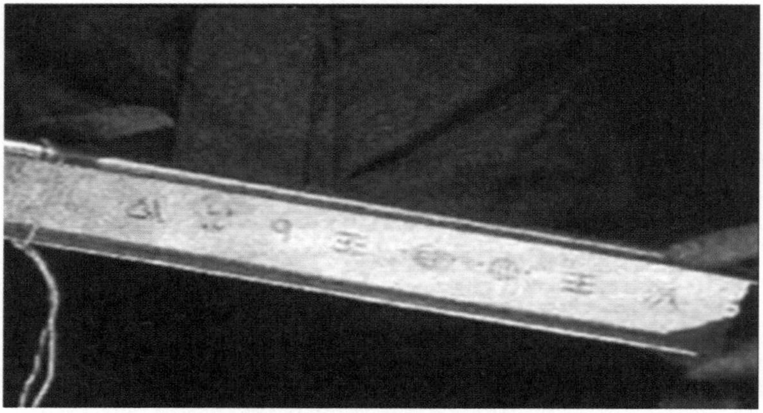

로스웰 추락현장에서 발견된 문자가 새겨진 파편

전 아폴로 14호 우주비행사였던 에드가 미첼 박사는 '로스웰 사건' 역시 은폐, 왜곡됐다고 주장했던 것으로 알려졌는데 그는 외계인과의 접촉이 미국항공우주국(NASA)에 의해 숨겨져 왔다고 말해 화제를 모았던 인물이다. 또 달에 다녀온 뒤 많은 고위 인사들과 군 관계자들로부터 로스웰 사건에 대해 들었다면서 그들은 말하길 로스웰에 추락한 UFO와 외계인에 대한 소문들이 대부분 사실이라고 털어놓았다고 밝힌 적이 있다.

총에 맞아 죽은 외계인 사체 회수 사건

전 미공군 정보장교인 조지 A. 파일러 소령은 외계인 한 명이 군인이 쏜 총에 맞아 죽은 사건에 대해 다음과 같이 증언했다.

"그날 아침 전투사령부로 갔는데 CP장교가 부르더군요. 간밤에 굉장한 일이 벌어졌는데 맥과이어 기지 일대에 UFO가 몇 대 나타났다는 겁니다. 그 중 한 대가 포트익스 기지에 착륙 또는 격추되었는데 외계인을 본 헌병이 총으로 쐈다는 거예요. 그래서 저는 물었죠. 외계인 말입니까? 그러자 그가 '우주에서 온 외계인 말이오.'라더군요. 그의 설명은 매우 구체적이었어요. 외계인 하나가 포트익스 기지에서 총을 맞고 부상을 입은 채 맥과이어기지로 도망간 겁니다. 당시 맥과이어 기지와 포트기지는 서로 펜스를 사이에 두고 있었는데 그 외계인이 펜스 밑으로 갔는지 넘어갔는지 어쨌든 맥과이어 기지 너머에서 죽었어요. 순찰병이 외계인 시체를 수습한 후 자리를 지켰죠. 라이트패터슨 공군기지에서 C-141 수송기 한대가 그 외계인 시체를 가지러 오는 중이라는 겁니다. '세상에 그런 일이 있었군요.'라고 하니 그가 '오늘 아침에 귀관이 사령관과 모든 사람들에게 이번 사건에 대해 브리핑 좀 해줘야겠네.'하더군요. 저는 '우리가 외계인을 잡은 사실을 톰 새들러 장군에게 설명하라고요?'라고 물었죠.

그는 그 사건이 일어난 이후에 부대에서 일어난 이해할 수 없는 보안관련 절차에 대해 증언했다.

"저는 매일 사진 자료실을 드나들었어요. 브리핑할 때 4개의 스크린이 동원돼서 관련 사진들로 채워놔야 하거든요. 그곳에는 뭔가 특별한 사진들이 보관돼 있다는 군요. 그래서 제가 좀 보자고 했어요. 당직이 그걸 보여주려고 하는데 선임상사가 오더니 안 된다고 하더군요. 저에게 보여주면 안 되는 사진들이 있었던 거죠. 그렇지만 일반적으로 사령관 앞에서 브리핑하는 장교에게 사진자료를 금하는 전례가 없었어요. 특이한 사항이 한 가지 있었는데 당시 그 UFO사건과 관련이 있는 기지 내 핵심 인물들은 모조리 신속히 전보됐어요. 중령 계급 이하 모든 사람들이요."

인간이 만든 지구제 비행접시

2008년 6월 16일 미국 플로리다 대학의 기계공학 수부라타 로이 교수는 비행접시 제작 기술에 대한 특허를 출원했는데, 이 기술특허는 라이브사이언스 등 해외 과학 매체들의 주목을 받았고 미공군과 미항공우주국까지 관심을 표명했다고 한다.

로이 교수에 의하면 이 비행접시는 날개 없는 전자기 비행체로 플라즈마를 추진력으로 이용한다는 점이 혁명적이라고 하면서 비행접시의 표면에 내장된 전극이 주변 공기를 이온화하면 비행접시 외부에 플라즈마가 생성되고 전류가 플라즈마를 관통하며 공중으로 양력이 생성된다고 설명했다.

덧붙여 로이 교수는 "날개나 제트 추진이 필요 없는 이 비행접시는 지구 뿐 아니라 화성 등 타 행성에서도 비행이 가능하기 때문에 가능한 적용 영역이 무궁무진하다."고 말했다. 사실 UFO 기체 주위에는 뿌연 안개와 같은 현상이 일어나는데 이 현상이 바로 플라즈마를 나타내는 증거는 아닐까?

UFO실체를 매우 근접한 거리에서 식별 확인한 공군 전투기조종사의 증언에 의하면 원반형 UFO 중앙으로부터 상하로 매우 강렬한 불꽃이 튀는 모습을 보았는데 그의 표현에 의하면 용접할 때의 튀는 강한 불꽃처럼 보였다고 했다. 그 모습은 멀리서 볼 때 마치 금성과 같이 밝은 별처럼 보였다고 한다.

현대과학 기술수준으로 UFO를 닮은 비행체 제작이 불가능한 것은 아닌 것으로 보이지만 원천적인 동력 원리와 비행추진 제어 메커니즘을 이해하지 않고서는 해결해야 할 문제가 산적해 있다.

지금까지 보고된 UFO의 비행패턴은 그야말로 상상을 초월하는 수준에 올라가있어 우리 눈에는 놀라운 광경으로 밖에는 비치지 않는다.

UFO가 보여주는 비행술은 직각회전, 급정지, 급상승, 급강하, 순간소멸, 순간출현, 분열, 예각회전, 체공정지 등 기존의 항공역학에 위배되는 탁월한 비행능력을 보유하고 있다.

반면 우리의 능력은 이들 비행패턴을 구사할 만큼 완벽한 비행체는 아직까지 개발된 적이 없다고 본다. 물론 현재의 과학기술 수준으로 일부는 흉내 낼 수 있을 정도의 묘사는 가능한 것으로 보이지만, 물리법칙과 대기권의 초고속 비행시 발생될 수 있는 마찰열과 중력 및 관성 등을 완벽하게 극복 또는 제어 할 수 있는 기술을 구현하기에는 먼 미래로 아직은 요원한 것으로 알려져 있다. 그럼에도 불구하고 들리는 루머와 정보에 의하면 이미 미공군이 극비리에 반중력 항공기의 개발에 성공했다는 말이 새어나오고 있기는 하다.

이미 68년 전 비행접시라는 용어가 탄생된 직후에 미공군은 UFO 형태의 비행체를 모방하기 위한 시도를 오래 전부터 진행해왔으며 비밀리에 UFO형태와 흡사한 원반형 비행체 개발에 착수했던 적이 있었다. 외관 형태만으로 보면 완전 원반형 비행접시형이지만 추진동력은 프로펠러식의 유인형 원반비행체였다.

그것은 초기에 아마도 로스웰에 추락한 UFO에서 힌트를 얻었거나 독일의 원반형 비행체 제작 설계도를 기반으로 개발했을 가능성이 있다.

옛 독일의 신무기 연구소 소장인 리차드 메사 박사는 말하기를 패망직전의 독일의 활주로가 적군에 초토화되었다는 소식을 접하고 나

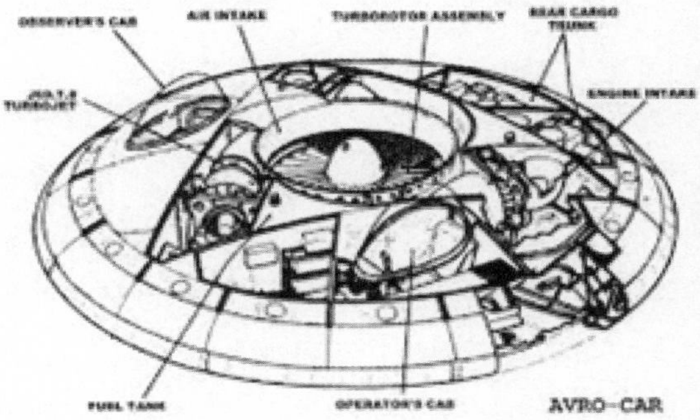

미공군이 초기 제작한 원반형 비행접시 설계도와 실제 모델

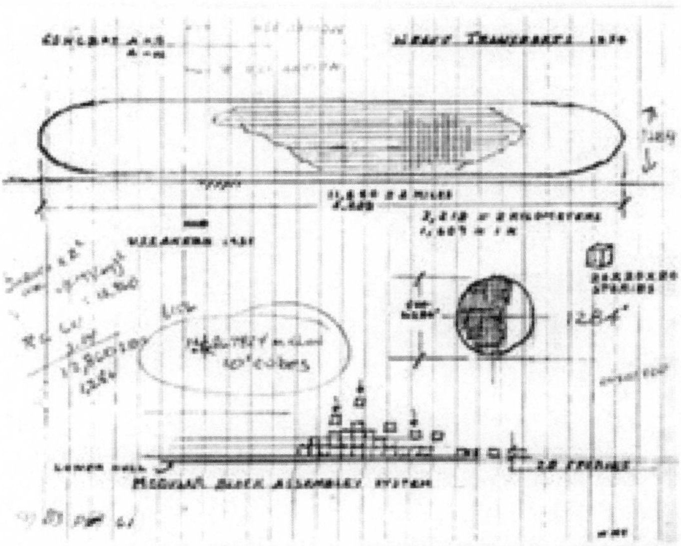

Naval Spacecraft Carrier
Douglas Aircraft Advanced Design - 1954 Navy Request
Source: William Tompkin, *Selected by Extraterrestrials*, p. 68

1954년 미해군에 의해 디자인된 원통형 비행체

서 상부에서 활주로가 필요 없는 비행기를 개발하라는 지시를 받고 착수하게 되었다는 것이다.

세계대전이 끝나고 미국으로 건너온 뒤 캐나다로 보내진 메사박사는 미국정부의 지시에 의해 캐나다의 항공회사인 AVRO연구소에서 수십 종류의 다양한 형태를 가진 비행접시를 디자인했다고 한다. 1천만 달러가 투입된 AV-9형 원반비행기는 실험비행 단계에서 겨우 1.2m밖에 떠오르지 못하고 실패하고 말았다.

또 다른 가능성으로는 미공군의 UFO조사프로그램인 프로젝트 사인계획에서 이미 UFO의 형태분류에 따라 이를 기초로 추진해왔을 경우이다.

당시 개발된 비행체들은 공기부양식 또는 제트추진식, 프로펠러식으로 기존의 추진시스템을 이용하되 형태만 닮은꼴로 실제 UFO의 놀라운 기동력과 비행 속도 및 패턴을 보여주지는 못했다. 한마디로 걸음마조차 할 수 없는 단계였다.

세월이 흐르는 동안 로스웰 UFO추락사건을 필두로 1950년대 이후부터 전 세계적으로 UFO가 평균 1~2년에 1~2건씩 추락하는 사고가 발생하였고, 이들 추락 사고에서 얻어진 중요정보가 오늘날 역공학에 의해 지구제 UFO제작에 큰 힘이 되었던 것으로 여겨지고 있다.

UFO가 원인 모르게 미 본토를 비롯하여 지난 50년 간 약 40건 이상이 추락하면서 미군당국에서는 이미 UFO의 존재와 배후에 지능적인 존재에 의해 컨트롤되는 비행체일 가능성에 상당한 무게중심을 두고, 이 같은 획기적인 비행체 개발에 성공한다면 국익에 막대한 도움을 줄 수 있는 것으로 판단했으리라 본다.

현재 미국 네바다사막 한가운데에는 지도상에도 나와 있지 않은 예전에는 일반인에게 전혀 알려지지 않은 채 극비리에 운영해오던 초

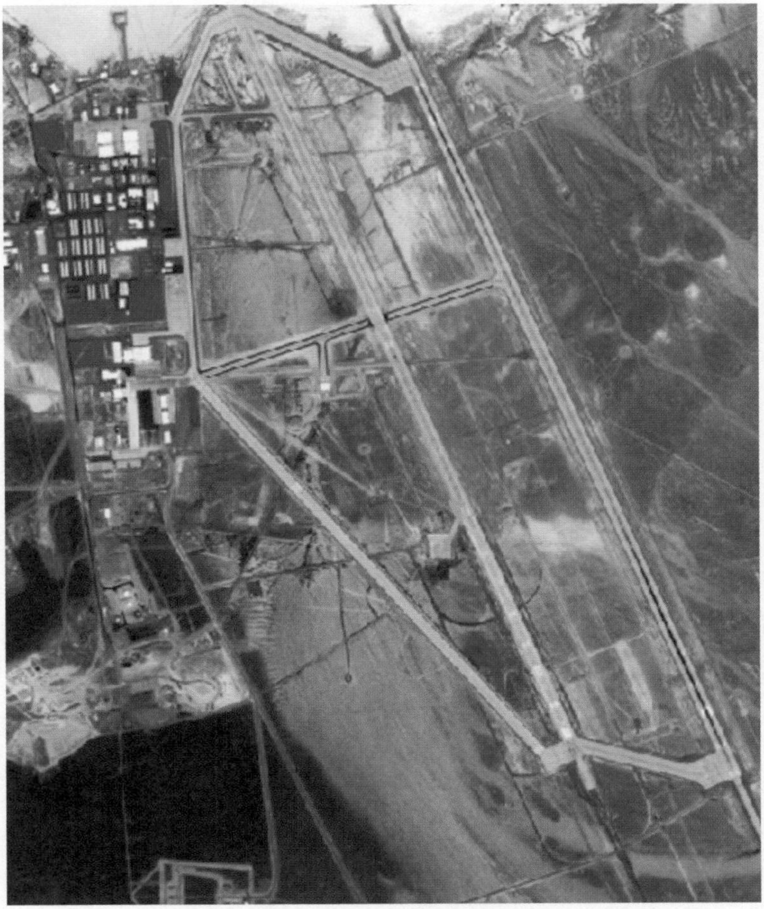

Area-51 전경

비밀 지하군사기지가 존재한다. Area51지구라고 명명된 이곳은 이제 UFO관광명소로 자리 잡아 미국정부가 실험하고 있다는 UFO 제작 실체를 관망하기 위해 몰려들고 있을 정도다.

흥미로운 것은 UFO 다큐멘터리나 책자 등에 에어리어 51지역 명

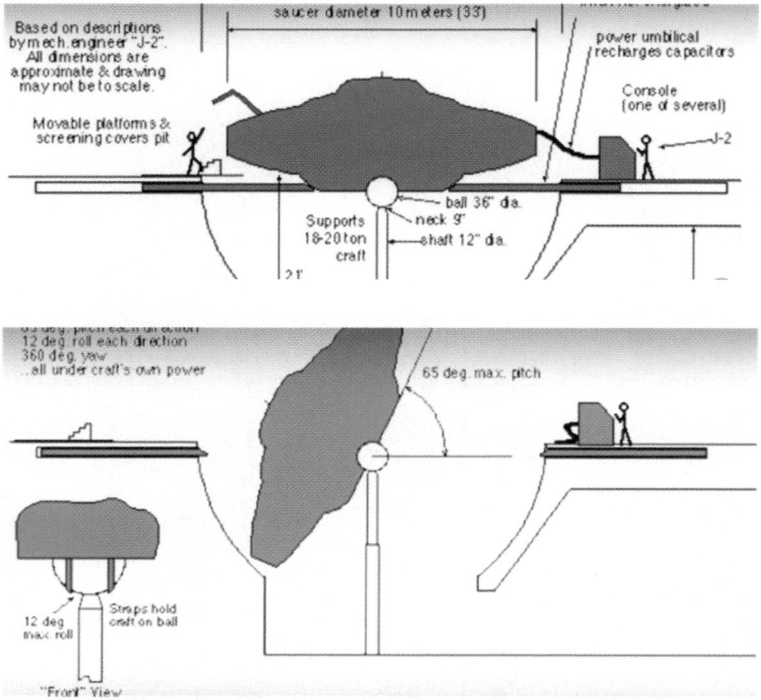

1996년 AREA-51기지 내에서 보았다는 UFO 시뮬레이터의 목격 스케치

칭이 어김없이 등장하고 있다는 사실이다.

이 기지는 1951년 말에 해군기지 건설부대에 의해 지하 기밀기지가 만들어졌고 프로젝트 레드라이트라는 팀이 이 비밀구역에서 연구활동을 진행하고 있었다고 전해진다.

더욱 자극적인 소문은 이곳에서 UFO를 실험비행 테스트하고 있다는 말이 들리고 있다는 것이다. 일본의 UFO연구가인 야오이 준이치에 의하면 이 계획은 UFO의 동력원리와 추진 메커니즘, 내부 기기에 관한 연구, UFO의 제작 및 테스트 등을 실시하는 것이 주요 목

ABOVE: Disc #1 - The "Sports Model" Lazar worked on bears a striking resemblance to one of the Billy Meier UFOs and Disc #7 (lower right)

ABOVE: Disc #2

ABOVE: Disc #3

ABOVE: Disc #4

ABOVE: Craft #5 - fits the description of the craft recovered at the 2nd Roswell site, Socorro, NM

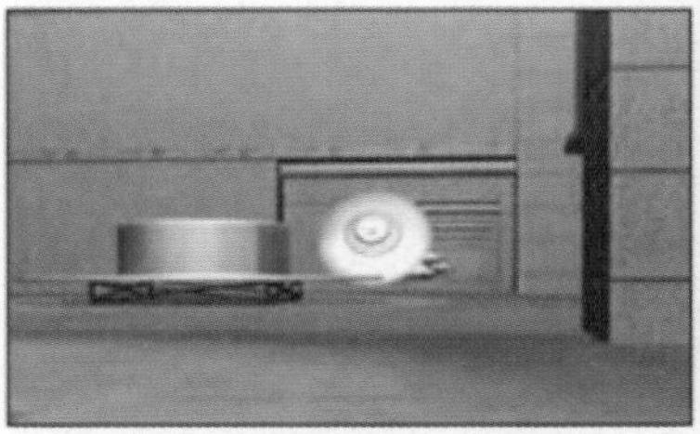

ABOVE: Disc #6 - "Top Hat" model with damaged Disc # 7 in background (at right)

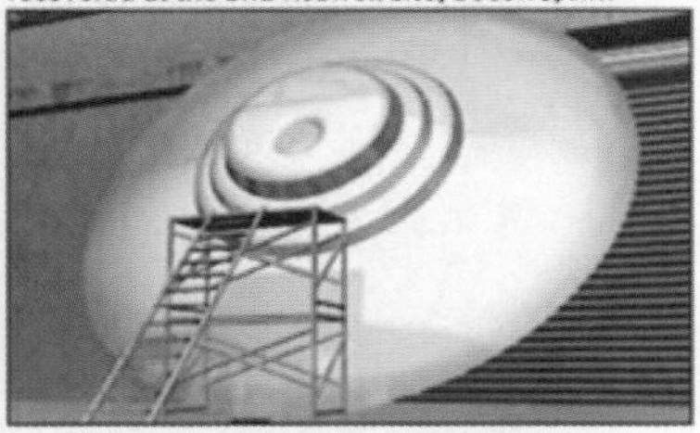

ABOVE: Disc #7 - this UFO was damaged from a projectile passing through the upper section

AREA 51에서 설계된 비행접시 모델과 지하기지 내에 보관중인 것으로 알려진 다양한 형태의 비행접시

적이었다고 한다.

약 1천명정도의 연구요원들이 참여하고 있으며 이곳에서 비행접시형 지구제 UFO가 비밀리에 제작되어 1980년대 시험비행에 성공했다고 한다.

UFO를 실제 개발한 것인지 아니면 외계의 비행체를 역공학(추락된 잔해를 연구하여 거꾸로 연구개발을 추론해가는 공학)에 의해 재조립하여 완성된 것을 제어한 것인지는 알 수 없다.

실제 이곳에서 근무했었다고 하는 한 물리학자가 1989년 KLAS TV에 출연하여 폭탄선언을 하게 되는데, 그의 주장에 따르면 미국정부가 추락한 UFO를 획득하여 모방하는 프로젝트를 진행 중에 있고, 자신이 이곳에서 맡은 임무는 UFO의 추진시스템에 관해 원리를 규명하는 것이었다고 말했다.

그의 주장은 밀폐된 격납고 수로 미루어 총 9대였으며 UFO 3대 중 한 대의 추진 장치에 대해 연구하도록 지시를 받았다고 한다. UFO는 외계인으로부터 제공된 것으로 작동원리나 조종법이 전수되지 않아 추진원리를 규명하는데 목적이 있었다고 한다.

결국 역공학에 의해 UFO의 추진시스템이 해명되었다고 했다. 그는 또 에어리어 51지역에서 근무할 당시 외계인의 자료도 열람할 기회가 있었는데 그 중에는 외계인 해부사진도 포함되어 있었다고 한다.

미 공군 출신 일러스트레이터 마크 맥칸디쉬

실제 미공군이 재현 비행접시를 개발하려는 노력이 결실을 거두었다는 놀라운 정보를 듣고 폭로한 사람도 있다.

미 공군 출신 일러스트레이터 마크 맥칸디쉬는 자신의 동료인 브래드 소렌슨이 1968년 노튼 공군기지 비밀격납고에서 인간이 만든 UFO 몇 대를 봤다는 말을 전해들었다고 한다.

"그곳엔 검은색 커튼이 쳐져 있었는데 그게 격납고를 두 개의 공간으로 분리했죠. 커튼 뒤로 가면 큰 방이 있었고 그 안의 불은 모두 꺼져 있었다고 합니다. 불을 켜니 비행접시 3대가 공중에 떠 있었어요. 거기엔 아무런 케이블도 안 달려 있었고 밑에는 랜딩기어도 없이 그냥 붕 떠 있었죠. 비디오테이프를 틀어줬는데 그 중 제일 작게 생긴 비행접시 한 대가 '51 지역'같은 사막에 놓여져 있었다는군요. 그게 한 세 번을 요동치는 것 같더니 붕 뜨는가 싶더니 휙 사라져버렸답니다. 순식간에 눈앞에서 사라져 버린 겁니다. 아무 소리도 안 들렸고 소닉붐 같은 것도 없었어요. 비행접시 일러스트레이션도 보여줬는데 그걸 제가 똑같이 그린 걸 보여드릴께요. 거기엔 비행접시 내부구조가 묘사돼 있었대요. 계기판이라든가 산소탱크도 보이고 샘플을 채취할

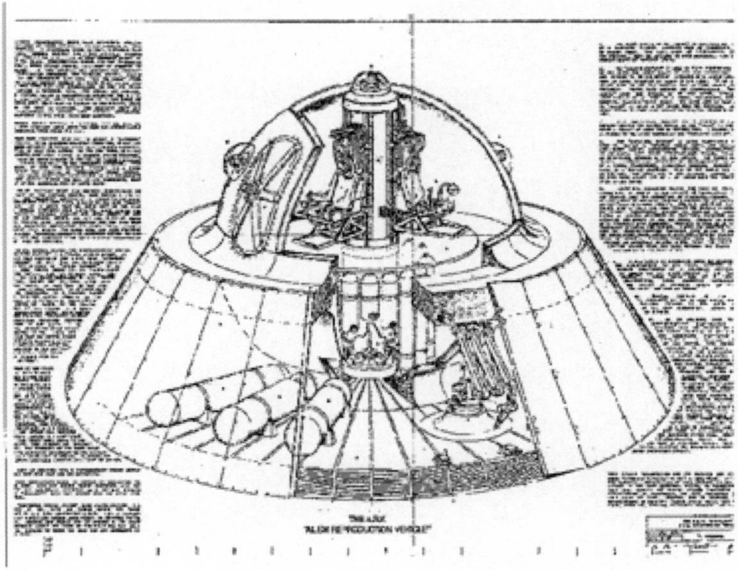

돔형 비행접시 설계도

수 있는 로봇 팔도 보였답니다. 분명히 그 비행접시는 하늘은 말할 것도 없고 우주공간을 날아다니며 샘플을 수집할 수 있는 것입니다. 게다가 무소음의 추진체를 가지고 있었다는군요. 그 친구가 본 바에 따르면 겉에서 움직이는 부품도 없었고 연소가스도 없었고 연료가 타는 조짐도 없이 그냥 떠 있더랍니다. 그걸 그 사람들은 '재현 비행접시'라 불렀는데 그 반중력 추진 시스템 비행접시는 노튼 공군기지 격납고에서 본 3대 중 하나였어요. '3차원 시계시스템'은 아파치 헬기에 있는 것과 똑같은 영상인식 기술인데 이 경우엔 두 대의 카메라를 작동시켜서 UFO 외부에 달린 6개의 카메라와 천장에 달린 한 대의 카메라를 움직였어요. 조종사가 머리를 돌릴 때마다 그 카메라도 따라서 움직였습니다. 이게 제가 그린 UFO 설계도인데 네 개의 사출좌석이 위층에 설치돼 있습니다."

"좌석 두 개가 앞을 보고 있고 나머지 두 개는 기둥 뒷쪽에 있습니다. 아래쪽에는 산소탱크 몇 개가 보이는데 사실 아래층 내부를 돌아가며 몇 개 더 있어요. 그리고 돔으로 된 승무원실 안에도 산소탱크가 여러 개 설치돼 있습니다. 그 친구는 그 외에도 여러 가지 설명을 해주었어요. 그림과 똑같이 생긴 비행접시 세 대가 있었답니다. 세 대 중 가장 작은 건 약간씩 분해돼 있었는데 그게 바로 비디오에서 나온 비행접시였어요. 1988년 11월 12일 저의 동료가 본 노튼 공군기지 격납고에 있었던 거죠. 밑바닥 직경이 7m 정도 됐어요. 두 번째 비행접시는 직경이 18m 정도였고요. 그런데 가장 큰 비행접시는 직경이 36~40m였어요. 이건 엄청나게 큰 것입니다. 그 친구 말에 따르면 이날 노튼 공군기지에서 별 3개를 단 장군이 말하길 그 비행접시들은 광속이나 그 이상의 속도를 낼 수 있다는 군요."

UFO를 모방한 재현 비행접시 프로젝트가 미 정부에 의해 비밀리에 수행되고 있다는 루머는 추락한 UFO의 역공학으로 얻어진 결과와 '50년대부터 꾸준히 시도된 제작기술의 현저한 발전으로 어느 정도는 흉내 낼 수 있으리라 보여지지만 앞서 언급한대로 문제는 인간이 기체에 탑승한 상태에서 완벽한 비행제어와 조종사가 초고속 비행과 급회전, 급강하, 급상승, 순간정지 등에서 발생하는 관성과 중력의 극복을 어떻게 감당할 수 있는가에 달려있다.

외계현상 조사팀을 만든 맥아더 장군

UFO문제는 역대 미국 대통령과 깊은 연관성을 가지고 진행되어 왔었다. 트루먼 대통령은 당시 기자회견에서 이런 말을 한 적이 있다. “비행접시가 지구상의 어떤 국가가 만든 물체가 아니라는 점은 확실히 말씀드릴 수 있습니다.”라고.

군당국은 UFO가 국가안전에 위협적인 존재로 간주하고 초기에는 바짝 긴장을 한 상태에서 매우 민감하게 이를 최고의 기밀사항으로 다루어왔었다. 시간이 흐르면서 군당국은 더 많은 정보자료가 입수되었고 UFO의 실체를 분명하게 알게 되면서부터 보다 이를 체계적으로 연구하기 위한 특별 조직을 만들 필요성을 느꼈다. 물론 과학자들로 구성된 조사연구그룹을 가동할 수도 있었지만 극도의 보안을 요하는 UFO문제를 민간에게 넘기기에는 위험을 자초하는 것으로 군에서 이를 철저한 보안 속에 연구를 진행하는 것이 안전하다고 여긴 것이다.

전 미 육군 외계인 회수 전담팀에서 근무했던 클리포드 스톤은 1943년에 더글러스 맥아더 장군이 UFO를 연구하기 위해 ‘행성간 현상 연구 부대’라는 조직을 만들었다고 말했다.

그는 말하길, “맥아더 장군은 이른 바 ‘외계현상 조사팀’을 조직했습니다. 후에 마샬장군이 이어 받아서 지금까지 계속되고 있는데 조직명칭도 바뀌고 조사기록들은 아직도 미공개 상태입니다. 국방부는 그건 절대 UFO를 쫓는 공식적인 기구가 아니라고 강변했습니다만 그건 분명히 군 장성에 의해 조직됐고 지금까지 그 결실을 맺고 있으며 예사롭지 않은 결론을 내리고 있는 겁니다. 가령 행성간 UFO 같은 것들 말이죠. 그 조직은 지금도 똑같은 업무를 수행하고 있어요. 즉, 출처 미상의 물체들을 찾아내는 다수의 정보활동 업무 중 하나인 것이죠. 특히 외계로부터 온 것들을 조사하는 겁니다. 그들의 임무는 그 정보들을 평가하고 현장에서 가져온 자료들을 일목요연하게 정리해서 최일선으로 보내는 거죠. 즉, 그 자료들을 '독점적으로' 꼭 알아야 하는 부류들에게 배포가 되는 겁니다."

러브킨 준장의 증언은 아이젠하워 대통령도 UFO문제에 지대한 관심을 가지고 있었다고 증언했다.

"UFO와 관련된 모든 처리과정을 어느 한 기관에만 맡기기에는 벅찼어요. 그래서 업무를 효율적으로 하기 위해서 관련부처 여기저기에 분담시키기로 했죠. 그러면서 비밀을 유지하기 위한 방편으로 이쪽 저 쪽에 조금씩 주는 식으로 업무를 맡게 했을거라고 봅니다. 종종 그런 방법을 썼어요. 그런데 그 바람에 아이젠하워 대통령의 통제력이 분산돼 버렸어요. 해당 부처에서 직접적으로 권한을 행사하고 있다는 걸 대통령이 뒤늦게 깨달았어요. 자신이 컨트롤 할 수 없는 지경에 이르고 안 좋은 상황이 점점 눈앞에 닥치자 일을 그르칠 수도 있다는 걸 깨달은 겁니다. 말 그대로였어요."

미항공우주국에 근무한 캐롤 로진 박사

미항공우주국에 근무한 캐롤 로진 박사는 지상의 무기가 우주로까지 뻗어나가 우주를 또 하나의 전장으로 만들 가능성이 충분하며, 여기에는 외계인의 위협에 대항하여 우주배치무기를 개발해야한다는 명분을 내세워 군당국이 군수업계와 함께 우주공간으로 진출하려고 한다는 것이다. 하지만 이는 외계의 문명에게 잠재적인 위협이 될 수 있는 빌미를 주게 될 것이며 그들 역시 이를 눈치 채고 더 이상 외계로의 확장을 허락하지 않을 것이다.

캐롤 로진박사는 말하기를 "저는 1974년부터 1977년까지 페어차일드 항공산업에서 거기서 베르너 폰 브라운 박사를 만났습니다. 그때가 1974년 초였어요. 그 당시 폰 브라운 박사님은 암 말기였는데 그 분이 저에게 다짐하시기를 당시 진행 중이던 어떤 '게임'에 대해 설명해주려고 삶의 의지를 불태우셨답니다. 그 게임은 바로 우주를 무기화하는 것으로서 그걸로 우주뿐 아니라 지구전체를 통제하고자 하는 거였어요. 폰 브라운 박사님이 암으로 돌아가시던 그 해 필생의 작업이 대중 및 정책입안자들을 계도하는 것이었는데 그것은 바로 우주배치 무기가 얼마나 바보 같고 위험한 것인지, 그리고 불안정하고 비용이 많이 들며 무익하고 실행 불가능하며 바람직하지 않은 일인지를 깨우쳐 주는 것이었지요. 폰 브라운 박사님이 저에게 알려주신 그들의 전략이라는 것은 우선 소련을 적국으로 간주하게끔 한다는 것이었어요. 사실 1974년 당시 소련은 적이었습니다."

"그들은 킬러위성을 보유하고 있으며 곧 우리를 침략하고 지배할 것이라고 알려졌어요. 그런 식으로 소련이 우주배치무기 개발의 첫 번째 구실이 된 거죠. 다음엔 테러리스트들이 표적에 오르는데 그들이 곧 도래할 것이라는 겁니다. 우린 테러리즘에 대해 수없이 들어왔어요. 다음에 등장하는 것이 제 3세계 '미치광이'들이죠. 그들을 일컬어 '떠오르는 국가들'이라고 합니다만 박사님이 말하길 그들이 바로 가상의 적이 될 가능성이 있다고 하셨어요. 그 다음의 적대세력은 바로 '소행성'들입니다. 박사님이 그걸 언급하시면서 미소를 지으시더군요. 그 소행성들에 대항해서 우주배치무기를 개발하게 된다는 겁니다. 그 분이 언급하신 것 중에 가장 흥미 있는 것은 바로 외계인들입니다. 종국엔 그걸 이용해서 겁을 주게 된다는 겁니다. 제가 박사님을 알고 지내고 그 분의 대변인 역할을 한 4년 동안 쉬지 않고 반복적으로 들은 얘기인데 그것이 마지막 카드가 될 거라는 것이었어요. 잊지 말아요. 마지막 카드는 바로 외계인이라는 것을……. 외계로부터의 위협에 대항해서 우주배치무기를 개발하게 될 것인데 사실 이 모든 것이 거짓 술수라는 겁니다. 박사님은 구체적인 시기를 언급하지는 않으셨지만 상상할 수 없을 만큼 빠른 속도로 진행될 것이라고 하셨어요. 무기를 우주로 쏘아 올리려는 노력은 거짓을 밑바탕에 깔고 있을 뿐 아니라 그게 쏘아 올려진 후에는 사람들이 이미 늦었다고 생각할 정도로 빠르게 전개될 것이라는 겁니다."

전 군사정보 분석관이었던 존 메이너드는 미 정부기관의 프로젝트들이 군수 민간업체들과의 밀접한 유관관계를 가지고 있으며 이에 참여한 기업들은 은밀하게 지속적으로 신무기의 개발 확장을 유도하고 있다고 한다.

이에 관해 1961년 1월 17일 전 미 대통령인 아이젠하워 대통령은 퇴임식 연설에서 다음과 같이 말했다.

"거대한 군수기구와 군수관련 기업이 결탁하여 미국 사회 전체에 중대한 영향을 미치고 있습니다. 그것은 군산복합체라고도 할 수 있는 위협입니다."

존 메이너드는 "우주배치 무기는 지금도 베일에 싸여 있습니다. 드러나지 않은 은밀한 작전은 항상 이런 식으로 전개돼 왔어요. 스타워즈 계획이 처음 드러났을 당시 사실 레이건 행정부 이전의 일이긴 합니다만 정부의 지원을 받으면서 대중의 눈을 속여 왔습니다. 겉의 화려한 색깔 뒤에는 그들의 진짜 모습이 숨어 있었죠. 대중이 원하는 바를 그들은 정확히 알고 있었어요. 지구위로 무기를 올려 보내 탄도 미사일을 감시하길 대중이 원하고 있음을 알고 있었던 것이죠. 바로 그런 식입니다. 그게 지금은 지구의 탄도 미사일이 아니라 우주로부터의 위협을 감시하는 역할로 바뀌고 말았죠."

미 육군 외계인 조사반의 클리포드 스톤은 "우리가 지금 우주를 무기화하고 있는 길을 향해 가고 있다는 사실을 사람들에게 깨우치기엔 시간이 없어요. 우주를 무기화하게 되면 새로운 기술을 개발할 수 있게 되고 그 기술을 바탕으로 우주공간을 오갈 수 도 있겠죠. 그러나 우리가 정신적으로 성숙하지 못한다면 외계인들에게 위협을 주는 결과가 될 수도 있습니다."하고 말했다.

UFO 기밀정보를 통제하는 극비 특별접근 프로젝트

스티븐 그리어 박사는 디스클로저 프로젝트 프로그램에서 말하기를 비밀유지는 어떻게 이루어지고 그 작업은 어떤 성과를 내고 있는지? 수년 전, 군 정보통으로부터 '극비 특별접근 프로젝트'라는 것에 대해 들은 적이 있다고 했다.

"그 프로젝트는 비선업무이며 접근하는데 특별한 권한을 요하는 것입니다. 이 역시 극비에 붙여져 있습니다. 이 말 뜻은 곧 그 비선업무 외부에 있는 사람은 아무도 그 존재에 대해 알지 못하며 그게 미합중국 대통령이든, 미합동참모본부 의장이든, 미국방정보국장이든 말입니다. '극비 특별접근 프로젝트'의 비밀을 유지하기 위해 사람들을 협박하고 위협해왔으며 살인까지 저질러 왔다는 사실을 우리는 알고 있습니다. 이것은 극단적인 내용입니다만 수많은 군정보 관계자들의 이야기를 들어본 결과 그러한 협박과 위협은 예사로 벌어졌으며 지금도 계속되고 있음을 저는 확신합니다. 그건 민주주의 사회에서 도저히 있을 수 없는 일입니다. 지난 8년 동안 지금까지 달갑지 않은 반응을 얻었는데 현직 CIA국장이나 현직 국방정보국장, 국방정보위원회 의장인 해군제독은 물론 미 의회, 상원, 유엔 및 기타 외국정부와 이 문제에 관해 상의를 하고자 했습니다. 무엇보다 제가 알아본 바에 의하면 그들과 같은 고위 인사들조차 그런 프로젝트의 존재는 물론 그 문제에 대해 연구하고 있다는 사실도 모르고 있다는 것입니다."

전 미공군 엔지니어였던 폴 씨즈 박사는 기밀 프로젝트에 대해 이

전 미공군 엔지니어 출신의 폴 씨즈 박사

렇게 말하고 있다.

"업무성격과 기밀급수에 따라 다르지만 사전에 대단히 엄격한 뒷조사를 받게 되는데 그 뒷조사는 6개월에서 1년이 소요됩니다. 그 과정을 마치고 기밀업무를 배정받게 되면 그 프로젝트의 존재를 발설하는 것은 물론 존재여부에 대해 답변하는 행위자체를 금하는 각서에 사인해야 합니다. 이건 그저 형식적인 통과의례가 아닙니다. 그 사람이 맡고 있는 업무는 물론이고 그 업무와 직접적으로 연관된 모든 사람들을 알고 있는지를 특별히 파악하는 것이죠. 기밀 프로젝트가 시행될 때의 모든 자금은 정부 요처를 통해 들어오는데 그것도 모든 요원들에게는 비밀입니다. 요원들은 미국정부와 계약하에 있는 것이며 자금은 적재적소에 배분되는 것이죠. 미국에는 엄청나게 많은 숫자의 비밀 프로젝트가 시행되고 있는데 그 누구도 그 존재를 알지 못합니다. 제가 일했던 업무를 맡았던 사람들과 오늘까지도 알고 지내고 있는데 그 프로젝트의 명칭을 알고 있느냐고 그 사람들에게 묻는다면…… 즉, 인터넷에는 그 프로젝트의 명칭이 고스란히 다 나오는데도 그들은 '글쎄요. 지금 무슨 소리를 하는지 모르겠소.'라고 할 겁니다. 그 사람들이 지금은 70대에 접어 들었는데도 지금까지 그 프로젝트의 존재를 인정한 사람은 단 한 사람도 없었습니다. 그렇게 때문에 그 존재를 아무도 모릅니다. 알 길이 없는 거죠."

전 미 육군 외계인 조사반의 클리포드 스톤은, "그 극비문서를 접한 일선의 누군가가 미국의 안보에 심각한 위해를 끼칠만한 극도로 민감한 내용이 담겨있다고 생각했을지도 모릅니다. 그리고 그 내용을 좀 더 확실히 보호하기 위해선 극소수의 인원에게만 그 정보를 접근토록 극히 제한해야할 필요를 느끼게 됩니다. 그 사람들 이름을 모두 나열해도 메모지 한 장이 채 안찰 정도입니다. 그리하여 '특별접근

프로그램'이 만들어집니다. 그 '특별접근프로그램'을 통제해야만 하는데 그렇치 못합니다. UFO 관련해서도 똑같은 기준이 적용됩니다. 문제는 우주에서 온 외계인들이 이 땅을 찾아오고 있다는 사실이 더 이상 비밀이 아닌 지금 이 때에 그런 경우는 통하지 않는다는 겁니다. 그렇기 때문에 정보기관 내에 극소수의 인원 100명도 안 되는 아니 50명도 안 되는 인원이 그 모든 정보를 틀어쥐고 있는 것이죠. 그건 미정보보안심사국이 심사할 수 있는 의회 내 심사대상도 아닙니다. 우리는 정부가 보관하고 있는 문서들을 있는 그대로 접할 수 있어야 합니다. 완전 폐기되어 없어지기 전에 우리에게 공개되도록 해야 합니다. UFO에 관한 이야기를 나누다 보면 궁극적으로 한 가지 의문이 떠오르게 됩니다. 미 정부는 고사하고 과연 그 비밀을 유지할 수 있는 정부가 있는가? 대답은 '분명히 있다.'입니다. 이럴 때 정부기관이 유일하게 내 세우는 무기는 바로 미국인들과 정치인들 그리고 폭로자들, 다시 말하자면 UFO 극비문서들을 폭로하고자 하는 사람들의 '성향'입니다. 그들은 즉각적으로 반응을 보이죠. '비밀은 감춰지지 않는다.'라고 말입니다. 그러나 총체적으로는 가능합니다."라고 말한다.

군사정보 분석관 출신인 존 메이너드는 말하길 "이 세상엔 정부의 손길이 뻗치지 않은 곳이 없습니다. 개인의 주머니 속부터 인간의 삶 모든 분야에 걸쳐있죠. UFO나 외계인 문제도 똑같습니다. 그러나 아주 극소수만이 진실을 알고 있습니다. 그 진실은 은밀한 부서 안에 꽁꽁 숨어있는 것이죠. 그 사람들은 조직 하나하나를 각각의 섬에 가둬두고 있는 셈입니다. 그 안에 있으면 다른 조직의 존재조차 알 수 가 없습니다. TRW나 존슨 컨트롤스, 허니웰 같은 회사들이 일정부분 그쪽으로 연관돼 있습니다. 모종의 업무가 그 회사들에 할당되고 있어요. 애틀랜틱 리서치 같은 회사는 그런 쪽으로 아주 오래된 회사죠.

그들은 펜타곤 내에서도 은밀한 세력을 이루고 있는데 '퇴역한 군수업자'들이예요. 그들은 연구비와 자금을 지원받고 있으며 그 프로젝트가 워낙 극비에 붙여져 있어서 뭐가 어떻게 돌아가고 있는지 아는 사람이 고작 네 손가락에도 안들 겁니다."했다.

전 미공군 상사인 다니엘 셀터는 극비에도 또 다른 상위 단계가 있다고 증언해주었다.

"극비위에도 약 38개에 달하는 단계가 있어요. 제일 위에 있는 단계가 Cosmic Top Secret입니다. 거기에 대해서 다 알려드리죠. UFO와 외계인들, 그리고 우주에 떠다니는 이상한 것들 말이죠. 그걸 열람할 수 있는 정보 단계에 도달한 사람은 이 지구상에 단 25명 정도밖에 안될 겁니다. 대통령이라 할지라도 그 단계에는 못 미칩니다. 그 정도의 극비사항을 볼 수 있는 단계가 아닙니다. 아이젠하워 대통령이 가장 근접했어요. 워낙 베일에 싸여져 있어서 존재조차 모르는 것이 바로 NRO라는 조직입니다. NRO는 상상조차 불허하는 조직입니다. 국가정찰국을 말하는 겁니다. 아이젠하워는 그 조직을 이끌 사람을 물색했어요. CIA국장이 물망에 올랐습니다. 그렇지만 성사되지 않았어요. CIA는 그들 고유업무가 따로 있었습니다. 그래서 대통령은 생각을 한 후 독립기구를 만들되 책임자는 민간인으로 했으면 하며 국내 최고의 과학자에게 맡기고 싶다. 그렇게 해서 만들어진 조직이 NRO입니다. 일단 NRO레벨에 도달하면 ACIO라는 국제적인 기구가 하나있는데 이른바 '외계 접촉 정보기구'라고 하죠. 거기서 피나는 노력을 해야 다시 말하면 그쪽 규정을 충실히 지켜야 어느 나라 정부든 그 기구에서 나오는 정보들을 공유할 수 있는 혜택을 받는 거예요."

이 NRO조직에 대해 군사정보 분석관 출신인 존 메이너드는 말하기를, “기본적으로 공군관할이구요. 제가 그곳을 퇴직한 후에 만난 사람들에 의하면 그곳엔 더 많은 책무가 주어진 것으로 압니다. 특히, UFO와 외계인관련 임무에 관해서 말이죠. 블루북 프로젝트에서도 다루지 않는 사항들을 취급하고 있다고 보면 됩니다.”고 증언했다.

UFO 정보 공개와 진실을 알 권리

그렇다면 '왜 UFO 관련 정보들은 비밀에 묶여 있는가?' 하는 질문이 대두된다. 또한 60년이 지난 현재까지도 어두컴컴한 저장고에 숨겨진 채 '공개되지 못하고 있는가?' 이다.

주지사 시절 UFO를 목격한 적이 있다는 카터 대통령은 1977년 취임식 하루 전 날 CIA 국장에게 전화를 걸어 UFO나 외계인 관련 자료들을 열람하고 싶다고 말했다. 그 당시 CIA국장은 조지 H.W 부시였는데 그는 대통령에게 UFO정보를 공개할 수 없다고 딱 잘라서 통보했다.

이에 대해 보잉 항공사 임원 A.H 는 디스클로저 프로젝트에서 인터뷰하기를, "사실 지미 카터 대통령은 열람 대상이 아니었습니다. 정보국에선 어쩐 일인지 카터 대통령을 신뢰하지 않았어요. 대통령이 전면에 나서서 모든 내용을 미디어에 모조리 공표할까봐 두려웠던 거죠." 라고 말한바 있다.

이처럼 미 대통령조차 접근 불가한 UFO 기밀정보 자료 중 아직까지도 초극비에 해당되는 기밀문서는 정보자유화법에 의해서도 공개되지 못한 채 잠자고 있다. 대통령조차 열람이 불가한 비밀문서의 열람 단계는 극비보다 더 높은 38단계의 상위 기밀수준이 존재한다는 것이다.

전직 군사정보 분석관 출신이자 카터 행정부 내의 NRO조직에 몸담아온 존 메이너드의 주장에 의하면 UFO문제와 정보기관 그리고 외계인 문제가 서로 연관돼 있는 한 그것들은 최우선 순위에 오르며 대통령에게서 조차 극히 일부만 알려졌을 거라고 말했다. 그는 카터 대통령도 이에 관한 고급정보를 전혀 모르고 있었을 것이며 분명한 사실은 정보를 쥐고 통제하는 그들이 UFO라든가 외계인 정보들을 수십 년 동안 숨겨왔다고 하는 것이다.

스티븐 그리어 박사는 이 프로그램에서 마지막으로 이런 말을 남겼다.

"많은 사람들의 증언에 의하면 30~40년대, 혹은 50년대엔 그 정보가 공개됐을 때 받을 일반 사람들의 반응에 대한 배려가 느껴졌다고 합니다. 어쩌면 당시 사회적 분위기가 신학적으로나 사회적으로 또는 경제적으로 그 정보를 받아들일 준비가 안 돼 있었을지도 모릅니다. 저도 그러한 사실에 동의합니다. 지난 세기의 논쟁은 더 이상 의미가 없다고 봅니다. 전 세계 사람들은 인간이 달 위에 걷는 모습을 목도했습니다. 지금 이 시대 사람들 중 누구도 우주에 생명체가 존재한다거나 그들이 지구에 찾아왔었다는 사실에 놀랄 사람은 아무도 없을 것입니다. 비밀을 유지하기 위한 핑계는 50년대 이래 오늘날까지 전개되어 왔으며 그것은 경제 질서와도 깊은 관계가 있습니다. 또한 외계 비행체와 관련된 기술 및 별도의 돌파구를 마련하려는 인류가 창출해 낸 에너지 및 추진동력 시스템은 숨어있던 은밀한 예산으로 이루어졌는데 이는 인류에게 돌아갈 엄청난 혜택을 도외시 한 채 어떤 특별한 '이권'만을 위해 오히려 인류에게 해롭고도 단기적인 영향을 끼치게 하고 있습니다. 이구동성으로 증언하는 바에 따르면 우리 인류에게 그처럼 공해만 발생시키는 연료는 더 이상 필요치 않으며 그걸 충분히 커버하고도 남을 엄청난 기술을 이미 보유하고 있다는 것입니다. 지금 권력을 쥐고 있는 자들이 두려워하는 것은 이 프리에너지가 세상에 공개되는 것입니다."

5장-호출!
UFO와의 제 5급 만남

UFO와의 근접 콘택트

나는 외계의 지성을 가진 존재에 대해 그들이 우주 어딘가에 있다면 필시 우리 지구를 먼저 발견했을 가능성은 없었을까? 하는 생각을 가끔씩 해왔다. 그런 생각은 지금도 변함이 없다. 왜냐하면 우리는 아직도 그들과 조우하기 위해 막대한 예산과 자금을 투입하여 외계탐사계획(SETI계획)을 오래전부터 추진해오지 않았던가? 뿐만 아니라 직접 우주선을 띄워 외계탐사의 여정에 나서기도 했지만 아직까지 이렇다 할만한 공식적인 외계지성체의 존재가능성을 입증해주는 결정적인 단서를 포착하지 못했다.

적어도 은폐된 진실이 없다는 가정 하에서 말이다. 혹 그들이 존재한다면 우리가 전혀 눈치 채지 못하는 방법으로 이미 지구 대기권 상공에 잠입해있을지도 모른다. 만약 그것이 사실이라면 그 잠입시기가 언제인지는 정확히 아무도 모른다.

지구 곳곳에 남아있는 고대의 흔적들(벽화에 새겨진 그림들 또는 나즈카의 지상화 등)에서 그들의 내방 흔적을 찾을 수 있다고 주장하는 학자들도 있다.

현대에 들어와서 과학기술문명에 눈을 뜨기 시작하면서 동시에 사람들의 눈은 하늘의 이상한 비행물체에 관심이 쏠리기 시작했다. 그들의 방문은 지구인들의 시선과 관심을 끌기에 충분할 만큼 환상적인 비행과 출현, 지상 착륙과 인간과의 접촉, 피랍 등 다양한 접촉이 이루어져왔다.

전 세계의 각계각층에서 신분을 막론하고 남녀노소가 UFO라 부르는 낯선 비행물체를 목격하면서 그들과의 직접적인 접촉사건들이 1950년대부터 발생하기 시작했다.

UFO전문가였던 고 알랜 하이네크 박사의 UFO와의 조우 분류법에 의하면 이러한 접촉을 제 3종 조우, 강제적인 피랍에 의한 접촉을 제 4종 조우로 분류한다. 이들 접촉 케이스들은 우리 측의 의도와는 달리 그들의 의도대로 강제적인, 또는 강압적인 방법으로 접촉이 이루어졌다.

UFO가 지구를 관찰하는 시대를 1세대라고 한다면, 2세대는 UFO로부터 직접적인 접촉이 이루어진 시대였으며, 3세대는 우리가 UFO를 관찰하는 시대로, 앞으로는 UFO와의 직접적인 접촉을 능동적으로 시도하는 4세대에 진입하게 될 것으로 예측된다.

나는 과거 36년간 UFO와 관련한 여러 자료들과 정보, 문헌, UFO서적, 심포지엄 자료, 3,500건 이상의 센터로 제보된 사진 및 영상 분석을 통하여 UFO가 우리가 생각하고 있는 것보다 훨씬 더 가까이 지구에 접근해 있다는 사실을 알게 되었다.

그 근거의 배경으로는 2001년부터 시도된 2년간에 걸친 '의도적 UFO 대기촬영'의 집중적인 조사연구와 2008년 5월 'Call! UFO'라는 X-프로젝트를 추진한 결과 UFO가 이미 지구 대기권 내를 종횡무진 날아다니고 있을 뿐만 아니라 일부는 아무렇지도 않은 듯 대기권 내에 체공하고 있다는 사실을 알아냈다.

한마디로 내가 내린 잠정결론은 그들의 관찰대상으로서 지구를 항시 예의주시하고 있으며 감시 내지는 관찰을 하고 있다는 점을 파악했다.

지구 밖 지적존재들이 우리들이 느끼는 적대감을 이해하고 있는

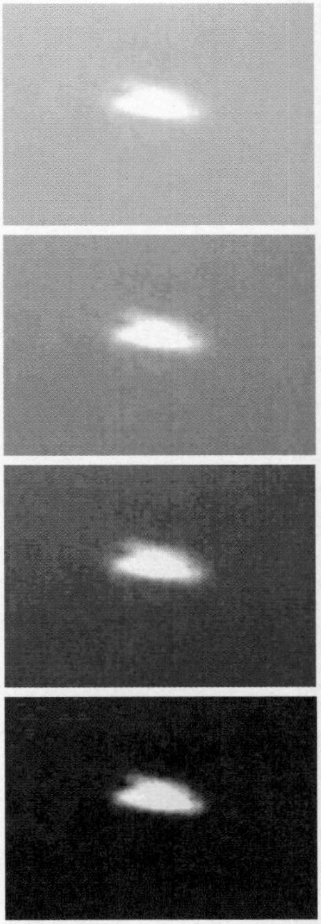

2001년 8월 5일 부천에서 의도적 대기촬영 중 포착된 원반형 UFO추정물체

것으로 판단한다면 그들의 행동은 분명 의도적인 셈이다. 그들은 우리들의 시선과 판단에 아랑곳없이 오늘날까지도 강대국을 비롯해 전 세계 각국에 출현하면서 자신들의 존재를 다양한 행동방식으로 알리고 있다.

우리는 이제 그들의 숙제를 안고 있는 셈이다. 판단을 어떻게 내릴 건지는 각자의 몫이지만 전 지구적인 관점에서 진실의 받아들임을 언제까지 기다려야 하는지는 아무도 모른다.

그들은 지난 68년간(UFO라는 용어가 탄생한 시점부터) 지구 대기권 상공을 날아다니면서 자기네들의 존재를 지구인들이 열린 마음으로 알아주기를 바라고 있는지도 모른다. 그래서 그들은 다양한 방식으로 충분한 기간을 가지고 조심스런 접촉을 해오고 있는 것이다. 그러나 우리는 그들과의 문명차이의 갭이 존재하고 있음을 부인할 수 없다.

1. 미지와의 조우

영화 '미지와의 조우' 포스터

1977년 12월 개봉된 SF영화 〈미지와의 조우〉가 생각나는가? 이 영화는 알렌 하이네크 박사의 UFO와의 조우분류 중 제 3종 조우를 그대로 따온 것으로 UFO와 외계인을 소재로 한 지구인과 외계인간의 만남을 극적으로 표현하여 신선한 충격을 주었던 영화로 기억이 된다.

그런데 영화 속의 장면이 실제 일어났었다고 한다. 이 영화에 대해 전직 미공군 정보장교로 근무했었던 스티븐 루이스(Steve Lewis)는, "여러분이 생각했던 것보다도 훨씬 더 사실에 입각하여 제작 기획한 영화다. 믿을 수 없는 일이 실제로 일어난 적이 몇 차례 있었다." 고 말했다.

영화 미지와의 조우는 외계인에 대한 공포심과 혐오감을 없애고

영화 '미지와의 조우'의 한 장면

우애와 상호간의 신뢰를 토대로 기존의 공격적이고 공포감과 적개심을 유발하는 〈인디펜던스 데이〉나 〈에일리언〉, 〈우주전쟁〉과는 차원이 다른 최고의 걸작에 속하는 영화였다.

'미지와의 조우' 영화에서는 지구의 과학자들이 아무도 모르는 비밀장소에서 UFO와의 접촉을 시도하는 장면이 나온다. 과학자들은 서로간의 의사소통을 위해 빛과 소리를 이용하여 그들과의 대화를 시도하면서 UFO로부터 반응을 유도해낸다.

그리고 서로 우호적인 감정을 확인한 UFO는 모처의 비밀착륙장에 착륙하고 지구인 몇 명은 최초의 사절단으로서 외계 우주선에 탑승하여 우주여행을 떠나게 된다.

웅장한 UFO의 등장과 함께 지구인과 외계인간의 만남을 우호적이고 긍정적인 시각에서 그린 이 영화는 그들과의 접촉을 시도하는 제 5급 만남을 매우 사실적으로 표현해준 영화다.

나는 UFO연구가로서 문헌이나 자료조사, 책을 통하여 이러한 일이 과연 가능한 것인가를 꾸준히 관심을 가져오던 중 해외 UFO 다큐멘터리 소개에서 의도적인 근접만남인 제 5종 조우사례가 실제 성공한 적이 있음을 알게 되었다. 어떻게 그런 일이 일어날 수 있고 가능한지 상상조차 되지 않았다.

왜냐하면 UFO는 우리의 의도대로 반응하는 존재라는 것을 생각할 수 없었고 오히려 그들의 의도대로 일이 일어나고 있음을 알기 때문이다. 어쨌든 나는 이제 그 모든 선입견으로부터 자유로워졌다.

2. Call! UFO – 제 5종 조우

UFO의 존재를 둘러싸고 현대에 와서도 선진국인 영국 국방부에서는 겉으로는 UFO가 외계에서 온 비행물체일 가능성에 대해 일축하고 있다. 그럼에도 불구하고 영국에서는 2008년 들어 UFO의 출현이 급증하기 시작했고 여러 지역에 걸쳐 목격보고가 수시로 들어

1995년 산호세에서 1,500명이 모여 UFO와의 조우를 시도하는 장면

오고 있어 관련 전문가들은 그러한 이유에 대해 촉각을 세우고 있다.

대개의 UFO 목격보고가 우연한 목격에 의해 발견되곤 하지만 사실 UFO가 출현하는 지역은 군사시설과 밀접한 관련을 가지고 있다. 그리고 특정지역 상공에 자주 출몰하는 경우가 있는데 이런 곳을 UFO 핫스팟(HotSpot)이라 부른다.

그러한 지역에서 UFO와의 만남을 인간이 의도적으로 시도하는 예가 제 5급 만남으로, 다시 말해서 인간 측에서 주도적으로 외계인에게 신호를 보내 응답을 받아내는 것을 말한다.

이 방법은 UFO가 출현하기를 기다리지만 능동적인 호출시도를 통하여 UFO로부터 반응을 이끌어내는 방법이다. 장소에 특별히 구애를 받지는 않겠지만 한적한 곳이나 UFO가 자주 출몰하는 지역에서 시도해볼 만한 방법에 속한다.

그런데 이러한 UFO와의 직접적인 만남을 의도적 시도하는 예가 있었다. CSETI의 스티븐 그리어박사는 1990년대 중반 여러 사람들과 함께 야간에 UFO를 호출하여 저공비행하는 UFO를 촬영까지 하는데 몇 차례 성공시켰다.

UFO가 지능적인 존재에 의해 제어되는 고도로 진보된 비행물체라면 우리의 접촉시도에 관심을 갖게 될 가능성을 전혀 배제할 수는 없을 것이다. 그들은 이미 우리의 존재에 대해 오래전부터 인식을 해온 상태로 우리를 예의주시하고 있을 것으로 보이나 진작 우리자신은 그들의 존재에 대해 부정적인 편견과 선입견에 사로잡혀 UFO가 대기권 내를 상시 날아다니고 있다는 사실에 대해 강한 거부감을 가지고 있다.

UFO와 관련한 수많은 조우 사례에서 보듯이 우리의 행동에 대해 UFO가 반응한다는 사실을 익히 잘 알고 있다.

미국의 재난예방 소방서 행동지침 매뉴얼에는 UFO가 출현 시 가까이 접근하거나 돌발적인 행동은 절대 금물이라는 지침을 그림과 함께 제시하고 있다. 예를 들어 착륙한 UFO에 대해 돌을 던지는 행동이나 UFO가 저공비행 시 체공해 있을 때 그 밑에 가까이 가지 말 것을 권고하고 있다.

그들의 의도를 알아채지 못한 채 갑작스런 돌출행동으로 인해 피해를 입은 사례나 적의를 보이지 않았음에도 불구하고 불의에 사고를 당한 사람들이 전 세계적으로 적지 않게 발생해왔다.

이와 같은 사례들을 통하여 지적인 행동에 그들이 반응한다는 것은 실제적인 능동적 조우 시도에 반응을 이끌어 낼 수 있는 잠재적인 가능성을 내포하고 있다고 볼 수 있다.

제 5급 만남의 시도는 그 자체로서도 의미가 매우 크다고 볼 수 있다. 이미 우리는 UFO가 지적생명체에 의해 조종되는 고도로 진보된 비행체라는 것을 인식하고 그들과의 대화를 통한 UFO의 실체를 입증해 줄 수 있는 확고한 증거를 확보할 가능성이 존재하기 때문이다.

물론 성공가능성을 예측할 수 없는 상황에서 무모한 시도라 생각될 수 있으나 나는 이 근접조우 시도가 인류문명과 외계문명간의 커뮤니케이션을 위한 초보적인 단계의 상호대화로써 우리의 진정한 의도적인 접촉요청이 그쪽에 전달될 수 있음을 입증하는 수단이라고 본다. 믿기 힘들겠지만 이미 외국에서는 몇 가지 시도를 통하여 UFO를 원하는 장소에 출현시키는데 성공한 케이스가 있었다.

지금까지 UFO와의 만남이 수동적인 만남이었다면 다음에 소개하는 접촉케이스는 보다 능동적인 자세로 인간 쪽에서 주도가 되어 UFO를 부르기 위한 시도를 말한다. 한 예로 강력한 조명 빛을 깜깜한 밤하늘을 향해 반복적으로 비춤으로서 반응을 유도해 내는 것이다. 그러나 반드시 빛이라는 매체를 이용해야 하는 것은 아니며, 그 외에도 나즈카 고원 지대에 새겨진 거대한 지상화 같은 그림이나 크롭 서클, 소리(음성, 사운드, 음악), 그리고 미래의 통신수단으로 사용될 텔레파시를 통해 이끌어 낼 수 있다고 본다.

3. 제 5종 근접 조우의 시초

그렇다면 제 5종 근접 조우는 언제부터 시작되었을까? 가장 화제를 불러일으킨 사람은 스위스에 거주하는 에두아르트 빌리 마이어(Eduad Billy Meier)로 그는 어릴 적에 UFO를 목격 후 1942년부터 외계인과 접촉하여 텔레파시를 통한 메시지를 전달받았다고 한다. 200회 이상 교신을 진행해오면서 방대한 양에 달하는 접촉기록을 남기기도 했다.

1975년부터 1987년까지 그가 접촉했다는 외계인은 지구로부터 450광년 떨어진 플레이아데스(Pleiades) 성단의 에라(Erra) 행성에서 온 셈야제(Semjase)라는 여인이 지구 외에도 많은 문명세계가 존재한다는 것과 우주연합이 결성되어 있다는 것을 말했다고 한다. 그가 외계인들로부터 전해들은 메시지는 지구와 인류의 파멸을 경고하는 내용으로 핵전쟁과 기상이변, 대규모 화산폭발, 지진 등이 포함되어 있고 플레이아데스인들은 지구인들의 의식변화를 통해 지구를 구제하려는 노력을 촉구하지만 직접적인 개입은 하지 않을 것 이라 했다. 그는 또 우주여행과 시간여행을 통하여 인류의 미래를 보았다고 했다.

비단 빌리 마이어 뿐만 아니라 외계인과 접촉했다는 콘택티들의 주장에는 금세기에 지구에 닥칠 엄청난 재앙과 인류의 파멸 위기에서 구원 받을 수 있는 길을 전하고 있다.

최초의 외계인 콘택티로 잘 알려진 조지 아담스키(George Adamski)

의 접촉에서도 원자폭탄에 의한 지구파멸의 위험으로부터 지구인을 구원할 임무를 띠고 이곳에 왔으며 다른 행성이 방사능에 오염되는 것을 방지하고자 왔다고 전했다.

조지 아담스키

4. UFO 승무원과 인사를 나눈 신부와 원주민들

1957년 6월 27일 6시경 남태평양의 큰 섬 뉴기니섬의 파푸아 지구 보이아나이에서 윌리엄 부드 길(William Booth Gill)신부와 수십 명의 마을 원주민들이 UFO와 근접조우를 하면서 인사(?)까지 나누었다는 기상천외한 사건이 발생했었다.

이들은 UFO를 동시 목격했을 뿐만 아니라 UFO에 탑승해있던 승무원들을 향해 손을 흔들어 우호적인 인사를 표시했다.

길 신부와 간호사인 아니 롤리보레와

윌리엄 부드 길 신부는 카톨릭교 전도 본부 책임자로 파푸아인 간호사인 아니 롤리보레와가 그날 무심코 하늘을 쳐다보다 UFO를 발견하고 곧바로 길 신부에게 사실을 알렸다.

길신부는 파푸아인 아나니아스 교사와 함께 현장에 도착했는데 하늘에는 커다란 UFO 한대와 그 옆에 작은 UFO 2대가 떠있는 것이 보였다.

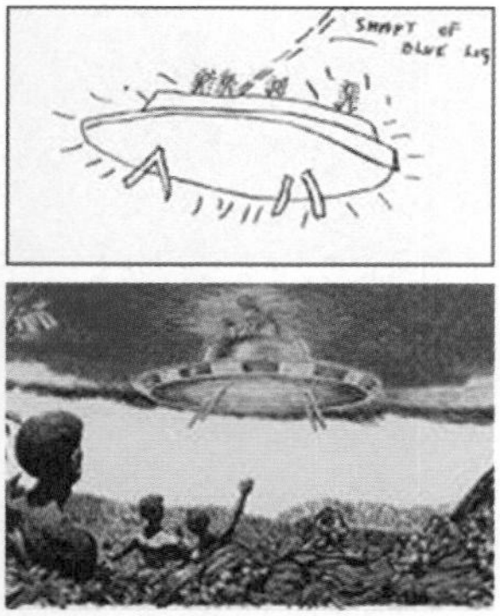

UFO 스케치와 당시 조우 재현도

원반의 밑에는 4개의 착륙용 다리가 뻗쳐 있었고 위 부분에는 휴머노이드 형태의 생물체 넷이 움직이는 장면이 보였다. 원반은 크기가 직경 11m, 높이가 6m쯤 되어 보였다. 그들과 UFO는 후광 같은 것에 휩싸여 있었고 4개의 창문도 보였다.

UFO는 지상에서 약 150m정도의 낮은 고도에서 머물고 있었다. 그런데 UFO에 탑승해있는 승무원들에게 길 신부가 손을 흔들어 보이자 앞 가장자리에 있던 한 명의 승무원이 같이 따라서 손을 흔들어 주었다. 아나니아스 교사도 따라서 양손을 흔들자 옆에 있던 두 명도 같이 흔드는 모습이 보였다. 이번에는 네 명 모두가 손을 흔들어 주었다. 마치 응답이라도 하는 듯한 제스처였다. 길 신부는 웃음을 띄며 계속 손을 흔들고 있었는데 큰 UFO는 푸른빛이 번쩍이면서 이내 사라졌다. 그들은 모두 UFO에 대해 공포감을 느낄 수 없었다고 한다.

이 같은 UFO 출현 소동은 며칠 전부터 있어왔다. 6월 21일에도 스티븐 질 모이(Steven Gill Moy) 목사가 커피잔을 뒤집은 형태의 UFO를 집에서 목격했다.

그리고 26일에는 같은 장소에 여러 대의 UFO가 나타나 오후 5시 52분부터 11시 4분까지 5시간 동안이나 머물렀다고 한다.

이 사례에서 인간 쪽에서 먼저 우호적인 표시를 하고 상대편이 답례를 한 것처럼 보이나 수많은 조우 케이스 중 근접 조우시 아무런 해를 입지 않고 이렇게 쌍방 간에 무언의 의사소통(?)이 된 제 5급 만남의 사례는 길 신부 조우사례가 최초로 남아있다.

당시 목격자인 스티븐 질 모이(Steven Gill Moy) 목사

5. 노르웨이 헤스달렌 상공의 UFO 출현과 접촉 시도

해외에서 촬영된 유명한 UFO 조우사례 중 한 장소에 집중적으로 출현하는 UFO 무리에 대해 과학자들의 정밀조사와 연구가 병행된 국제적인 UFO 조우사건이 노르웨이에서 발생했다.

헤스달렌의 미확인발광체를 추적하기 위해 설치된 장비들

1981년 12월부터 노르웨이 중부의 헤스달렌이라는 외진 계곡에 주기적으로 나타난 이 발광현상을 조사하기 위해 과학자들로 구성된 조사단이 폭한에도 불구하고 지진계, 적외선 관측기 및 레이저, 가이거 측정기 등

각종 과학 탐측 장비들을 동원하여 관찰과 연구를 시작했다.

헤스달렌(Hessdalen)의 UFO로 알려진 이 사건은 워낙 광범위하게 알려진 유명한 UFO 출현사례로 남아있는데 중요한 점은 같은 장소에서 집중적으로 UFO가 출현함으로서 의도적 촬영이 가능하였다는 점이다.

이 조우사례에서 무려 5주 동안 약 180번이나 미확인 발광체가 목격되고 100장이 넘는 사진이 촬영되기도 했으며 영화필름에도 생생한 움직임이 잡히기도 했다. 어떤 경우 이 빛은 3만 Km나 떨어진 곳에서도 관찰이 될 만큼 밝았고 자연현상이나 지구상의 어떤 빛이 내는 결과는 아니었다.

헤스달렌에서 촬영된 발광체

영화필름에는 뚜렷한 형체를 알아볼 수 없는 발광체의 움직임이 마치 생물체가 날아다니듯 매우 유연한 동작으로 공중에서 기묘한 움직임을 연출하는 장면이 기록되기도 했다.

헤스달렌 계획의 총책임자인 얼링 스트랜드는 레이저광선을 9번 쏘아 8번에 달하는 UFO로부터 반응을 유도해내는데 성공했다고 한다. 그 순간 UFO의 번쩍이는 광채의 간격이 두 배로 빨라지는가 싶더니 레이저광선을 끄자 빛이 번쩍이는 간격도 본래의 속도로 되돌아갔다.

과연 UFO가 인간이 보내는 신호를 받아들이고 응답을 보인 것일까? 마치 살아있는 듯한 생물체를 연상케 하는 이 발광체는 지능을 갖고 있는 듯한 동작을 보이며 어떤 경우에는 사라질 때 전등을 끈 것처럼 순식간에 없어지며 나타날 때도 마찬가지였다.

이런 장면은 헤스달렌 계획에 참여한 레이브 하비크에 의해 이 빛은 관찰하려는 순간 마치 피하기라도 하듯이 빛이 사라져 버린 경우가 다섯 번 정도 된다는 것이다.

움직이는 패턴으로 보아 그 빛은 항공기나 위성, 별빛, 야광곤충의 무리, 구전현상 등과는 판이하게 다른 물체였다고 한다. 정체불명의 광채가 느닷없이 나타나 소리 없이 계곡 위에서 공중 쇼를 벌이곤 했다. 그 움직임 또한 매우 기묘하여 순간적인 공중 점프나 정지를 자유자재로 구사하는가 하면 매우 유연한 동작에 감탄스럽기까지 했다.

이 조우사례에서 우리는 과학자들로 구성된 연구그룹이 레이저를 이용하여 그 발광체가 어떤 지능적인 요소를 포함하는가를 판단하기 위해 반응을 유도해 냈다는 사실에 주목할 필요가 있다. 결국 그 빛은 우리에게 반응을 보여 일반적인 자연현상이 아님을 증명한 셈이다.

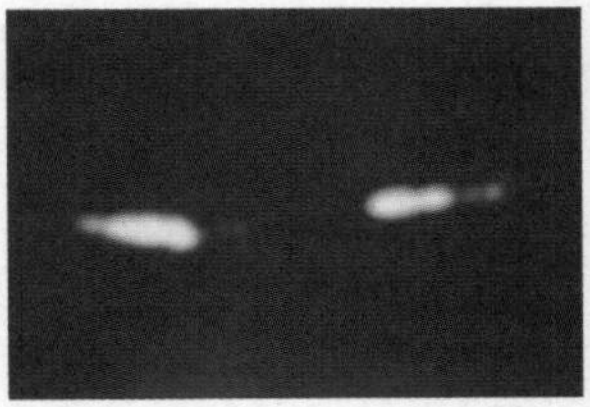

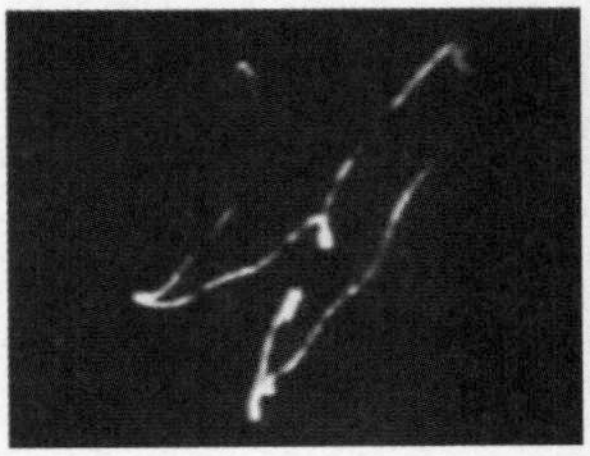

1982년 헤스달렌에서 촬영된 발광물체

6. 미국 CSETI 연구단체의 제 5종 근접조우 시도와 성공

미국의 민간 UFO연구단체인 CSETI(Center for the Study ExtraTerrestrial Intelligence: 외계 지능생명체 연구센터)의 책임자인 스티븐 그리어(Steven M. Greer)박사는 UFO를 능동적인 호출방법을 통해 그들과의 조우를 시도하여 성공시킨 것으로 유명해진 UFO전문가이다.

CSETI의 책임자인 스티븐 그리어 박사

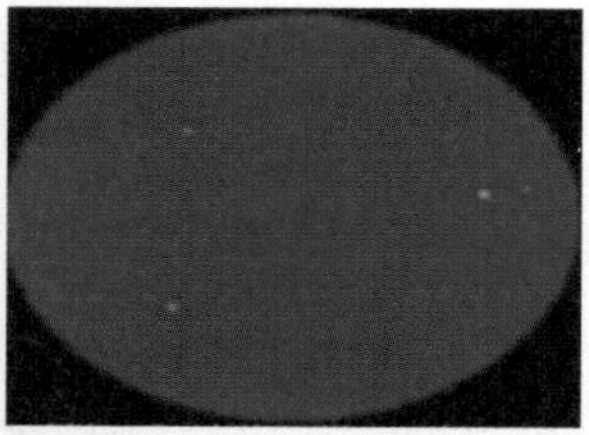

CSETI의 스티븐 그리어 박사팀이 시도한 5종 근접조우에 출현한 UFO. 이 3대의 비행물체는 삼각형 배열형태를 갖추어 일정한 속도로 비행하는 모습을 보였다.

스티븐 그리어 박사는 또한 UFO와 외계인의 실체에 관한 고급정보와 자료를 확보하고 있는 연구가이기도 하며 UFO기밀정보를 대중에게 공개하는 '폭로계획'을 전 세계 최초로 추진한 장본인이기도 하다. 그의 노력덕분에 베일에 싸였던 UFO의 실체와 내막이 낱낱이 공개되었는데 그 내용들은 일반인들이 생각하기를 정말 그랬을까할 정도로 충격적인 내용들이다.

한마디로 UFO역사에 획을 그은 그가 1년 반 동안 5~6번 정도의 외계에서 온 우주선과의 접촉에 성공했다. 1992년과 1993년 사이에 6번 정도의 5종 조우를 성공시켰는데 실제 1995년 여러 과학자들이 참가한 가운데 5급 만남이 시도되었고 역사적인 촬영에 성공했다.

이 연구단체에서 시도한 방법은 강력한 빛을 이용한 것인데 50만 볼트의 할로겐 라이트를 반복적으로 어두운 하늘을 향해 비춤으로서 인간의 의지를 빛 신호로 내보냈다.

그리어 박사가 삼각형 모양을 그리자 3대의 UFO가 삼각형 형태로 출현하였고 이 장관을 40 여명이 동시목격을 하기도 했다.

이 장면은 세 그룹이 동시목격을 하였고 2대가 더 나타나자 가까이 불러들이려고 노력하는 중 2Km까지 접근을 했다.

처음에는 UFO가 세 그룹 한가운데 나타났으며 10여 분간 지속되었다. 총 7 군데 지역에서 이 사실을 목격하고 52명의 목격자가 서명을 하였다. 또 다른 시도에서는 UFO가 100m이내에까지 접근하기도 했는데 보잉 747 여객기보다 3~4배 정도 컸으며 완벽한 삼각형 모양을 하고 있었다고 한다.

1993년 2월에는 앞뒤로 신호를 보내오면서 착륙을 시도하려고 했으며 멀리서 이 광경을 카메라로 찍기도 했는데 가까이 접근하면서 카메라가 모두 망가지기도 했다.

7. 카자흐스탄 외계인 연구소에서 시도된 제 5종 근접조우

또 다른 지역인 중앙아시아의 카자흐스탄에는 외계인과의 교신을 연구하기 위한 기관이 있다. 이 연구기관의 책임자인 미하일 젤트신(Mihail S. Jeltsin)은 주장하기를 'UFO는 특정지역에 잘 나타난다'는 사실을 말하고 있다.

2011년 카자흐스탄에서 촬영된 UFO

그는 "지구 중엔 천산산맥 같은 곳이 아주 많다. 예를 들어 큰 지진이 일어날 때마다 UFO가 나타나곤 했다. 중앙아시아의 연구가들은 UFO가 지진을 일으키는 건지 아니면 단지 지표면에 영향을 줘서 지반이 약해지거나 흔들리는 것은 아닌지 연구 중이다."고 말했다.

1992년 11월 외계인과의 접촉을 위해 탐사대가 4Km 떨어진 천산산맥에서 연구하고 있을 때 매일같이 UFO를 목격하는 일이 발생했다. 이 장면은 슬라이드와 비디오로 촬영이 되었고 2분 정도 UFO가 탐사대의 주위로 맴돌며 계속 빛을 내면서 커졌다 작아졌다 하기도 했다.

그는 다음과 같이 말했다.

"우리 탐사대가 천산 산맥에서 작업을 하고 있을 때 거의 매일같이 UFO를 보곤 했습니다. 우린 그 모습을 슬라이드와 사진, 비디오에까지 담아왔습니다. 그 사건은 2분 정도 걸렸는데 UFO가 탐사대 주위를 맴돌며 계속 빛을 내면서 커졌다 작아졌다하기도 하는 것을 보고 우리의 초대를 받아들인 것으로 생각했습니다. 그래서 카메라맨을 1km 밖에까지 보냈습니다. 마침내 사진기자가 자신이 찍은 물체를 보더니 매우 놀라면서 마구 떨기 시작했습니다. 그래서 카메라를 놓쳐버렸습니다. 그리고 초심리학자들이 접촉을 시도했습니다. 그러자 UFO 한 대가 우리 쪽으로 오는 것이 보였습니다. 공처럼 둥근형이었고 물론 사진을 찍어두었습니다. 하지만 사진이 그리 깨끗하게 나오진 않았습니다."

8. UFO를 불러들이는 호출 시도

미국 라스베가스시에 사는 자신을 야웨라고 부르는 한 예언가가 2005년 6월 1일부터 7월 15일까지 라스베가스 상공에 UFO들을 호출해 많은 사람들이 구경하고 사진을 찍을 수 있게 하겠다고 장담해 화제가 됐다.

5월 28일 라스베가스 방송사 KVBC와 KTNV-TV 등의 보도에 따르면, 화제의 주인공은 '예언자 야훼'라 불리는 레이먼 와킨스라는 이름의 남자로 UFO를 부를 수 있는 특별한 능력이 있다고 주장해 온 것으로 알려졌다. 그가 방송을 타게 된 경위는 미국 라스베가스 지역

방송국에 UFO 관련 소식을 제보했기 때문이다.

UFO를 호출할 수 있다고 주장한 '예언가 야훼' 레이먼 와킨스(Ramon Watkins)는 TV 리포터와 카메라 기사 앞에서 실제로 하늘에 UFO를 나타나게 해 그들을 아연질색케 했다고 한다.

레이먼 와킨스

그는 UFO들이 45일간 나타나는 마지막 이틀간 넬리스 공군기지 근처 상공에 큰 우주선을 이틀간 정박하게 할 것이라고 주장했는데 현재까지 많은 UFO들을 직접 불러 촬영하고 이를 자신의 웹사이트를 통해 공개했다고 한다.

레이먼은 자신이 지난 25년간 1,500건이 넘는 UFO를 목격했다고 주장했는데 각고의 노력 끝에 UFO를 부를 수 있는 능력을 지니게 되었다고 주장했다. 그러나 전문가들은 그가 일반에 알려지지 않은 무중력 추진 비밀 항공기들이 라스베가스 근처에 있는 넬리스 공군기지를 밤낮없이 수시로 들락거리고 있어서 유심히 잘 보면 눈에 보인다는 것을 인지하고 UFO를 호출할 수 있는 신통한 예언가처럼 행동하고 있는 것으로 전했다.

와킨스는 6월 한 달 동안 라스베가스 인근에 수많은 UFO가 출몰할 것이라는 황당한 예언을 했는데, 심지어 그는 초대형 UFO가 지상에 착륙할 예정이라는 주장도 펼쳤다.

방송국의 기자와 카메라팀은 와킨스의 이 같은 주장을 접하고 대낮에 그를 만나러 갔었다. 와킨스는 즉석에서 UFO를 호출하겠다며 기도를 올렸는데, 방송팀의 카메라에 미확인 비행물체로 보이는 흐릿한 영상이 실제로 포착된 것이다.

이 영상은 인터넷을 통해 급속도로 퍼졌는데, 방송을 촬영한 카메라팀은 문제의 UFO가 '비행기'라는 조심스러운 전망을 내놓았다. 하지만 이를 본 많은 네티즌들은 미확인 물체가 단순한 비행기로는 보

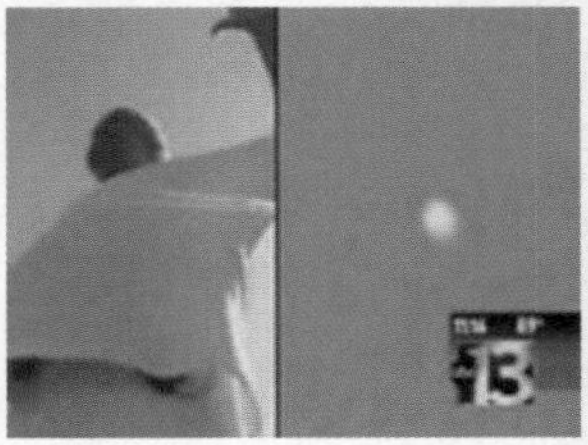

UFO를 불러들이기 위해 자세를 취하는 와킨스와 당시 출현한 미확인물체

이지 않는다며 와킨스의 주장에 관심을 보였다.

이처럼 한 개인뿐만 아니라 영국의 안소니 도트라는 UFO연구가는 수차례에 걸쳐 UFO를 목격하게 되는데 놀라운 것은 텔레파시에 의한 교신을 하고 있으며 방법은 머릿속으로 대화의 말을 생각하면 바로 응답이 말로 떠올라 알 수 있다는 것이다. 한 번은 자신이 서 있는 곳을 알면 신호를 보내달라고 했더니 곧 빛이 꺼져버리고 10초 뒤에 다시 같은 곳에 나타났다고 한다.

그런가하면 2013년에는 일본의 한 TV방송사가 옥상에서 UFO를 의도적으로 부르는 행사를 기획하여 시도했는데 실제 수많은 UFO 무리들이 나타나 모두를 놀라게 했다.

일본의 유명 코미디언이자 영화감독인 비트 타케시가 진행하는 아사히 TV의 한 프로그램은 방송국 옥상에 촬영 장비를 설치하고 UFO를 공개적으로 부르는 기획을 했다.

실제로 촬영 도중 방송국 상공에 많은 UFO들이 나타나 무리를 지어 집단비행하는 장면이 포착돼 진행자와 참석자들은 물론 방송을 본 수많은 시청자들을 깜짝 놀라게 했다. 마치 UFO가 기다렸다는 듯 방송 촬영 중 공공연하게 대규모로 출현한 것은 일본의 TV방송 사상 최초라는 것이다.

일본의 TV방송에서 최초 시도된 UFO호출

국내에서 시도된 UFO 호출과 제 5종 근접 조우

우리 센터에서는 제 5종 조우를 시도하여 실현시키기 위해 2008년 5월부터 2차 X-프로젝트를 추진하기 시작했다.

프로젝트 명은 'CALL UFO!'로 기간만 약 10년을 잡아놓았다. 왜냐하면 이 프로젝트는 그야말로 성공가능성에 대해서 장담할 수 없을 정도로 매우 희박한 상황임을 짐작하고도 남음이 있기 때문에 이처럼 긴 시간을 할애했던 것이다.

1차 조사연구 프로젝트인 '존 브로 방식의 의도적 UFO촬영법'에 관한 검증의 시도 기간만 2년이 넘게 소요되었던 것을 감안하면, 2차 의도적인 UFO 접촉시도 프로젝트는 사실상 기한을 정할 수 없는 매우 어려운 프로젝트였기 때문이다.

그런데 의외로 프로젝트를 착수한지 첫 번째 시도에서 놀랍게도 의도적 UFO출현임을 알리는 제 5종 근접조우가 우리 연구팀에게 최초로 일어났다.

당시 상황은 나와 같이 함께 한 UFO헌터 허준씨로 목격과 동시에 22초간의 추적 촬영까지 할 수 있었다. 뿐만 아니라 지나가던 10여명의 행인들도 동시 목격을 했다. 그때 당시의 상황은 나에게 매우 충격적인 기억으로 남아있으며 당시 목격한 물체의 장면을 뚜렷하게 떠올릴 수 있을 정도로 분명한 기억과 동영상 기록으로 남아있다.

1. 산본에서 제 5종 근접조우를 성공시키다

2008년 5월 그날 날씨는 약간 흐린 하늘에 시각은 오후 7시경이었다. 우리 팀이 장소를 정한 곳은 군포시 산본 지역으로 이곳은 우리가 위치한 곳에서 얼마 떨어지지 않은 전방 지점에 군사시설이 있다.

UFO가 출현하는 곳이 주로 군사시설이 있는 지역의 근처 상공임을 볼 때 산본 지역에서의 의도적인 UFO 호출 대기촬영은 나름대로 의미가 있었다.

내가 현지에 도착한 시간은 오후 7시로 UFO헌터인 허준씨와 이런저런 얘기를 나누다가 10분 뒤 나는 정신을 집중한 후 사념(텔레파시)을 조용히 보내기 시작했다. 텔레파시로 보내는 내용은 아주 간단했다.

"우리가 UFO라 부르는 당신들의 우주선을 촬영하기 위해 이곳에 와 있습니다. 우주선을 포착하기 위한 촬영준비를 마쳤으니 이곳에 출현해주기를 원합니다."

사념을 보내면서 동시에 주변의 위치 상황을 이미지네이션화했다. 이 후 20여분이 지나고 해는 이미 저물은 상태였지만 초여름의 저녁이라 어두운 편은 아니었다. 지나가는 시민들이 자주 왕래하는 곳이라 우리의 행동은 모든 사람들에게 노출이 되어있었다.

나는 사념을 보내고 난 후 UFO헌터에게 이쪽방향으로 카메라를 돌려 무조건 녹화버튼을 눌러 촬영해 볼 것을 권했다. 그러나 그는 내 말에 귀를 기울이지 않았고 평상시의 행동대로 임했는데 그 이유는 UFO가 출현하지 않았는데 왜 허공을 찍느냐는 것이다.

시간이 흐르면서 7시 33분경 UFO헌터는 지나가던 시민 한분과 대화를 나누던 중 갑자기 흥분된 목소리로 나에게 하늘을 보라고 소리를 쳤다.

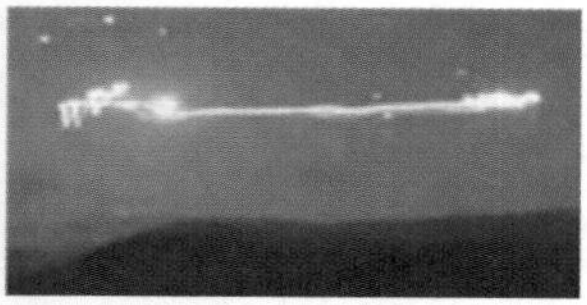

당시 최초 목격당시 산본 발광물체와 비슷한 헤스달렌 UFO

그의 흥분된 목소리에 나는 반사적으로 즉각 하늘을 쳐다보았는데 바로 내가 무조건 녹화모드로 촬영해 볼 것을 권유한 그쪽 상공에 정확히 UFO가 출현한 것이다. 매우 놀라운 장면이었다.

발광물체는 완전한 황금색 빛깔을 띠었는데 그야말로 찬란한 빛 자체였다. 마치 긴 막대기를 옆으로 기울인 상태로 길게 보였는데 그 자체를 물체의 형태로 인정하기 힘들 정도였다. 가느다란 빛줄기가 수평으로 허공에 놓여진 모습이었다. 그 빛은 황금빛에 가까웠고 사방으로 뻗쳐있는 또 다른 빛줄기들이 사방으로 가시처럼 뻗어나 있었고 그 고도는 매우 낮아 보였다.

그 발광체는 분명히 갑자기 출현한 것이다. 최초 수십 초간 정지된 상태에서 UFO헌터가 촬영장비로 포착한 후 촬영을 시작하자 동시에 그 발광체도 움직이기 시작했다.

UFO헌터는 발광체가 최종 사라지기 직전까지 약 25초간 추적하면서 방송용 촬영장비의 6mm 필름에 기록하는데 성공했다.

그는 촬영도중에 흥분한 듯 쌍안경으로 빨리 확인해 보라고 연신 나에게 말했다. 그러나 나는 그 발광물체가 워낙 낮은 고도에 떠있었기 때문에 쌍안경으로 관찰하기보다는 바로 촬영을 하기 시작했던 것이다.

길을 지나가던 시민들 중 일부가 이 비행물체를 동시 목격하기도 했다. 시민들 역시 처음 보는 듯 "저기 사라졌다가 다시 나타났다! 여기 산본인데 UFO가 출현해서 난리가 아니다."라고 말하기도 했다. 당시 동시 목격한 시민들의 목소리는 녹화 테이프에 그대로 녹음이 되었다.

당시 내가 소지하던 촬영장비는 국내 모기업에서 증정한 캠코더였는데, 초점상태가 재빨리 맞혀지질 않아 UFO를 초반에 놓치면서 지

UFO헌터 허준과 당시 포착한 UFO 추정 발광물체

속적으로 포착하는데 실패했다.

최종 이 발광물체는 약 1분여 시간동안 사라졌다 출현하기를 두 차례 반복하더니 물체가 작아지면서 멀리 사라지고 말았다.

나는 즉각적으로 이 발광물체가 기존의 어떤 일반적인 물체인지를 알아보기 위해 가능성 있는 인공위성(국제우주정거장 : ISS)과 조명탄 여부를 조회하기로 했다.

먼저 국제우주정거장이 한반도 상공 위를 지나간 시각을 조회한 결과 새벽 시간대인 것으로 확인되었다. 그리고 촬영 장소에서 가까운 인근 군부대에 전화를 걸어 통화한 결과 특별한 군사훈련 활동은 하지 않은 것으로 나타났다. 따라서 동시 목격되고 촬영된 이 발광 비행물체는 IFO 분류에도 속하지 않은 미확인비행물체로 최종 판단을 내린 후 다음날 일요일에 서울신문사를 통해 뉴스기사화가 되었다.

UFO 동영상과 함께 인터넷상에 급속도로 퍼져나가 불과 4일 만에 조회건수 13만 건을 기록하였다. 기사화가 나간 뒤로 공중파 TV 방송 프로그램에 인터뷰하기도 했는데 그들은 자체적으로 군부대와 한국천문연구원에 문의를 하여 IFO일 가능성을 재확인하기도 했다.

나는 이 일이 있은 후 한 가지 의문점을 갖지 않을 수 없었다. 과연 그 당시 출현한 UFO가 정말 나의 텔레파시에 반응을 한 것인지 정말 궁금했던 것이다. 독자들은 당시 출현한 UFO가 사념에 의해 호출되어 정말 반응해온 것인지 의아해 할 것이다.

나는 그 점에 대해 확신하건데 그 물체는 바로 우리 머리 위쪽 상공에 출현하였고 물체의 형태를 바로 알아 볼 수 있을 정도로 고도가 무척 낮았다. 또한 육안으로 확인할 수 있을 정도로 정지된 상태로 출현한 점도 이를 뒷받침해주고 있다.

가장 중요한 점은 UFO가 우리 팀이 위치해 있는 바로 그 상공에 정확히 떠서 우리가 촬영하는데 큰 무리가 없었다는 점이다. 만약 UFO가 텔레파시에 반응하여 의도적인 출현을 했다면 UFO는 항시 대기권 상공에 떠 있는 것이 되고 그들 물체는 우리 눈에 보이지 않도록 하는 완벽한 스텔스기능을 갖추고 있다고 봐야 할 것이다. 또한 UFO는 거리와는 상관없이 인간의 생각을 실시간으로 읽어 들일 수 있는 마인드 리딩 능력을 갖추고 있다고 본다.

제 5종 근접 조우 시도에 관해 알아두어야 할 팁

제 5종 근접조우를 시도하여 성공시킨 CSETI의 스티븐 그리어 박사는 1991년 CE5라는 경험을 사람들과 공유하기 위한 프로젝트를 시작했다.

이 프로젝트는 그들을 초대하고 접촉을 하기 위한 방법을 공개적으로 시도하는 것이다. 그리어박사는 1992년에 관심을 가지는 충분한 사람들을 모아 3월에 플로리다주 펜사콜라지역으로 가서 50명의 참가자들에게 CE5의 프로토콜을 가르쳐주었다.

바닷가에 도착한 그의 눈앞에 4대의 UFO가 출현했고 서치라이트로 삼각형을 그려보이자 3대의 UFO가 정삼각형 대형을 만들어 보였다. 또한 두 번의 신호를 보내자 그쪽에서도 두 번의 응답신호를 보내왔다. 이 모든 과정은 필름으로 담겨지고 현장에 있었던 모든 사람들이 그 광경을 보았다. 그리고 이 프로젝트의 소문이 퍼져나가면서 수많은 사람들의 관심을 보였다.

제 5급 만남은 단순히 그들을 불러들여 그들의 존재를 입증할 만한 증거를 남기는 과정이 아니며 우리 측의 의도를 특정방식에 의해 전달하여 그들과의 커뮤니케이션을 성공적으로 수행하는데 있다.

1. 제 5종 조우를 성공시키기 위한 방법

제 5급 만남을 시도하기 위한 방법에는 여러 가지 방식이 있는데 활용 가능성이 높은 것은 빛 신호와 사념파를 내보내는 방식이다. 이

질문은 대단히 중요한 것으로 제 5급 만남의 핵심내용에 속한다. 한 예로 강력한 조명 빛을 깜깜한 밤하늘을 향해 반복적으로 비춤으로서 반응을 유도해 내는 것이다.

빛이라는 매체를 이용하는 것 외에도 나즈카 고원 지대에 새겨진 거대한 지상화 같은 그림이나 크롭 서클, 소리(음성, 사운드, 음악), 그리고 미래의 통신수단으로 사용될 텔레파시를 통해 이끌어 낼 수도 있다고 본다.

그림(지상화)이라는 수단은 고정적이고 주변 환경이 뒷받침해주어야 하는 시간이 많이 걸리는 환경조건이 필요하나 다른 방법과는 차별화 된 방식이다.

CSETI의 스티븐 그리어박사는 빛 신호를 하늘에 비추어 UFO를 호출하는데 성공시킨 장본인으로 여럿이 모여 사념을 내보내는 방식을 이용하여 UFO로부터의 반응을 성공적으로 유도해내기도 했다.

2. UFO를 호출하는 방식

1) 빛을 이용

실제 1995년 CSETI 단체의 스트븐그리어 박사는 여러 과학자들이 참가한 가운데 5급 만남을 시도하였고 역사적인 UFO 촬영에 성공했다. 이 연구단체에서 시도한 방법은 강력한 빛을 이용한 것인데 50만 볼트의 할로겐 라이트를 반복적으로 어두운 하늘을 향해 비춤으로서 인간 측에서 상호작용의 의지를 빛 신호로 내보냈다.

그리어 박사가 삼각형 모양을 그리자 3대의 UFO가 삼각형 형태로 출현하였고 이 장관을 40여명이 동시 목격하였다.

이 장면은 세 그룹이 동시목격을 하였고 2대가 더 나타나자 가까이 불러들이려고 노력하던 중 2Km까지 접근을 했다고 한다. 처음에는 UFO가 세 그룹 한가운데 나타났으며 10여 분간 지속되었다.

3대의 비행물체는 삼각형 배열형태를 갖추어 일정한 속도로 비행하는 모습을 보였다. 총 7군데 지역에서 이 장관을 목격하고 52명의 목격자가 증인으로서 서명을 하였다.

또 다른 시도에서는 UFO가 100m이내에까지 접근하기도 했는데 보잉 747 여객기보다 3~4배 정도 컸으며 완벽한 삼각형 모양을 하고 있었다고 한다.

그리고 1993년 2월에는 앞뒤로 신호를 보내오면서 착륙을 시도하려고 했으며 멀리서 이 광경을 카메라로 찍기도 했는데 가까이 접근하면서 카메라가 모두 망가지기도 했다.

5급 만남에 참석한바 있는 전직 미공군 조종사였던 도널드 M.웨어(Donald M.Ware)는 1995년 시도된 그날의 일을 다음과 같이 회고하면서 말했다.

"스티븐 그리어 박사 외 39명의 회원과 함께 펜시콜라 걸프 브리즈만 해변가에 앉아서 하늘에 신호를 보내기 시작했습니다. 그리어 박사가 밝은 랜턴으로 하늘에 커다란 삼각형을 그리자 바로 그 자리에 UFO 3대가 2Km까지 접근했습니다. 박사의 불빛에 따라 뭔가 신호를 보내는 것 같았습니다. 저쪽으로 사라졌고 2대가 더 나타나 길래 우리는 되도록 가까이 불러들이도록 노력했습니다. 그러더니 2km도 안 되는 거리까지 다가오더군요. 세 그룹이 UFO를 동시 목격했습니다. 처음에는 UFO가 세 그룹 한가운데 나타났죠. 이 사건은 10분 정도 지속되었습니다. 각기 다른 일곱 군데 지역에서 이 사실을 목격했습니다. 52명의 목격자들이 보고서에 서명을 했습니다. 이 사건은 제 5급 만남에 속하는 아주 흥미로운 일이었죠."

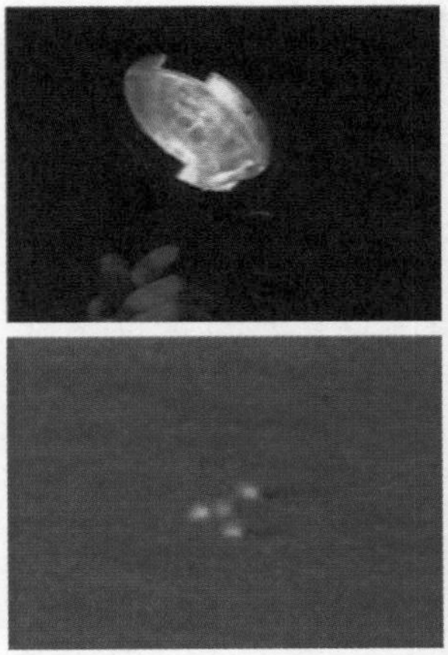

(위)램프를 쳐들어 신호를 보내는 장면
(아래) 당시 출현한 UFO 무리

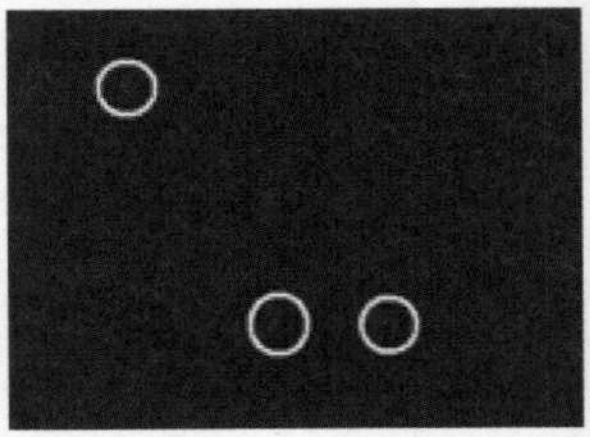

CSETI의 스티븐 그리어 박사팀이 시도한 5종 근접조우에 출현한 UFO

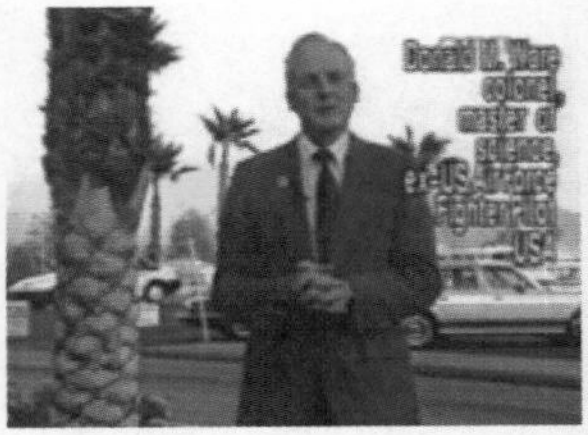

제 5급 만남에 참가하여 UFO를 목격한 전직 미 공군 조종사출신인 Donald M. Ware colonel

2) 텔레파시를 이용

텔레파시란 정신감응현상으로 사념의 전달교환을 말하는데 이심전심이란 말이 있듯이 어떤 매개 없이 상대방에게 생각이나 마음이 전달되는 현상이다. 만약 텔레파시가 일반화된다면 현재 사용 중인 유무선 전화, 팩스, E-mail 등이 모두 무용지물이 되어 통신혁명을 가져오게 될 것이다. 텔레파시는 정신감응을 통한 사념을 상대편에게 보내는 방식으로 시간과 공간을 초월할 수 있는 유일한 방법으로 알려져 있다.

우주여행의 아버지라 불리는 헤르만 오베르트 박사는 우주여행의 통신수단에 대해 기존의 전파는 먼 거리를 전파신호가 날아오는데 시간의 지체가 걸려 상대방간에 실시간의 대화는 불가능한 것으로 지적했다. 그는 우주여행의 미래 통신수단으로 텔레파시가 될 것으로 확신하고 있는데 이미 오래 전부터 초강대국에서는 몇 차례에 걸쳐 텔레파시 실험을 비밀리에 실시한 결과 성공한 것으로 알려져 있다.

1980년 미 육군의 간행 책자에 의하면 수 Km떨어진 곳에서도 텔레파시를 보내어 대상자(개인 또는 단체)의 생각을 특정 대중에게 자유자재 주입시키는 것이 가능하다고 한다.

과학자들은 반대로 뇌 세포에 대한 전기 화학적 반응을 추적하여 사람의 생각이 생기는 것을 볼 수 있다고 한다. 다양한 생각이나 뇌의 특정 활동을 정확하게 프로그램 할 수 있는 것이다.

영국의 이상심리학자인 모리스 테스터는 뇌와 송과선에서 생겨나는 에너지 장에 대해 연구한 결과 에너지 장은 정신적인 긴장상태에서 잘 나타나며 실험대상자가 다른 상대방에게 텔레파시로 의사전달을 하려고 할 때도 이러한 에너지장이 나타나게 된다고 말한다.

다시 말해서 텔레파시를 시도 할 때 역장은 인간의 머리를 떠나 전달할 내용을 등에 업은 채 다른 역장으로 변환할 수 있게 되어 청각 같은 에너지파로의 변환이 가능하다고 보고 있다.

CSETI팀은 UFO와 미스터리 서클의 상관관계를 증명하려고 텔레파시를 이용하는 방법을 시도했다. 지역 선택은 스톤헨지와 가깝고 미스터리 서클과 비행물체가 많이 발견되는 지역을 골랐다. 대부분의 미스터리 서클이 윌트셔 지역에 집중돼 있기 때문에 이곳을 선택했다.

7월 23일 시도에서 20분 동안 CSETI팀은 생각을 형태화시켜 사념을 보냈다. 그 형태화란 모두 꼭지점에 원이 있는 삼각형을 떠올렸다. 다음날 놀랍게도 그 도안이 들판에 그려져 있었다. 들판의 끝까지 걸어갔는데 거의 끝지점에 이르렀을 때 팀구성원들이 떠올렸던 도안이 눈앞에 펼쳐져 있었다.

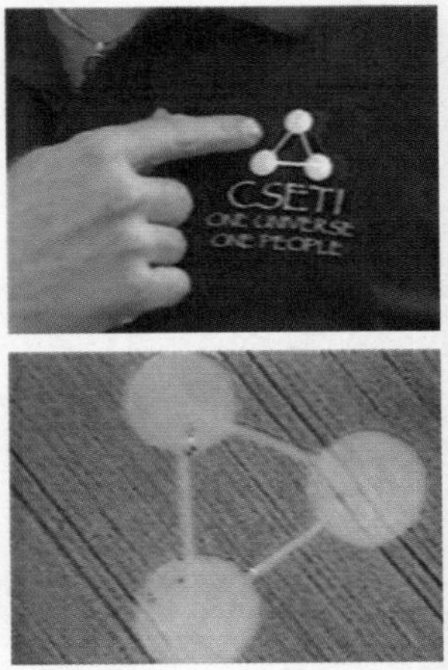

CSETI의 로고와 들판에 새겨진 로고 문양서클

“인간의 뇌에서 그려지는 생각을 읽을 수 있는 지능체가 연관돼 있다고 생각합니다. 그들과 대화했다는 확실한 증거입니다. 그들이 누구이건 암호를 사용해 우리와 대화한 것입니다. CSETI의 시도에 그들이 답을 보낸 겁니다. 들판에 새겨진 도안을 봤을 때 대단히 높은 단계의 CE-5라고 생각했습니다.”하고 참가했던 구성원은 이같이 말했다.

성공에 고무된 CSETI팀은 엘튼 반즈 근처에서 다른 조사를 시작했다. 기상 상태 악화로 한밤의 통신은 난항을 거듭했지만 이들은 인내심을 발휘했고 대략 새벽 12시 20분경 크리스가 찾아와 우주선이 들판으로 오고 있다고 말했다.

참가자는 “물체의 길이가 2~3km 정도로 굉장히 컸습니다. 그 순간 저희는 손전등으로 그들에게 신호를 보냈습니다. 손전등을 잡고 두 번 빛을 보냈습니다. 놀랍게도 그들도 신호를 보냈습니다. 그들은 반복적으로 빛을 돌려보냈는데 놀랍다는 말밖에 할 수 없었습니다.

이 사건은 UFO의 역사에 새장을 연 것이며 이들과의 만남에 새로운 가능성을 부여할 것입니다."라고 말했다.

3) 소리(음성, 음악)를 이용

세 번째 방법인 소리를 통한 시도는 우리나라에서도 상영된 바 있는 'Close Encounter of the Third Kind'라는 SF영화에서 볼 수 있듯이 특수 제작된 음향으로 대화를 시도해 상호 반응하는 방법이다.

소리는 음성이나 사운드, 음악을 포함하는데 일정한 규칙성과 음률을 가지고 전달한다면 상대편에서 이쪽의 의도를 파악하는데 그리 많은 시간을 요하지는 않을 것이다.

사람의 음성, 특수하게 제작된 사운드효과 음향, 그리고 음악을 틀어주는 이 방법 역시 주변상황 여건(조용한 장소)을 고려하여 장소선택을 신중하게 고려해야 한다.

콜롬비아 화물수송기 조종사인 카밀로 바리오스는 방송 프로에서 자신이 UFO의 외계인과 무전 교신한 얘기를 밝혔는데 그는 콜롬비아에서 화초를 싣고 미국 마이애미로 날던 중 버뮤다 삼각지대 상공에서 UFO를 목격했다고 한다.

이 괴 비행체는 달걀모양으로 붉은 빛을 방사하면서 자기가 조종하는 수송기를 약 1시간가량 추적했다고 한다. 그런데 놀라운 것은 그가 UFO의 승무원들에게 에스파니아 말로 좀 더 높게 날아달라고 부탁했더니 즉시 상승했으며, 자신의 목격을 확인하기 위해 다시 조금 낮게 날아달라고 부탁했더니 다시 아래로 내려오더라고 주장했다.

자신의 목소리로 반응을 유도한 것으로 보이는 이 사례가 사실이라면 그들은 인간의 의도가 목소리든 사념이든 행동이든 원거리상에서 정확히 알아채는 것으로 보인다.

나는 그러한 국내 조우사례를 조사했던 적이 있다. 미국의 외계지성 탐색 연구단체인 CSETI 그룹은 미스터리 서클 안에서 녹음된 소리를 이용하여 접촉을 시도하기도 했다.

4) 그림을 이용

그림이라는 수단은 고정적이고 주변 환경이 뒷받침해주어야 하는 특수한 조건이 필요하나 여타 방법과는 차별화된 방식이다.

페루 남부 연안에 가까운 내륙의 나스카(Nazca)근교 사막에는 크기가 3백여 km에 이르는 그 유래가 밝혀지지 않은 거대한 지상화가 지상에 펼쳐져있다. 크기가 100m도 넘는 그림들이 땅에 그려져 있는데 길이 122미터, 폭 91미터의 원숭이를 비롯하여 고래, 활주로, 거미, 벌새, 물고기 등의 그림이 있다. 이 그림들은 모두 항공기에서 내려다봐야만 보일 정도이다.

그런가하면 영국 밀밭에 자주 출현하는 미스터리 서클은 지상에서는 쉽게 구분이 안 될 정도로 그 크기가 수십 미터에서 수백 미터까지에 이른다. 공중에서 내려다보아야만 식별이 가능한 이 크롭 서클들은 일부 호사가들과 매니아들

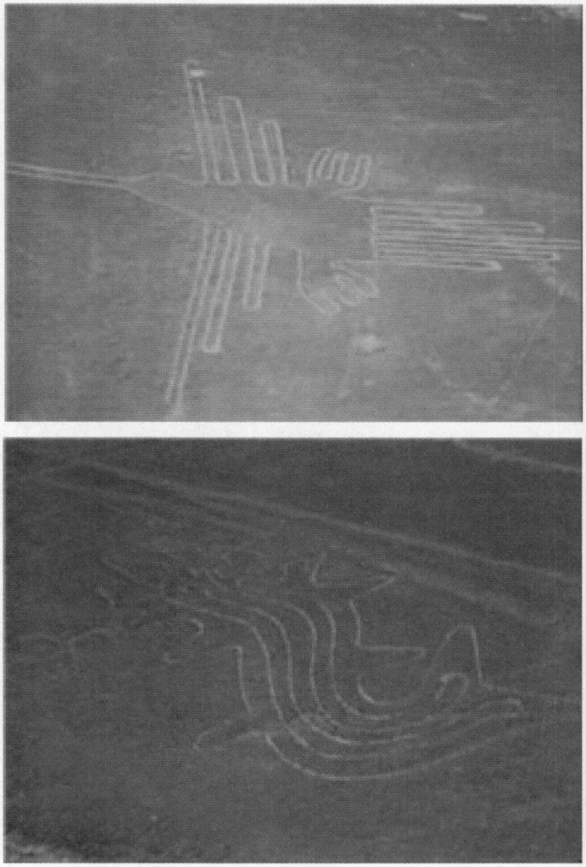

페루 나즈카고원에 새겨진 거대 지상화인 새와 고래

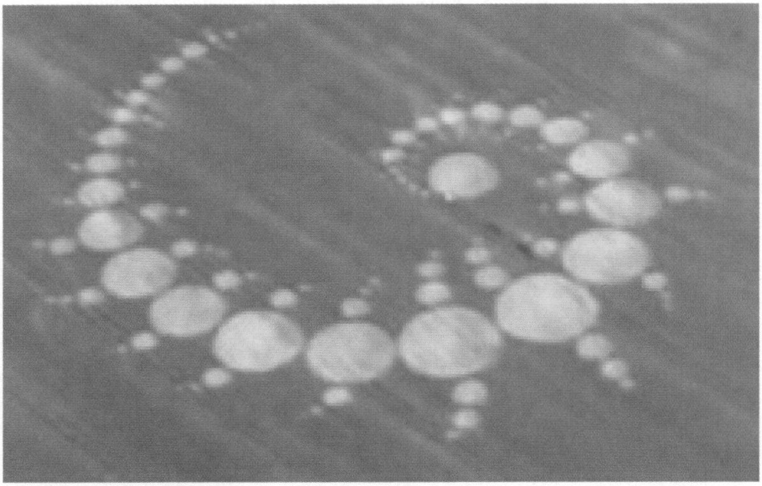

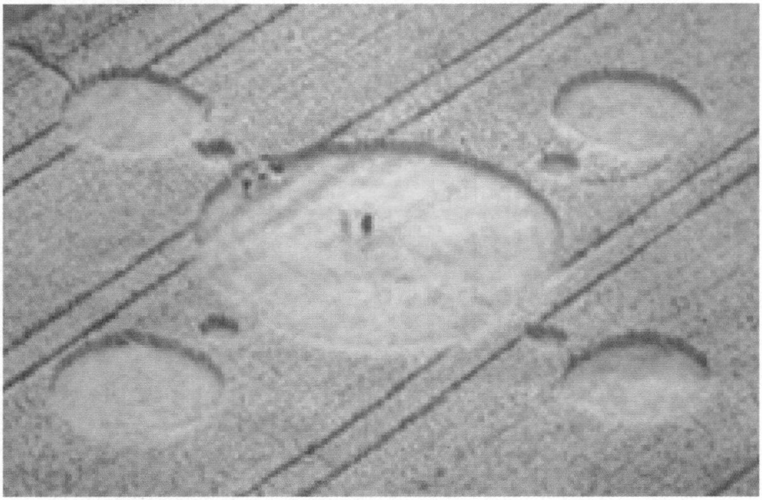

영국 밀밭에 형성된 크롭 서클. 캐나다 몬트리올에서 40km 남쪽 해변가 퀘벡 주 호윅마을 인근농장에서 발견된 미스터리 서클

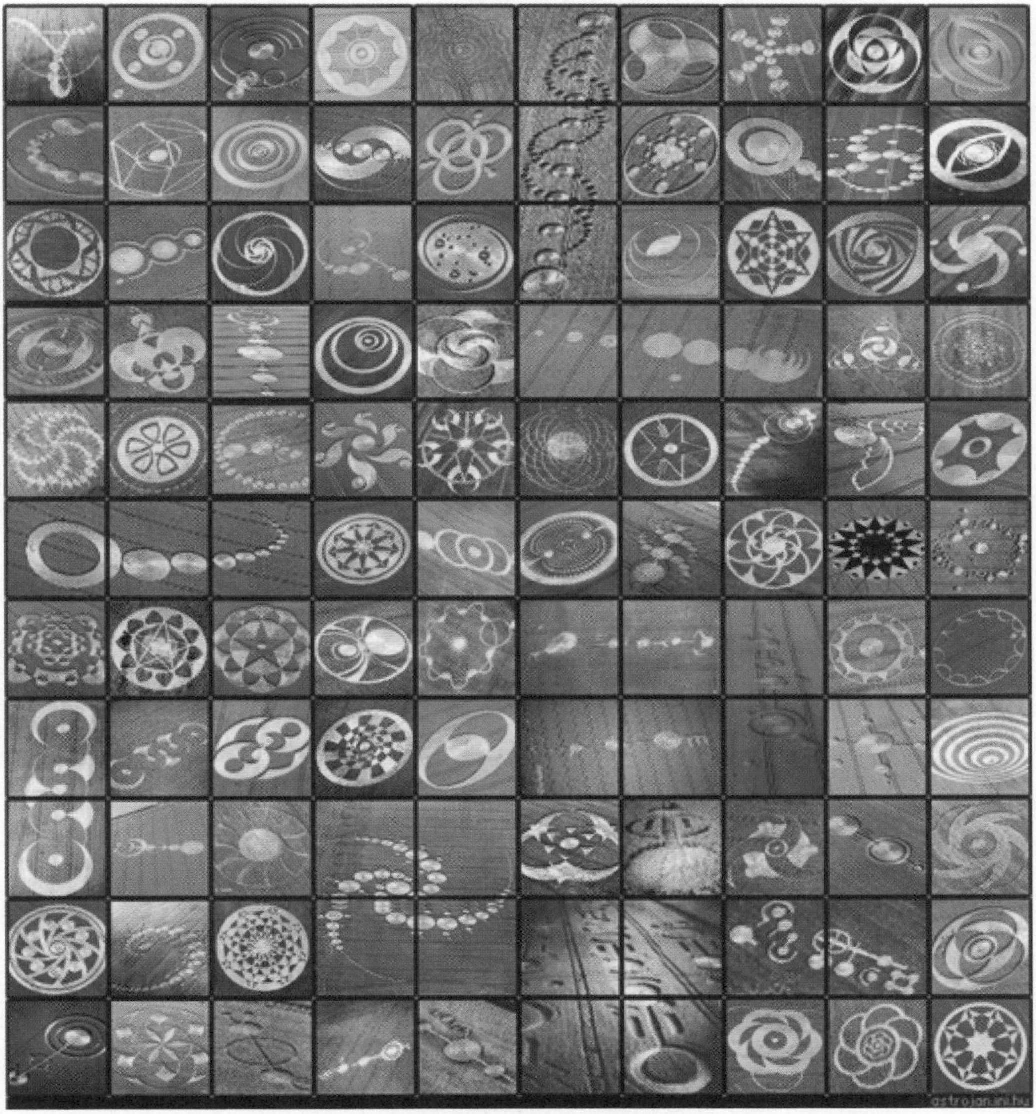

지금까지 발견된 다양한 형태의 크롭서클들

에 의해 만들어진 조작케이스도 발견되지만 대부분은 짧은 시간 안에 수학적으로 완벽하게 디자인된 기하학적 그림이 밀밭에 형성된다.

우리는 지상에 만들어지는 크롭서클을 보고 직감적으로 배후의 지능적인 존재에 의해 암시되는 무언의 메시지를 떠올린다.

그들의 의도는 우리에게 무엇을 시사하는가? 독일의 한 지자체는 도시 내에 UFO착륙장을 만들어 UFO가 착륙하기를 기대하며 기다리고 있다.

만약 우리가 'Welcome to UFO!'라는 메시지를 거대한 지상화로 만들어 그곳을 UFO착륙장으로 만든다면 하늘에 떠있는 UFO로부터 반응을 이끌어내는 것이 전혀 불가능한 방법일까?

물론 상징적인 의미가 크겠지만 그러한 시도는 놀랍게도 우리보다 먼저 그쪽에서 실제 크롭 서클을 통하여 지적 존재의 암시를 우리에게 색다른 방식으로 전달했을 가능성이 충분히 있다고 본다.

크롭서클의 이면에는 분명 지능적인 요소가 숨겨져 있는 것이다. 우리는 갖가지 모양의 크롭 서클들이 등장하는 것에 놀라워 할 것이 아니라 크롭 서클에 함축된 지적 요소와 등장배경에 대해 진지하게 연구할 필요성이 있다.

3. UFO와 상호작용을 위한 반응 유도는 어떻게 하는가?

UFO 응답사례는 예측 불가능하게 나타날 수 있다. 영국에서 있었던 케이스의 경우에는 갖가지 형태의 기하학적 모양이 허공에 그려지기도 하는데 마치 공중에 엷은 스크린 막이 펼쳐진 것처럼 보이고 UFO로부터 빛이 쏘여지며 기하학적 도형들과 기호, 상형문자, 메시지 등이 나타나기도 한다.

이와 유사한 또 다른 능동적 UFO 응답사례는 앞서 소개한 바 있는 1981년 노르웨이 중부 외진 계곡인 헤스달렌에 출현한 UFO 사건이다. 이 케이스에서 무려 5주 동안 약 180번이나 미확인 발광체가 목격되고 100장이 넘는 사진이 촬영되기도 했다.

에를링 스트랜드 총책임자

이 발광현상을 조사하기 위해 과학자들로 구성된 조사단이 폭한에도 불구하고 지진계, 적외선 관측기 및 레이저, 가이거 측정기 등 각종 과학 탐측 장비들을 동원하여 관찰을 해왔다.

그들은 촬영 장비를 이용하여 UFO의 움직임과 사진촬영을 했을 뿐만 아니라 실제 자연현상이 아닌 지능적인 요소를 가진 UFO인가를 알아내기 위해 UFO를 향해 레이저광선을 발사하기도 했다는 점이다. 헤스달렌 계획의 총책임자인 에를링 스트랜드는 놀랍게도 레이저광선을 9번 쏘아 8번에 달하는 UFO로부터 반응을 유도해내는데 성공했다.

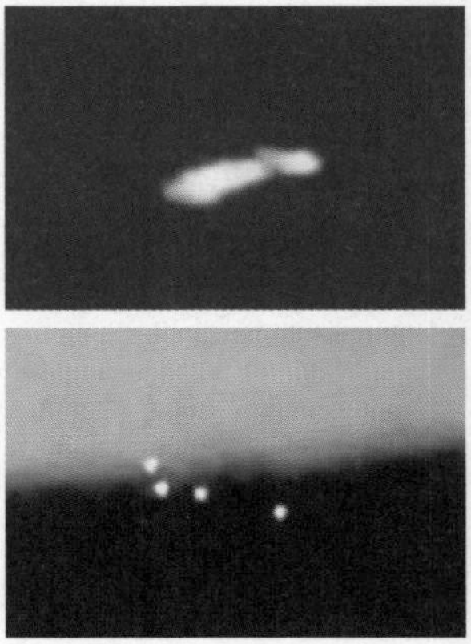

헤스달렌 상공에 출현한 UFO

과연 UFO가 인간이 보내는 신호를 받아들이고 응답을 보인 것일까? 이런 장면은 헤스달렌 계획에 참여한 레이브 하비크에 의해 이 빛은 관찰하려는 순간 마치 피하기라도 하듯이 빛이 사라져 버린 경우가 다섯 번 정도 된다는 것이다.

이 조우사례에서 우리는 과학자들로 구성된 연구그룹이 레이저를 이용하여 그 발광체가 어떤 지능적인 요소를 포함하는가를 판단을 내리기 위해 반응을 유도해 냈다는 사실에 주목할 필요가 있다. 결국 그 빛은 우리에게 반응을 보여 일반적인 자연현상이 아님을 증명했다.

4. 제 5종 조우는 'UFO Hotspot'과 연관성이 있는가?

UFO가 특정지역을 중심으로 다른 지역보다도 더 빈번하게 집중적으로 출현하는 곳을 'UFO Hotspot'이라 부른다. 이런 지역에서는

하이미 모산 TV 저널리스트

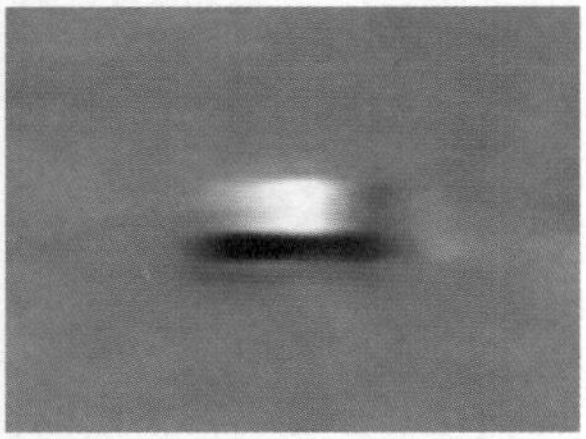

멕시코에서 동영상으로 촬영된 UFO

대개 6~12개월간 장기간에 걸쳐 출현하기도 한다.

대개 UFO Hotspot으로 지명되는 지역을 살펴보면 군 기지, 미사일 기지, 핵무기 저장 시설근처, 핵 실험장, 공항, 발전소 등에 근접한 지역에서 출현빈도수가 높고 수많은 목격보고가 들어온다. 그 외에도 인적이 드문 장소나 한적한 곳에도 출현을 한다.

UFO가 그러한 지역 상공에 자주 출현하는 것은 지구의 과학기술 발전과 무기체계의 개발에 관심이 많다는 것과 우리들의 동태를 은밀히 감시하는 것을 반증하며 한시라도 눈을 뗄 수 없는 촉각을 곤두 세우고 있다고 볼 수 있다. 특히 2차 세계대전, 베트남전쟁, 6.25전쟁, 걸프 전 등과 같은 전쟁기간 중 해당 국가에의 집중적인 출현은 그것을 뒷받침해주고 있다.

UFO와 관련한 큰 사건이 일어난 직후나 언론에 기사화로 보도된 뒤에 목격보고의 증가가 갑자기 늘어나기 시작한다.

그것은 아마도 누군가가 목격하면 다른 누군가가 또 목격하게 되며 개인의 관심도 증폭과 사람들 간의 회자화로 평상시보다 주의 깊은 관찰이 집중되기 때문일 것으로 파악된다.

UFO 출현 다발국가로 잘 알려진 멕시코에서는 1990년대 저널리스트인 하이미 모산이 TV프로그램에서 더 많은 UFO 비디오가 필요하다는 말을 내보내자 시청자들로 결성된 수십 개의 하늘의 관측자들 그룹이 형성되어 이후 8,000~10,000개에 달하는 비디오테이프가 보고되었다고 한다. 멕시코가 이처럼 목격 다발국가로 알려진 배경에는 지질학적 활동과 변화, 화산활동과 관계가 있는 것으로 보는 연구가도 있다.

이 같은 목격보고의 증가현상은 1996년 1월 20일 브라질 바진하(Vaginha)에서 발생한 UFO 추락사건 직후에도 많은 목격신고가 보고된 적이 있고 1987년 미국 걸프 브리즈(Gulf Breeze)에서 에드워드 월터즈가 수십 장에 달하는 UFO사진과 비디오를 촬영한 사례에서 미국 MUFON 단체에 의해 조사 분석되어 언론보도 및 TV방송에서 다큐물이 제작 방영되면서 수백 명에 달하는 시민들의 UFO 목격담이 쇄도하기 시작한 사례에서도 찾아볼 수 있다.

UFO의 집중 출현현상에 대해 MUFON의 디렉터인 존 Schuessler는 '우리를 관찰하고 무슨 일이 있나 보려고 특정지역에 나타나는 것'이라고 말한다. 다분히 연관성이 높다고 말할 수 있다.

미국에서 시도되어 성공한 제 5급 만남은 UFO의 수도로 알려진 펜시콜라 걸프 브리즈만의 해변가에서 이루어진 것만 봐도 짐작할 수 있다. 즉, UFO의 출현 빈도수가 많은 지역을 제 5급 만남의 성공 가능성이 높은 지역으로 택한 것이다. 예컨대 핫 스팟 지역에서의 UFO 대기촬영방식은 제 5급 만남의 시도와는 별개의 문제로 차이점을 갖는다.

5. 제 5종 조우의 시도는 특정장소를 필요로 하는가?

그 다음으로는 시도할 장소의 설정을 정하는 일이 남아있는데 장소의 위치는 가능한 UFO 핫 스팟으로 정하는 것이 유리할 것이다. UFO가 한 번 출현한 장소에 또 다시 출현할 가능성이 상존하기 때문이다.

그러한 사례는 전 세계 각처에서 여러 번 있어왔다. UFO와의 제 5급 만남을 시도하기 위해 특정장소가 정해져 있는 것은 아니나 가능성이 높은 곳으로 산 근처와 군사시설 부근, 바닷가 근처 상공을 들 수 있다.

나의 경험에 의하면 도심지에서도 가능하며 UFO의 활동반경에 근거해볼 때 UFO가 특정지역을 가려서 출몰하지는 않는다.

다만 한 번 이상 출현한 장소라든지 특히, 레이더기지와 핵과 관련된 핵 미사일기지나 핵 실험장, 공군기지, 무기고가 있는 지역은 UFO가 예민하게 반응하는 곳이니 이러한 장소에서는 UFO와의 조우가능성이 높아진다. 대표적인 사례로 알려진 영국의 랜들셤숲 사건을 들 수 있다.

6. 제 5종 조우를 시도하기 위해 준비할 장비는?

제 5종 조우의 시도는 그 자체로서도 의미가 매우 크다. 이미 우리는 UFO가 지적생명체에 의해 조종되는 고도로 진보된 비행체라는 것을 인식하고 그들과의 상호작용을 하는 동시에 UFO의 실체파악에 가장 가깝게 접근할 수 있는 방법이기 때문이다.

물론 성공가능성을 예측할 수 없는 상황에서 무모한 시도라 생각할 수 있으나 나는 이 근접조우 시도가 인류문명과 외계문명간의 커뮤니케이션을 위한 초보적인 단계의 상호 대화로써 우리의 진정한 의도적인 접촉요청이 그쪽에 전달될 수 있음을 입증하는 수단이라고 본다. 따라서 우리는 이 수단이 어떤 효율적인 방법을 통해서 가능한지를 타진할 필요가 있으며 진행과정에서 무엇을 준비해야 하는가를 사전에 생각해 둘 필요가 있다.

모하비 사막에서 UFO를 호출을 통한 의도적 대기촬영을 시도 중인 디스커버리 사이언스국립연구소 콜켈러히 박사

먼저 장소와 시간대를 정하기 전에 필수장비를 갖춰야 하는데 동영상 장면을 촬영할 수 있는 캠코더와 정지영상 촬영용 고해상도 디지털 카메라, UFO 탐지장치, 쌍안경, 적외선 망원경, 나침반, 스톱워치, 그리고 접촉 시도용의 고출력 랜턴이 필요하다.

그 외에 기록용 메모지와 필기류, 녹음기, 각도측정용 장치를 준비할 필요가 있는데 이는 보다 정확한 기록을 남기기 위해서이다. 그리고 실재 UFO가 출현했을 때 상호작용의 시도를 위해 레이저빔 발사기를 준비해두는 것이 좋다.

사무용 레이저포인터의 경우 약 2마일(3.2km)정도를 직진하며 녹색 레이저는 적색 레이저에 비해 50배나 더 강해 12마일(19km)정도를 뻗어나갈 수 있다.

7. 제 5종 조우를 시도하기 위한 특정 시간대가 따로 있는가?

사실상 UFO가 언제 어느 때 출현할 지를 우리는 전혀 예측할 수 없기 때문에 많은 시간과 노력을 요하게 된다. 보편적으로 짧게는 며칠에서 길게는 수 주일동안 대기하고 있다가 어느 순간 포착해내야 하므로 여간 힘든 작업이 아닐 수 없다. 따라서 통상적으로 2명 이상이 같이 현장에서 교대로 하늘을 관찰할 필요가 있으며 또한 매 시간을 지속적으로 육안관측하기가 힘이 드므로 UFO 탐지기를 설치하여 출현 시점을 즉각적으로 알아내 도움을 받을 필요가 있다.

시간대는 낮과 밤중 어느 시간대가 적정하다고 제시할 수는 없으나 촬영지역의 선택에 따라 시간대를 달리 정하는 것이 좋다고 본다.

예를 들어 어느 UFO 핫 스팟 지역이 밤 시간대에 출현한 적이 있었다면 그 시간대에 맞춰 시도하는 편이 더욱 확률을 높여줄 가능성이 높다. 그 이유는 UFO는 한 번 출현한 장소에 또 다시 출현할 가능성이 높기 때문이다. 그러한 사례는 전 세계 각처에서 여러 번 있어왔다.

8. 제 5종 조우 시도에 따른 일어날 수 있는 체험현상은?

영국의 UFO 연구가인 안소니 도트는 전직 경찰관 출신으로 그는 1978년 새벽 2시 30분경에 처음으로 30m 크기의 UFO와 조우한 후 이후에도 몇 차례에 걸쳐 UFO를 목격했을 뿐만 아니라 텔레파시에 의한 교신도 계속하고 있다고 한다.

그가 체험한 조우사례 중에 '당신들과 접촉하고 있다는 증거를 갖고 싶다'고 했더니 다음날 손목시계의 일부분이 은빛으로 변해있었다고 한다.

그런가하면 CSETI의 스티븐 그리어 박사가 미국에서 팀을 이끌고 UFO와의 5종 조우를 시도할 때 당시 팀원 중 한 명이 끼고 있던 은반지가 다음날 금색으로 변해있었다는 사실이 있었다.

스티븐 그리어박사는 말하기를 "저희는 꽤 먼 곳에서 비디오로 찍은 필름도 있는데 그 물체가 가까이 접근했을 때 카메라가 다 망가졌습니다. 증거를 확보하려는 우리들에게 아주 당황스러운 일이었죠. 다행히 현장에 참여한 과학자들 5명이 있었기 때문에 그 일에 확실한 증언을 할 수 있었습니다."라고 말했다.

5종 조우의 시도는 먼 거리상의 UFO 목격이 아니라 근거리상의 근접조우이기 때문에 조심스러운 부분(예기치 못한 체험현상)이 늘 존재한다. 예컨대 UFO가 근접비행시 지상의 자동차가 엔진이 정지되거나 전자기기의 교란현상 등 EM효과를 동반하기 때문에 오히려 이러한 증상들이 UFO 출현을 입증해줄 수 있는 근거가 되기도 한다.

중요한 점은 접촉시도의 목적을 가진 우리와 그들과의 커뮤니케이션을 원한다는 우리 측의 의도가 분명히 전달될 수 있도록 하는 의도의 표시가 중요하다.

9. 성공적인 제 5종 조우를 입증하기 위해서는?

일반적인 우연한 UFO와의 조우케이스와 달리 제 5종 근접조우는 우리 측에서 신호를 보내어 상대측의 반응을 이끌어내는 능동적인 접촉 시도이기 때문에 다수인이 참가하는 현장체험과 입증이 중요하다. 그 이유는 여러 사람들의 동시목격자 증인을 확보하게 되면

5종 근접조우의 성공적인 입증을 뒷받침해줄 수 있는 중요한 역할을 하기 때문이다.

5종 근접조우가 단지 영상 또는 사진으로 남겼다 해서 사실증명을 해줄 수는 없다. 보다 객관적인 사실증거를 위해서는 제 3자의 증언을 필요로 하는데 증인의 역할은 동시 목격된 상황을 공유한다는 측면도 있지만 조우가 성공적으로 이루어진 후 참여 및 증인자로서의 보고서에 자필사인을 하여 조우의 실증을 객관적이고도 신뢰성을 높이는 근거로 남기기 위해서이다.

또한 현장에 참석한 제 3자들의 증언 인터뷰를 각각 별도의 장소에서 녹취할 필요가 있는데, 당시 상황을 목격한 증언자들의 증언이 다른 사람의 증언에 동요되지 않고 개인이 본 그대로의 목격상황이 서로 일관성을 보이고 있다는 공정한 정황증거로 남기기 위해서이다. 또한 물리적인 정황증거를 확보하기 위해서는 UFO를 탐지할 수 있는 UFO탐지기와 적외선 망원경, 동영상을 촬영할 수 있는 캠코더를 준비해두어야 한다.

6장-조우!
UFO와의 조우 6단계

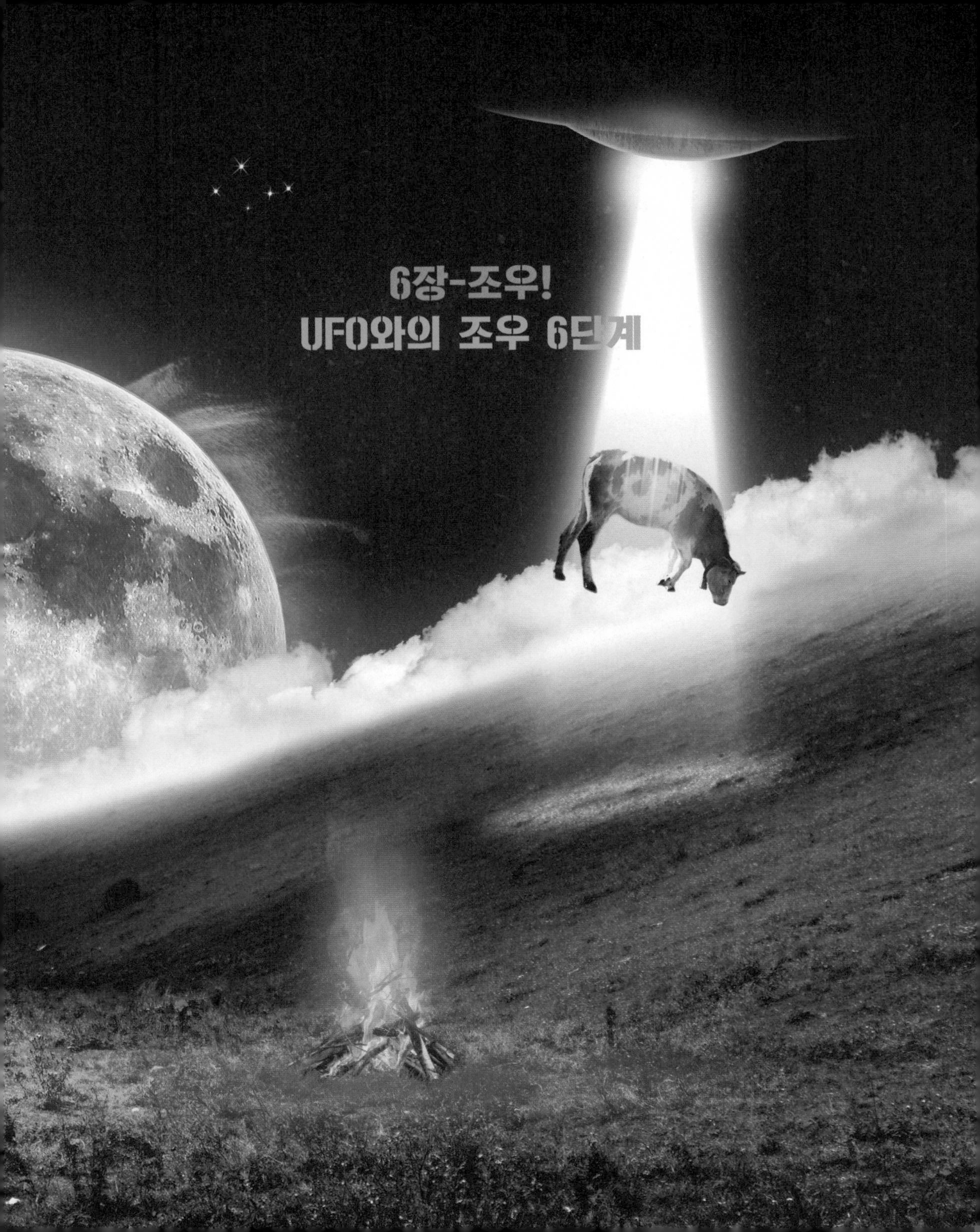

UFO를 목격했을 때 어떻게 행동해야 하는가?

UFO와의 조우는 대부분 단순 목격하는데 그치지만 UFO의 행동 반경과 활동을 전혀 예측할 수 없기 때문에 근거리상에 노출되었을 경우에는 은폐물을 찾아 몸을 숨기는 것이 안전하다.

호기심에 착륙한 UFO에 가까이 접근하거나 급격한 행동은 금물이다. 단순 목격의 경우 UFO 목격당시의 상황을 육하원칙에 의거하여 메모하고 목격한 물체의 대 수, 물체의 스케치와 움직임 방향, 육안에 의한 크기 정도, 사라질 때의 모습 등을 기록해두는 것이 좋다. 만약 촬영이 가능할 정도로 시간이 주어진다면 먼저 사진촬영을 한 후 이어 동영상을 촬영하도록 한다.

알렌 하이네크 박사

미공군의 UFO조사 프로그램에 자문위원으로 일했던 노스웨스턴 대학의 천문학 교수였던 알렌 하이네크 박사는 UFO와의 조우단계를 4가지로 분류하여 나누었다.

최초 UFO와의 만남 단계를 제 1종 조우에서 제 3종 조우까지 분류하였으나 이후 외계인에 의한 피랍사례의 속출과 증가로 제 4종 조우가 추가되었다. 이후 그들과의 교신 또는 능동적 조우시도 케이스를 제 5종 조우라 부르며 마지막 제 6종 조우는 인간이 불의의 죽음을 당하는 케이스로 분류한다.

단순목격에서부터 UFO의 착륙 또는 내부 탑승자를 목격하거나 직접적인 조우 케이스가 동시에 발생하기도 한다.

예컨대, 단순목격을 하다가 UFO가 근처에 착륙하면서 승무원에 의해 강제로 끌려가 피랍당하는 케이스가 있는가 하면 착륙한 비행접시에 잘못 접근했다가 화상을 입거나 방사능 증상을 입는 피해사례도 있었다. 때문에 근접 조우시 호기심에 가까이 접근하는 적극적인 행동을 취한다든지 갑작스런 공포감에 놀라 돌발적인 행동을 보인다면 오히려 UFO를 자극할 수 있으므로 가능한 멀리 떨어져 주변 시설물에 몸을 은폐하는 것이 적절한 행동이다.

실제 UFO의 근접조우시 비단 사람뿐만 아니라 동물에게까지 영향을 미치는 사례가 종종 보고되어 왔다.

예를 들어 UFO가 내쏘는 빛으로부터 눈에 화상을 입는다든지 피부에 방사능증을 호소하는 경우, 신체 마비, 구토, 어지럼증, 두통이 발생하기도 하고 동물들이나 개들이 갑자기 불안한 행동을 보이며 짖기도 한다. UFO연구가들은 이런 현상에 대해 잘 알고 있지만 일반인들 대다수에게는 이에 대한 인식이 결여되어 있어 주의를 요하며 사전 예비지침으로 주의할 점들을 잘 알아둘 필요가 있다.

1. UFO와의 조우시 행동지침 매뉴얼

정말 우리는 UFO와 언제 어떻게 접촉을 할지, 또는 어떤 상황에서 그 물체를 보게 될 지 아무도 알 수 없고 모른다.

이것은 일반인 뿐만 아니라 군에서도 마찬가지이다. 군 당국도 UFO로 확인되거나 미상의 물체가 출현하여 움직임이 수상하거나 레이더에 충분한 시간동안 포착이 되어야만 대비태세에 돌입하지만 웬만해서는 일단 조심스럽게 지켜보거나 신중한 대응을 한다.

미 공군에서는 특히 도심지 상공에서 전투기와 조우하게 되면 수많은 사람들의 눈으로부터 피할 수 없기 때문에 조용히 상황을 지켜볼 때가 많다.

반면 UFO가 저공비행하거나 핵기지와 같은 주요 군사시설물 상공에 출현할 때에는 바짝 긴장하게 되며 대응사격이나 추적, 격추를 시도하려는 공격적인 행동으로 옮길 수 있다.

실제 미 공군에서는 UFO를 레이더에 포착함과 동시에 전투기가 긴급 출격을 나선 경우가 비일비재했다.

문제는 UFO로부터 어떤 반격의 반응이 나올지 예상할 수 없다는 점이다. 물론 출현하는 모든 UFO들이 전부 그렇다고 말할 수는 없지만 어찌되었던 UFO와의 조우는 매우 조심스럽게 대응해야 한다. 결론부터 말하면 '적대적인 행동은 하지 말고 유연한 대응을 하라는 것'이다.

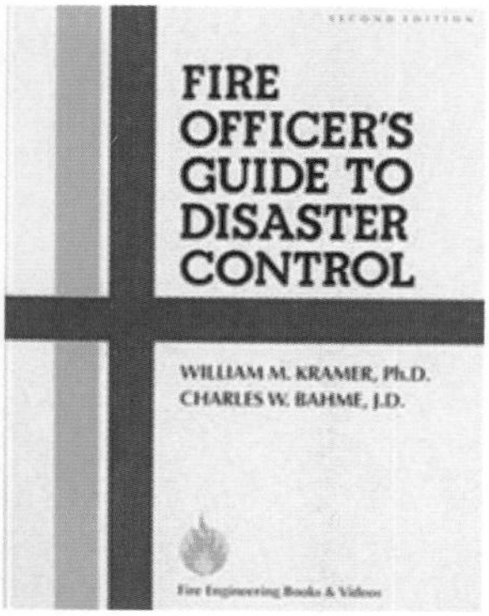

재난 통제를 위한 지침서

그런데 일반인들에게는 그 어떤 UFO와의 조우시 행동지침이나 조심해야할 사항을 미국을 비롯하여 어느 나라 정부도 국민에게 소상하게 알려준 적이 없다. 하지만 놀랍게도 미국 공무원(미 연방 주소속 응급요원 전문학교, 소방전문학교, 소방관과 경찰관 간부)을 상대로 교육시키는 '재난 통제를 위한 지침서(FIRE OFFICER'S GUIDE TO DISASTER CONTROL)'라는 책의 첫 장에는 '예기치 않게 UFO가 나타났을 때 응급 요원들이 해야 할 역할 분담에 대한 우리의 생각을 전달하는 것은 필수다.'라는 내용이 적혀있다는 사실이다.

이 책은 원래 화재와 각종 사고, 자연재해 등 응급 상황 발생시에 대한 행동요령을 적어놓은 교본으로 미연방과 주 지역의 응급 요원 전문학교나 소방 전문학교에서 교육 시에 반드시 이수하는 책자이다.

이 지침서에는 UFO와의 조우시 대처요령도 상세하게 기술되어 있는데 '사건 현장에 도착했을 때 상황을 주시하고 예기치 않는 모습에 당황하지 말라.', '어떤 무기도 위협적인 행동도 돌을 던지는 행위도 해서는 안된다. 주의하라!', '현장에 접근할 때 엔진과 운항 책임자와 교신과 통신이 끊어질 수 있으니 유의해야 한다.'라는 내용이 기재되어 있다. 이러한 지침서가 놀라운 것은 UFO가 저공 근접비행을 하거나 근접 조우시 항공기의 전자장비가 일시적으로 마비 또는 교란 현상을 일으킨다는 사실을 미 정부가 이미 알고 있다는 것과 이를 인정하고 있다는 점이다.

필자는 이와 같이 국내에서도 UFO목격시 보고요령과 근접조우시 대응방법 등을 알려주는 지침 가이드 매뉴얼 제작이 필요하다고 보며, 정부차원의 UFO 정보망 구축과 정보수집 분석 총괄기구의 설립이 마련되어 체계적으로 UFO 조사연구를 진행해가야 한다.

더욱 놀라운 것은 'UFO추락이나 외계인 출현 시의 응급 대처요령' 에 대한 주의사항 언급도 있다. '추락한 UFO에, 너무 가까이 가지 말고 방사능에 대비하라, 자신의 보호에 안전을 기하라, 정신에 미칠 영향에 대비하라'고 되어있다. 또한 '기이한 공중 현상으로 피해자를 막으려면 정부와 민관군 나아가 공중과 지상 간에 협동이 필요하며 먼저 군과 경찰에 알려 협조를 구하라!' 라고 구체적인 행동요령을 알리고 있다.

이 지침서에는 사례집으로 미국 내 한 학교에 외계인들이 출현한 사건을 상정하고 있는데, 외계인들로부터 인간을 공격할 상황까지 가정하여 특히 외계인이 인간을 공격해 살해하는 최악의 상황에서 학생들의 행동요령과 소방관과 정부, 경찰, 군 관계자들과의 유기적 행동양식에 대해서도 지침이 자세히 나와 있다.

결론적으로 미국 정부는 UFO출현 시 대처요령에 대한 기본적인 지침을 공무원들에게 하달하여 신속한 조치를 취하도록 정부와 기관 및 군의 공동대응체제를 구축하고 있다는 점이다.

이렇게 함으로써 UFO와 관련한 모든 사항들을 정부에서 정보를 수집, 통제하고 관리가 가능해져 국민들의 눈을 통제할 수 있게 된다.

1종 조우 : 근거리, 원거리 UFO 목격

UFO와 관련한 보고 중 가장 많은 비중을 차지하는 경우는 단연 목격한 케이스들이다. UFO 목격은 150m 정도의 거리를 기준으로 크게 원거리, 또는 근거리 상에서 일어나는 것으로 구분되는데 대부분 먼 거리의 UFO를 목격하는 경우가 많다.

한 대의 물체가 단독 비행하거나 때로는 여러 대의 물체가 무리를 지어 비행하는 장관도 펼쳐진다.

이러한 단순 목격 케이스들은 제 1종 조우에 속하며 제 1종 조우란 UFO를 단순 목격하는 경우로 주위에는 영향을 끼치지 않는 케이스이다.

대낮에는 햇빛의 반사로 주로 은백색을 띠며 드물게 검은색을 띠는 경우도 있다. 야간에는 발광현상으로 인해 물체의 형태를 가늠하기 어려울 정도로 빛을 발하는데 이 때문에 사람의 눈에 쉽게 띄기도 한다. 비행 상황에 따라 여러 색상으로 변화하면서 광채를 발하기도 한다. 즉, UFO는 물체 자체 스스로 빛을 발하는 발광현상을 보이는데 UFO 기체 주변에 빛 무리를 띠는 현상(할로 효과 또는 스모그 스크린효과)으로서 이것은 UFO의 추진메커니즘과 밀접한 관련이 있는 것으로 보인다.

이 현상은 비행방식과 비행속도에 따라 빛의 색채변화가 일으킨다. 비행 중 빛의 밝기 변화를 보이는 경우도 있으며 때로는 회전하며 점멸하는 듯한 양상을 보이기도 한다.

호주 멜버른에서 촬영된 원반형 UFO

간혹 UFO주위에 엔젤헤어라 부르는 연기 같은 물질이 피어오르거나 구름을 동반하는 경우도 있다. 목격되는 물체의 형태는 물체와의 거리와 물체의 비행 상황, 목격당시 시야각에 따라 달리 보이게 된다.

대체적으로 보고되는 형태들은 원반형, 콘형, 돔형, 토성형, 럭비볼형, 구형, 반구형, 시가형, 원통형, 삼각형, 마름모형 등으로 분류된다. 그 외에도 초소형, 다이아몬드형, 팽이형, 도너츠형, 쌀알형 등 다양한 형태가 있다. 대부분 목격자와 물체와의 거리가 먼 경우가 많아 고공에 떠 있거나 할 때 은백색 구형으로 보일 때가 많다.

1. 주중 대사관 직원이 촬영한 섬광을 내뿜는 UFO

1995년 2월 4일 아침 6시 30분 쯤 북경 주재 주중 한국대사관에 근무하는 정영록 연구원은 교외상공에서 20분 정도 비행하는 UFO

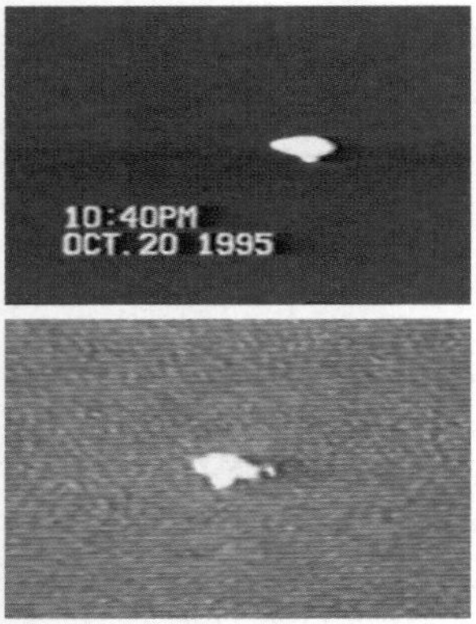

(위) 1993년 미국 마이애미에서 촬영된 UFO
(아래) 1995년 2월 4일 주중 한국대사관 정영록 연구원이 촬영한 UFO

를 목격했다. 그는 당시 장면을 비디오로 촬영하는데 성공했는데 그가 본 물체는 처음에 점처럼 작게 보였으나 갑자기 어느 순간 큰 물체로 변해 자신을 따라 오는 것처럼 느꼈다고 한다.

특이한 점은 밝은 백열등 같은 노란 색을 띤 이 물체의 하부에서 규칙적으로 점멸하듯 빠르게 요동치며 튀어나왔다 없어지는 밝은 섬광이 관찰된 것이다. 이 발광물체는 1993년 미국 마이애미에서 촬영된 비디오에서도 같은 장면이 나오는데 물체 하부의 밝은 섬광이 똑같이 튀는 현상을 보였다.

2. 현역 여객기 기장이 목격한 UFO

2014년 10월 17일 저녁 7시 55분 독일 프랑크푸르트 마인 국제공항을 이륙한 OOO 906편(프랑크푸르트~인천) 여객기의 김OO기장과 OOO기장은 2시간이 흐른 뒤 발트 3국 상공에 도달할 즈음 흰색을 띤 미확인 비행발광체와 조우하게 된다.

현재 현역으로 근무하는 김기장이 말하는 당시 UFO와의 조우 상황은 다음과 같다.

"이륙 후 2시간 정도가 지난 뒤 우리 항공기(BOIEING 747-400점보기)는 발트 3국(라트비아 , 리투아니아, 에스토니아) 상공에 도달할 즈음 이상한 불빛을 발견했습니다. 정확히 라트비아와 리투아니아 국경선 근처였습니다. 모든 항공기에는 충돌 방지등이 장착되어 있는데 우리 항공기 앞에 항공기 충돌 방지등이 깜박이는 것을 발견하여 약 10여분 동안 주시 중이었고 조종실에 장착된 Navigation Display(항로 표시기)에도 40 해상마일(약 74 km)앞에 러시아 소속 항공기가 있는 것이 포착되어 별 의심 없이 비행임무에 임하고 있는 중이었습니다. 당시 유럽 현지 시각으로는 10월 17일 밤 10시 30분 경으로… 항공기의 고도는 33,000피트(10km)였습니다. 그런데 항공기 앞쪽 방향에서 갑자기 하얀색의 발광체가 나타나 파형을 그리며 여객기의 우측방향으로 매우 빠른 속도로 비행하는 것을 목격하였습니다. 분명 그 흰색 발광체는 정확히 육안으로 구분되지는 않았으나 3개 정도의 구체가 빙글빙글 회전하면서 아래 위로 파형을 그리면서 비행 하는 것을 볼 수 있었고 하늘을 미끄러지듯이 비행하는 것처럼 느껴졌습니다."

"속도는 무척 빨랐고 움직임은 매우 자유스럽게 비행하는 것을 볼 수 있었습니다. 만약 그것이 항공기라면 조종실에 있는 TCAS (항공기 충돌 방지장치)에 분명 나타났을 것이며 또한 동 고도 근처이므로 라트비아 항공 관제국(빌니우스 관제국)에서 항공기 접근경고를 주었을 것인데 전혀 그러한 것은 없었습니다. 흰색 발광체는 정확히 우리 항공기의 우측 근방으로 지나갔습니다. 또한 앞 항공기의 충돌 방지등은 계속 볼 수 있었으며 그것은 목격한 괴비행체와 우리 앞의 항공기는 동일한 것이 절대 아니라는 것을 증명해줍니다."

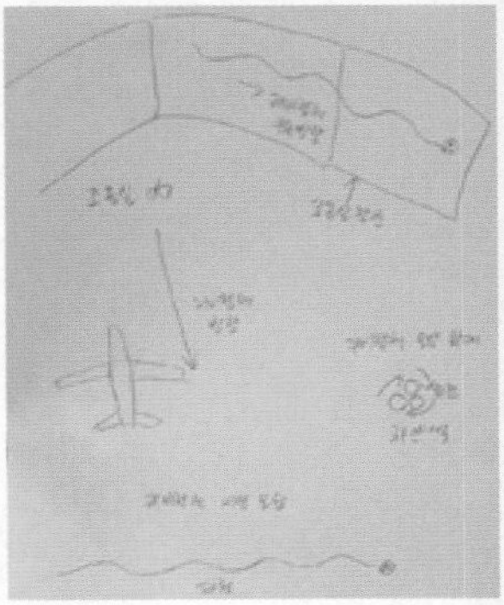

당시 목격한 구형 UFO와 비행 상황 스케치

이처럼 UFO가 민간항공기의 비행안전에 영향을 줄 수도 있는데 이와 유사한 해외 사례는 1988년 보잉 737 여객기가 칠레 몬테 파토리어시의 공항 활주로에 가까워졌을 때 일어났다.

갑자기 큰 덩어리의 흰빛을 발하고 주위에는 초록과 빨강 빛이 발산하는 미확인 물체가 비행기에 정면으로 돌진해와 비행 방향을 급선회하지 않을 수 없었다고 한다.

당시 이 긴급한 상황은 공항 관제센터의 요원들에 의해서도 목격되었다. 그리고 2009년에는 그리스 아테네 공항을 이륙해 런던으로 향하던 올림픽 에어라인 여객기에서도 발생했는데 당시 기장은 비행기에 접근해 같은 고도로 비행하는 이상한 광채를 발산하는 UFO를 목격했다. 기장과 부조종사는 매우 노련한 배터랑들로 다급히 관제탑에 괴비행체 출현을 신고하였고 곧바로 그리스 공군 F-16전투기 2대가 긴급 발진하여 추격하려고 하자 UFO는 어느샌가 동쪽 하늘로 사라져 버렸다고 한다.

3. 청와대 경비대가 목격한 UFO

19??년 군 복무를 OOO 소속 경비부대에서 근무했던 퇴역군인으로부터 나는 한통의 제보메일을 받게 되었다. 당시 제보자는 익명을 요청하였고 당분간 외부공개를 몇 년간은 하지 말아줄 것을 부탁해왔다.

당시 상황을 그대로 전하면 19??~19??년 사이 군 생활을 한 제보자는 첫 근무지가 OOO 부근의 초소였으나 후에 대통령 관저와 담 하나를 사이에 두고 있는 OOO로 옮기게 되었다고 한다.

이 구역은 비행금지 공역인 관계로 비행금지 상공과 외곽경비를 담당하는 부대원들은 헬기나 항공기 등에 대해 일반 군인들 이상의 지식을 가지고 있었다고 하며 특히 대공경비를 주 임무로 담당하는 대공 소대원들의 경우 거의 매일이다시피 백여 장이 넘는 항공기나 각국의 전투기 사진을 보며 마치 퀴즈를 맞추듯이 그 비행기들의 명칭과 특성들을 맞추는 놀이를 즐겨했다고 한다.

그는 당시 미확인물체의 목격이 너무나 충격적이었다고 말하고 19??년 2월 어느 날 오전 6시 아침 점호를 취하기 위해 벙커 밖으로 문을 나가는 순간 옥상 초소에서 근무를 서고 있던 초병으로부터 부르는 소리가 들렸다고 한다.

초병은 하늘에 이상한 것이 관측된다며 자꾸만 올라와서 좀 보라고 하는데 점호를 취해야 하기 때문에 1~2분간 티격태격하다 결국 올라가서 초병이 가리키는 방향을 바라보게 되었다.

그 순간 몸이 그대로 굳어버리고 말았다. 어쨌든 평소대로라면 적어도 그보다 먼 거리에 있는 MC1-1이라든지 PH1H 등의 헬기소리도 들을 수 있는 거리에서 이 물체는 아무런 소음도 없이 공중에서 약 2~5분 이상 정지 상태로 멈추어 있었다.

초병이 발견한 그 시각부터 따지자면 거의 십 수 분간에 가까운 시간동안 그 상태로 있었다는 말이 된다.

그는 벙커 지하에 있는 작전과 지휘통제실과 대공소대 지휘본부에 알려야 하는 상황조치는커녕 그 초소에 비치되어 있는 M18 쌍안경으로 더 자세히 볼 그런 생각도 하지 못한 채 몸이 굳어있었다. 그렇게 있기를 몇 분이 지난 한 순간, 그 물체는 오른쪽으로 기우뚱하게 살짝 움직이는 듯 싶더니 마치 유성이 떨어지면서 빛의 꼬리를 남기듯 빛의 꼬리를 그으며 순식간에 우측으로 자취를 감추어버렸다.

그제서야 정신이 돌아온 그는 초소의 쌍안경을 꺼내어 관측할 것을 지시하고 바로 벙커의 지하로 뛰어 내려가 인근 부대나 다른 초소들의 보고사항이 있었는지를 확인하였다.

동시에 대공지휘소의 레이더에 잡힌 물체가 있었는지 여부와 수도방위사령부 방공단, 그리고 AOC(항공관제소)에 연락을 하여 지금 시간대에 비행예정이나 비행중인 항공기가 있었는지 그리고 별다른 상황은 없었는지에 대해 체크를 했으나 특이한 비행도 없었고 초소들로부터도 별다른 보고사항이 없었음을 최종 확인했다.

수도권 외곽을 지키는 빌딩 위 초소

그 상황을 확인한 후 다시 옥상으로 올라가니 초병이 말하기를 63빌딩을 기준으로 하여 그 빌딩보다 좀 더 높고 멀리 떨어진 위치에 한 번 더 나타나 잠시 허공에 떠 있다 전과 같은 방식으로 사라졌으며, 다시 한 번 지하 지휘본부로 내려간 사이에 인왕산 좌측 부근에 또한 번 더 출현했었다고 한다. 그때는 이미 날이 어느 정도 밝아오려고 하고 있었고 그 이후로는 더 이상 UFO는 모습을 나타내지 않았다.

그의 주장에 따르면 목격된 UFO가 떠 있었던 위치는 남산타워 탑 중앙의 레스토랑보다 약간 높아 보이는 위치였다. 물체의 크기는 탑 중앙부분의 타원형 건물보다 조금 작아 보였으나 남산타워보다 훨씬 더 멀리 떨어진 거리상에 있었던 걸로 추측되며, 그렇다면 그 크기는 생각보다 더욱 컸을 것으로 추정된다고 말했다.

물체의 형태는 타원형으로 중앙부분의 테두리를 맴도는 불빛들이 번쩍이고 있었다. 항공기로 치면 바퀴가 있어야 할 바닥부분에 그 색깔과 진하기가 다른 불빛이 마치 광선처럼 뿜어져 나온 상태로 있었다고 전했다.

4. V자형으로 무리지어 날아간 UFO

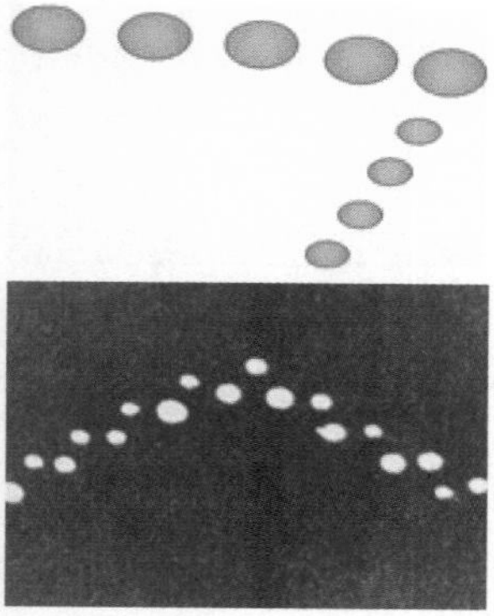

이용구씨가 그린 UFO의 비행대형 스케치와 1951년 라복그의 발광체 촬영사진

2016년 5월 20일 오후 9시경 수원시 권선구 세류 3동에서 친구와 함께 저녁을 먹고 나선 이용구씨는 집으로 가기위해 같이 길을 걷고 있던 중 갑자기 옆에 있는 친구로부터 '저기 하늘 좀 봐라'는 말을 듣게 되었다.

순간 이용구씨는 고개를 들어 하늘을 쳐다보게 되었다. 맑은 하늘에 타원형의 붉은 오렌지 빛깔을 띤 물체 8~9대가 매우 빠른 속도로 날아가는 장면을 보게 되었다.

그런데 물체들이 그만 건물뒤편으로 가리워지면서 사라져 더 이상 볼 수 없게 되었다. 불과 3초 정도의 짧은 시간이었지만 물체의 크기와 둥근 윤곽을 선명하게 볼 수 있을 만큼 고도가 매우 낮았다고 한다.

5. 국내 최초로 촬영된 부메랑형 UFO

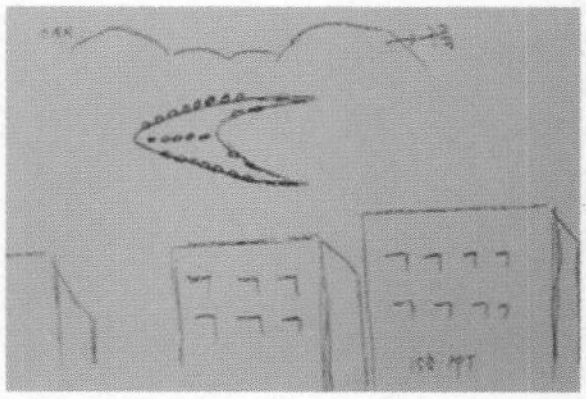

백명훈씨가 그린 물체의 스케치

2007년 8월 16일 오후 10시경 백명훈씨는 늦은 퇴근길에 자택인 노원구 중계동 중계주공 2단지 내 상공을 지나가는 거대한 물체를 목격하게 되었다. 미확인비행체는 구름층 바로 밑으로 비행했는데 적색, 청색, 녹색의 불빛을 발하고 있었다. 물체의 크기는 육안으로 봤을 때 손바닥 만한 크기로 상당히 거대한 크기의 물체였음을 짐작케 했다.

이 비행물체는 수 초간 비행하면서 구름 속으로 사라졌는데 전방의 아파트 스카이라인과 겹쳐져 이후 방향을 확인하지 못했다. 당시 촬영기기가 없어 사진으로 남기지는 못했는데 물체의 형태는 일반적인 항공기형태가 아닌 부메랑형으로 기체의 테두리에는 여러 가지 색상의 빛을 발해 물체의 형태를 뚜렷하게 가늠할 수 있었다고 했다.

국내에 보고된 이 같은 부메랑형 UFO 목격 케이스는 매우 드문데, 2016년 6월 7일 밤 11시 8분경 고성에서 촬영된 UFO사진은 국내 최초로 포착된 부메랑형 UFO사진이다.

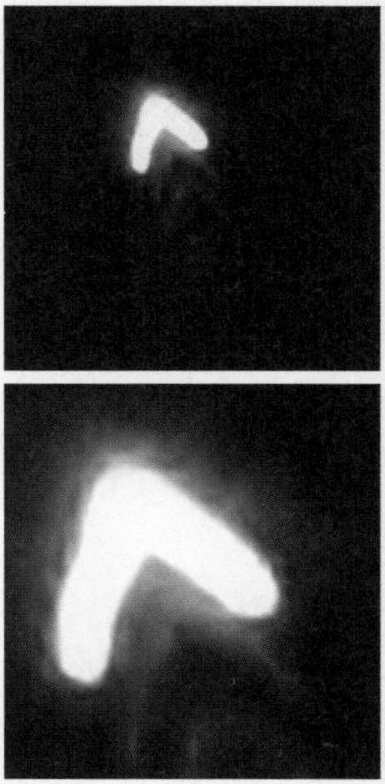

2016년 6월 7일 장중락씨가 촬영한 부메랑형 UFO

목격촬영자인 장중락씨는 잠시 집 바깥으로 바람을 쐬러 나왔다가 고개를 들어 우연히 밤하늘을 바라보던 중 굉장히 밝은 물체가 거의 정지된 상태에 머물러 있는 것을 발견했다. 그는 순간 혹시 UFO가 아닐까 하는 생각이 들어 얼른 소지하고 있던 휴대폰 카메라로 사진 한 장을 먼저 찍었다.

그런 후 발광물체는 갑자기 속도를 내는 듯 비행하는 모습을 보여 바로 동영상모드로 전환하여 촬영을 시도했으나 밤중이라 피사체를 제대로 잡기가 힘들었으며 약 15초가량을 담는데 성공했다.

사진에 대한 분석결과 밤하늘의 이동물체를 야간에 휴대폰으로 찍게 되면 빛을 받아들이는 광량이 매우 적어져 노출시간이 낮과 달리 상대적으로 길어진다. 따라서 비행체가 이동 중인 것을 감안하면 모션블로 현상이 일어나게 되며 이 현상은 사진에도 그대로 반영(연한 초록연두색의 궤적)되었다.

물체의 본래 모습은 여타 UFO사진들처럼 기체 주변의 광원의 밝기가 매우 강해 구분할 수 없었지만 V자형에 가까운 형태로 파악되었다.

6. 중국 충칭 밤하늘에 출현한 UFO

중국 충칭시의 한 고급주택가 상공에서 지난 14일 저녁 UFO가 포착돼 화제다. 충칭상바오 캡처

2010년 7월 14일 오후 8시쯤 중국 충칭시의 한 고층 주택 상공에서 다수의 주민들에 의해 UFO가 목격되는 소동이 일어났다.

이 UFO는 무려 1시간 동안이나 상공에 머물다 사라졌다고 한다. 목격자들의 주장에 의하면 UFO는 모두 4개였으며 이 중 3개는 각각 십자형으로 새하얀 빛을 발산했고 삼각형 대열을 이룬 채 움직이지 않았다고 전했다. 나머지 한 개는 노란색이었으며 3개의 UFO편대와 조금 떨어진 곳에서 똑같이 정지한 채 빛을 발산했다고 한다.

UFO가 포착됐다는 소식이 전해지자 지역 주민들은 집 근처로 나와 사진을 찍는 등 부산을 떨었다. 이들 UFO는 무려 1시간 동안이나 상공에 머물렀다 홀연히 자취를 감췄는데, 이 같은 일은 이례적이라고 중국의 한 신문은 설명했다.

일부 시민들은 UFO가 야경을 촬영하던 헬리콥터에서 나온 불빛일 가능성을 제기했지만 헬리콥터가 1시간 동안 소리 없이 움직이지 않고 정지 비행하기는 어렵다는 반론이 이어졌다.

이 같은 장시간에 걸친 UFO목격 사례는 2010년 7월 7일 항저우 소산공항 상공에서도 발생하였는데, 당시 UFO가 출현해 항공기 이착륙을 방해하는 사태가 발생하여 항저우 공항 측이 공항을 1시간동안 긴급 폐쇄했고, 일부 항공기들은 다른 공항으로 비상 착륙하기도 했다.

7. 영국 하늘에 나타난 불덩어리 UFO

2009년 9월 21일 저녁 9시 경, 영국 데번주에 사는 리 베츠는 평소 밤하늘을 자주 관측하곤 하는 아마추어 천문가로 자신의 집 침실 창문에서 밤하늘을 관측하던 중 밤하늘에 매우 밝은 오렌지빛 광채를 발하는 발광체를 목격하게 되었다. 그는 하늘에서 불타는 듯한 물체를 발견한 즉시 망원경을 이용해 관찰을 했고 혹시 이 발광체가 천문현상이 아닌 UFO일지도 모른다는 생각에 얼른 미확인 발광체를 카메라로 찍을 수 있었다.

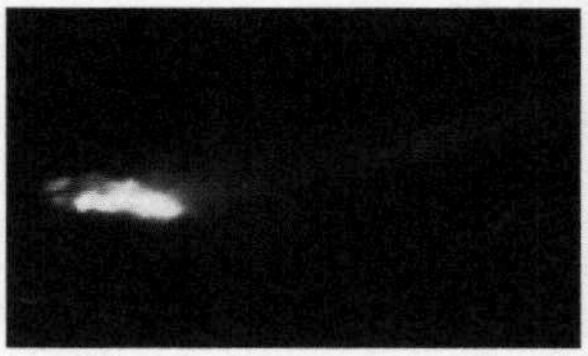

영국 덴버주의 리 베츠가 찍은 UFO

대부분의 UFO사진들은 꽤 멀리 떨어져 있어서 매우 작거나 희미하게 찍히는 경우가 많지만 그가 촬영한 발광체는 지금까지 그 어떤 UFO 사진보다 선명한 형태로 찍혔다.

리 베츠가 찍은 사진은 물체의 크기를 가늠할 수 있을 정도로 카메라에 잘 포착되었다. 그는 목격 당시 상황에 대해 "하늘에서 이 물체를 발견했을 당시에는 내 눈을 믿기가 힘들었다. 고도가 300미터쯤 되어 보였으며 물체의 길이는 약 30m 정도였고 네 줄기의 빛이 뿜어져 나왔다."고 설명했다.

이 미확인 발광체는 약 1시간이 넘도록 하늘을 맴돌았으며, 불꽃을 뿜으며 매우 빠른 속도로 움직여 사라졌다고 베츠는 주장했다.

8. 영국 밤하늘에 출현한 UFO 편대비행

2008년 12월 영국 웨스트미들랜드의 밤하늘에 수십 개의 '불빛'이 나타난 후 사라졌다고 19일 스카이 뉴스 등 영국 언론들이 보도했다. 언론 보도에 따르면, 여객기 등 일반 항공기보다 훨씬 빠른 속도로 밤하늘을 비행한 정체불명의 비행체는 최근 웨스트미들랜드 할레소윈 상공에 모습을 드러냈다.

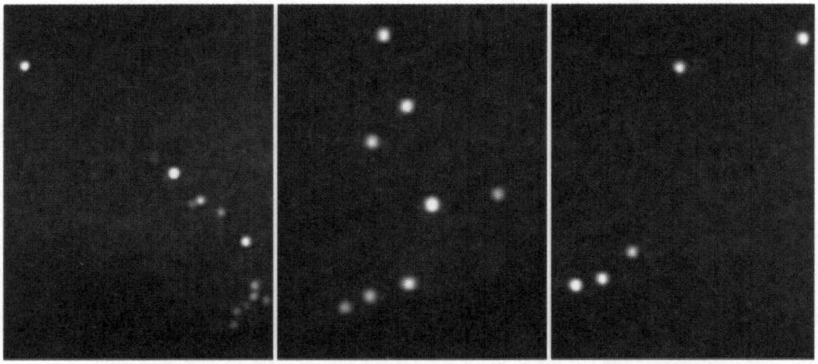

영국 웨스트미들랜드 인근 상공에서 촬영된 미확인 비행물체의 모습

많은 지역 주민들이 이 불빛을 목격했는데, 일반 항공기보다 약 두 배 빠른 속도로 불빛들이 줄지어 선 채 밤하늘을 가로질렀다는 것. 저녁 8시 경에 나타난 수십 개의 비행체가 "손에 잡힐 것 같은" 고도로 지상 가까이 다가왔었다고 한 목격자는 밝혔다.

당시 목격자 중 한 사람은 "찬란하고 화려한 빛을 발산하는 중앙의 불빛을 둘러 싼 비행체들이 남쪽 방향을 향해 날아갔다" 고 말했다. 수십 대의 '미확인 비행물체'가 나타난 지역의 공항 및 공군 관계자는 당시 인근 상공을 비행한 여객기 및 군용 항공기가 없었다는 점을 공식 확인했다고 언론은 전했다.

9. 호주 상공에 자주 출몰하는 UFO

2008년 7월초 호주 노던 테리토리 다윈시에서 UFO들이 지속적으로 목격되고 있는 상황에서 21일 밤 10시 30분경 다윈시 남쪽 베리스프링스에 사는 폴 노악스(45)는 집 상공에서 빨강, 초록, 파랑, 광채를 발하는 괴 비행물체를 두 대의 헬리콥터들이 추격하는 것을 목격했다고 노던 테리토리 뉴스가 전했다.

목격자 폴은 발광체가 지평선으로 방향을 바꿔 날아가다가 다시 집 쪽으로 방향을 틀었는데, 헬기들이 뒤를 계속 추적했으며 소음은 들리지 않았다고 말했다.

국방성 대변인은 당시 군 헬기들이 상공을 비행하지 않았다며 헬기들은 위험하기 때문에 비행체를 추격하지 않는다고 전했다.

그런 후 2개월 뒤인 9월에는 노던 테리토리 오지에서 밝은 광채를 내는 이상한 UFO들이 현지 철도 근무자들과 유럽 여행객들에게 목격되었다.

8년간 텐넌트크릭 철도역에서 근무한 레이 에일릿(58)은 역 밖 정자에 동료 2명과 앉아 있다가 이상한 광채가 그들을 향해 일직선으로 접근해오자 깜짝 놀라게 되었는데 비행물체는 다행히 철도역 상공을 통과해 사라졌다고 말했다. 동료 노미와 닥 역시 그 같은 이상한 비행체를 생전에 본적이 없다고 말하면서 이 광경을 목격한 유럽인 배낭여행자 3명도 큰 충격을 받았다고 한다. 이들은 접근하는 비행체들을 몇 분간 볼 수 있었는데 분명히 비행기들이 아니었고 소음도 전혀 들리지 않았다고 말했다.

이듬해 2009년 1월에는 다윈시에서 또 다시 UFO가 출현해 파란색을 띤 미확인비행물체가 촬영되기도 했다.

79세의 마크 슈무터 씨는 친구가 살고 있는 아파트 9층에서 풍경을 촬영하기 위해 카메라를 들고 발코니로 나갔다가 순간 하늘에서 번쩍거리는 것을 보았다. 파란 색깔의 스포츠카를 빼닮은 자동차를 닮은 물체였는데 슈무터 씨는 정신을 놓고 말았지만 문제의 비행물체가 다시 자신을 향해 돌아왔고 카메라에 담을 수 있었다. 아무런 소음을 일으키지 않았던 이 비행체는 하늘로 높이 솟구친 후 시야에서 완전히 사라졌다고 한다.

호주 국방부 대변인은 당일 해당 지역에 군용기가 비행하지 않았다고 설명했다. 항공사 관계자도 많은 시민들이 외계인 비행체로 착각하는 소형 비행기와 사진 속 파란 미확인비행물체는 서로 닮지 않았다고 평했다.

일부에서는 사진이 조작된 것 같다고 평하지만, 마크 슈무터 할아버지는 그런 일은 전혀 없으며 누군가가 사진 속 물체의 정체를 알려줬으면 좋겠다고 말했다.

10. 해군 항공기 엔지니어가 목격한 UFO

2008년 6월 29일 오후 9시 50분경 영국 서머싯 웨스튼 슈퍼 메어 부근 M5 고속도로 21 교차로 지점에서 해군 항공기 엔지니어가 도로 상에 낮게 떠있는 UFO를 목격하는 사건이 발생했다.

동료 한 명과 함께 승용차로 맨체스터에서 귀대하던 항공 기술자 마이클 메든(25)은 자신의 머리 위쪽으로 200~300미터 상공에 정지한 채 광채를 발하며 회전하고 있는 선명한 비행접시를 발견했다.

항공기 설계 전문가인 마이클은 목격한 비행체가 인간이 만든 항공기가 아닌 것을 바로 알았고 영화에서 본 외계인들의 비행접시와 똑같이 생긴 것을 보고 놀랐다고 한다. 후미에 안테나 같은 것이 부착돼 있는 이 비행체는 3분간 정지해 있다가 도저히 믿기 어려운 속도로 멀리 사라졌다.

마이클은 6월 7일 슈롭셔에서 3명의 군인들이 목격한 13대의 UFO편대와, 같은 날 2시간 전 카디프에서 경찰 헬기와 조우한 거대한 UFO 출현사건, 그리고 28일 밤 헴프셔에서 오스본 부자가 목격한 12대의 UFO 목격 사례 등 최근 며칠 사이에 발생한 UFO 사건들을 함께 제시했다고 텔레그라프지가 보도했다.

11. 호주 주택단지 상공에 2시간 체공한 UFO

2008년 6월 22일 밤 8시경 호주 노던테리토리 준주 오지의 작은 마을인 말린자에서 UFO가 장시간동안 한 주택 상공에 출현해 일가족이 공포와 충격에 휩싸인 사건이 발생했다.

112명의 주민들밖에 살지 않는 이 작은 마을에 갑자기 UFO 편대가 나타나 주택단지 상공에 몇 시간 동안 머물러 떠 있었으며 그 중 한 대는 주택 지붕 위 5미터 상공 이내까지 매우 가깝게 접근했다.

주민 제니 딕슨에 따르면 그날 밤도 여느 날과 다름없이 아이들이 농구장에서 몇 개의 골대에 슈팅 연습을 하며 놀고 있었고 자신은 집안에서 두 조카딸들과 이야기를 하고 있었다고 한다. 그런데 갑자기 이상한 굉음이 들려 밖으로 나갔으나 아무것도 볼 수 없었고 어두운 하늘에서 계속 쿵쿵대며 무언가 지나가는 듯 굉음이 계속 들리고 있었다.

제트기가 지나가는 것으로 생각한 제니는 하늘에 작은 별이 나타난 것을 보고 어두운 하늘에 제일 처음 보이는 별인줄 알았다. 하지만 그 별은 3개의 빨간 불빛으로 변했고 하늘에서 들리던 굉음은 점점 가까워지기 시작했다. 땅이 흔들리는 느낌을 받고 가족들과 함께 집으로 들어가 문을 걸어 잠근 제니는 창문을 통해 빨간색 비행물체가 비행접시들인 것을 확인할 수 있었다.

UFO가 아이들이 농구하는 밝은 농구장으로 접근하는 것을 본 제니는 농구장에서 놀던 이이들이 허겁지겁 도망가는 것을 보았고, UFO는 곧 제니의 집을 향해 천천히 이동하기 시작했다.

UFO들 가운데 한 대가 너무 가까이 접근해 집 지붕 바로 위 4~5미터 상공에 떠 있는 것을 본 가족들은 공포에 떨면서 무서워했다. 그 순간 전화벨이 울려 전화를 받았으나 잘못 온 전화인지 아무런 말소리도 들리지 않았다.

제니는 UFO가 집 상공에 떠 있는 동안 집 안이 너무 밝아져 야간 축구 경기장에 있는 것 같은 느낌이 들었다고 말했다. UFO들은 무려 2시간이 넘도록 제니의 집 지붕 근처에 머물다가 다행히도 밤 11시경 갑자기 사라졌다. 모두들 밖으로 나와 천만 다행이라며 신기한 체험을 말하며 차를 마시고 있던 가족들은 갑자기 하늘에서 또 다시 굉음이 들리며 UFO들이 다시 출현하자 허겁지겁 집으로 피했고 UFO들은 바로 사라졌다.

노던 테리토리 뉴스와 인터뷰한 제니는 그날 밤 모든 마을 사람들이 너무 겁을 먹은채 심적인 충격을 받아 잠을 잘 수 없었다고 말했다.

12. 영국 군부대 상공에 나타난 UFO

2008년 6월 7일 밤 11시경 영국 중서부 슈롭셔 마켓드레이튼 근처 턴힐 육군 부대 상공에 UFO 13대가 출현하여 병사들이 크게 놀라는 사건이 발생했다.

턴힐 인근 지역 상공은 미확인 비행물체가 자주 목격되는 곳이기도 하다. 영국 공군 훈련소가 위치한 슈롭셔 인근 턴힐에서 야간 순찰을 돌던 군인의 휴대폰에 UFO 무리가 촬영되었다.

군인 외에 경찰, 민간인까지 목격된 이 사건은 막사 출입문 앞에서 야간 보초 근무 중이던 아일랜드연대 1대대 소속 상등병 마크 프록터(38)는 3명의 최초 목격자 가운데 한 명인데, 그의 증언에 따르면 갑자기 밖에서 떠드는 소리가 들려 가보니 부대 상공에 루빅큐브 같이 다양한 빛을 발하는 정육면체 물체들 여러 개가 회전하고 있는 희한한 광경이 보게 되었다.

그는 즉시 휴대폰 카메라로 UFO들이 사라질 때까지 지그재그로 비행하는 UFO들의 모습을 두 차례 촬영하고 휴대폰 저장 파일과 함께 직속 지휘관에게 상세히 보고했다.

부대를 야간 순찰 중이던 한 일병(19)도 동시에 UFO 비행대를 목격했는데, 그는 약 30개의 발광 비행물체들이 몇 분간 고공을 그리 빠르지 않은 속도로 지나갔으며, 물체에서 붉은색 광채를 보았다고 말했다.

턴힐 기지에서 UFO들이 목격되기 2시간 전에는 웨일스 남부 카디프에서 80마일 떨어진 상공에서 거대한 UFO와 경찰 헬리콥터가 아슬아슬하게 조우했다.

국방성 전문가들이 마크 상등병의 휴대폰 영상을 분석하면서 조사관들은 목격한 병사들에게 '이번 사건에 관해 일절 외부에 발설하지 말라'고 지시했다. 국방성 대변인은 목격보고서들은 단지 비행체들이 적의를 품고 영국 영공을 위태롭게 했거나 그들이 허락 없이 영공 내에서 군사 활동을 했는지 여부를 조사하는 것이라서 비행체들의 정체 확인은 하지 않는다고 말했다.

13. 미국 미시건주에 나타난 삼각형 UFO

2007년 11월 21일 미국 미시건주에서 거대한 삼각형 비행물체가 목격되는 일이 발생했다.

시간은 오후 1시 50분경으로 춥고 흐린 날씨였는데 목격자는 당일 숲속에서 사냥을 마치고 트럭을 몰면서 집으로 돌아가는 중이었다. 그런데 하늘에서 빛을 발하는 삼각형 물체가 구름 밑으로 분명하게 서쪽에서 동쪽으로 이동하며 비행하는 모습을 보게 되었다. 물체의 중앙부분은 반투명으로 보여 하늘이 그대로 겹쳐 보이는듯 했다.

당시 목격된 삼각형 비행물체의 모습 추정도

당시 목격된 삼각형 비행물체의 모습 추정도

목격자의 증언에 의하면 삼각형 각 꼭지점 위치에는 적색의 밝은 등이 보였는데 물체는 소리 없이 비행하였고 그 엄청난 크기에 충격을 받았다고 한다.

그런데 삼각형 UFO는 다음 달인 12월 7일, 또 다른 장소의 상공에 출현했다. 이번에 목격된 삼각형 비행물체는 그 크기가 미식 축구장 크기정도로 거대했으며 대략 400-600피트(120~180미터)에 달했다고 한다.

목격자의 주장에 의하면 물체는 상당히 컸으며 전체적으로 검은색을 띠고 소리 없이 비행했다고 말했다. 또한 삼각형의 각 코너에는 하얀색 빛이 발하는 것을 보았고 붉은 색깔의 빛과 함께 보였다고 하며 붉은색의 라이트는 점멸하는 듯 했는데 마치 모르스 신호 같았다고 한다.

2종 조우 : UFO의 착륙 및 전자기적 효과

제 2종 조우란 UFO가 지상에 착륙을 하여 흔적을 남긴 경우나 저공비행 중 주위 환경에 영향을 끼친 케이스를 말한다. 제 2종 조우의 가장 두드러진 특징은 전자기적 효과 외에 물리적인 흔적을 지상에 남긴다는 점이다.

수백 건에 달하는 UFO착륙사건에서 UFO가 남긴 흔적을 보게 되면 강한 기계적인 물리적 압력에 의해 지면이 눌려져 있거나 움푹 패인 흔적, 구멍이 난 흔적, 또는 불에 탄 흔적, 강한 열을 가한 흔적, 원형으로 탄 흔적, 자극적인 냄새의 발산, 열에 의한 흙의 변성작용, 까맣게 탄 유기물질, 토질의 변화, 이상건조, 가루모양의 이상한 물질, 시계반대 방향으로 쓰러져 있는 풀잎 흔적, 땅위에 눌어붙어 다림질한 것 같은 흔적 등이 남아있다. 때로는 높은 양의 방사능 수치가 검출되기도 한다.

1. UFO 착륙, 근접 조우, EM효과 케이스

프랑스 천문학자이자 UFO연구가인 자크 바레(Jacgues Vallee)는 UFO 착륙사건의 통계를 내본 결과 네 가지의 흥미로운 결과를 얻었다고 말했다.

첫째, 착륙사건은 인구밀도와 역비례적으로 발생하며 인구밀도가 적은 전원지대에 집중하고 있다는 점. 둘째, 착륙한 UFO의 직경은 5m 전후가 많았다는 점. 셋째, 목격시각은 저녁 6시 전후로 시작하여 8시 전에 피크를 이루고 아침 4시쯤 다시 증가하여 대낮에는 전혀 목격되지 않았다는 점. 넷째, UFO탑승자(승무원)를 함께 목격한 케이스도 발생했다고 하는 점이다.

착륙 상상도와 실제 UFO 착륙 추정지의 눌린자국

수많은 근접 목격 조우사례에서 보고되는 현상들을 살펴보면 동물들의 불안한 행동이나 신체 마비증상, 구토, 어지럼증, 두통, 화상, 방사능증, 차량의 엔진정지 및 헤드라이트 꺼짐, 전파교란, 전기적 충격 등 다양한 체험들이 알려져 왔다.

이러한 현상들은 전자기적 장애를 일으키는 전자기적 효과(Electro magnetic Effect: EM 효과)에 의해 발생하는 것으로 이는 UFO로부터 발생되는 UFO 추진 메커니즘 상 일어나는 에너지장의 간섭효과로 보여 지고 있다.

EM효과는 크게 물리적인 영향과 생물학적인 영향으로 구분되는데 전자기적 물리적 효과로는 자동차 엔진의 정지, 전조등의 꺼짐 현상, TV와 라디오의 고장 또는 전파 수신 장애, 정전, 나침반, 자석, 손목시계의 고장, 레이더 교란, 인공방사능의 증가, 기온의 일시적 상승 등이 있다. 생리적 효과로는 피부가 쑤시는 증상, 구토, 설사, 멀미, 신경의 일시적 마비, 피부화상, 전기적 쇼크, 일시적 실명, 복통, 탈모, 현기증, 발진, 전신마비 증상, 방사능 노출 증상들이 있고 특히 동물들이 먼저 민감하게 반응하기도 하는데 연구가들은 극초단파의 영향으로 보고 있다.

2. GAPAN에서 공식 조사한 프로방스 UFO 착륙사건

1981년 1월 8일 프랑스의 니스 근교 트랑 앙 프로방스라는 작은 마을에서 현대과학으로는 설명할 수 없는 기이한 UFO 착륙사건을 한 농부가 목격하는 상황이 발생했다.

이 프로방스 UFO 착륙사례는 UFO 관련 조우사례 중 가장 객관적인 증거와 과학적인 접근조사가 이루어졌으며, 프랑스의 UFO조사기관인 GEPAN(미확인 대기현상 연구그룹)이 직접 참여하여 조사를 진행한 신뢰도가 매우 높은 케이스에 속한다.

당시 목격자인 퇴직한 공장장이었던 레나토 니콜라이는 헌병대에 바로 신고하였다. 헌병대는 그가 평판이 좋은 사람으로 거짓으로 신고할 사람이 아니었기에 그의 말을 신뢰하고 즉시 현장 조사에 착수하였다. 헌병대의 조사에 의하면 목격자의 진술은 진실성이 있으며 평판이 훌륭한 사람으로 거짓말할 가능성은 없다는 것이다.

프랑스 헌병대의 조사는 미국의 UFO전문가들도 그들의 조사결과를 신뢰한다. 프랑스에서는 UFO관련 사건들에 대한 조사를 헌병대에서 담당하기 때문이다.

목격자인 레나토 니콜라이

사건은 그날 오후 5시 10분 어둠이 내릴 무렵 이탈리아 태생의 레나토 니콜라이(당시 55세)는 집안 일을 하던 중 이상한 느낌이 들어 고개를 들어 하늘을 쳐다보게 되었는데 물체가 소리도 없이 약 50m 상공에 떠있는 것을 목격하게 된다.

그런데 이상한 타원형 물체가 작은 숲 사이를 스칠 듯 지나치면서 그 물체는 아주 가볍게 이웃집 정원 안에 착륙을 하게 된다. 처음에 니콜라이는 이 물체가 프랑스 공군의 시험 비행기일 것으로 생각했다.

그는 두려움을 갖기보다는 호기심에 궁금하여 좀 더 가까이가 보기로 했다. 크기가 1미터~2미터 54센티, 둘레가 2미터 50센티 정도되는 이상한 타원형 물체를 확인하게 된다.

그는 말하기를 흔히 볼 수 있는 물체가 아니었다고 증언하면서 그가 30보 정도 걸어가자 잠시 후 그 둥근 타원형 물체는 약 25m 정도 높이까지 수직으로 소리 없이 상승하더니 어디론가 사라졌다. 물체에

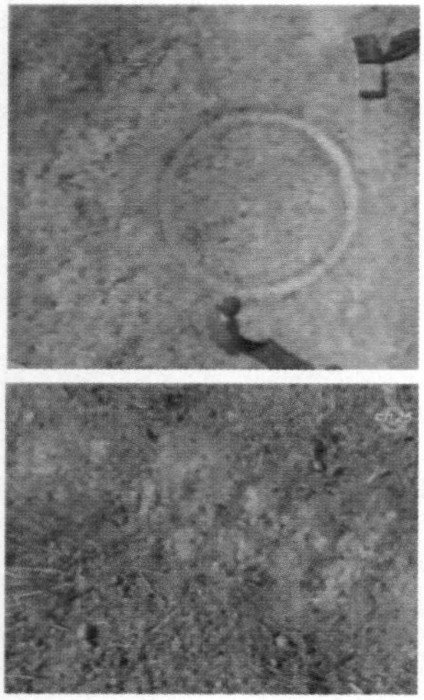

프랑스 프로방스 지역에 남겨진 UFO의 착륙자국과 눌린 흔적

는 4개의 창문 같은 것도 보였다고 한다.

UFO가 날아간 뒤 아래로 내려가 땅 표면을 확인한 결과 흙 위에 뚜렷하게 찍힌 둥근 자국과, 눌린 자국에서 그을리면서 탄 것을 발견했다. 그리고 두 군데에는 스키드 마크가 선명하게 남아있었다.

그는 아내에게도 말하고 아내는 또 이웃집 주민에게 전하게 되었다. 이어 이웃 주민의 신고로 경찰이 즉시 현장에 출동하여 조사를 하기 시작했다.

프랑스에서는 UFO관련 사건도 최초의 조사는 경찰에서 맡아 진행한다. 현장에 도착한 경찰들은 현장사진과 직경(지름 2.2m)을 재고 식물표본과 흙 샘플을 채취했다. 또 표본을 채취한 위치도 일일이 기록했다.

그 결과 현장에는 뚜렷한 원형자국과 토양의 주변 식물들의 광합성체계가 설명할 수 없는 이유로 변형되었다는 사실이 드러났다. 그리고 프랑스 국립우주연구소의 협조 하에 필요한 조치가 취해졌다. 당시 지방경찰국 보고서에는 "한 비행물체가 여기 니콜라이 농장에 착륙했다."라고 기록해 놓았다.

GEPAN은 두 차례에 걸쳐 착륙지점을 방문하여 표본을 채취했다. 흙과 식물의 표본을 조사한 결과 착륙지점에 생화학적 변화가 생긴 것을 알 수 있었다. 뿐만 아니라 채취한 흙에서 300~600도 정도의 열에 노출되었다는 사실과 강한 기계적 압력에 의해 흙이 변성되고 줄무늬가 생긴 것을 확인하였다. 또 흙에는 다량의 산화철과 칼슘 알갱이와 미량의 인과 아연이 포함되어 있었으며 약 1마이크로미터 두께로 철과 산화철로 구성된 검은 점들이 형성돼 있음이 밝혀졌다.

경찰이 채취한 식물표본은 국립농학연구소에서 표본을 조사한 결과 화학적 성분 구성 비율이 달라지게 된 것이 확인되었다.

광합성에 관여하는 엽록소와 크로로필, 카로틴의 함량을 조사한 결과 착륙흔적 10m 밖에서 채집된 샘플보다 약 30~50%가량의 엽록소가 미달된다는 사실을 발견한 것이다.

다시 말해서 착륙지점의 채취표본에 없던 것이 먼 곳에 있는 표본들보다 농도가 높아졌다. 특히 이런 현상은 어린잎에서 심하게 나타나 일종의 조로증세를 보였다. 엽록소의 함량은 착륙흔적의 중심에서 멀어질 수록 증가하여 5m 떨어진 곳에서 표준샘플과 거의 비슷한 수준을 나타냈다.

결론적으로 식물들은 원인미상의 외상을 입었다는 것이다. 그리고 채집된 식물에서는 유의할만한 양의 방사선이 검출되지 않았기 때문에 방사선에 노출되었다고는 볼 수 없었다.

1983년 GEPAN의 책임자인 알랭 에스테를 박사는 영국 및 프랑스 방송과의 인터뷰에서 GEPAN이 아주 명백한 UFO의 증거를 확보했다고 발표하기도 했다.

프랑스 국립우주연구소 분과장인 장띠끄 벨라스코는 이 사건에 대해 다음과 같이 설명했다.

"목격자의 증언에 일관성이 있었고 땅에 남아있는 자국이 너무나 분명했었습니다. 처음에 조사를 담당했던 경찰이 조작된 것은 아니라는 사실을 입증해 주었습니다. 우리는 여러 가지 현상을 가정해 보면서 번개에 의한 현상을 고려해 보았는데 당시 프로방스 지역은 기상상태가 양호했습니다. 난생 처음 보는 자국이기 때문에 우리는 모두가 당황했습니다. 사건이 있은지 수 십일이 지난 후에도 뚜렷하게 나타나 있었습니다. 결국 우리는 이 자리에 정확하게 착륙했던 물체가 무엇인가 하는 문제에 봉착하게 되었습니다. 실제적으로 이러한 물체를 계속적으로 움직이게 하기 위해서는 핵 발전이 필요합니다. 어

프로방스 UFO 착륙상황 스케치와 당시 착륙한 장소의 지표면이 눌린 자국

쨌든 우주에는 또 다른 문명이 있을 거라고 생각합니다. 그들이 우리를 방문했을 수도 있죠."

그날 레이더에는 이상한 물체도 잡힌 적이 없음이 밝혀졌다. 프랑스정부는 아직 프랑스에서는 소리 없이 착륙하고 움직일 수 있는 비행물체를 만들 수 없다고 했다.

이 사건은 UFO목격과 착륙흔적을 직접 확인하고 프랑스 정부소속 관련기관에서도 지대한 관심 표명과 과학적 조사 분석을 시행한 최초의 유력한 증거를 남긴 제 2종 조우 케이스로 남게 되었다. 이 사건에 대한 조사 분석결과는 분명 어떤 미상의 둥근 원반형 물체가 지면에 착륙하여 뚜렷한 원형자국을 남기고 사라진 증거를 입증할 수 있었다. 그러나 그 물체가 무엇이었는지는 오늘날까지도 미해명으로 남아있다.

프로방스 사건은 UFO 조사 연구 역사상 가장 철저하고 객관적인 과학적 조사연구를 진행한 사례로 남아있다. 이 사건에 대해 이야기를 나누었던 미국인 학자들은 UFO와 관련된 사건에 대해서 이렇게 세밀하고 과학적인 조사가 이루어진 것은 프로방스 UFO착륙 사건이 처음이라고 말했다.

3. 착륙한 UFO에 접근했다가 화상을 입은 광부

착륙해 있는 UFO에 모르고 호기심에 이끌려 가까이 접근했다가 불의의 사고를 입는 경우가 발생할 수 있어 각별히 조심할 필요가 있다.

실제 이러한 사건들이 UFO역사에 기록되어 있는데 그 중 가장 유명한 사건은 1967년 캐나다의 한 광부가 체험한 UFO 근접 조우사건으로 캐나다 국방부, 공군, 헌병대외에 미국의 주요기관 등에서 심도있게 조사했던 유명한 사례로 남아있다.

때는 1967년 5월 21일 정오쯤 캐나다의 매니토바주 위니팩에서 75마일 떨어진 거리의 동쪽 팔콘 호수 가까이에 있는 산등성에서 발생했다. 광부인 스티븐 미칼락은 산등성에서 취미 삼아 광물을 찾기에 열중하던 중이었다. 그런데 그는 머리 위에 떠 있는 두 대의 전형적인 접시형 UFO를 목격하게 되었다.

직경 35피트에 높이가 12피트 정도 되어 보이는 선홍색 원반의 비행물체로 한 대는 산등성에 착륙하고 있었고, 나머지 한 대는 오던 방향으로 날아갔다. 미칼락은 난생 처음 보는 물체에 강한 호기심이 발동하면서 스텐레스 제품처럼 매끄러운 광택이 빛나는 UFO에 가까이 접근하기 시작했다.

비행체는 접합하거나 용접한 면이 전혀 없었고 표면은 유리의 반사조명 같이 밝은 광택을 냈다. 그가 위아래로 살펴 볼 때 물체 밑부분의 작은 문이 열리면서 안으로부터 강렬한 보랏빛이 뻗쳐 나왔다. 그때까지 그는 그 비행체가 미국의 신형 항공기가 아닌가 생각했다. 당황한 미칼락는 머리에 쓰고 있던 헬멧용 보안경을 쓰고 보았는데 그 빛은 무질서하게 번쩍이는 빛의 무리처럼 보였고 빨간색과 녹색으로 분해되어 보였다.

그리고 UFO안에서 날카로운 말소리가 들리는 듯 했다. 그는 다시 접근하여 너희들은 누구

조우 상상도

냐고 물어보았다. 아무런 반응이 없었다. 그는 뒤로 물러서서 반응을 기다렸다. 그리고 고무장갑을 낀 손으로 UFO선체를 살며시 만져보게 되었는데 금방 장갑이 UFO 선체에서 발하는 열기에 녹아 버리고 말았다.

미칼락이 어리둥절해 있을 때 갑자기 문이 닫혀지고 UFO의 선체가 왼쪽방향으로 회전하기 시작했다. 그 순간 그의 옷이 타버릴 정도로 강한 열파가 그물 형태의 환기창 같은 곳에서 내뿜으면서 수직 상승하여 날아가 버렸다.

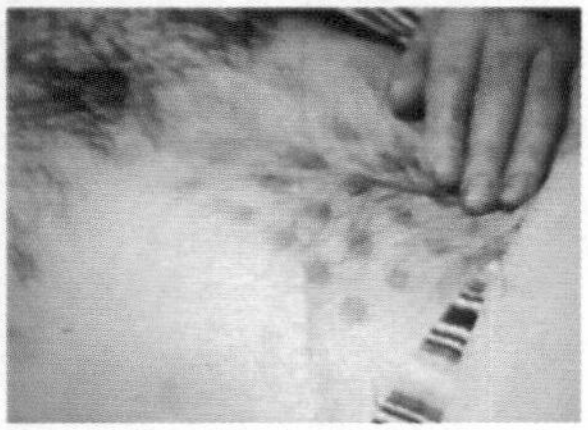

위) 미칼락이 본 UFO의 스케치
아래) 복부에 생긴 바둑판 무늬의 화상 자국

미칼락은 순간 뜨거운 공기 열풍이 그의 가슴을 때리는 것을 느꼈고 불이 붙은 옷을 벗어 제쳤다. 주위에는 유황과 전기회로가 뒤섞여 타는 듯한 강한 냄새가 났다. 그리고 정신없이 산에서 내려오기 시작했다. 견딜 수 없을 정도의 강한 통증과 심한 메스꺼움, 두통에 시달려 그는 곧 위니펙 병원에 입원하여 진찰과 함께 화상과 후유증 치료를 받았다.

병원에 도착했을 때 미칼락은 의사에게 비행기로부터 배출된 배기가스에 화상을 입었다고 말했다. 그 말에 의사는 1도 화상 환자로 취급하여 간단한 치료를 한 뒤 집으로 돌려보냈다. 나중에 그의 가슴과 복부에 나타난 특이한 바둑판무늬의 화상자국은 열에 의한 것으로 진단되었다. 복부에 생긴 화상자국은 30여 개의 작은 창을 가진 UFO의 배기통(?) 창과 일치했다. 그의 증언에 따르면 UFO의 배기통 모양이 자신의 복부에 생긴 바둑판모양의 배열처럼 생겼다는 것이다.

사건이 있은 후 며칠동안 미칼락은 음식을 먹을 수 없었을 뿐만 아니라 몸무게도 22파운드가 줄었다. 또한 설사증세와 주기적인 무력감, 현기증, 구토, 관절마비, 만성적인 종기에 시달렸다. 혈액의 림프구 수는 25%에서 16%로 줄어들었고 4주 후에야 정상으로 되돌아 왔다. 정밀검사 결과 골수의 세포가 죽어있어 임파구의 현저한 감소증세를 보였다. 이것은 방사능장애의 전형적인 증상이었다.

미 해군병원 방사선동위원소 연구소의 호레이스 두들리(Horace Dudley)박사는 설사, 체중감소, 그리고 림프톨 수의 감소에 의해 수반된 메스꺼움과 구토증상은 X선이나 감마선에 전신이 노출되었을 때 발생하는 전형적인 현상이라고 했다.

두들리박사는 그가 100~200 뢴트겐의 방사능을 받았다고 추측하면서 이 정도의 방사선양을 매우 짧은 시간 동안만 쐬였다는 것은 천만 다행스러운 일이며, 만일 그보다 오랫동안 조사되었다면 아마도 사망했을 것이라고 말했다.

시간이 지나면서 미칼락은 그의 목과 가슴주위에 통증을 호소했다. 손은 풍선같이 부풀었고 시력을 잃고 의식불명상태에 빠지기도 했다. 그가 건강을 회복하는데는 1년이 넘게 걸렸다.

이 사건이 있은 후 캐나다 건강사회복지부, 국방부, 국가연구심의회와 콜로라도 대학, 캐나다 공중현상 연구기구, 캐나다 헌병대와 공군, 미국의 화이트쉘 핵 연구기관에서도 조사를 했으며 1967년 미국 콘돈 위원회에서도 조사를 했다.

건강, 사회 복지부의 조사원은 착륙지역에서 라듐, 226의 심각한 수준을 나타내는 사방 100인치 이하의 작은 오염영역을 발견했으나 만족한 설명이 될만한 어떤 단서도 발견할 수 없었다.

이 사례에서 우리는 UFO가 금속성 물질로 만들어진 인공적인 물체라는 점과 UFO의 EM효과, 그리고 UFO의 물리적 영향권 안에서 선부른 행동은 자칫 위험한 상황에 처해 피해를 입을 수 있다는 것을 알 수 있다.

4. 미 공군과 FBI가 조사한 UFO 착륙사건

1964년 4월 24일 뉴멕시코 주 소코로에서 일어난 UFO 착륙과 외계인 조우사건은 미 공군의 프로젝트 블루 북팀과 FBI(미연방수사국)에서 지대한 관심을 가지고 조사했던 케이스로 기록된 근접 조우사례이다.

당시 미 공군과 미연방수사국은 사건발생 4일 후 현장조사를 착수한 결과 현지에서 UFO가 남긴 뚜렷한 착륙흔적을 발견할 수 있었다.

사건의 개요는 이랬다. 오후 5시 45분경 주변 평판이 신뢰할 만한 로니 자모라 경관은 속도를 위반한 차를 뒤쫓고 있던 중이었다. 그런데 갑자기 어디선가 폭음이 들려 과속 위반 차의 추적을 포기하고 폭음소리가 들린 현장 쪽으로 차를 돌려 향했다.

언덕 꼭대기에 도착했을 때 그곳에는 세로로 세워놓은 미식 축구공 모양의 반짝이는 금속성 물체가 긴 다리로 지상에 지탱하였고 그

당시 UFO 착륙 상황 재현도

옆에는 두 명의 키가 작은 휴머노이드형 생물체가 이리저리 움직이고 있었다.

로니 자모라 경관

자모라 경관은 그 물체를 보고 처음엔 차가 뒤집힌 것으로 착각하여 가까이 다가가서 거들어 주려고 했으나 이를 눈치 챈 키가 작은 생물체는 당황한 듯 했고, 이어 고막이 터질 듯한 엄청난 폭음소리와 함께 물체 아래로 푸른빛과 오렌지빛의 불길을 뿜어내는 광경을 보게 되었다.

순간 자모라는 공포에 휩싸이면서 겁에 질린 채 혼비백산하여 차를 내버려두고 뒤돌아 달리기 시작했다. 폭음이 멈추고 조용한 정적이 이내 찾아왔고 눈을 떠보니 그 물체가 멀리 사라지기 시작하면서 자모라는 무전기로 본서에 상황보고를 했다.

긴급 상황보고에 급히 달려온 샤베스 경위는 자모라의 겁에 질린 얼굴을 보게 되었고 도착하기 전 자모라 경관은 자신이 본 물체의 표면에 그려진 표식을 땅에 그리고 있었다 한다.

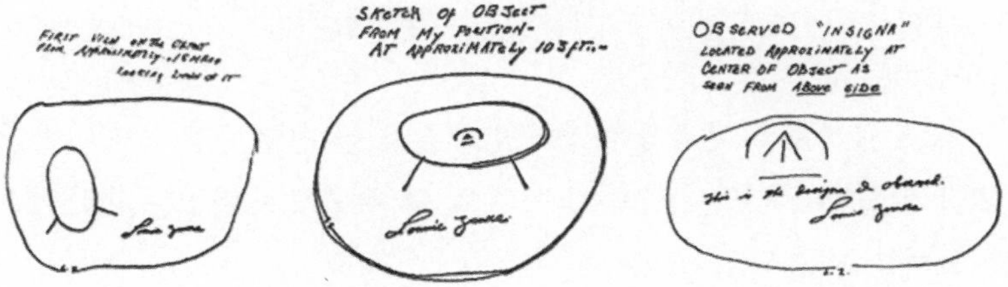

경위는 현장을 통제한 채 가까운 군 당국에 연락을 취했다. 물체가 착륙했던 현장에는 불에 탄 가시나무 덤불을 확인했다. 그리고 물체가 착륙했던 자리에는 까맣게 타버린 풀들과 UFO 착륙용 다리로 인해 U자형으로 패인 흔적 네 군데가 역력히 남아있었고 패인 깊이는

UFO착륙자국 및 주변의 흙 성분

약 5cm정도 되어 보였다. 그 정도의 흔적을 남기려면 물체의 무게가 7톤 이상의 압력이 주어져야만 하는 것으로 추정되었다.

또한 두 명의 생물체가 남긴 발자국도 남아있었다. 나중에 그 지역을 탐문 조사한 결과 사건 시간대에 또 다른 세 건의 UFO목격보고가 접수되었음을 확인했다.

UFO에 의해 패인 땅의 자국과 수풀의 탄 흔적을 확인하고 샘플들을 공군 감식반에 보냈다.

로니 자모라 경관의 착륙한 UFO 조우사건은 UFO의 명확한 형태 목격과 물체에 새겨진 이상한 마크, 지면에 남겨진 뚜렷한 착륙흔적, UFO 승무원의 목격 등 여러 측면에서 UFO의 실존 증거를 제시하는 높은 신뢰성을 보인 조우사례로 남아있다.

5. UFO와의 근접조우 후 방사능피해를 입은 여성

1980년 12월 29일 밤 8시 30분 미국 텍사스주 집으로 향하던 베티 케시여사와 빅키 랜드럼, 손자인 콜비는 차를 타고 주행도중 어느 순간 도로 길가 상공에 다이아몬드형의 물체가 떠 있는 것을 목격하게 되었다.

최초 목격자는 뒷좌석에 앉아있던 손자 콜비였다. 콜비가 앞쪽에 이상한 물체가 떠있다고 하자 모두들 숲 위쪽으로 떠있는 미확인비행물체를 보게 되었다.

다이아몬드형 비행물체는 밑단에서 섬광을 내뿜고 있었다. 그런데 갑자기 차안이 더워지기 시작하자 베티는 그 물체를 확인하기 위해 차문을 열고 차에서 내려 열기를 내뿜는 그 물체를 향해 조심스럽게 다가갔는데 베티와 미확인비행물체와의 거리는 100m도 안되는 거리였다. 열기가 심한 상황에서 베티는 뜨거움을 견디다 못해 다시 차안으로 들

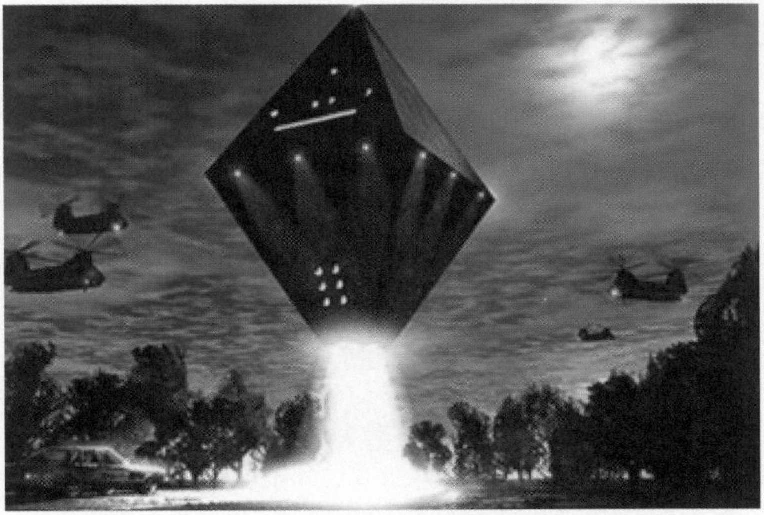

베티 캐시가 목격한 다이아몬드형 물체

어가려고 하는데 차 문의 열기가 화상을 입을 정도로 뜨거웠다.

그 순간 주변 어디선가에서 들리는 헬리콥터의 굉음을 듣게 되었다. 미공군의 CH-47 치누크형 헬기들이 사방에서 자신들이 머물고 있는 방향으로 날아오는 상황이었는데 대 수는 20대가 넘어 보였다.

그 헬기들은 다이아몬드형 물체를 에워싸는 듯 주변으로 몰려들기 시작했다. 마치 그 물체를 호위하는 듯한 광경처럼 보였다.

5분쯤 경과될 무렵 미확인물체와 헬기들은 숲 너머로 사라지기 시작했다. 콜비는 헬기의 굉음에 놀라워했고 베티는 더 이상 머물러서는 안 되겠다는 급박한 생각에 차를 돌려 집으로 향하게 되었다.

집으로 돌아온 세 사람은 그날 밤의 일에 대해 잊어버리고 잠을 청했는데 다음 날 세 사람은 몸의 이상증세를 호소했다.

콜비는 구토 증세를 보이고 베티와 빅키는 고열, 두통과 설사증세

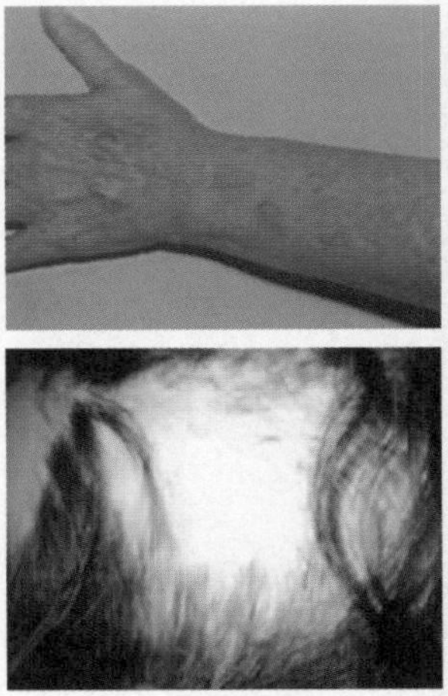

방사능 오염에 의해 손등과 팔에 화상을 입고 머리털이 빠진 베티의 머리모습

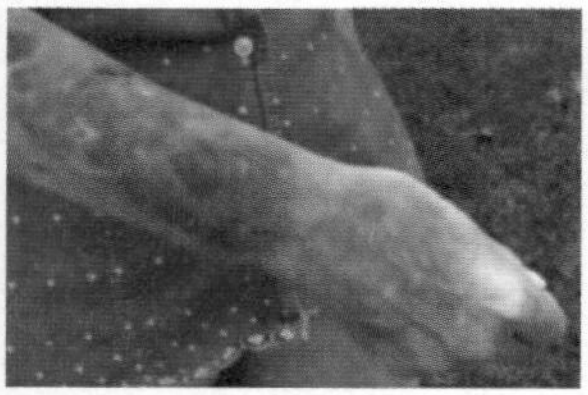
빅키 랜드럼의 오른쪽 팔과 손에 입은 화상

를 보였다. 다행히 빅키와 콜비는 차안에 있었던 관계로 그 증세가 덜했고 어느 정도 시간이 흐른 뒤 회복되었지만 베티는 증세가 악화되기만 했다.

베티는 어느 날 손등의 살갗이 빨갛게 화상을 입은 것처럼 타 있고 눈이 부으며 머리카락이 한웅큼씩 빠지는 증세를 보이자 인근 휴스턴 파크웨어 종합병원에 입원을 하게 되었다.

병원 측의 진단은 강한 방사능에 노출되어 보이는 방사능 증세를 보인 것으로 진단을 내렸다. 그녀를 진단했던 텍사스의 브라이언 맥클랜드 의사는 다음과 같이 말했다.

“그녀가 화상으로 입원한 뒤 잦은 설사와 구토에 시달렸고 머리가 심하게 빠지는가하면 빛에 노출된 오른쪽 얼굴과 손이 심한 화상을 입었습니다. 이는 아마도 다량의 전리방사선에 노출된 상태로 보였고 당시에 그녀는 위독했어요”

그리고 캐시의 딸은 “엄마가 마치 프로판가스 불덩어리를 뒤집어 쓴 것처럼 고통을 받았다.”고 말했다.

베티는 자신이 이런 상황에 처한 것이 그 당시 본 물체와 관련이 있는 것으로 보고 1981년 지방법원에 피해 배상소송을 제출했다. 미국 국가를 상대로 일가족이 UFO로 인해 피해를 입은 것에 대해 국가에서 배상하라는 소송이었다.

이 사건으로 인하여 베티는 오랜 기간의 투병생활을 하게 되었고 1988년 끝내 숨을 거두었다.

한 미공군 관계자는 “그날 밤 작전을 위해 출동한 치누크 헬기 승무원들의 기록은 모두 파기되어 공개할 수 없다.”고 했다.

이 말은 당시 미상의 물체에 대해 모종의 작전이 펼쳐졌었다는 것을 시인하는 것이며 그 물체는 UFO임이 확실하고 어떤 긴급한 상황의 발생으로 인해 지상으로부터 저공비행 중 베티여사와의 근접조우를 하게 된 것이다.

이처럼 UFO와의 최근접 조우는 자칫 사람에게 피해를 입힐 수 있는 열과 빛을 발산하는데 강렬한 마이크로파는 인간에게 화상을 입힐 수 있는 것이다. 또한 동물들에게는 이상행동을 유발시켜 공포심과 난폭한 행동, 이리저리 뛰어다니거나 안절부절못하는 행동을 하게 만든다.

3종 조우 : 외계인과의 만남

제 3종 조우란 UFO 탑승자를 목격하거나 조우한 경우를 말한다. 소위 외계인이라 지칭하는 휴머노이드 타입의 지능을 가진 생물체와의 근접 조우가 이에 속한다.

대부분은 개인에게 발생하는 예가 많으나 집단적인 접촉이 이루어지는 경우도 있다. 그리고 접촉자들은 자신도 모르는 사이에 피랍을 당해 UFO내부에서 신체검사와 같은 행위를 받기도 한다.

조우자들이 보고하는 UFO 승무원의 유형은 대개 키가 작고 아몬드 타입의 큰 눈에 머리가 큰 편이며 가느다란 팔 다리를 가진 키가 작은 소인형 외계인을 묘사하고 있다.

그 외에도 로봇형, 털이 많은 털복숭이형, 거인형, 인간형 등 다양한 형태의 승무원 보고가 있어왔다. 가장 큰 비중을 차지하는 유형은 그레이(Grey)라 부르는 회색 피부의 소인형 외계인인데 그들은 대개 인간의 납치와 관계가 있고 근접 조우시 신체가 마비되는 경우가 있으며 인간과의 커뮤니케이션은 텔레파시에 의한 대화 또는 의사전달을 한다.

1. 짐바브웨 초등학생들의 집단 외계인 접촉사건

1998년 아프리카 짐바브웨에서 일어난 UFO착륙 및 탑승자와의 조우 사례는 어린 62명의 초등학생들이 지상에 착륙한 UFO를 목격하고 그 안에서 걸어 나온 외계생명체와 텔레파시에 의한 대화까지 나누었다고 하는 조우 케이스이다.

이 접촉 케이스는 전 미국 하버드대 정신과 교수이며 〈납치: 외계인에 의한 피랍〉의 저자이고 피랍사례 전문가인 존 맥 교수에 의해 철저한 조사가 이루어지기도 했다.

처음에 유성이 떨어지는 것을 목격하는 줄로 알았던 초등학생들은 지상으로 내려온 빨간 불이 반짝 반짝거리는 UFO에서 문이 열리면서 검은 옷을 입은 키가 작은 마른 체형의 탑승자를 목격하게 되었다.

학생들의 증언에 따르면 키가 작은 이 외계인은 눈이 특이하게 생겼으며 흉칙하게 생긴 모습 때문에 너무나 무서웠다고 한다.

존 맥 교수는 초등학생들과의 면담결과 학생들의 체험은 집단 환각이 아니며 무슨 일을 겪은 것이 확실하다고 했다. 또 학생들은 외계인과 정신감응에 의한 대화를 나누었으며 그는 이 사례를 정신의학적으로 설명하기 어려운 경우라고 했다.

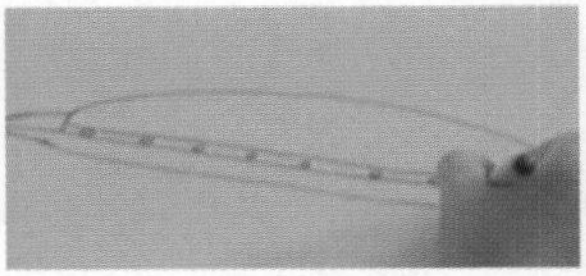
착륙한 UFO의 스케치

UFO와 휴머노이드형의 생물체의 모습을 그린 스케치

당시 UFO와 휴머노이드 생물체를 목격하고 대화한 초등학생들

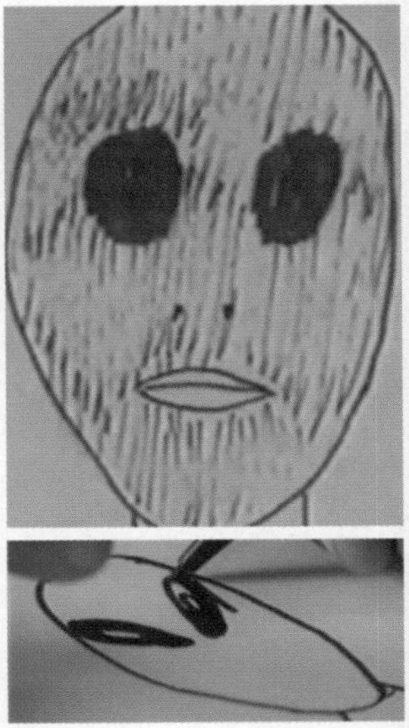
초등학생들이 그린 외계인의 모습 스케치

검은 눈을 가진 혐오스런 외계인 모습에 놀란 초등학생들은 외계인이 텔레파시로 전달한 내용에 대해 "앞으로 일어날 일에 대해 알려주기 위해 왔으며 우리 세상이 얼마 후에 망할 것이라는 것과 지구를 더 이상 망치지 말라고 했어요." 또 다른 학생은 "과학이 너무 발전하는 것도 좋지 않다고 했다."며 그런 대화가 어떻게 전달되었는가라는 물음에 "그냥 생각이 떠올랐어요."라고 학생들은 말했다.

2. 구소련에서 발생한 UFO 착륙, 외계인 조우사건

1989년 9월 21일에서 10월 2일 사이에 구소련 러시아공화국 남부에 있는 보로네즈시에는 UFO가 자주 출현하였다.

그런데 9월 27일 저녁 6시 30분경 미확인 비행물체가 한 공원에 착륙하여 당시 현장에서 축구를 하면서 놀던 어린아이들과 경찰관 등 다수에 의해 목격이 되고 외계인들과 조우하는 충격적인 사건이 일어났다.

이 사건이 있은 후 29일, 10월 2일과 6일~9일까지 UFO목격사건이 잇따랐다.

사건 직후 보르네즈시는 조사위원회를 만들어 현장조사까지 벌였고 이 사건으로 인해 소련 전역이 UFO 소동에 휩싸이게 되었다. 소련의 타스 통신은 여러 차례에 걸쳐 이 소식을 전 세계에 타전했다. 뿐만 아니라 소련 국영 TV 방송도 이례적으로 UFO를 목격한 사람들과 직접 인터뷰하는 장면을 특집 방송으로 내보냈다. 지금까지 소련은 UFO에 대해서 지나칠 정도로 무관심하거나 냉담한 입장을 취해 왔는데, 과학자들도 기자 회견을 하는 등 매우 적극적인 태도로 대했다.

1989년 10월 11일 밤 모스크바 중앙 TV 야간 뉴스에서는 보로네즈시 공원의 현장을 보도하였으며, 9월 27일 공원에서 놀다가 그곳에 착륙했던 UFO에서 나온 외계인들을 가까운 거리에서 목격한 바 있는 세 명의 소년과 한 명의 소녀 중 바샤 수린이라는 열한 살짜리 소년의 인터뷰 내용을 다음과 같이 보도했다.

"기이하게 생긴 타원형의 물체가 날아와 내렸다. 그 물체는 길이 15미터, 폭 6미터 정도였으며 가운데는 사방에서 볼 수 있는 출입문이 있었다. 물체는 땅으로부터 1.5미터 정도 높이에 머물다가 사다리가 나오더니 착륙했고, 출입문이 열리며 키가 3미터 정도 되는 사람이 나왔다. 걸음걸이는 느렸으며 어깨 위에 곧바로 머리가 붙어 있었고, 머리에는 반짝이는 눈 같은 것이 세 개 달려 있었다. 이들은 비행체 주위에서 한 동안 걸어 다니며 땅을 살펴본 다음 흙의 샘플을 뜨는 것 같았다."

착륙한 UFO와 외계인을 목격한 소년, 소녀

목격자들에 의하면 보로네즈시의 한 공원에 나타난 UFO는 커다란 레코드판처럼 생겼다고 한다. 공과 레코드판을 합쳐 놓은 것 같은 커다란 분홍빛을 띤 비행물체가 공원상공을 빙빙 돌다가 착륙했다.

잠시 후 인간과 비슷하게 생긴 키가 큰 생명체가 나왔다가 안으로 사라졌다는 것이다. 목격자들이 말하는 외계인의 모습은 약 3미터쯤 되는 큰 키에 은백색깔의 옷에 갈색계통의 부츠를 신고 머리에 혹이 달리고 사람처럼 두 다리를 가졌으나 머리와 어깨는 없는 것 같았다. 마치 혹처럼 생긴 상반신과 양 옆에 콧구멍 같은 구멍이 한가운데 뚫려 있는 이상한 모습이었다고 한다. 그리고 양쪽에는 큰 키의 로봇과 같은 존재들이 서있었다.

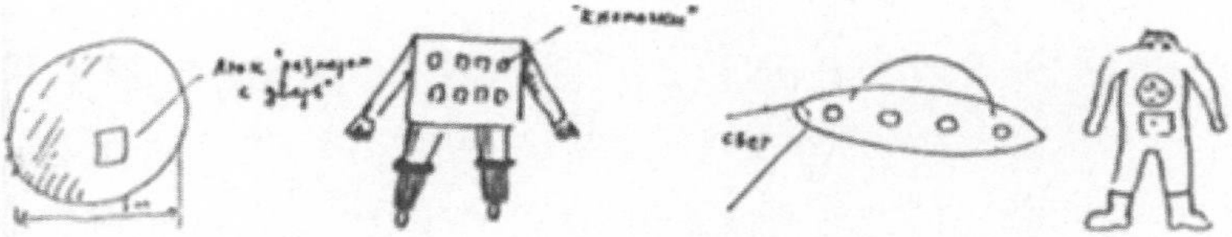

어린아이들이 목격한 착륙한 미확인물체와 외계인 스케치

그들은 토양의 샘플을 채취하는듯 했고 이 광경에 소년, 소녀들은 가까이 다가가 관찰하기 시작했다. 잠시 후 세 명의 소년들과 군중들이 소리를 지르자 외계인의 눈이 갑자기 빛을 발했고 주변의 목격자들의 몸은 그대로 굳어버렸다. 그리고 한 외계인이 소년에게 광선총을 발사하자 소년이 사라졌다. 그리고 외계인들은 우주선 안으로 들

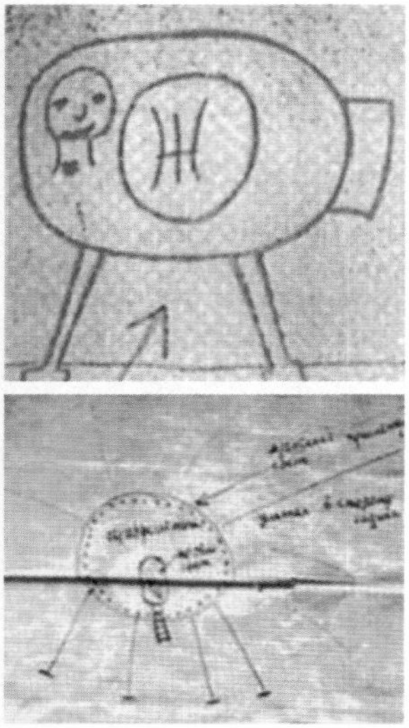
어린아이들이 당시 목격한 UFO 스케치

어간 후 이륙했는데 그와 동시에 사라진 소년이 다시 나타난 것이다.

당시 UFO 착륙현장을 목격한 경찰관도 "9월 27일 저녁 7시경 공원 근처를 걷고 있다가 갑자기 빛나는 공 같은 물체가 200m쯤 높이에서 굉장히 빠른 속도로 북쪽을 향해 날아가는 것을 보았다. 나의 눈짐작으로는 직경이 15m쯤 되어 보였다."고 증언했다.

이 같은 목격담을 토대로 보로네즈시 지구물리학 연구소의 겐리흐 실라조프 소장은 기자회견에서 다음과 같이 밝혔다.

"명확한 결론을 얻기 위해선 추가 검사가 필요하지만 비행물체의 착륙지점과 외계인의 족적이 발견된 것은 사실이다. 착륙지점으로 추정되는 직경 20미터의 원형 지점에서 두 개의 신비스러운 암석조각들도 발견됐고 얼핏 보기엔 붉은색 사암같이 보이는 이 암석은 광물학자들의 분석결과 지구상에는 없는 것들이었다."

당시 보로네즈시의 기상현상을 연구하러 왔다가 마침 이 사건을 접하게 되어 조사에 나선 이상기상 현상 조사위원회도 다음과 같이 분석한 결과를 말했다.

"목격자들의 외계인이나 비행물체에 대한 묘사가 6월 초 볼로그다주 하바로프스크 지구의 코안체보 마을 주민이 목격한 것들과 놀랍도록 일치했다. UFO가 착륙했었다는 곳에서 땅이 움푹 패인 구멍이 여러 개 있었다. 비행접시의 바퀴에 의해 생긴 것으로 추정되는 이 구멍들은 직경이 25~30cm, 길이가 20~25cm 정도였다. 땅에 이런 정도의 구멍을 낸 물체라면 적어도 그 무게가 10톤 이상은 되어야 한다는 산술적 수치가 계산되었다. 또한 어떤 구멍에서는 감마선의 양이 2~3m 떨어진 곳에 비해 뚜렷하게 증가하는 것으로 나타났다. 이 지역의 평균치는 시간당 10~15마이크로뢴트겐인데 한 구멍에서는 30마이크로뢴트겐, 다른 구멍에서는 37마이크로뢴트겐이었다."

현장을 조사한 보로네즈시 내무국 범죄감식과장 루드밀라 마카로바는 "여기서 정말 무슨 일이 있었는지 나는 모른다. 그러나 방사선의 증가는 분명하다. 물론 어떤 동위원소의 가루가 떨어져서 그럴 수도 있다. 그렇다면 왜 지표면은 멀쩡하고 구멍 안에서만 증가하는가 하는 의문이 생긴다. 방사능 수치의 급격한 변화는 과학적 설명이 불가능하다."라고 말했다.

보로네즈시 사건은 프랑스의 프로방스 UFO착륙사건을 연상케 하는데 목격과 더불어 뚜렷한 착륙흔적과 물리적인 영향을 지상에 남긴 과학적 조사가 이루어진 케이스이다. 목격자들의 증언 외에도 방사능 현상 등 물리적인 증거물이 나온 명백한 UFO사건으로 기록되어 있다.

4종 조우 : 외계인에 의한 인간 납치

피랍현상은 외적인 상황에 의해 영향을 받아 실제 일어난 일의 결과인가? 아니면 정신적인 문제로 환각상태에서 발생하는 심리학적 현상인가? 우리는 이 물음에 대해 쉽게 답을 내릴 수 없을 뿐만 아니라 너무나 황당한 이야기꺼리로 내버릴 수 있을 만한 주제로 여기고 있다.

4종 조우란 외계인에 의해 인간이 피랍당하는 경우를 말하는데 미국에서만 100만 명의 숫자가 외계인에 의한 피랍에 연루된 것으로 보고 있는데 가히 놀랄 만한 수치이다. 그리고 이들 중 40만 명 정도가 자신들의 피랍경험과 관련하여 카운슬러나 정신과의사의 도움을 찾았을 것이라는 비공식적인 보고가 있다.

아칸소주에 살고 있는 UFO연구가, 카라·타나박사는 1994년에 발간한 저서 〈TAKEN〉에서 8명의 여성에 대한 유괴체험을 조사한 사례들을 소개했는데 사실은, 타나박사 자신도 외계인에게 유괴 당한 적이 있어서, 자신의 체험을 저서로서 발표했을 때 이 8명의 피랍자들이 박사에게 접촉해 온 것이다.

외계인에 의한 인간의 납치는 그들이 우리들의 신체구조와 생물학적인 차이점으로 지대한 관심을 이끌었고 그로 인해 생체실험의 대상이 된 것 같다.

불행히도 지구인 여성들 중 몇몇은 자신의 의지와는 상관없이 회색인이라 불리는 그레이종족에 의해 강제 임신을 당한 후 3개월 간인큐베이터 역할로 이용되었다고 했다.

피랍자는 그들의 의도를 눈치 채지 못하게 자신이 겪은 체험의 시간에 대한 기억상실을 당하게 되며, 나중에야 신체변화와 기억상실이 있었던 것을 알고 시간역행 최면에 의해 기억을 복구하여 자신이 경험한 놀라운 일들을 비로소 알게 된다. 외계인들은 기억을 편집해내는 기술을 보유한듯 하다.

국가기밀 차원의 정보를 취급했던 사람이나 기밀정보 기관에 근무했던 사람들에게 퇴직시 중요 정보에 대한 기억을 상실시키기 위해 CIA에서 개발한 전기적 기억말소 장치가 있다고 한다. 전자기억 파괴장치는 뇌 안에서 아세틸콜린이 분비되어 신경기능을 마비시켜 기억상실을 일으키게 된다. 이러한 장치는 이미 첩보기관에서 사용되고 있다. 또한 무선 최면 조작기를 이용하면 뇌 속에 집어둔 초소형 전자수신기가 근육이나 두뇌에 자극을 주어서 최면 프로그램이 시작된다.

피랍체험에서 명백해진 외계인의 전율적인 테크놀로지 중에서 종의 교배와 임플랜트(이식물)가 있다. 특히 임플랜트의 테크놀로지는 유괴대상자들에게 가상현실을 보여주는 기능을 겸비하고 있는 것 같고, 피랍자를 컨트롤하기 위해 외계인은 공포심을 부채질하는 이미지를 보여주고 있다고 연구가들은 주장하고 있다.

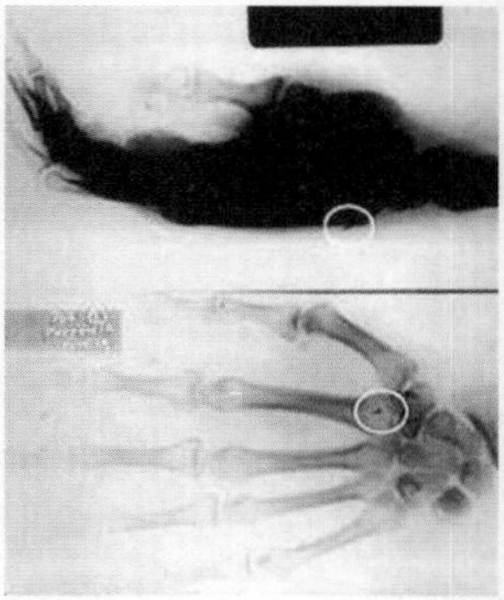
엑스레이 사진에 나타난 피랍자의 손에 이식된 물질

외계인들에게 소위 강제납치 당했다는 사람들의 증언을 들어보면 예외 없이 그들은 잃어버린 시간망각 현상을 보이고 있는 것을 알 수 있다.

이러한 현상이 한 개인의 히스테리 증세나 자기암시에 의한 망각에 지나지 않는 것일까? 다행히 잃어버린 시간의 기억은 역행최면에 의해 되살려 질 수 있으며 많은 대다수의 피랍경험자들이 이 방법을 통하여 당시 있었던 사건들의 정황을 소상히 알게 되는 도움을 받는다.

일부의 증언들은 정신이상자들일 수도 있으나 대부분은 기억이 나지 않는 시간대가 분명히 존재한다는 것이다.

수많은 피랍 사례들 중 몇몇 사례에서는 군이 개입되어진 것으로 보이는 케이스가 발견된다.

비밀스러운 장소에서 외계인과 함께 일하는 군과 지능그룹이 존재하여 모종의 생물학적 프로젝트를 위해 피랍자들에게 이식물을 삽입한다는 것이다. 그들은 마이크로웨이브의 무기테스트인 마인드컨트롤을 위한 대상자로 또는 유괴된 후 납치된 동안의 경험을 모니터하기 위해 선정되는 것 같다. 실제 피랍자들은 자신도 모르는 사이에 그들에 의해 외과적 수술로 신체 어딘가에 이식물을 삽입당하기도 한다.

1990년 10월에 납치당했다고 하는 한 여성은 하버드대의 정신과 교수인 존 맥에 의해 조사를 받았는데 이마부분에 심한 두통이 있다가 어느 날 갑자기 입천정을 통해 아주 작은 하얀색의 물체를 뱉어 의사에게 보이고 검사를 의뢰하게 되었다.

그 결과 탄소 80% 산소 20%로 이루어진 섬유질로 짜여져 있는 세포로 구성되어 있음을 확인했다. 또 수술로 인한 상처가 발견되기도 하며 X선 검사 및 CT검사에 의해 이식된 물체를 확인하기도 한다. 그러나 어떤 것은 X-ray나 전자파에도 탐지되지 않는다.

1. 외계인에 의한 인간 납치 케이스

제 4종 조우는 외계인에 의한 인간 납치로 인간을 대상으로 생체실험과 피부 또는 털, 정자와 난자를 채취당하거나 드물게는 외계인에 의해 강제임신과 성교를 요구당하기도 한다.

납치하는 외계인의 유형은 소인형 외계인이 대다수를 차지하며 생체실험과 생식능력에 대한 실험을 하기 위해 정자와 난자를 채취 당한다는 것이다.

외계인들은 또 초소형의 칩을 뇌 속에 이식하거나 신체 주요부위의 은밀한 곳에 첨단 바이오 테크놀로지에 의해 금속성의 어떤 장치를 이식하여 인간을 모니터링하기도 한다.

실제 과학자들의 생물학적 로봇, 유전자 교배실험, 마인드 컨트롤 기술 개발, 뇌에 이식할 수 있는 초소형 송신기 개발이 비밀리에 연구되고 있다한다. 그리고 피랍자들의 몸에는 알 수 없는 상처나 붉은 반점이 남아있거나 신체 내부에 매우 작은 칩과 같은 금속성 이식물이 심어져 있는 경우가 종종 발견되기도 하며 미국의 한 연구가는 이러한 사례들만 조사연구를 한다. 또한 납치되어 풀려난 후 정신적, 신체적 변화를 겪게 되는데 병의 치유, 놀라운 지식습득, 메신저로의 변화 등 다양한 증상의 체험을 겪게 되는 사례도 있다.

1992년 이 분야의 외계인 피랍사례 조사 전문가인 미국의 버드 홉킨스(Budd Hopkins)와 템플대학의 데이빗 제이콥스(David M. Jacobs) 교수는 미국 전체 인구의 2%에 달하는 무려 370만 명이 피랍체험을 가졌을 것이라는 충격적인 주장을 했다.

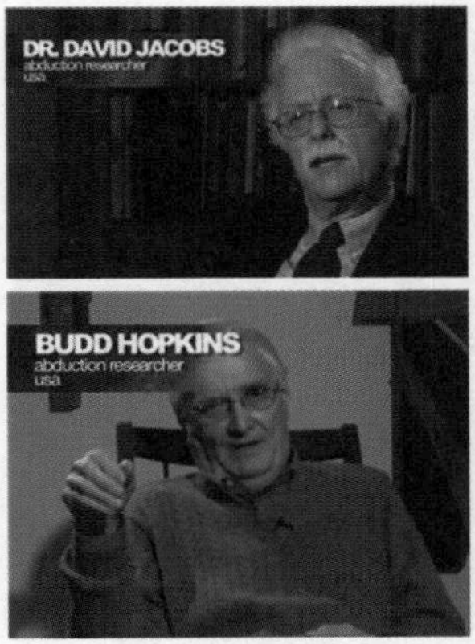

외계인에 의한 피랍사례 전문가인 템플대학의 데이비드 제이콥스 교수(위)와 버드 홉킨스(아래)

세계 인구 중 100명 중 7명의 비율로 인류의 7% 정도가 외계인에 의한 피랍가능성이 높다고 한다. 피랍사례의 관심도는 증폭되어 급기야 1992년 6월 13일 미국 매사추세츠 공과대학(MIT)에서 '외계인에 의한 피랍과 UFO'라는 주제로 학술회의가 5일간에 걸쳐 열려 뜨거운 관심을 불러 일으켰다.

지난 10여년 이상 영국과 유럽을 중심으로 국제적인 피랍사례들을 조사연구해온 영국 옥스퍼드대의 한국학자인 지영해교수는 피랍사건들의 연구결과에 대해 언급하기를, "년간 피랍연구가들을 접촉

영국 옥스퍼드대의 지영해 교수

하는 사람들은 전세계에서 최소한 만 명이 넘을 것으로 보입니다. 피랍자들이 겪는 공통점은 기억도 하지 못한 채 1~3시간씩 지나가 버린 잃어버린 시간(missing time)에 대한 기억상실 증상과 아침에 일어나면 이유를 알 수 없는 몸에 난 상처들, 가끔은 X-ray나 MRI사진에 찍히는 정체를 알 수 없는 임플란트 등의 물질적 증거도 나오고 있습니다. 그러나 무엇보다도 기억에 생생히 남아 있는 외계인의 얼굴 모습과 UFO내부의 모습 등을 증언하기도 합니다. 만약 무엇인가 전세계적인 규모로 새롭게 발생하고 있는 정신병리적인 요인으로 인해 사실이 아닌 것을 말하고 있다면, 학자들이나 의사들은 최소한 그 이유라도 밝히기 위해 파고 들어야 할 것인데 안타깝게도 현재 이러한 시도는 전혀 이루어지지 않고 있습니다."고 주장했다.

브라질에서 일어난 유명한 피랍사례는 외계인에 의해 피랍되어 UFO안에서 강제로 강간을 당한 청년의 이야기인데 실로 믿기지 않는 일이지만 이 사건은 미국에서도 관심을 가지고 비밀리에 조사를 한 사례에 속한다.

안토니오 보아스

1957년 10월 16일 안토니오 보아스라는 청년은 자신이 일하던 밭 근처에 UFO가 착륙하는 것을 목격했다. 순간 겁을 먹은 안토니오는 트랙터를 몰고 도망가려다 외계인들에 의해 강제로 UFO안으로 납치되었다. 그리고 그들은 안토니오의 옷을 벗기고 몸에 이상한 액체를 바른 후 턱에서 피를 채취한 뒤 나갔다.

잠시 후에 가스 같은 물질이 방안에 뿜어져 나오면서 문이 열리더니 벌거벗은 여성 외계인이 들어왔다. 그녀는 짐승처럼 행동하는듯했는데 안토니오의 턱을 깨물고 안토니오는 이내 자신도 모르게 성적 흥분에 빠져들면서 그 여성 외계인과 성관계를 가졌다. 성관계가 끝난 뒤 그 여성은 자신의 배꼽부분을 가리키더니 다시 손가락으로 윗쪽(하늘)을 가리키는 제스처를 취했다. 그리고 나서 옷을 다시 입은 뒤 집으로 내려준 그들은 감쪽같이 하늘로 사라졌다.

안토니오의 무려 4시간 동안 잃어버린 시간은 다행히도 저명한 의사의 시간역행최면에 의해 외계인 여성과 성관계를 갖었다는 사실이 밝혀진 것이다.

이후 안토니오는 외계인들이 또 찾아와 자신을 납치해 갈까봐 겁을 먹었으나 그런 일은 더 이상 발생하지 않았다. 중요한 점은 안토니오가 자신이 격은 체험담 외에 공개하지 않은 내용을 가족들이 나중에 공개했는데, 그가 그런 체험을 당한 후 병원에서 진찰을 받은지 몇 달 뒤에 미국 정부기관의 요원들에게 강제로 연행되어 UFO와 외계인에 관한 여러 가지 심문을 받았다는 사실이다. 또한 자신을 납치해간 UFO가 어떤 형태인지를 묻고 외계인들이 실제로 존재함을 확인시켜주었다고 한다.

그런가하면 캐시 데이비스(Kathie Davis)라는 여성은 피랍사례 조사연구가인 버드 홉킨스에 의해 시간역행 최면을 받은 결과 외계인에게 납치된 후 강간을 당하여 혼혈아를 낳았다는 사실이 밝혀지기도 해 충격을 주었다.

또 다른 피랍케이스로 유명한 사건은 1973년 10월 13일 미국 파스카골라 지역에서 발생했다. 고요한 밤에 낚시를 하고 있던 조선소 내의 작업장 감독으로 일하는 찰스 힉슨과 캘빈 파커는 갑자기 근처에 착륙한 UFO로부터 나온 이상한 로봇과 같은 생물체에 의해 느닷없이 UFO안에 강제적으로 끌려 들어가는 체험을 했다.

인터뷰에서 증언하기를 UFO안은 너무 밝아 눈을 못 뜰 정도였고 책상도 의자도 없었다고 한다. 자신들을 납치한 이상한 형태의 생물체들의 모습은 몸 전체가 회색으로 주름투성이의 머리에 2개의 갈라

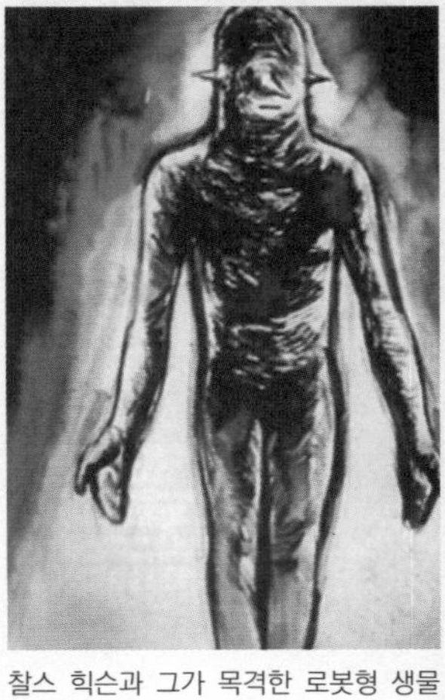

찰스 힉슨과 그가 목격한 로봇형 생물체의 모습

진 손, 귀의 길이가 코보다 길었고 뾰족하였다고 한다. 마치 로봇과 비슷한 느낌을 받았다고 했다.

2. UFO에 납치당한 아르헨티나 어린이들

UFO에 납치당하는 케이스 중에는 성인이 아닌 어린아이들조차 피랍당하는 경우가 있다.

아르헨티나 부에노스아이레스 콩코드에 거주하는 마리아 몰레로(24)양의 피랍케이스는 그 대표적인 사례에 속한다. 그녀는 어린 시절 동생들 세 명과 함께 들판에서 놀다가 UFO에 강제 피랍을 당하게 되었다고 한다. 다행히도 아이들은 나중에 모두 무사히 집에 돌아올 수 있었는데 당시 아이들의 증언에 의하면 자신들은 UFO에 이끌려 생체 실험을 당하고 3일간 은하계를 두루 구경하고 나서 집에 돌아오게 되었다는 놀라운 말을 하였다.

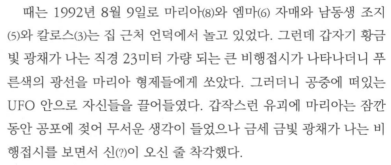

당시 피랍되었던 4명의 어린이들

때는 1992년 8월 9일로 마리아(8)와 엠마(6) 자매와 남동생 조지(5)와 칼로스(3)는 집 근처 언덕에서 놀고 있었다. 그런데 갑자기 황금빛 광채가 나는 직경 23미터 가량 되는 큰 비행접시가 나타나더니 푸른색의 광선을 마리아 형제들에게 쏘았다. 그러더니 공중에 떠있는 UFO 안으로 자신들을 끌어들였다. 갑작스런 유괴에 마리아는 잠깐 동안 공포에 젖어 무서운 생각이 들었으나 금세 금빛 광채가 나는 비행접시를 보면서 신(?)이 오신 줄 착각했다.

금빛 제복을 입은 긴 은색 머리카락에 머리가 크고 노란 색 큰 눈을 가진 '라이아르' 라는 친절한 외계인의 안내를 받았다. 그 외계인은 달과 우주 여러 곳을 비행하면서 별들을 구경시켜 주었다.

그리고 나서 수많은 버튼들이 있고 밝은 전등들이 켜있는 방에 가서 모두 안락한 침대에 누웠는데 라이아르와 다른 외계인들이 생체

실험용 도구 같은 작은 작대기 같은 물건으로 안면을 긁더니 바늘을 가져와 얼굴에 댔다. 외계인들은 전혀 마리아 일행을 아프게 하지 않았다고 한다.

3일 후 마리아가 형제들과 무사히 UFO를 타고 납치됐던 장소로 되돌아오자 마을에서는 큰 소동이 일어났다. 어린 아이들이 UFO로 납치되는 순간을 6명의 주민들이 목격했기 때문에 이들의 체험담은 군 당국에 보고됐고 신문에도 상세히 보도됐다.

이 소식은 곧 해외 토픽으로 보도됐는데 세계인들은 아르헨티나의 어린 4명의 자매 형제들이 거짓말을 할 처지가 아니며 사실 그대로를 어른들이 묻는 대로 보고 듣고 체험한 그대로를 말한 것으로 믿을 수 밖에 없어 큰 충격을 받았다고 한다.

3. 러시아 공화국 대통령의 납치경험 주장

2010년 5월 러시아 칼미크 자치공화국 대통령인 키르산 일륨지노프은 러시아 TV 토크쇼에 출연해 자신이 외계인에게 납치된 적이 있다고 주장해 시청자들의 논란이 일었다. 그는 쇼 진행자에게 "외계인과 함께 몇 시간을 보냈으며, 그들이 모스크바에 있는 내 집을 방문하기도 했다."고 말했다.

일륨지노프 대통령의 주장에 따르면 1997년 9월 18일 밤늦은 시각에 그는 장관과 보좌관, 운전기사가 함께 있었는데 발코니에서 누군가가 자신을 부르는 소리를 듣게 되었다고 한다. 그는 그 소리를 듣고 베란다로 나갔는데 반투명한 튜브형태의 UFO가 있었으며, 그 안에는 노란색의 우주복을 입은 외계인이 있었다.

외계인들은 사람과 외모가 매우 유사했지만 말이 통하지 않았으며, 일륨지노프 대통령은 그들이 자신을 UFO에 태워 내부를 구경할 수 있게 도와줬다고 말했고 자신의 경험을 입증해줄 함께 같이 있었던 목격자도 있었다고 강하게 주장했다.

Russian leader's alien abduction

By VINCE SOODIN

Published: 05 May 2010

Add a comment (11)

RUSSIAN President Dmitry Medvedev has been urged to investigate a prominent politician who claims he was abducted by ALIENS.

Kirsan Ilyumzhinov, the leader of the

이 같은 발언을 접한 러시아 국회의원인 안드레 레베데프는 드미트리 메드베데프 대통령에게 이를 자세히 보고한 것으로 알려졌다고 영국 언론이 전했다.

일간지 더 선의 인터넷판은 "러시아 정부는 일륨지노프 대통령이 당국의 비밀을 누설할 것을 염려하고, 그를 당장 조사하길 원한다."고 전했다.

5종 조우 : UFO와의 커뮤니케이션

제 5종 조우는 고차원적 존재나 외계인들과 텔레파시에 의한 교신을 말하는 것으로 교신자는 트랜스 상태에서 또는 변화된 의식 상태에서 교신을 하기도 하나 자동기술의 방법으로 수신되기도 한다.

CSETI의 스티븐 그리어어박사는 제 5종 조우를 수동적인 만남이 아닌 그들과 커뮤니케이션을 위해 인간 측에서 주도적으로 능동적인 시도를 하는 것이라고 주장한다. 그 어떤 방식이건 UFO와의 접촉을 위한 다양한 시도가 현대에 와서 진행되고 있으며 일부는 성공적인 조우와 그들과의 상호작용이 이루어진 케이스도 있었다.

UFO 접촉자들 중에는 장기간에 걸쳐 텔레파시에 의한 의사전달을 주고받는 경우도 있음이 보고되고 있는데 그 진위가 의심을 받거나 입증할 만한 증거가 결여되어 무시당하곤 한다.

거리와 시간에 관계없이 커뮤니케이션을 가능케하는 텔레파시 영역은 아직까지도 주류과학 분야에서 인정을 받고 있지 못하나 분명 미국과 구소련에서는 다양한 텔레파시 실험을 극비리에 추진해왔을 정도로 깊은 관심을 가지고 과학적인 연구를 진행해왔다.

필자는 이 텔페파시 방식을 이용한 UFO 호출 2차 X-프로젝트(Call! UFO)를 2008년도에 첫 시도를 추진한 결과 UFO를 도심지 상공으로 불러들이는데 성공시킨 적이 있다. 그 장면은 매우 놀라운 경이로운 광경이었으며 평생 잊지 못할 충격적인 상황으로 지금도 뇌리에 생생한 기억으로 남아있다.

1. UFO와의 교신 케이스

스위스에 거주하는 에두아르트 빌리 마이어는 어릴 적에 UFO를 목격 후 1942년부터 외계인과 접촉하여 텔레파시를 통한 메시지를 전달받았다고 전해진다. 그는 200회 이상 교신을 진행해오면서 방대한 양에 달하는 접촉기록을 남기기도 했는데 1975년부터 1987년까지 그가 접촉했다는 외계인은 지구로부터 450광년 떨어진 플레이아데스 성단의 에라 행성에서 온 셈야제이다.

빌리 마이어가 촬영한 비행접시 사진. 그가 촬영한 비행접시 사진들은 조작에 대한 강한 의심을 받고 있다.

이 외계여성이 전하는 메시지 중에는 지구 외에도 수많은 문명세계가 존재한다는 것과 우주연합이 결성되어 있다고 말했다고 한다.

그가 외계인들로부터 전해들었다고 하는 메시지는 지구와 인류의 파멸을 경고하는 내용으로 핵전쟁과 기상이변, 대규모 화산폭발, 지진 등이 포함되어 있고 플레이아데스인들은 지구인들의 의식변화를 통해 지구를 구제하려는 노력을 촉구하지만 직접적인 개입은 하지 않을 것이라 했다.

그는 또 우주여행과 시간여행을 통하여 인류의 미래를 보았다고 하며 금세기에 지구에 닥칠 엄청난 재앙과 인류의 파멸 위기에서 구원 받을 수 있는 길을 전하고 있다.

비단 빌리 마이어 뿐 만 아니라 외계인과 접촉했다는 콘택티들의 주장에는 최초의 외계인 콘택티로 잘 알려진 조지 아담스키의 접촉에서도 원자폭탄에 의한 지구파멸의 위험으로부터 지구인을 구원할 임무를 띠고 이곳에 왔으며 다른 행성이 방사능에 오염되는 것을 방지하고자 왔다고 외계인들로부터 전해 들었다고 한다.

그들의 주장은 한결같이 지구 종말론적 상황을 얘기하고 있다는 점에서 공통점을 갖고 있지만 과학적인 객관성 결여와 현대과학과의 모순점이 많아 주장을 액면 그대로 받아들이기가 힘든 상황이다. 더

1974년 11월 11일 일본 히로시마현 오노미치시 고교생인 후지마츠 카즈히코가 촬영한 아담스키형 UFO사진

1954년 2월 15일 영국의 스티븐 다비샤 소년(당시 13세)이 촬영한 아담스키형 UFO사진

나아가 그런 주장으로 인해 UFO 접촉을 입증할 촬영된 사진과 비디오가 철저히 무시되어 왔다.

콘택티들이 찍은 많은 양의 사진들과 비디오 증거들이 있음에도 불구하고 그들의 주장이 종교적인 색채를 띠거나 사교의 집단화를 이루는 추종세력을 모으고 있다 해서 그들의 체험에 대해 진위를 의심받고 있을 뿐 아니라, 수많은 사진과 영상물들이 조작된 가짜임을 그 분야의 사진 판독 전문가들이 주장하고 있다. 따라서 그들의 체험과 주장의 진위에 대해 의구심이 더해지고 있을 뿐이다.

반면 미국의 UFO연구가이자 저널리스트인 개리 킨더는 마이어 사건을 철저하게 조사하여 1987년도에 '광년'이란 책을 펴냈는데 그의 주장에 의하면 사진 역시 진짜로 판명되었다는 점을 말했다.

접촉자들 중에는 UFO에 피랍되었다가 풀려나 외계로부터 메시지를 수신 받는다고 하는 찰스 힉슨의 사례도 있다.

1973년 11월 미국 미시시피주 파스카골라 강가에서 낚시를 하던 찰스 힉슨과 캘빈 파커는 평생 잊을 수 없는 충격적인 경험을 하게 되었다. 두 사람은 평화로운 강가에서 낚시를 하던 중 근처에 갑자기 나타나 착륙한 비행체를 목격하게 되었다. 난생 처음 보는 물체에 두 사람은 당황하게 되었는데 잠시 후 그 물체의 앞쪽에서 문이 열리면서 안에서 로봇처럼 보이는 생물체가 나와 공중으로 뜨더니 강제로 UFO안으로 두 사람을 붙잡아 끌려 들어가게 되었다.

피랍자 찰스 힉슨

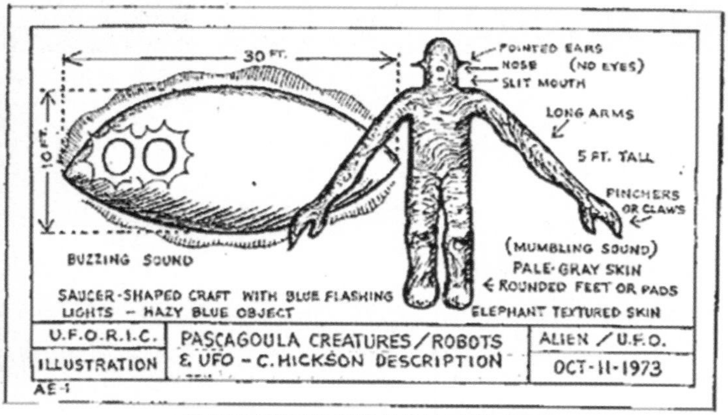

그가 본 UFO형태와 피랍될 당시 본 로봇형 생물체

UFO 내부에서의 체험은 공포스러운 시간이었는데 마치 자신들을 신체검사하듯 어떤 기계장치가 위에서 내려와 스캔하는 동작을 했다. 얼마간의 시간이 흐른 후 두 사람은 다행히 UFO로부터 풀려나왔는데 몇 년이 지난 후 힉슨은 텔레파시에 의한 외계의 메시지가 전달되는 체험을 하게 되었다.

그는 UFO 다큐멘터리 영상 인터뷰에서 말하길 지구상의 공산주의가 조만간 모두 멸망하여 없어질 것이라면서 또 다른 하나는 아직 공개할 수 없는 상황이라고 말했다.

6종 조우 : UFO에 의한 인간 공격

UFO와 관련된 조우 사례들 중에는 하늘을 나는 미확인비행물체의 단순 목격과 근접 조우만이 일어나는 것은 아니다.

그들은 어떤 연유에서인지 지상에 착륙하여 이것저것을 조사하거나 잠시 착륙하다가 날아가곤 한다. 또 자신들의 존재와 모습을 인간에 가까이 접근하여 의도적으로 보여주기도 하며 UFO안으로 강제납치를 행하기도 한다. 납치된 사람은 자신이 납치된 후 돌아와서 잃어버린 시간에 무엇을 체험했는지 기억해내지 못한다.

만약 부득이한 상황에서 UFO와 조우를 하게 되면 겁을 먹고 적대적인 행동을 해서는 안 되며 몸을 어딘가에 숨기거나 피해야 한다. 따라서 인간 측에서 UFO와 외계인에게 적의를 품은 행동을 보이거나 급작스런 행동은 금물이다.

과거 1950년 이후 30년간 예상치 못한 피해를 입거나 죽음에 이른 경우, 아무런 이유 없이 강제적으로 UFO에 피랍 당하는 사례가 전 세계 각처에서 발생하였다. 이러한 사례들 중에는 미국내에서 주로 많이 발생되었던 끔찍한 대량 가축도살 사건과 유사한 의문의 기괴한 죽음을 당한 채 미해결 사건으로 남게 된 외계인에 의한 인간학살 사건도 있었다.

1. UFO에서 발사된 광선으로 실명된 경비원

1970년 8월 30일 밤 9시 30분경 브라질의 리오데자네이로주의 이타치아나에 있는 방파제를 경비하는 미로 마틴 데 프레이터스는 순찰을 돌던 중 종모양으로 생긴 미확인 물체를 목격하게 된다. 그는 이상한 생각이 들었고 가까이 접근하자 그 물체로부터 어떤 장치가 돌아가는 듯한 굉음이 나기 시작했다.

그는 총을 들고 물체를 향해 방아쇠를 세 차례 당겼다. 그런데 UFO는 갑자기 경비원 쪽을 향해 강렬한 빛을 방사했다. 이어 물체로부터 뜨거운 열기가 밀려오더니 온 몸이 마비가 되었고 이윽고 다른 경비원들이 도착했을 때 비로소 병원으로 옮겨졌다.

병원에 도착 후 몸의 마비는 풀렸으나 시력은 회복되지 못했다. 당시 그는 경비원들 앞에서 '쳐다 보지 마! 광선 조심해! 광선 때문에 앞이 안보여!'라는 말을 외쳤다고 한다.

병원 측의 검시결과 눈에는 아무런 상처도 없는데 앞을 보지 못한다는 것은 아마도 정신적인 충격이 커서 그랬을 것으로 설명했다. 프레이터스 사건을 입증하는 증거는 당일 사건이 발생한 시각에 비가 왔었는데 그 비행물체가 떠 있었던 자리는 둥그렇게 젖지 않은 마른 상태로 있었다는 사실이다.

2. UFO광선을 맞고 숨진 목장주

1968년 2월 2일 뉴질랜드 오클랜드시 교외의 목장주인 에이모스.밀러는 아들 빌과 함께 아침 일찍 울타리를 수리하고 있었다. 그런데 어디선가 갑자기 200야드쯤 떨어진 나무숲의 40피트 상공에 UFO가 나타났다.

그 물체는 원추형으로 측면에는 창 같은 것이 나란히 배열되어 있었다. 그리고 그 UFO는 착륙용 다리 3개를 뻗어 천천히 지상에 착륙했다. 에이모스는 무언가에 홀린듯 아들의 만류에도 불구하고 UFO

쪽으로 다가갔다. 가는 도중에 작은 냇물이 흐르고 있어 그곳에 섰을 때 갑자기 UFO로부터 광선이 나와 돌풍에 맞은 듯 몸이 날려 냇물 속으로 나동그라졌다(이 상황은 트래비스 월튼 사건과 매우 유사하다). 다음 순간 UFO는 높은 진동음과 함께 하늘 높이 초스피드로 사라졌다. 아들 빌은 바로 쓰러진 아버지에게 달려갔으나 이미 에이모스는 숨진 상태였다.

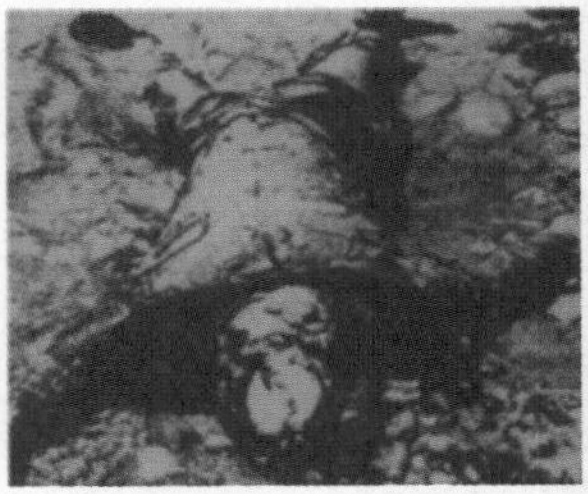
숨진 에이모스 밀러의 사체

에이모스의 사체를 살펴본 결과 이마에서 후두부에 걸쳐 두피가 녹아버린 것처럼 소실되었고 앞머리 부분의 머리카락과 피부는 무참하게 타버려 없어졌다.

현장검증에서 18미터 크기의 UFO 착륙 흔적이 발견되기도 했다. 이 사례에서 보는 것처럼 UFO가 착륙했을 때에는 섣부른 갑작스런 행동이나 호기심에 가까운 접근은 삼가 해야 하며 멀리서 관찰하거나 인근 경찰과 군부대 또는 UFO 연구센터에 조기 신고를 하는 것이 바람직하다.

3. 인간의 공격행위에 반격을 가한 UFO

1967년 8월 13일 브라질의 필라 데 고야에서 발생한 UFO로부터의 반격에 의한 인간 공격 사례는 결국 두 달 만에 죽음에 이른 케이스로 남아있는 사건이다.

당사자인 이냐치오 데 수자는 신뢰할 만한 정직성과 침착성을 가진 사람으로 그 지역에서 큰 규모를 가진 목장의 일꾼으로 일했다. 오후 4시경에 가족과 함께 농장의 길 끝자락에 대야를 엎어놓은 듯한 UFO가 떠 있는 광경을 목격했다. 그리고 세 명의 이상한 노랑색을 띤 우주복의 옷차림을 한 외계인들을 보았다. 순간 이냐치오는 두려움에 자신이 소지한 총으로 그 중 한 명에게 총을 발사했다. 그런데 그 순간 물체로부터 초록색 광선이 발사되더니 이냐치오가 쓰러졌다.

외계인들은 그 즉시 UFO 안으로 들어갔고 굉음을 내며 하늘로 사라졌다. 이냐치오는 광선의 공격을 받은 후 구토, 두통, 오한에 시달리며 병원에 갔는데 급성백혈병이라는 진단을 받게 되었고 결국 10월 11일 두 달여 만에 숨을 거두었다.

4. 브라질의 괴이한 인간 살상사건

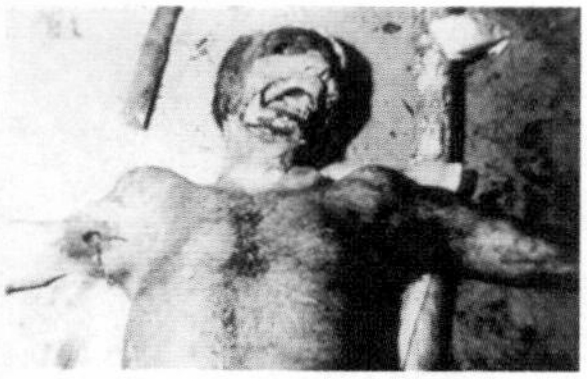
브라질의 이상한 사체

1988년 9월 29일 브라질의 과라피랑가 저수지 근처에서 신원미상의 남자사체가 괴이하고도 참혹한 상태로 발견된 사건이 있었다. 당시 상파울로 경찰에 의해 촬영된 사진 속의 남자는 나이가 들은 듯한 건장한 체구를 가진 사람으로 온몸이 벌거벗긴 상태였다. 얼굴에는 피부가 절개된 것과 살조각이 떼어진 구석이 여기저기 자국이 나 있었다. 더욱 괴이한 것은 팔과 복부, 다리에 동그란 구멍이 나 있는데 피가 그 구멍을 통하여 외부로 빠져나간 것 같았다.

출혈은 극히 소량만 있었을 뿐이었다. 더구나 사체는 썩는 냄새나 부패의 징후가 전혀 보이지 않았고 육식동물에 의해 뜯긴 흔적도 발견되지 않았다.

그렇다면 이런 잔인한 수법으로 살해한 자는 과연 무엇이었을까? 사체를 검시한 쿠엥카 박사는 불명확한 괴이한 사건으로 결론을 내릴 수밖에 없었는데 사체의 특징을 보면 폭행당한 흔적이나 강제적으로 끌려 다닌 흔적이 없었다는 것이다.

원한에 의한 살인사건도 아니었다. 팔과 다리, 목덜미 부위의 동그란 원형구멍, 도려진 눈알, 잘려져 나간 입술, 턱 부분의 절단, 성기와 항문조차 도려져 있었으며 복부(위장부근)에도 지름 3cm가량의 원형구멍이 있을 뿐 내장과 주요장기가 전부 없어진 채 발견된 것이다.

그것은 마치 진공청소기로 빨아들인 것처럼 내부의 장기들이 모두 적출된 상태였다. 출혈 또한 거의 없었으며 검시결과 신체의 주요 손상부위에는 가축(소)의 살육사건처럼 예리하고도 매끄러운 절단면을 가지고 있었는데, 일반적인 칼로 인한 절단면과는 전혀 달랐다. 마치 레이저 메스를 사용한 것 같았다. 또한 귀의 외이와 내이가 제거되었고 뒷부분의 머리털이 쥐어뜯긴 듯한 흔적이 발견되었다. 이런 특징은 그동안 있어온 동물학살 사건과 매우 유사한 공통점을 보인다.

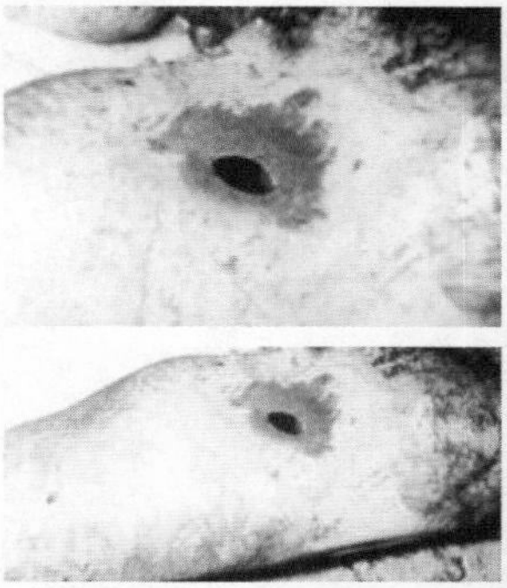

복부 중앙과 왼쪽다리에 생긴 구멍

이 사건은 브라질의 저명한 UFO 연구가인 A.J.게바드에게 입수되었고 그는 이러한 사건이 이미 오래전부터 있어왔던 가축살상 사건과 수법이 유사한 점을 발견, 외계인에 의한 인간학살의 희생자로 추정하였다. 독특한 살해수법으로 보아 모종의 실험을 위해 의학적 실험대상이 된 것이 아닌가 추측했다.

브라질의 UFO 연구가인 A.J.게바드

게바드에 의하면 "지금까지 아무 이유 없이 자기들을 공격했다는 UFO목격담이 있습니다. 약 20~25건 정도 되는데 그 중에는 희생자가 생긴 경우도 있습니다. 이 사건은 세계 최초로 외계인에 의한 인간 생체실험 의혹이 제기된 것입니다. 이 사진의 남자는 48시간 만에 발견되었는데 몸 몇 군데에 칼자국이 있고 주요 내장이 모두 다 사라졌습니다."고 말했다.

사실상 하늘에서 가끔 동물이나 물고기가 떨어지는 예가 있는데 그 중에는 인간의 살점이 발견되기도 한다. 최근에는 90년대 중반에 들어와 프에리토리코에서 이와 유사한 가축살상사건이 빈번하게 발생되기도 했다. 피해상황도 외과수술을 행한 것처럼 목, 가슴, 배, 항문주위와 간과 생식기의 조직이 적출되었다. 그런데 사건발생 직후 UFO의 출현과 추파카브라라 불리우는 흉측스런 괴수가 동시에 목격되고 있다는 점이다.

7장-촬영!

UFO가 카메라에 포착되다!

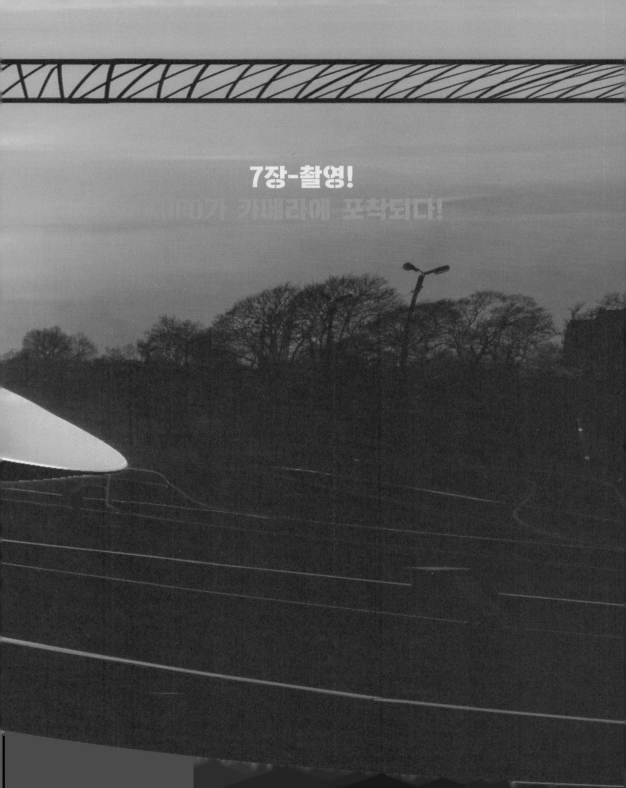

놀라운 의도적 UFO 대기촬영법

UFO를 목격하는 패턴은 크게 두 가지로 구분되는데 우연히 UFO가 비행하는 장면을 목격하는 경우와 아무것도 보이지 않던 맑은 하늘에 갑자기 출현하여 시야에 발견되는 경우가 있다.

이 두 가지 형태의 목격은 목격자에게는 예상치 않은 돌발상황이라 당황하게 되며 흥분과 함께 UFO를 카메라에 포착하려는 행동에 돌입하게 한다. 평소 준비된 고성능 카메라나 캠코더가 있다면 추적하여 촬영할 수도 있겠지만 대부분은 휴대폰 카메라로 찍는다.

전문가로서 조언을 드린다면 먼저 정지사진으로 몇 컷을 찍은 후 동영상으로 촬영하기 바란다. 정지사진을 찍을 때에는 원거리 그대로를 가급적 상황이 주어진다면 배경과 함께 찍은 후 줌인하여 몇 컷을 더 찍도록 한다. 그리고 동영상 모드로 바꾸어 어떻게 움직이는가를 담아야하기 때문에 갑작스런 줌인을 하지 말고 약간 멀더라도 화각에 그대로 노출시켜 몇 초간은 물체를 따라가지 않은 채 카메라를 고정시켜 물체를 녹화하면 물체의 이동과 움직임을 고스란히 녹화할 수 있다.

2007년 12월 2일 코스타리카 산호세에서 모토롤라 핸드폰으로 촬영된 UFO

문제는 이런 촬영 기회의 상황이 당신에게 자주 일어나지도 않지만 언제, 어느 때, 어느 지역에서 어느 방향에 출현할지 도무지 예측할 수 없기 때문에, 우연한 기회의 UFO 목격과 촬영은 기적(?)에 가깝다고 할 수 있다.

UFO가 정말 존재한다면 왜 우리들의 눈에 쉽게 띄이지 않느냐?고 반문한다면 나는 이렇게 말하고 싶다. UFO가 쉽사리 우리의 눈에 보이지 않는다고 해서 그 존재를 의심한다는 것은 심연의 바다속 생물체들의 존재에 대해 직접 보지는 못하지만 그 생물체의 명칭이 있고 안 봐도 이를 인정하듯이 같은 맥락으로 볼 수 있는 것이다.

7장에서는 이러한 우연한 목격이 아닌 의도적인 UFO 목격과 촬영에 관해 설명을 하고자 한다.

이 방법은 독자가 가지고 있는 캠코더로 충분히 가능한 방법으로 셔터속도(1/2,000초~1/10,000초)가 수동으로 제어되는 캠코더와 자외선필터, 삼각대를 구비하여야 한다. 흔하게 목격되는 물체도 아닌데 더군다나 어떻게 의도적인 UFO 포착과 촬영이 가능하느냐는 질문을 던질 수 있겠지만, 나는 지난 2001년부터 2년간 '의도적 UFO 대기촬영의 조사연구 및 검증'의 1차 X-프로젝트를 집중적으로 추진한 결과 놀랄만한 성과를 거두었고, 의도적 대기촬영에 포착된 UFO 사진들은 일본에서 발간된 UFO사진집에도 컬러로 수록된 바 있다.

1. 의도적 UFO 대기 촬영방식이란?

대다수의 사람들은 UFO를 평생 한 번도 목격하지 못한 채 지내는데 또 다른 누군가는 우연히 목격하고 촬영까지 해내는 행운을 잡기도 한다. 그래서 대부분의 사람들은 '정말 UFO가 있나요?'하며 묻는 경우가 많다. 99명의 사람들이 UFO를 보지 못했다고 해서 단 한 명이 목격한 케이스를 무시할 수 있을까?

문제는 그 한 명이 자신이 본 UFO를 남들에게 쉽게 발설하지 않는다는 점이다. 이유는 자신의 목격담을 믿어주질 않고 무시당할 수 있기 때문이다. 하지만 시간이 흐름에 따라 목격자의 수는 늘어나게 마련이고 촬영된 사진과 동영상의 실시간 공유로 UFO의 존재에 대한 생각이 긍정적인 방향으로 선회를 하고 있다.

만약 목격하지 못한 대다수의 사람들에게 어떻게 하면 단 한 번 만이라도 목격내지는 촬영할 수 있도록 하는가하는 방법을 제시해 준다면?

나는 이 장에서 UFO를 의도적으로 촬영해내는 4가지 방식을 제시하고자 한다. 이 촬영방식들은 모두 검증을 거친 것으로 나는 X-프로젝트를 추진하는 과정에서 실제 성공적인 결실을 거두었다. 그러나 결코 쉬운 것은 아님을 밝혀둔다.

다시 말해서 금방 첫 시도에서 100% 포착할 수 있을거라는 기대를 하지 말라는 것이다. 세상의 모든 위대한 발견들은 끊임없는 시도를 하는 과정 중에 이루어진 산물들이다. 당신도 이 책에서 언급하는 의도적 촬영방식을 꾸준히 시도한다면 반드시 UFO를 촬영할 수 있는 기회를 만날 수 있다.

그러면 의도적 대기촬영 방식이란 무엇을 말하는 것인가? 우연히 시야에 들어온 UFO를 촬영하는 것과는 정반대의 능동적인 촬영방식을 말한다. 즉, 내가 직접 UFO가 출현할 때를 기다리다가 나타나게 되면 포착하여 촬영하는 것이다.

여러분은 이 말에 쉽게 공감하지 못할 것이다. 왜냐하면 언제 어느 때 어느 지역의 상공에 출현할지 도대체 알 길이 없기 때문이다. 한마디로 희박한 성공 확률에 도전하는 것이다. 그래서 나는 포착할 확률을 높일 수 있는 UFO 촬영법을 찾아냈다.

나의 전작 "충격! 놀라운 UFO촬영법" 책에는 이에 대해 자세한 설명과 포착한 UFO추정 물체들의 선명한 사진들이 실려 있는데 '존 브로 방식의 의도적 촬영법'으로 2년간에 걸쳐 시도한 결과 획기적인 성과를 거두는데 성공했다.

UFO를 능동적으로 촬영해 낼 수 있는 의도적 촬영법은 4가지로 구분된다.

첫번째 방식, John Bro방식의 대기촬영.

두번째 방식, UFO 핫스팟 지역에서의 대기촬영.

세번째 방식, 1회 이상 UFO가 포착된 지역에서의 대기촬영.

네번째 방식, 의도적인 호출로 대기 촬영하는 방식이 있다.

이 네 가지 방식 중에서 나는 첫 번째 방식인 존 브로 방식 테크닉을 여러분에게 가이드하고자 한다. 이 방식을 권하는 가장 큰 이유는 가장 짧은 시간 안에 90%~100%에 가깝게 포착해낼 수 있기 때문이다.

준비물은 1/2,000~1/10,000초 단위의 셔터속도가 수동 조절되는 캠코더와 삼각대, UV필터만 있으면 날씨가 아주 맑은 날에 처마 밑에서 시도할 경우 100%에 가까운 UFO 포착이 가능하다.

이 사실을 믿기 어렵겠지만 나는 이 방법을 통하여 UFO가 실제 비행하는 모습의 동영상 촬영과 선명한 UFO사진을 획득하는데 성공했기 때문이다. 처음엔 나도 이 촬영방식이 정말 사실이라면 매우 놀라운 발견인 동시에 나 자신이 직접 UFO의 실제적인 연구에 접근할 수 있는 새로운 도약이 될지도 모른다는 실마리를 잡는 느낌이었다.

X-프로젝트는 반드시 성공을 위한 프로젝트는 아니라 오히려 가능성이 매우 희박하지만 그것에 접근하는 연구노력에 큰 의의를 두는 프로젝트를 말한다. 나는 여러분에게 한 번 시도해볼 것을 권유한다. 나머지 세 가지 방식들은 처음부터 기대한만큼 단번에 성공시키기가 어려우며 적지 않은 오랜 시간을 요할 수도 있다. 그러나 분명히 포착이 가능한 UFO촬영법으로 확신을 가져도 좋다.

의도적 UFO 대기촬영법의 조사연구서

내가 여러분들에게 꼭 전하고 싶은 말은 UFO의 세계를 결코 우리의 생각의 잣대로 선을 긋지 말라는 것이다. 관점의 차이를 바꾸게 되면 실로 놀라운 것들을 얻게 된다. 나는 그것을 순수 시도라 부른다. 기대를 완전히 내던지고 대신 당신의 마음에 설렘과 순수한 시도로 임하면 당신이 생각지 못한 곳에서 의외의 쾌거를 얻을 수 있다.

그럼 의도적 UFO대기촬영법 중 100% 포착해내는 UFO촬영법인 존 브로 방식의 촬영법에 관하여 설명을 드린다.

2. 100% 포착해내는 놀라운 UFO 촬영법

나는 지난 과거 26년간 국내에서 촬영된 수많은 UFO 추정 제보 사진과 영상을 분석하면서 실제 UFO가 눈으로 인식되지 않는 상황에서도 카메라의 필름에 순간적으로 포착되는 예가 있을 수 있다는 것을 알게 되었다.

이 말은 의도하지 않은 상황에서 절묘하게도 순간 포착되어 기록으로 남게 된다는 것이다. 실제 이런 UFO 포착사례가 간혹 발생하기도 한다.

1995년 9월 4일 경기도 가평에서 한 언론사 기자에 의해 촬영된 배경사진에 UFO가 절묘하게 순간 포착된 경우가 이에 속한다.

이러한 증거를 통해 조심스럽게 유추하건데 UFO는 우리가 인식할 수 없는 한계를 벗어나는 초고속의 무소음 비행을 하거나 전혀 알아챌 수 없는 완벽한 스텔스 기능으로 대기권 내를 종횡무진 비행하고 있다는 사실을 무시해서는 안 된다.

나의 연구결과 잠정결론은 UFO가 우주공간 어딘가의 먼 곳에서 직접적으로 지구를 찾아오기보다는 지구와 가까운 근처나 지구상의 어딘가에 발진기지가 있어 수시로 대기권을 넘나들며 비행하고 있지는 않은가를 유추해본다.

지금 우리의 관점은 '어떻게 하면 UFO를 의도적으로 포착할 수 있을까?'이다. 언론사 기자의 카메라에 순간포착이 가능했던 것처럼 '언제 어느 때의 순간포착을 위해 비디오장면으로 실시간 촬영이 가능하지는 않을까?'를 생각한 미국의 한 민간인 UFO연구가가 있었다.

1995년 미국인 존 브로(John Bro)는 태양 주변의 코로나 층을 비디오카메라를 사용하여 고정 촬영할 경우 UFO를 100%포착할 수 있다는 놀라운 충격적인 주장을 펴왔다.

존 브로의 주장은 UFO가 상시 대기권을 날아다닐 뿐만 아니라 시계를 따라 UFO를 추적촬영 할 수도 있다고 했다. 그의 주장은 UFO가 태양 주변을 향해 매우 빠른 속도로 비행하기 때문에 날씨가 아주 맑은 날을 택해 태양을 처마에 걸친 채 비디오카메라를 삼각대에 고정시킨 후, 태양주변의 코로나 부분을 조심스레 촬영한다면 UFO가 분명히 찍히게 된다고 주장했다.

John Bro
UFO Researcher

Create an Artificial Eclipse
SUN
Position the sun behind an overhang or roof line
Look here to see UFOs

존 브로(John Bro)와 그의 의도적 대기 촬영법 도해

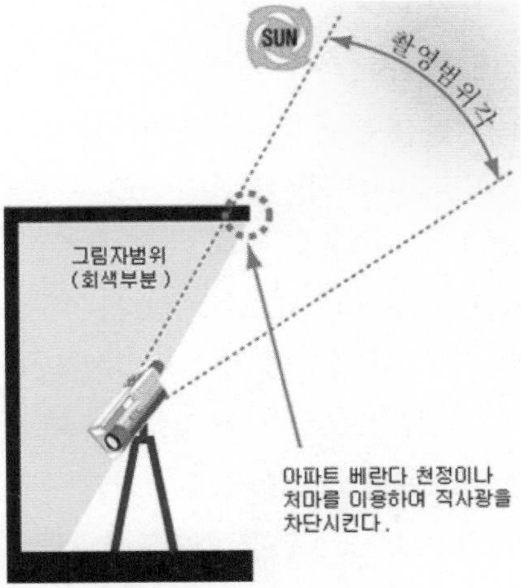
SUN
촬영범위각
그림자범위
(회색부분)
아파트 베란다 천정이나 처마를 이용하여 직사광을 차단시킨다.

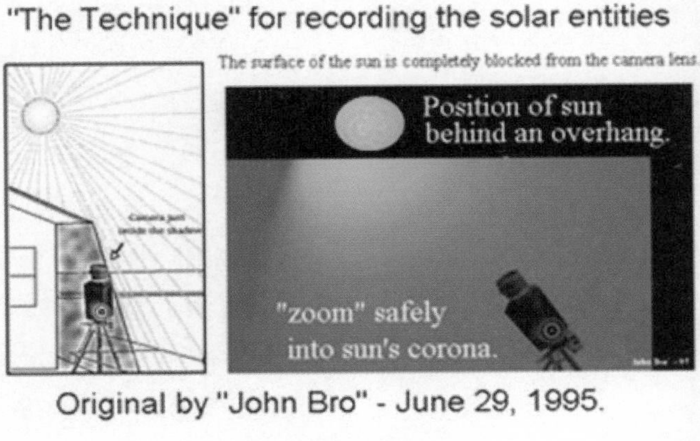
"The Technique" for recording the solar entities
The surface of the sun is completely blocked from the camera lens.
Position of sun behind an overhang.
"zoom" safely into sun's corona.
Original by "John Bro" - June 29, 1995.

존 브로 방식의 UFO 촬영법 도해

그의 촬영방식은 날씨가 아주 맑은 날 그림과 같이 비디오카메라를 삼각대에 고정 설치한 후 태양을 완전히 가릴 수 있도록 처마 위에 가리운 채 환한 코로나 부분을 약 30분간 고정촬영하게 되면 UFO로 추정되는 비행물체를 포착할 수 있다는 것이다.

이 촬영법은 UFO가 포착될 확률이 놀랍게도 100%에 가까운 것으로 알려져 있으며, 존 브로 자신은 1995~1999년까지 5년 간에 걸쳐 이 방법을 시도하여 촬영을 해왔는데 그는 육안으로도 관측하는데 성공했으며, 자신이 촬영한 물체들의 사진을 홈페이지에 올렸다. 존 브로는 자신이 찍은 영상에 대한 신뢰도를 입증하기 위해 미국의 UFO 영상 분석전문가인 짐 딜레토소에게 사비를 들여 분석을 의뢰한 결과 긍정적인 답변을 얻어냈다. 그의 분석결과는 첫째, 물체는 먼 거리 상에 있으며 둘째, 빠른 속도로 날고 있고 셋째, 인공적인 구조체라는 판독을 내렸다.

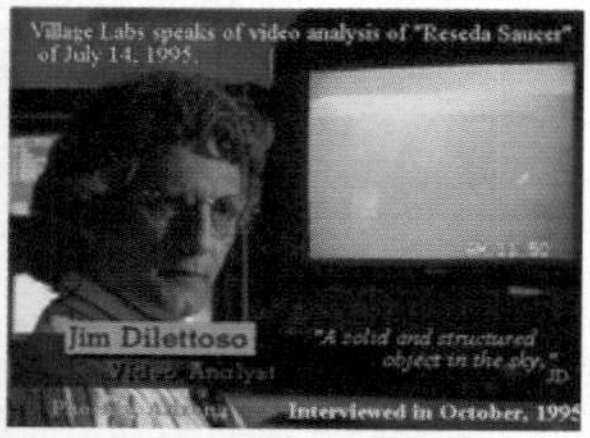

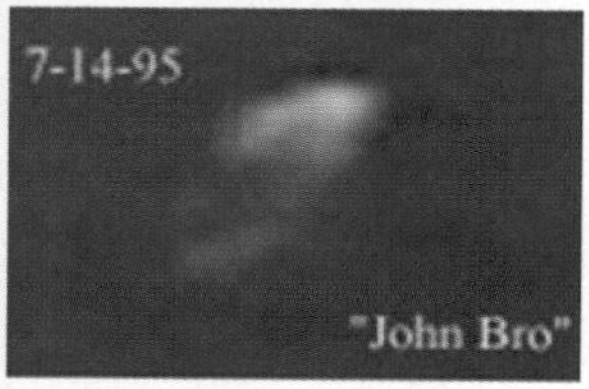

(위) 짐 딜레토소 UFO 영상분석연구가
(아래)존브로가 포착한 미확인비행물체

그러나 대부분의 사람들은 자신의 주장에 대해 부정하는 견해를 보였다. 그들의 주장은 하늘에 떠다니는 부유물, 먼지, 곤충, 그리고 영상촬영기기의 결함 등으로 대수롭지 않게 여겼다.

많은 사람들은 아직도 이 점에 대해 먼지산란이나 광학현상, 새, 곤충, 날벌레, 카메라의 이상 등으로 반론을 펴고 회의적인 태도를 보이지만, 나는 그가 촬영한 사진들을 면밀히 검토한 결과 UFO로 추정될 만한 사진 몇 점을 발견할 수 있었다.

나 역시 이 촬영방식에 대해 논란의 여지가 많을 수 있다는 사실을 사전에 익히 알고 있었지만 연구할만한 중요한 잠재적 가치를 가지고 있다는 평가를 조심스럽게 내렸다. 그리고 이 촬영방식이 과연 유용한 의도적 UFO 대기촬영법인지 또한 실제 UFO로 추정되는 물체가 포착되는지를 검증하기 위해 2001년도에 본격적인 조사연구에

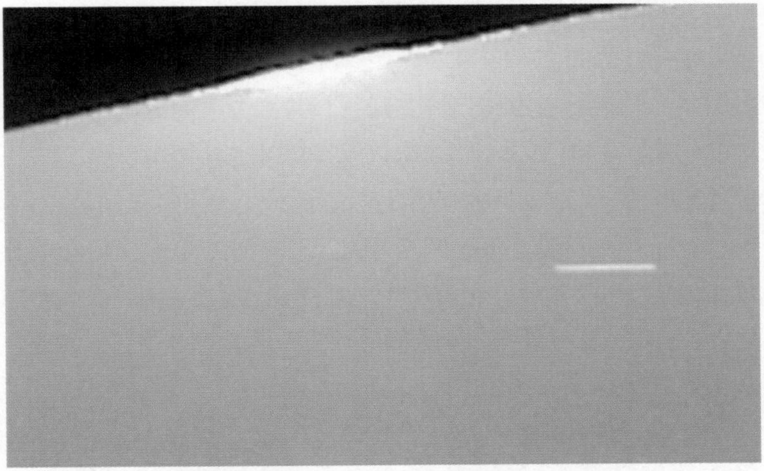

2001년 8월 5일 의도적 대기촬영 중 포착된 원통형 UFO 추정 물체

착수하였다. 2년간의 John Bro방식의 의도적 대기촬영을 시도하여 방대한 양의 촬영필름을 분석한 결과 놀라운 UFO의 비행장면을 포착할 수 있었고 순간 포착된 선명한 돔원반형, 원통형 UFO사진들을 획득할 수 있었다.

또한 육안관측의 식별시도에서 두 개의 은백색을 띤 둥근 물체가 서로 가까이 정지 상태로 아주 먼 거리상의 고도에 머물고 있는 것을 직접 확인하는데 성공했다. 120시간의 테이프 분석과정을 거친 나의 검증결론은 분명 미지의 비행물체가 태양주변의 하늘을 종횡무진 비행하고 있다는 것과 그 물체의 비행능력은 항공역학을 뛰어넘는 예각 회전, 순간 정지, 분열현상, 편대비행 등 놀라운 비행술을 보여주고 있음을 최종 확인했다.

그럼에도 불구하고 이 의도적인 UFO 촬영법으로 알려진 존 브로 방식은 전문가들조차 알고 있지 못하다.

물론 나는 '이 방법이 UFO를 촬영할 수 있는 획기적인 유일한 방법이다'라는 주장을 내세우기보다 앞서 소개한 UFO가 포착되었던 촬영장소가 아닌, 장소에 전혀 구애를 받지 않고 기상상태가 맑은 날이면 누구든지 비디오카메라로 UFO를 의도적으로 촬영할 수 있다는 방법임을 제시하고자 하는 것이다.

그러나 이 분야의 연구는 너무나도 논쟁의 여지가 많고 나의 주장이나 결론을 뒷받침할만한 과학적인 객관적 근거가 아직은 빈약하기 때문에 따라서 최대한 얻어낸 분석결과를 토대로 잠정 결론을 도출할 수밖에 없음을 양해 바란다.

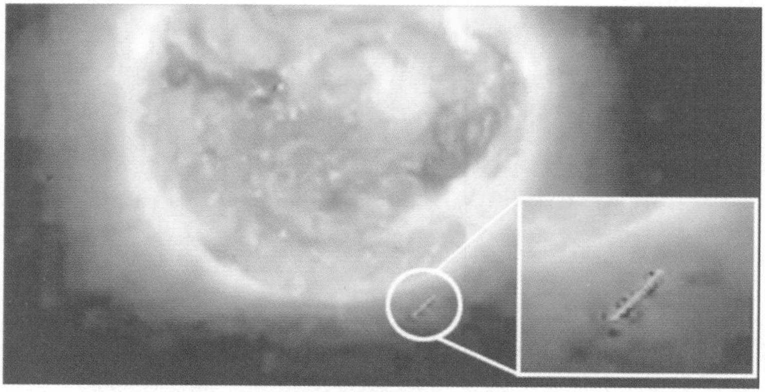

태양주변에서 관찰되는 미확인비행물체

UFO Hotspot에서 포착하라!

UFO 핫스팟이란 UFO가 출현빈도수가 잦은 곳을 말하는데 그런 장소는 대부분 군사시설 근처의 상공으로 레이더 사이트, 육군 및 공군기지, 핵기지, 미사일기지, 무기저장고 등이 있는 곳이라면 UFO 출현을 기대해 볼 수 있다.

UFO가 자주 출몰하는 지역인 UFO Hotspot 지대에서 의도적인 UFO 대기 촬영이 해외에서는 자주 시도되고 있는데, 주로 군사시설이 밀집된 곳이나 민감한 시설이 있는 곳 근처 상공에서 UFO가 자주 목격되고 촬영된다.

UFO 핫스팟에서의 촬영방식은 UFO가 자주 출몰하는 지역 또는 장소에서 대기하고 있다가 포착해내는 방식이지만 단시간 내에 UFO를 카메라에 포착할 수 있는 것은 아니다. 오히려 끈기를 가지고 인내하는 시간이 필요하다.

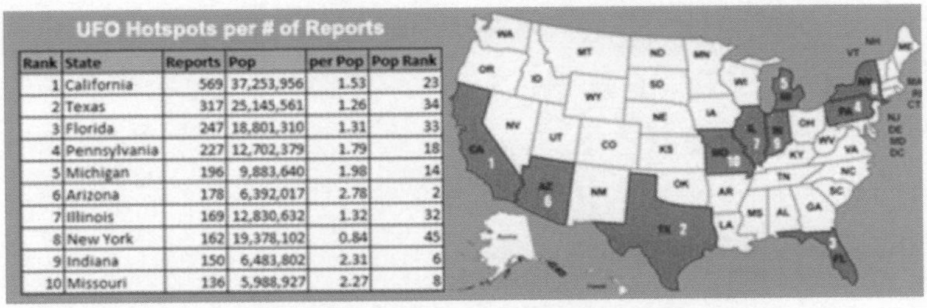

UFO Hotspots per # of Reports

Rank	State	Reports	Pop	per Pop	Pop Rank
1	California	569	37,253,956	1.53	23
2	Texas	317	25,145,561	1.26	34
3	Florida	247	18,801,310	1.31	33
4	Pennsylvania	227	12,702,379	1.79	18
5	Michigan	196	9,883,640	1.98	14
6	Arizona	178	6,392,017	2.78	2
7	Illinois	169	12,830,632	1.32	32
8	New York	162	19,378,102	0.84	45
9	Indiana	150	6,483,802	2.31	6
10	Missouri	136	5,988,927	2.27	8

2011년 MUFON에서 발표된 미국 UFO 핫스팟지역

UFO가 자주 출현하는 UFO Hotspot이 다른 지역에 비해 포착될 가능성이 높은 것은 사실이나 그렇다고 반드시 시도할 때마다 카메라에 담을 수 있는 것은 아니라는 점이다. 단지 포착할 확률이 다른 어떤 방식보다 비교적 높은 편에 속한다고 생각하면 된다.

문제는 UFO Hotspot에서의 대기 촬영방식은 출현할 확률이 높은 장소에서 대기하고 있다가 촬영해내는 방식이나, UFO가 언제 어느 때 출현할 지를 전혀 예측할 수 없기 때문에 많은 시간과 노력을 요하게 된다는 점이다. 따라서, 보편적으로 짧게는 며칠에서 길게는 수 주일동안 대기해야 하는 시간이 필요해 통상적으로 2명 이상이 같이 현장에서 교대로 하늘을 관찰할 필요가 있으며 또한 매 시간을 지속적으로 육안 관측하기가 힘이 들기 때문에 UFO 탐지기를 설치하여 출현 시점을 즉각적으로 알아낼 필요가 있다.

외국에서는 이런 UFO Hotspot지역이라 불리는 몇몇 장소가 있는 것으로 알려져 있고 국내에서도 유일한 UFO헌터인 허준씨가 이러한 장소를 찾아 집중적인 시도를 한 결과 성공적인 의미 있는 수확을 얻었다.

UFO Hotspot지역에서의 대기 촬영방식은 존 브로 방식처럼 어느 한 방향을 향해 고정 촬영하는 방식은 아니기 때문에 어느 방향에서 어느 때 출현할 지를 파악해야 하므로 집중력을 요한다. 따라서 다른 어느 장소보다도 출몰 횟수가 잦다는 점에서 우리는 이런 곳을 찾아 의도적인 UFO 대기촬영을 시도해 볼 필요가 있다. 7장에서는 실제 이러한 시설이 있는 근처에서 의도적인 대기촬영에 성공한 국내 사례와 해외의 포착사례를 소개하기로 한다.

1. UFO 핫스팟과 군사시설의 상관관계

러시아의 한 작은 마을에는 전 세계의 UFO 연구자들이 몰려들고 있다. 프라우다, 러시아 IC 등 러시아 언론들의 보도에 따르면, 러시아 페름주와 스베르들롭스크주 경계 지역에 위치한 '몰레브카 마을'에서 미확인 비행물체가 목격된 것은 약 15년 전이라고 한다. 이후 이 마을 상공에 미확인 비행물체가 계속 출몰한다는 보고가 계속되었고, 러시아 및 세계 각국에서 물리학자, UFO 연구자 및 다큐멘터리 제작팀들이 몰려들고 있다는 것이다.

UFO의 출현과 목격이 빈번한 곳은 주로 군사시설이 밀집한 곳에서 많은 신고가 들어온다. 특히, 핵과 관련된 핵 미사일기지나 핵 실험장, 공군기지, 무기저장고가 있는 지역은 UFO가 예민하게 반응하는 곳이다.

미국 네바다주 375번 도로는 라스베가스에서 북쪽으로 자동차를 타고 2시간 정도 걸리는 거리에 있다. 이 도로는 총 길이 158km의 하루 평균 53대가 지나가는 황량한 곳인데 UFO를 목격했다는 사례들이 빈번하게 많아 주 교통국이 아예 '외계인 고속도로'라고 이름을 바꿨다. 그리고 그곳에서 멀지 않은 곳에 극비군사시설로 알려진 제 51 구역이 있다. 이곳은 첩보기와 첨단 항공기관련 무기체계를 개발하는 곳으로 알려져 있으나 사실은 UFO를 숨겨놓고 역공학에 의해 지구제 UFO를 제작하는 기지로서 군사시설로 위장되어 있다는 것이다.

근데 Area 51지구 근처에는 넬리스 공군기지가 있고 이곳에서 UFO가 심심치 않게 목격된다.

2008년 미국의 캘리포니아와 콜로라도, 텍사스 등지에서는 UFO로 의심되는 물체를 목격했다는 제보가 매달 약 200건씩 발생하여 미국의 최대 민간 UFO 연구단체인 MUFON(Mutual UFO Network)에

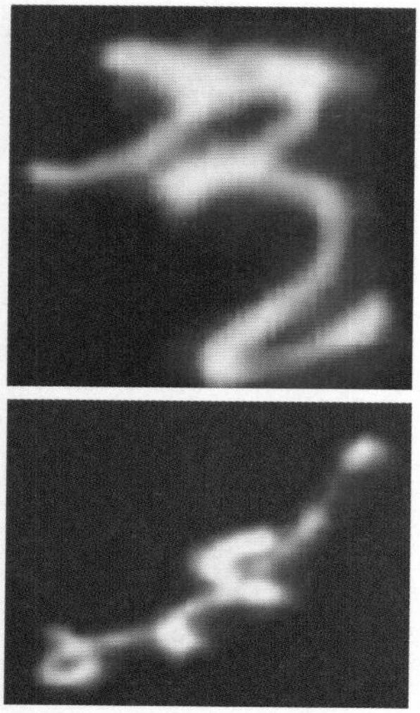
스테판빌에서 촬영된 UFO의 궤적

서 스테판빌 지역을 조사하였다. 2008년 1월 8일 해질녘 미국 텍사스 주의 작은 마을 스티븐빌 상공에서 목격돼 큰 소동을 빚은 스티븐빌 UFO는 기이한 UFO 동영상으로도 촬영되었고 30여명의 주민들이 목격한 후 경찰국과 방송국, 그리고 UFO 협회 등에 제보가 빗발쳐 해외 토픽을 장식했다.

당시 주민들은 전투기들의 추격을 받던 UFO의 크기가 1마일(1.6km)이 넘었고 다채색 조명을 내뿜으며 소리 없이 저공비행했다고 동일하게 증언했으나, 인근에 주둔하는 포트 워스 301 전투비행단 대변인은 당시 상공에 어떠한 비행기도 비행하지 않았다고 발표했다.

과거에 미 공군에서 근무한 주민은 그것이 UFO였다며 너무 빨리 비행해 망원경으로 추적할 수 없을 정도였다고 증언했는데, 사건이 발생한지 2주가 지난 1월 23일 포트 워스 기지 대변인은 돌연 지난번에 UFO로 오인된 물체가 한꺼번에 야간 비행 훈련한 F-16 전투기 10대였다고 정정 발표해 주민들을 재차 의아하게 만들었다.

대변인 칼 루이스 소령은 처음 발표했을 당시 착오가 있어서 비행기가 비행하지 않았다고 발표했으나 인근에서 10대의 전투기가 한꺼번에 야간 훈련을 하고 있었다며 주민들이 목격한 UFO는 단순히 전투기 10대를 잘못 본 것이라고 번복했다. 루이스 소령은 추후 이 사건에 관한 기자회견은 없을 것이며 카메라를 동원한 인터뷰도 없다고 말하며 당시 행한 F-16 전투단의 훈련이 일상적인 것인지 아닌지 자세한 정보 사항을 일체 언급하지 않았다고 한다.

그런가하면 미국 남서부의 뉴멕시코주는 UFO가 추락한 장소인 로스웰과 알버커키 인근에 카틀랜드 공군기지가 자리 잡고 있으며 로스 앨러모스 국립연구소가 북쪽에 위치해 있다. 한마디로 최고의 군사기밀을 요하는 군 시설물이 집중된 곳이다. 그리고 이 연구소에서

152km떨어진 위치에 '알틸라다 메사'라는 고원지대가 있는데 이 지역의 상공에는 끊임 없이 UFO가 출몰하는 것으로 유명하다. 또한 알틸라다 메사에서 남쪽으로 4km되는 지점에 덜시라는 인디언 보호구역의 조그만 마을에는 의문의 소 도살 사건이 자주 발생되곤 했다. 미국에서는 이처럼 UFO출몰회수가 잦은 지역이 여러 곳에 존재하고 있다.

2. 수락산 상공의 쌍둥이형 UFO

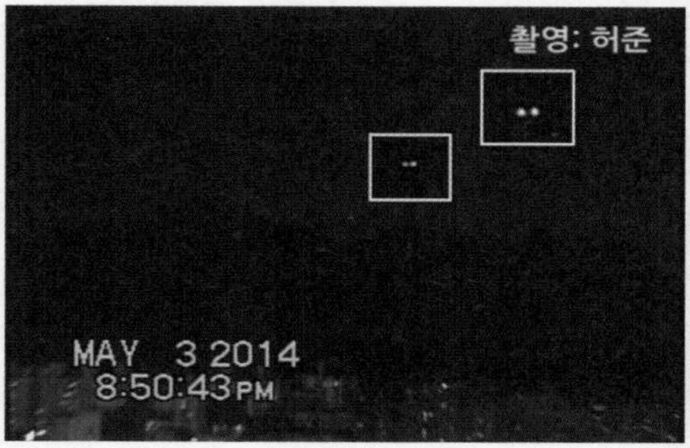

허준씨의 사진

2014년 5월 3일 오후 8시 50분경 의정부 장암동에서 의도적 대기촬영을 시도 중이던 UFO헌터 허준씨는 수락산 상공에 매우 밝은 빛을 발하는 둥근 형태의 쌍둥이형 UFO로 추정되는 미확인 비행물체가 뜬 것을 발견했다.

허준씨는 이곳에서 지금까지 7차례에 걸쳐 UFO 추정 물체를 포착하는데 성공했다. 당일 8시 30분경 의정부역에 도착하여 신세계백화점 앞 광장에서 의도적 대기촬영을 시작한지 20분쯤 뒤인 8시 50분에 전방의 수락산 상공 쪽에 갑자기 아주 밝은 빛을 내는 광원이 뜬 것을 발견했다.

육안으로 볼 때 약간 흐린 황금빛을 발했으며 배구공 모양으로 보였다. 미확인 발광체는 처음에 정지한 듯 움직임이 없어보였는데 약 20초간 육안으로 관측하다가 그동안의 육안 관측 경험으로 미루어 항공기가 아닌 것으로 판단을 내리고 곧바로 촬영에 들어갔다. 이 영상을 분석한 결과 UFO일 가능성이 높은 것으로 판단을 내렸다.

그 근거로는 촬영자의 증언을 토대로 최초 목격당시 물체의 형태를 뚜렷이 관찰할 만큼 물체의 크기가 상당히 커 보였었고 특이한 점은 하나의 물체로 보인 발광체가 영상에 찍히면서 마치 땅콩처럼 둘

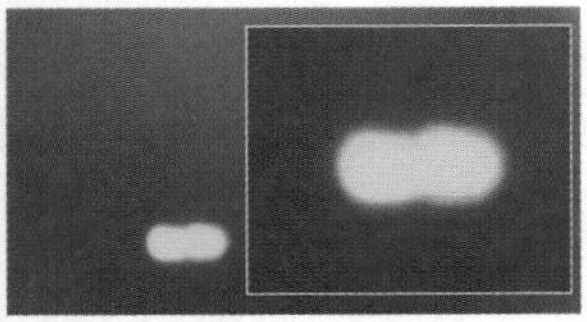

허준씨가 촬영한 수락산 상공의 UFO 추정 비행물체

로 나뉜, 시종일관 두 개의 광원으로 분리된 것처럼 나타난 점이다. 당일 그 시각에 야간에 육안관측이 가능할 정도로 밝은 국제우주정거장(ISS-인공위성)도 보이는 시간대가 아님도 확인되었다.

또한 항공기일 가능성에 대해서 수락산 근처 상공은 비행 금지 구역이며 허가 없이 진입이 불가하다. 항공기의 경우 위치 표시등이 규칙적으로 점멸하여 어느 각도에서 보던지 점멸현상이 관찰되게 되는데 이 물체의 영상에서는 그런 모습을 전혀 보이지 않았다. 또한 비행기라면 고도를 일정하게 유지하며 비행할텐데 이 물체는 산과 산 사이의 매우 낮은 고도에서 출현 후 42초가 지난 시점에서 산봉우리 정상위에 위치한 후 줄곧 수평비행을 했다. 그리고 항공기로 볼 수 없는 확실한 점은, 물체는 줌 인한 과정에서 두 개로 분리된 것이 확실히 관찰되는데, 두 개의 비행체가 거의 근접하여 비행하는 것은 충돌할 가능성이 매우 높은 위기의 상황으로 항공기가 이렇게 비행하는 경우는 없다는 점이다.

이곳 수락산을 중심으로 한 인근이 미군기지와 군사시설이 집중되어 있어 UFO의 빈번한 출현이 군사기지 시설과 밀접한 관련이 있음을 입증하는 중요한 증거사례가 될 수 있다.

3. 광화문 상공에 대거 출현한 UFO 무리

2005년 10월 10일 청명한 가을하늘이라 기상상태는 매우 맑은 날이었다. 오전 10시 30분 경 UFO헌터인 허준씨는 본연의 업무를 보러가기 위해 서울 광화문 사거리를 거쳐 가는 중이었다. 마침 여유시간이 있어 약 1시간 정도를 미리 나와 대기하고 있었고 준비해간 삼각대에 카메라를 거치 시킨 후 인왕산쪽 하늘을 바라보고 있었다. 여느 때와 마찬가지로 그는 대기촬영에 성공한 후 자신감을 얻은 듯 예전에 인왕산 상공 쪽에서 출현한 UFO 목격사례가 생각나 혹시나 하는 마음으로 그 시간대에 계속 하늘을 주시하고 있었다.

약 20여분이 경과한 10시 50분 경 갑자기 맑은 인왕산쪽 하늘에 순식간에 수십 개에 달하는 미상의 물체들이 출현했다. 개수를 파악할 수 없을 정도의 수십 대의 은백색 발광체 무리가 어느새 하늘을 수놓았던 것이다.

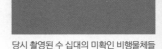

당시 촬영된 수 십대의 미확인 비행물체들

뿐만 아니라 세종문화회관과 교보빌딩쪽 상공에서도 같은 현상이 벌어졌다. 갑작스런 눈앞의 광경에 놀란 허준씨는 직감적으로 UFO가 대거 출현한 것이 아닌가 하는 생각에 흥분된 마음을 애써 가라앉히면서 삼각대에 거치한 후 비디오카메라를 가동하여 찍기 시작했다. 이때가 10시 52분이었다.

그는 주변의 동시목격자를 입증하기 위해 재치를 발휘하여 주위의 시민들을 향해 UFO가 출현했음을 알리는 함성을 질렀다. 근처를 지나가던 시민들은 순간 모두 하늘을 보면서 넋 나간 듯 바라보며 신기해했는데 목격자 수만 어림잡아 100명이 넘었고 일부는 캠코더나 휴대폰 카메라로 촬영하는 시민들도 있었다.

현장 목격자의 증언에 의하면 한 대도 아닌 수십 대에 달하는 물체의 무리가 동시에 출현하여 맑은 가을 하늘에 마치 은구슬을 수놓은 듯 촘촘히 박혀있었다고 한다.

허준씨는 당시 상황이 마치 반짝반짝 빛나는 쇠구슬이 하늘에 빼곡하게 박혀있는 듯 했고 그 장관이 너무나 환상적이어서 한마디로 놀라울 따름이라고 했다.

목격자들 중에는 선글라스를 통해 물체들을 바라본 여성 목격자도 있었는데, 마치 북두칠성과 같이 배열된 발광체들이 하늘에 떠 있어 매우 놀랐다고 한다. 검은색의 선글라스를 통해서도 그 물체의 윤곽은 또렷하게 보였다.

최종 11시 15분까지 무려 23분간 촬영된 이 비행물체들은 같은 대형을 이루어 거의 비슷한 비행속도로 날아가며 사라졌다. 구름이 거의 없어 물체가 이동하는 속도를 가늠하기는 힘들었지만 분명 발광체 무리들은 대형을 이루어 지속적인 비행을 보여주었다. 비디오필름에는 흰색을 띤 다수의 둥근 물체들이 삼각형 또는 마름모형 등 여러 형태의 대형을 이루며 일정한 속도로 같은 대형을 유지하면서 비행하는 장면이 생생하게 포착되었다.

허준씨가 찍은 비디오필름을 분석하면서 원판필름을 수차례 반복적으로 보면서 프레임간 비교분석과 기존의 물체일 가능성은 없는가를 판단하는 수순에 들어갔다.

광화문 관할 경찰서에 풍선을 날린 행사가 있었는지 여부에 대해 조회를 한 결과, 당일 어떠한 행사도 없었으며 풍선을 날리는 이벤트도 없었음을 확인했다.

일차적으로 가장 가능성 있는 추정되는 물체는 헬륨풍선일 가능성인데 이는 설득력이 없었다. 왜냐하면 풍선일 경우 바람에 의해 위치가 변해 금새 이리저리 흩어지게 마련인데, 이들 물체들은 어떤 일정 대형을 이루며 수십 초가 지난 후에도 그 대형을 그대로 유지하고 있었다는 점에서 뚜렷한 차이점을 갖는다.

또한 풍선은 약 5~6분 정도면 시야에서 거의 보이지 않게 되고 이 케이스처럼 25분 이상을 시야에서 머물고 있을 수 없다. 또한 은박지 풍선이 햇빛에 의해 일시적으로 반사되는 경우 은백색을 띠게 되는데, 이 점은 풍선의 모양과 형태, 햇빛의 반사각에 따라 잠깐 동안 빛 반사를 강하게 일으킬 수는 있다. 그러나 지속적인 빛 반사는 일어나지 않는다는 점이다. 그리고 풍선은 시간이 지남에 따라 시야에서 점점 멀어져 작아져 까맣게 보이게 마련이고 결국에는 6분정도가 되면 보이지 않게 된다.

그러나 이 발광 물체들은 25분간을 하늘에서 체공상태로 육안관찰이 된 동시에 일정대열로 편대비행을 계속함이 관찰되었고 그것은 그만큼 이 물체들의 고도가 시간이 지남에 따라 방향성과 지향성을 가진 비행물체로 그 크기가 매우 크고 먼 거리상에 존재한 물체이다. 서울 도심 한복판 광화문상공의 다수의 UFO 출현소식은 곧바로 YTN 뉴스를 통해 전국으로 전파를 타게 되었다. 이어 일본의 TV방송 프로그램에까지 촬영 영상과 소식이 방영되기도 했다.

YTN에 방영된 서울 광화문 상공의 UFO 포착소식

당시 수도권 영공을 책임지고 있는 수도방위사령부 측에 문의결과 육안 관측 보고는 받았으나 그 시간대에 레이더상에 잡힌 물체는 없었다고 한다. 청와대를 중심으로 서울 한복판에서 일어난 이 동시목격 촬영사례는 2004년과 2005년도에 멕시코 상공에서 발생한 UFO의 대거출현과 매우 유사한 사례이다.

4. UFO 핫 스팟으로 떠오른 칠레와 러시아 마을

남미 칠레 수도인 산티아고로부터 약 250㎞ 떨어진 중부지방 자치구역 산 클레멘테는 지난 1995년부터 지금까지 100회 이상 UFO가 목격돼 UFO 연구가들에겐 이른바 '핫 존'으로 불린다.

즉, UFO 출몰이 잦은 지역을 UFO 핫 존, 또는 UFO 핫스팟이라 칭한다. 이처럼 잦은 UFO 출현으로 관련 연구가와 호기심을 가진 일반인 등이 몰려들자 칠레 관광청은 30㎞에 이르는 주요 출현 장소를 엮어 UFO 관광루트를 개발하고 관광객 유치에 나섰다. 칠레 UFO연구협회에 따르면 산 클레멘테에선 지난 1995년 1월부터 1996년까지만 매주 2회꼴로 UFO가 목격됐다고 한다.

UFO 관광루트 가운데 특히 관심을 모으는 곳은 UFO의 활주로라는 별명이 붙은 '엘 엔라드리쟈도' 지역으로 산 클레멘테 중심부로부터 60㎞가량 떨어져 있는 이 곳은 해발 2300m의 고지대로 바닥엔 10톤 규모의 화강암이 마치 보도블럭처럼 깔려 있다.

폭 60m, 길이 800m 규모의 이 지역을 UFO가 활주로로 삼아 이착륙한다는 것이다. 칠레 UFO연구협회는 "이곳에서 목격된 UFO가 여러 번 있었다."고 밝혔다.

그런가하면 러시아 페름주와 스베르들롭스크주 경계 지역에 위치한 '몰레브카' 작은 마을은 1992년부터 미확인 비행물체가 이곳 마을상공에 목격되기 시작해 이후 이 마을 상공에 미확인 비행물체가 계속 출몰한다는 보고가 계속되었고, 지역에 거주하는 한 물리학자는 들판에서 미확인 비행물체를 봤다는 증언을 했다고 언론은 전했다.

인간이 만든 것이라고는 보이지 않는 비행물체가 하늘에 떠 있는 달 인근에 나타났고, 비행물체에서 일곱 개의 섬광이 나와 땅을 비췄다는 것이 물리학자의 주장이다.

UFO 출현이 빈번해지자 페름주 당국은 UFO 테마파크를 직접 추진하기로 나섰다. 몰레브카에 설립된 UFO센터에는 관측소와 박물관이 주요 시설로 세워지며 UFO헌터들을 위해 일인당 20~40달러에 묵을 수 있는 숙박시설이 마련되었다.

이 방대한 센터의 중앙 통제실은 비행접시를 본 딴 디자인으로 세워지고 UFO센터를 상징하기 위한 외계인 조각상도 제작하였다. UFO센터 프로젝트에는 우리 돈으로 약 50억원이 투자되었는데 페름주 무역국장은 "매년 전세계에서 45만 명이 이 마을을 찾는다."며 "초현실적인 사건들로 유명한 몰레브카 마을을 관광산업에 활용하는 것은 당연하다."고 프로젝트의 추진 배경을 밝힌바 있다.

한국에서 촬영된 UFO 사진들

1950년 이후 국내에서 촬영된 최초의 UFO 사진은 1980년 10월 9일 오전 7시경 당시 고교 3학년이었던 서대영군이 촬영한 돔원반형 UFO 사진으로 당시 언론에 촬영사진과 함께 기사가 보도되기도 했다.

1980년 10월 9일 국내 최초로 촬영된 서대영군의 UFO사진

방안에서 공부 중이던 서군은 머리를 식히려 잠시 아파트 15층에서 창밖을 내다보다가 이상한 느낌에 왼쪽 위를 쳐다보게 되었는데, 바로 그때 밥공기를 포개어 놓은 접시에 엎어놓은 듯한 물체가 눈에 들어왔다. 물체는 빠른 속도로 반포아파트쪽으로 날아가고 있었다. 카메라를 가져와 찍으려는 순간 약 15~20초가 흘렀을까? 이미 멀어져가는 상황이었지만 단 한 장의 사진을 촬영할 수 있었다. 당시 물체를 처음 봤을 때에는 2개의 창문 같은 것이 보였고 물체의 하부에 회전하는 듯한 4개의 흰 줄과 같은 것도 목격했다고 한다.

서대영군의 사진이 찍힌 뒤 정확히 10년 후인 1990년 10월 9일에 한준호씨가 캠코더로 촬영한 4분 남짓의 8mm 필름의 동영상이 최초의 영상 기록되어 남아있다.

촬영된 영상에는 은백색을 띤 구형의 물체가 단독으로 비행하는

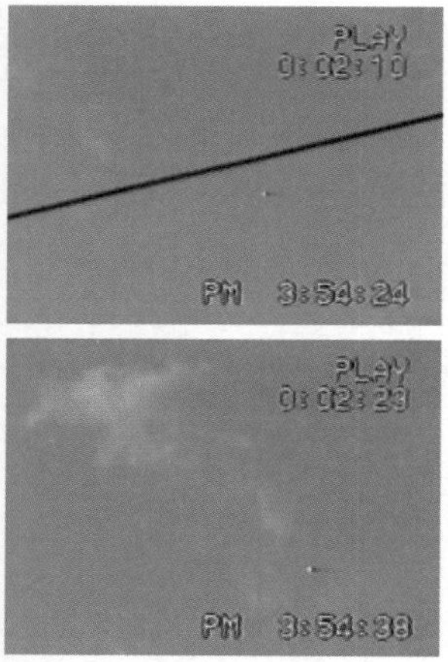

1990년 10월 9일 한준호씨가 촬영한 구형 UFO

장면이 녹화되었고 이 물체는 주변에 있었던 7~8명의 사람들에 의해서도 동시 목격이 되었다. 센터에서 영상을 면밀히 분석한 결과 기존 풍선이나 인공위성, 항공기일 가능성은 없었다.

이후 한국UFO연구협회와 한국UFO조사분석센터에 제보된 촬영사진 및 영상은 진위분석과 면밀한 판독과정을 거쳐 한 해 평균 1~3건 정도의 UFO 추정 촬영물이 언론과 TV방송에 공개되기도 했다.

년간 센터에 제보되는 촬영물 건 수는 연 평균 200~300건 정도에 달하지만 그 중 UFO가 찍힌 것으로 최종 잠정결론을 내릴 수 있는 제보 건 수는 확률적으로 보면 100건 중 1건 정도에 불과하다.

대다수의 제보사진들은 광학현상(햇빛 또는 인공조명에 의한 렌즈플레어 현상, 유리창의 빛 반사), 유리창의 얼룩, 새, 곤충, 천문현상(금성, 달, 목성), 자연현상(구름), 인공 구조물, 조명탄, 인공위성(ISS 등), 항공기의 레드 플레어 현상, 항공기 등과 같은 기존의 잘 알려진 현상이나 물체들을 착각, 오인한 경우가 많다.

드물게는 비행접시 이미지를 오려 유리창에 붙여 촬영한 경우, 나무에 모형을 매달아 찍은 경우, 이중노출 등 임의로 조작하여 제보하는 예가 매우 드물게 있어왔으며 한동안 스마트 폰 사진기 어플에 의해 가짜 UFO 이미지가 찍는 배경하늘에 자동 삽입되어 합성되는 제보사례가 자주 접수되곤 했다.

1. 신문기자의 카메라에 순간 포착된 450미터 크기의 토성형 UFO

1995년 9월초 단 한 장의 UFO 사진으로 인해 국내에서 UFO붐을 일게 만들었다. 당시 이 UFO 사진은 일간지에 전문가의 분석견해와 함께 크게 보도되었고 외신에서도 이를 일제히 기사화했다. 또한 미국 NASA와 동등한 위치에 있는 프랑스의 CNES 기관에서도 정밀

1995년 9월 4일 경기 가평 가을정경을 담기 위해 연속 촬영한 사진에 포착된 토성형 UFO

사진분석과 필름에 대한 검증절차를 거쳤고 KBS-TV에서는 UFO 특집 프로그램을 제작하기 위해 영국 코닥본사에 방문하여 사진에 대한 필름의 진위여부와 철저한 검증을 전문가 인터뷰로 취재하기도 했다.

이 특종사진을 찍은 장본인은 문화일보사 사진부의 김선규 기자로 1995년 9월 4일 오후 신문에 실을 가을 정경사진을 찍기 위해 가평군으로 향했다. 설악면 설곡리에 도착하여 이 곳 저 곳을 살피던 중 두 노부부가 참깨를 터는 상황을 보게 되었다.

김기자는 한국의 가을을 표현하기에 더 없이 좋은 장면이라는 생각이 들었고 그 자리에서 연속사진 3장을 찍었다. 이때 시간이 2시 40분이었다.

기자가 연속사진을 찍는 이유는 촬영한 사진 중에서 가장 좋은 장면을 선정하기 위해서였다. 김기자는 신문사로 돌아와 현상실에서 3장의 찍은 필름을 인화하던 중 세 장의 사진 중에 두 번째 사진에서 이상한 이미지가 현상된 것을 발견했다. 그건 맑은 가을하늘에 새털구름을 배경으로 난생 처음 보는 이상한 타원형 이미지가 찍혀있었던 것이다.

그는 처음에 현상시 이물질이 묻어서 잘못 인화된 것인가 하는 생각이 들어 손으로 문질러도 보았으나 정확히 뭔가가 찍힌 이미지라는 것을 알고 의아한 생각이 들기 시작했다.

앞, 뒤의 사진에는 전혀 그런 형상의 이미지가 찍히지 않은 것과 형태가 뚜렷하고 타원형처럼 생긴 것으로 보아 혹시 말로만 듣던 UFO가 포착된 것은 아닐까 하는 생각이 순간 들었다.

그는 사진을 좀 더 자세히 들여다보기 시작했고 필름의 현상문제가 아닌 무언가가 찍힌 것이 분명하다는 생각이 들었다. 나중에 기억을 더듬어 생각난 일이지만 그가 3장의 사진을 연속 촬영 중 순간 눈에 번쩍거리는 느낌을 받았다고 했다.

김기자는 즉각적으로 사진에 찍힌 물체가 무엇인지 알아내기 위해 한국UFO조사분석센터와 한국UFO연구협회에 사진 분석을 의뢰해왔다.

나는 소식을 듣자마자 문화일보사를 직접 방문하여 김기자가 찍은 인화된 사진들 세 장과 원판 필름을 요청하여 현장에서 일차 분석에 들어갔다.

1차 분석이란 정밀 분석이전에 기존의 현상이나 물체가 잘못 찍힌 것은 아닌지를 구분해내는 필터링 과정을 말한다. 이 과정에는 사진뿐만 아니라 촬영자에게 촬영 당시의 상황 및 주변 환경 인터뷰 조사와 카메라의 셔터속도, 필름의 손상여부와 현상시 이물질의 침작 여부 등을 추가로 검사한다. 대부분의 제보사진들은 1차 분석에서 판독결과가 나오게 된다.

먼저 필름에 대한 검사를 해 본 결과 필름상의 오류나 이물질 등에 의한 잘못된 결과는 아님을 확인했다. 이어 김기자가 출력해놓은 확대된 사진 이미지에 대한 육안분석에서 미확인 이미지는 기존의 새나 곤충, 항공기, 풍선이 아니라는 점과 빠른 속도의 변화에 따른 순간포착이 확실하다는 점이 발견되었다.

물체가 빠른 속도로 움직일 경우 카메라의 셔터속도가 상대적으로 느리게 셋팅되어 있으면 모션블러현상(이미지가 뭉개지는 현상)이 나타나게 되는데 미확인 이미지는 이 현상이 물체의 우측편으로 잘 나타나 있었다. 이 점은 물체가 사진상으로 볼 때 우측방향으로 급가속하다가 순간 좌측방향으로 급선회하여 움직였다는 것을 의미한다.

그리고 물체의 윗쪽에 뾰족하게 솟아오른 모양과 좌측 편에 푸른색으로 짙게 드리워진 궤적이 뚜렷하게 관찰되었다.

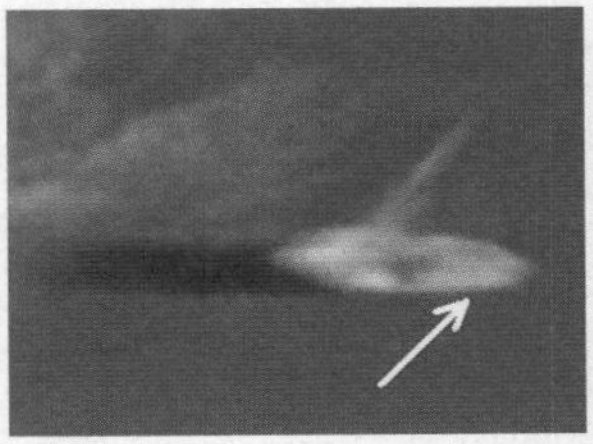
화살표가 지적하는 모션블러 현상이 나타난 부분

사실 이 부분은 육안으로는 보일 수 없는 것으로 필름은 가시광선 외에도 반응을 하기 때문에 푸른색의 궤적이 찍힐 수 있는 것이다. 가장 관심이 가는 부분은 물체의 형태였는데 보통 제보자들의 사진들에서는 아주 작은 형태로 찍히는 경우가 많지만 김기자의 사진은 언 듯 봐서도 그 형태를 가늠할 수 있을 만큼 사진 배경의 사물들과 비교해 봐도 크게 찍힌 편이었다.

물체는 좌우대칭꼴로 타원형에 가깝고 전체적인 윤곽은 토성과 닮은 형태로 나타났다.

현장에서의 1차 분석결과는 하늘에 실제 떠있던 물체로서 이미지의 크기로 볼 때 대단히 큰 물체라는 점과 카메라에 포착되는 순간 엄청나게 빠른 속도로 비행한 인공적인 비행물체로 추정된다는 잠정결론을 낼 수 있었다. 또한 물체는 카메라의 셔터속도에 따른 움직임의 변화를 잘 나타내고 있는데 물체는 거의 수평선상에서 대단한 속도로 비행하던 중 두 번째 사진에 노출이 되는 순간에 급회전(사진상으로 우측 편에서 좌측 편으로)을 하여 물체의 궤적잔상이 두 군데에 나타나게 되었다는 점이다.

미확인 비행체의 사진분석 결과

만약 이 물체가 새나 곤충이었다면 물체를 구분할 수 없을 정도로 작게 찍히는 경우가 대부분이다. 반면 구분할 수 있을 정도로 찍힐 경우에는 곤충류인지 새가 찍힌 것인지 구분이 된다.

2차 분석과정에서 물체의 이미지를 컴퓨터 그래픽기술을 이용하여 확대 및 윤곽선 검출, 컬러농담 조절 등으로 이미지의 선명도를 강화시켜 보다 확실한 물체의 상을 획득할 수 있었는데 물체 이미지의 우측에 생긴 모션블러현상을 제거하게 되면 위아래의 둥글넓적한 토성형태를 띠는 물체 상이 추출된다.

앞서 언급한 미확인 물체를 중심으로 이미지 상단부 중앙위에 뾰족하게 솟은 흰색의 궤적은 차가운 대기가 비행체로부터 공기 중에 방사 되어진 뜨거운 공기와의 응결로 일어난 베이퍼(Vapor)현상으로 추정되며 짙푸른 궤적현상은 아마도 물체의 동력추진 시스템과 연관되어 대기의 공기층과의 급격한 충돌로 인해 야기된 결과로 보여진다. 이 세 가지 현상은 실제 눈에는 보이지 않지만 빛을 받아들이는 필름상의 노출효과에 따르게 된다.

이 사진은 국내 사진분석 전문가 외에도 프랑스의 국립항공우주국(CNES)의 UFO연구실장, 영국 국방부 UFO조사데스크, 영국UFO연구협회, 특수영상 연구기구인 네트워크 시큐리티 매니지먼트사, 사진효과 전문사인 테이프스트리, 영국 코닥필름 본사에 의해서도 다각도로 분석되었다.

특히 프랑스 국립항공우주국의 UFO연구실장인 프랑스아 루앙주 박사의 분석결과는 가히 놀라운 것이었다. 세 장의 사진 중 가운데 단 한 장의 사진에만 나타난 물체의 속도를 알아내기 위해 셔터속도(1/250초)를 감안하여 계산한 결과 비행체의 속도는 초속 108Km(마하 317)에 달했다. 그리고 물체의 크기는 약 450m, 고도는 3.5Km인 것으로 추정하였다.

만약 전투기가 이런 가공할 만한 속도로 비행한다면 어떤 현상이 일어날까? 우리는 상식적으로 항공기가 초음속으로 진입할 때 굉장한 충격음과 충격파가 발생한다는 것을 알고 있다. 그러나 당시 사진상에 있었던 두 노인과 김기자는 그 어떠한 충격음도 듣지 못했다.

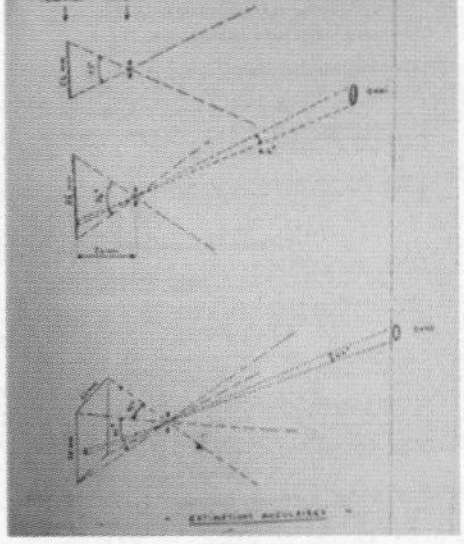

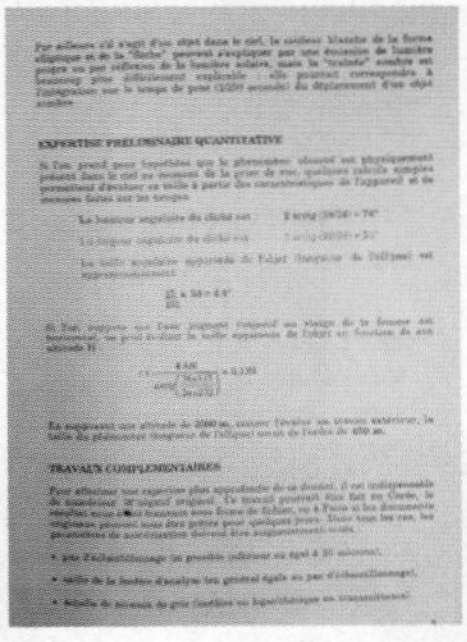
EXPERTISE PRELIMINAIRE QUANTITATIVE

TRAVAUX COMPLEMENTAIRES

프랑스 CNES의 프랑스아 루앙주박사의 사진분석 보고서

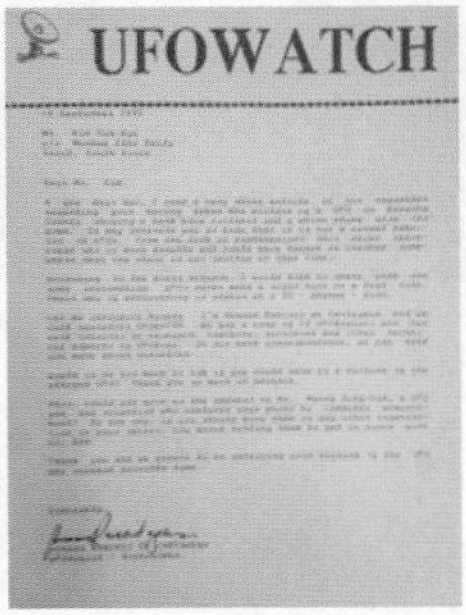
UFOWATCH

필리핀의 UFO WATCH 단체에서 사진분석한 결과의 회신 문서

또한 이 정도의 속도라면 급격한 방향 전환시 엄청난 중력의 쏠림 영향을 받게 되어 조종사가 즉사하는 상황에 처하지만 UFO는 중력의 영향권 안에도 독립적인 에너지계를 형성하여 움직이므로 지구 중력과 전혀 무관하게 날아다닐 수 있는 것이다.

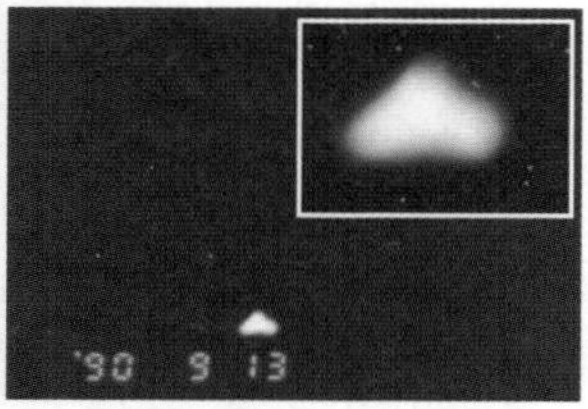

1990년 9월 13일 충북 영동의 성윤석군이 촬영한 돔형 UFO

2. 초등학생이 촬영한 아담스키형 UFO

1990년 9월 13일 오후 7시 35분경 충북 영동군 영동읍 집 앞에서 줄넘기연습을 하고 있던 성윤석군은 자신의 집 앞에서 바로 머리위로 매우 밝은 물체가 서서히 비행해가는 것을 직감적으로 느꼈다. 성군은 이 물체를 최초 발견 후 아버지를 불러 부자가 함께 동시에 발광체를 목격 했다.

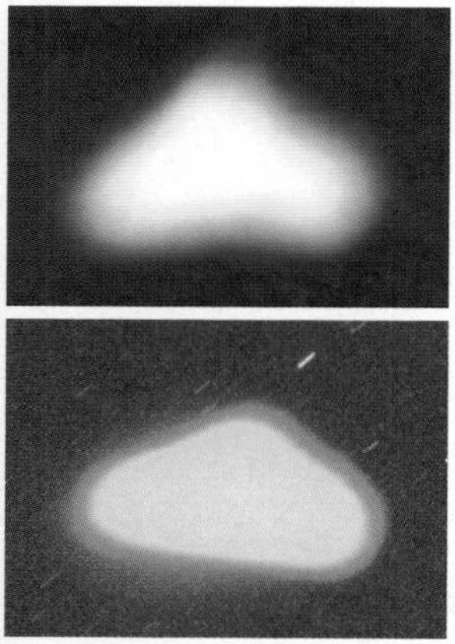
1999년 11월 4일 미국 유타주에서 포착된 돔형 UFO와의 비교

물체를 발견당시 초등학생(당시 5학년)인 성군은 즉각 집안으로 들어가 카메라를 가지고 나와 찍으려 했으나 아버지가 실수 없이 찍으려고 카메라를 빼앗아 촬영을 시도했는데 나중에 비행물체가 멀어지기 전 성군이 재차 촬영한 단 한 장의 사진에 포착하는데 성공했다. 확인결과 다섯 번째 촬영한 사진에 정확히 찍히게 되었다.

촬영 당시의 상황으로 보아 괴비행체의 비행시간은 다른 어떤 목격케이스보다도 긴 시간이었다고 본다. 사진의 선명도 측면에서 볼 때 미확인비행물체는 사진에 찍히기 전까지 충분한 시간동안 목격자의 시야에 머물고 있었던 것으로 보이며 비행물체의 속도는 상대적으로 느린 비행을 하여 비교적 확실한 사진을 획득하는데 도움을 주었다.

전형적인 아담스키형태의 UFO로 추정되는 이 사진에는 UFO의 특성중의 하나인 오라(aura)의 광휘현상이 잘 나타나 있으며 완전한 좌우대칭형의 형태가 일반 항공기와는 전혀 다른 모습을 보여주고 있다. 확대되어진 모습에서 알 수 있듯이 가운데 중앙부분의 흰색은 그

주변보다도 더욱 밝은 색깔을 띠고 있다.

또한 물체의 비행속도가 목격 당시의 증언 내용으로 볼 때 매우 느린 속도로 비행하여 일반적으로 관찰되는 모션블러(Motion Blur)효과가 전혀 나타나지 않은 상태이다. 만약 비행체의 속도가 빠른 속도로 진행하였다면 결코 사진을 찍을 수 없었을 것이며 촬영에 성공했다 해도 궤적 잔상만이 남아 있게 된다.

확대된 이미지에서 보는 것처럼 UFO 주변에 발생하는 광휘(Aura) 현상이 잘 나타나 있으며 야간에 찍은 대부분의 UFO사진에는 이처럼 UFO의 오라 효과로 인하여 뿌연 광원으로만 찍히는 경우가 많다. 따라서 UFO의 형태를 제대로 파악하기가 쉽지 않으며 이 점 때문에 UFO사진들이 명확하지 않은 상태로 나오게 된다. UFO 표면에서 발생할 수 있는 자기 오라의 증폭으로 주변공간의 왜곡현상이 일어나면서 광학현상과 같은 일그러지는 현상이 일어나게 되는 것으로 추측된다. 전형적인 아담스키형의 UFO형태와 흡사하며 100% UFO 사진으로 판단된다.

3. 화악산 상공의 분열하며 비행하는 UFO

1995년 9월 3일 오후 5시 30분 경 경기 가평군 북면 화악산 상공에 출현한 미확인비행물체는 문자 그대로 틀림없는 UFO임을 실감하는 놀라운 비행장면을 보여준다.

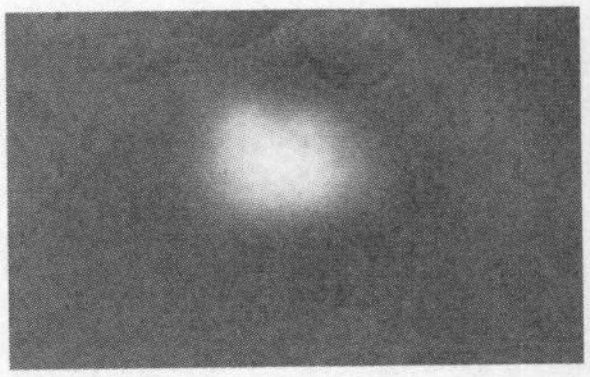
물체가 단독 상승비행할 당시 모습

이 비디오 필름도 가평 UFO사진의 포착과 마찬가지로 가을 정경을 스케치하기 위해 나왔던 강원 케이블 TV 방송카메라맨에 의해 포착된 것이다. 전문 카메라맨에 의해 방송용 촬영장비급인 베타 캠을 이용하여 촬영된 이 영상은 국내 최초로 분열하는 UFO의 생생한 장면이 4분간 추적 촬영되었다.

분열하기 직전 단독 물체

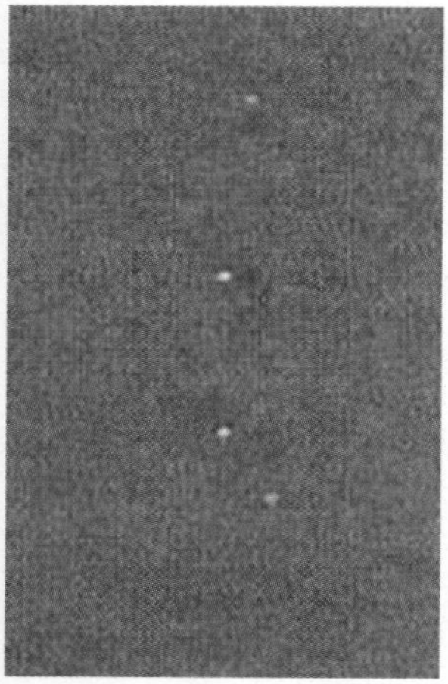
분열을 시작한 후 여러 개로 나뉜 물체들

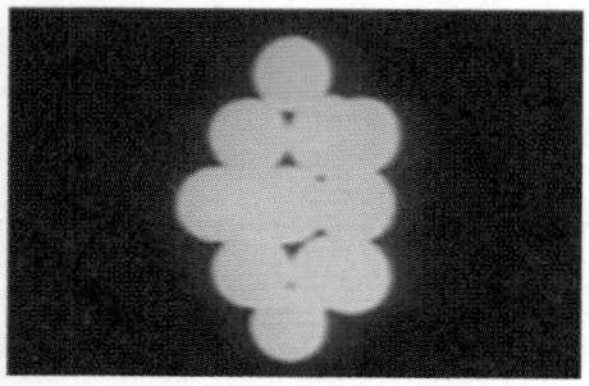
여러 개의 물체가 합쳐진 최초의 가상 모습

촬영된 비디오 화면에는 발광체의 최초 분열 직전의 상승비행 장면과 분열 후 종으로 일렬을 이루어 비행하는 장면을 보여주었다. 가을철의 청명한 하늘에 은백색을 발하는 발광체가 빠른 속도로 상승하면서 32초 후에는 분열이 시작되면서 7~8개로 나뉘어 거의 일정한 속도로 종의 형태를 이루면서 안정적인 빠른 속도의 비행하는 모습을 보여주었다. 약 3분 40초 동안 진행된 편대비행은 처음에는 상하로 화살대 구조 형태의 비행을 하다가 중도에 삼각형의 구도로 바뀌면서 비행하다 사라졌다.

특히 분열하는 과정에서 흰 연기와도 같은 물질이 물체위로 피어오르듯 분출되는 장면은 매우 특이한 것으로 UFO가 엔젤헤어라 불리는 물질을 방사하는 것과 매우 유사하다.

이 필름은 미국의 UFO 사진영상 분석가인 짐 딜레토소에 의해 비디오 분석이 이루어지기도 했는데 물체는 마치 진주목걸이 형상의 물체 군으로 여러 개가 합쳐진 상태에서 쪼개지듯 흩어지면서 날아가는 모습이라고 했다. 그는 최종 비행체의 폭이 30미터정도이고 고도는 3km, 이동속도는 시속 1,100km~1,400km 정도로 추정된다는 분석결과를 내놓았다.

4분 이상 촬영된 UFO가 분열하여 편대 비행하는 장면이 기록된 이 필름은 전 세계적으로도 드문 영상으로 한 물체에서 여러 개의 물체로 쪼개지듯 분열하는 양상을 보인 것은 기존의 물체로는 도저히 설명이 불가능한 것이다. 그러나 이 물체는 분열 후 크기가 작아진 것으로 보아 초기 각각의 물체가 합쳐진 상태에서 비행하다가 분열이 이루어지면서 떨어져 나간 것으로 추정되었다. 센터에서는 이 영상에 대한 분석을 진행하면서 다음과 같은 결론을 내렸다.

비행물체가 보인 여러 특징들

1) 최초 목격당시 물체는 높은 고공을 비행하는 상태였다. 물체의 빛깔은 은백색에 가까운 것으로 자체 빛을 발하는 상태로 보였으며 비행 중 보이는 몇몇 특성으로 볼 때 일반적인 항공기나 기구 또는 풍선, 새떼와는 전혀 다른 형태의 비행물체로 판단된다.
2) 물체의 형태는 공과 비슷한 둥근 구형에 가까운 형태이나 실제로는 구체적인 구조체를 가진 물체로 추정된다.
3) 원래의 발광체의 크기는 완전히 분열된 후 확실히 작아진 모습이었다.
4) 물체는 지속적인 상승비행과 일정방향의 지향성을 갖는 수평 비행장면을 보여주고 있으며 물체의 속도로 볼 때 인공적인 추진력에 의해 움직이는 것으로 보인다.
5) 물체에서 보이는 은백색의 광채는 햇빛에 의한 빛 반사가 아닌 물체 스스로가 빛을 내고 있는 것으로 보인다.
6) 물체의 이동속도로 보아 항공기의 속도를 훨씬 능가하고 있는 것으로 보인다.
7) 최초 물체의 분열 과정에서 스모그 스크린효과(안개가 피어오르는 현상, 또는 물체 주변의 부연 광휘현상)가 관찰되었다.
8) 편대 비행장면에서 삼각형의 구조형태로 일정한 대열과 간격을 유지하며 비행을 한 점으로 보아 의도적인 대형을 갖추면서 비행한 것으로 보인다.

이 분열하는 UFO필름을 본 전직 영국 국방성의 UFO 조사위원장이자 현재는 민간 UFO 연구가로 활동 중인 닉 폽(Nick Pop)도 매우 놀라워했으며 이런 비행장면은 자신도 처음 보는 것이라고 말했다. 이 필름은 같은 해에 KBS-TV방송에 의해서 영국 필름분석연구소에 분석을 의뢰하기도 했는데 분석한 결과 필자가 분석한 대로 분열하는 과정에서 적어도 7~8개 정도의 발광체가 확인된다고 했다.

4. 수백 개의 구형 UFO가 출현하다

UFO가 무리를 지어 비행하는 경우는 자주 발생하는 것은 아니나 간혹 수십 개에서 수백 개 정도에 달하는 무리가 집단을 이루어 날아가는 광경이 목격되거나 촬영이 되곤 한다.

특정 대형을 이루어 날아가는 경우는 드물며 대체적으로 랜덤하게 개별적으로 움직이면서 비행한다.

다음의 목격사례는 한 대학생이 미확인발광물체를 목격하면서 물체의 모습과 이동상황을 자세히 기술하여 센터에 보내온 케이스로 목격자는 아현동에 있는 추계예술대학교 판화과 4학년 대학생인 김다혜양이다. 다음은 김다혜양이 보내온 당시 13분간 목격한 상황을 기술한 상세 목격보고서 내용으로 2014년 10월 8일 오후 8시가 넘은 시각 동기들 9명과 같이 야간작업을 하던 김다혜양은 옥상에 있던 동기생으로부터 갑자기 하늘에서 이상한 물체들이 보인다고 얼른 올라와 보라는 다급한 말을 듣게 된다.

"각자 한 6~7장정도 찍은 거 모은 거 같에요. 당일 4층이 우리 3학년 실기실이었는데 과제를 하던 중 동기 중 한 명이 '레드문보러 갈 사람!! 나랑 같이 옥상 올라가서 보고 오자!'했다. 나는 갈까말까 고민하다가 워낙 달이나 하늘 보는 게 취미인 나는 과제가 아직 안 끝났는데 급하게 레드문을 보고 오고 싶지 않아서 '과제 나 끝내고 여유롭게 볼래! 조금 있다가 갈께~.'했고 결국은 동기(1), 동기(2) 두 명만 올라갔다. 한 5분~10분?이나 지나서였나. 갑자기 동기(1)이 급하게 4층 실기실로 내려오더니 '야 지금 별은 아닌데 별같이 생긴 게 막 엄청 많이 떠서 움직여! 환상공포증 있는 사람은 오지 마! 근데 다 올라와 봐 빨리!! 짱 신기해!' 나는 그제서야 직감적으로 이건 UFO구나! 그래서 책상위에 올려둔 안경을 찾아 꾹 눌러 쓰고… 옥상으로 뛰어 올라갔

붉은 달 옆에서 찍은 사진

수백개의 물체가 무리를 지어 달 옆에 길게 배열된 모습을 촬영한 사진들

다. 4층에서 옥상 5층까지 올라가는데 10초도 안 걸렸다. 마치 별자리 북두칠성이 국자모양으로 점 7개 찍어서 표현하는 것처럼 각도나 느낌이 별자리처럼 있었다. 처음에 딱 그 구체들을 보았을 때 저게 대체 뭐지?라는 생각이 들었다. 처음에는 사진에서 보는 것처럼 아무것도 없고 붉은 달만 있었는데 8시 12분이였다. 내가 처음 그 박하사탕 같은 쇠구슬들을 본 시각이다. 그 비행체들에 대해 묘사하자면 흰색이었는데 회색 느낌도 나고 반사광이 밤하늘을 반사해서 그런지 검은 부분도 아주 약간 있었으나 대체로 흰색이였다. 소재는 맥북 노트북 커버처럼 굉장히 가벼운 느낌인데 쇠구슬같이 딱딱한 느낌의 재질로 하늘에 몇백 개가 박혀서 떠다니고 있었다. 느낌이 굉장히 이상했다 엄청 가벼운데 엄청 딱딱한 느낌, 사실 이게 말이 안 되지 않나. 가벼운데 어떻게 단단할 수 있단 말인가? 당연히 가벼우면 휘기 쉽고 약한

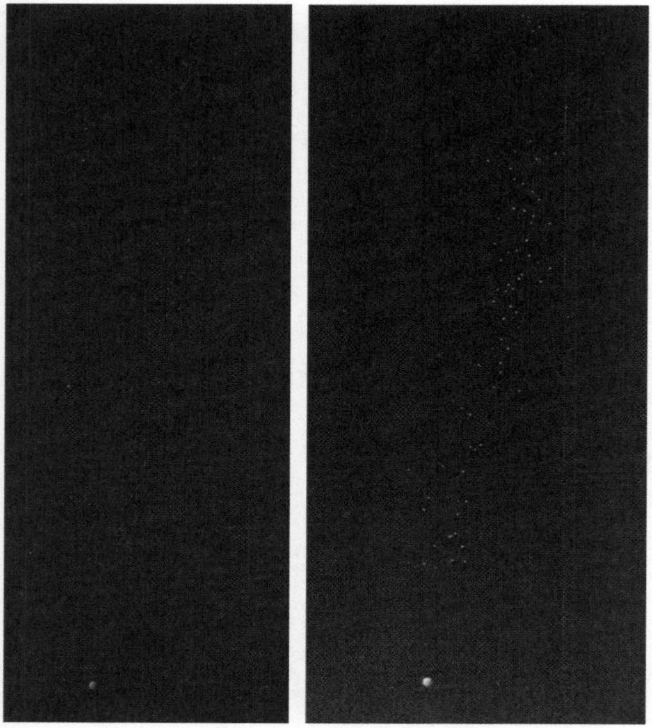

달의 윗쪽 상공으로 이동한 발광체들의 광경

것을…. 하지만 저 비행체들은 단단한게 느껴졌다. 너무 딱딱하고 단단한 느낌인데 굉장히 가볍게 하늘을 날아다녔다. 근데 뭔가 느낌은 분명 하늘에 박혀있는 느낌 같았다. 12~20분 사이에 나는 비행체들을 하나하나 세어 보았다. 내가 센 거는 대충 300개 정도였다. 그 물체들은 약 10여분 동안 왼쪽에서 오른쪽으로 쭉 움직였는데 달의 왼쪽 편에 있다가 달 위에 있다가 달 오른쪽 편으로 점점 날아갔다. 전체적으로는 오른쪽으로 움직이는데 그 사이사이 UFO끼리는 삼각형으로 벌어졌다가 움츠러 들었다가 어떤 물체는 혼자 바들바들 떠는 것처럼 움직이고 어떤 물체는 하나만 사라졌다가 생겼다가 또 어떤 물체는 아주 조금만 위치가 바뀌고 나머지들은 그대로 있는 것처럼 보였다. 시간이 흘러 14~17분쯤… 왼쪽에 있었던 비행체가 모두 가운데에 달 바로 위로 쭉… 세로로 있었다.

13분정도 비행하다가 오른쪽으로 날아가면서 300개 중에 약 50개 정도가 랜덤으로 무작위로 마치 극장에서 불이 꺼질 때 은은하게 서서히 꺼지는 것처럼 눈앞에서 사라졌다. 그리고 50개 정도가 또 그런 식으로 안보이고 50개 또…… 그러면서 나중에는 모두 없어졌다. 눈앞에서 보고 있는데 아예 없다가 갑자기 생겼고 13분정도 날다가 갑자기 무작위 위치에 비행체 50개씩 다 없어졌다. 그렇게 아마 37분이 되었을 때는 완전히 다 없어졌던 것같다.”

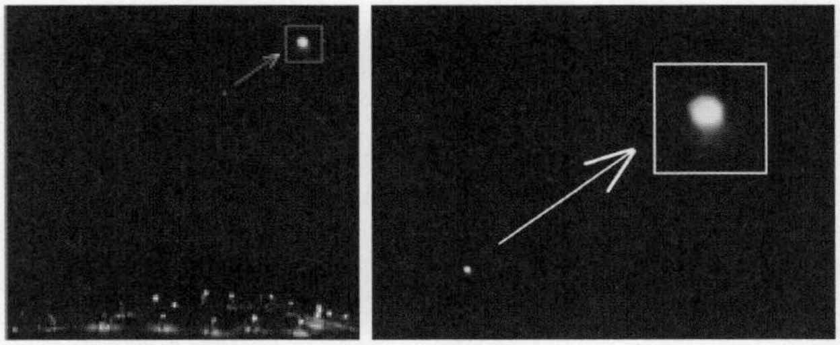

5. 갑자기 출현 후 사라진 오렌지색 UFO

2016년 2월 21일 밤 8시 50분경 부산시 기장군 정관면 달산리의 날씨는 무척 흐려 별도 보이지 않았고 달도 구름에 가려 칠흑같이 어두운 밤이었다. 그 시각 이인호씨(55세)는 제흥아파트 앞에서 밤하늘을 쳐다보며 담배를 피우고 있었는데 달음산(해발587m)옆 송전탑 주변 상공으로 갑자기 불덩이같은 섬광 빛을 발하는 괴발광체를 발견했다. 별도 보이지 않는 깜깜한 밤에 그 크기가 엄청 컸고 가까이 있는 것처럼 선명하게 보였다. 둥근 원형에 가까운 괴발광물체는 오렌

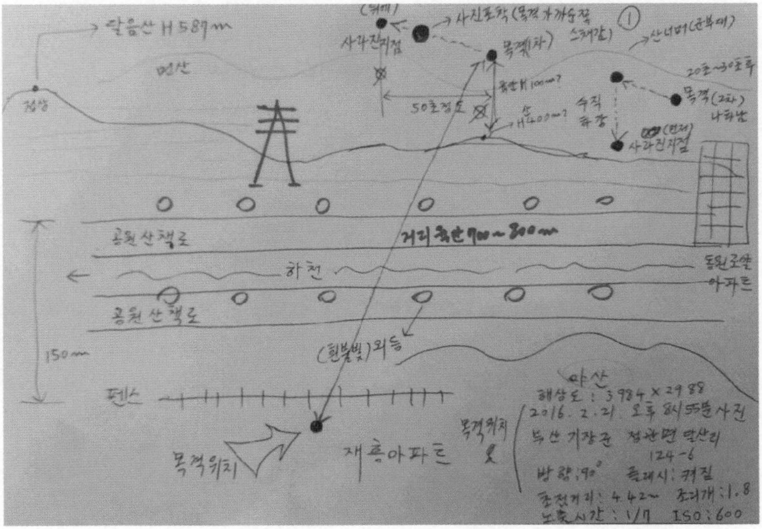

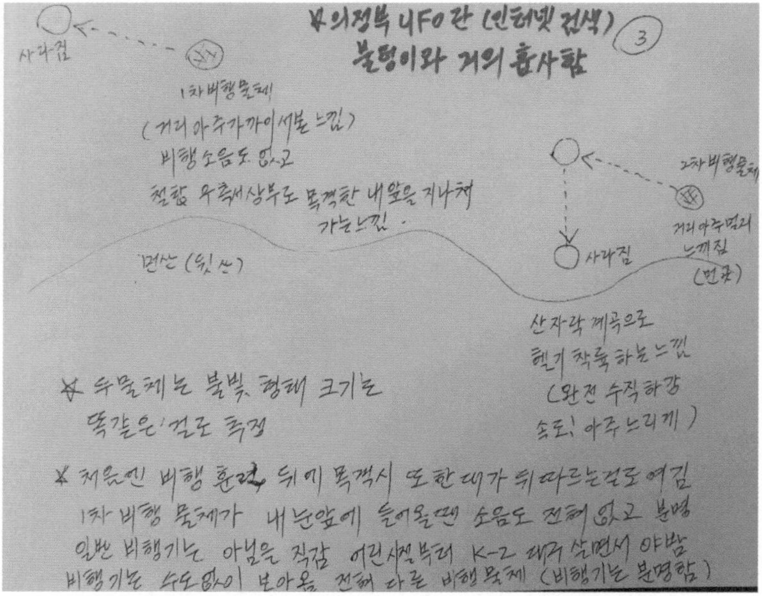

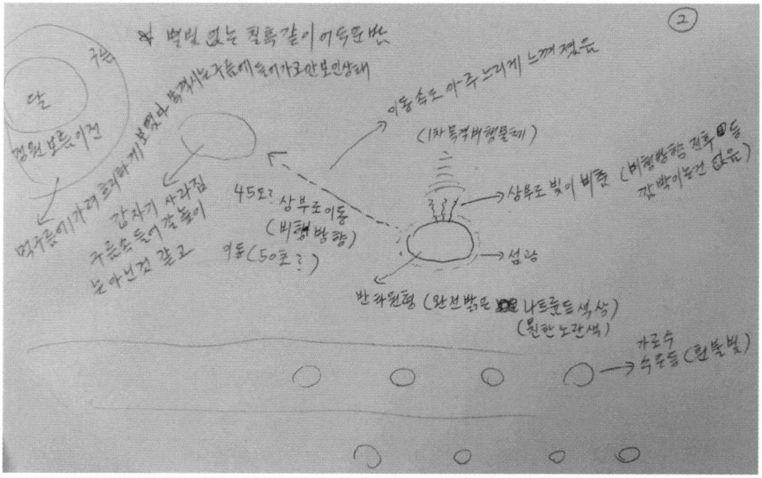

목격자가 그린 당시 발광체의 이동상황 스케치

지빛을 발했는데 특히 윗쪽 상단부의 빛이 더 강렬하게 내뿜는 것처럼 보였다.

처음에는 비행기가 왜 갑자기 뜨지? 하는 생각이 들면서 의문을 갖게 되었다. 그런데 그 발광체는 항공기처럼 앞뒤로 깜박이는 불빛이 없어 더욱 이상한 생각이 들기 시작했다. 특히 이곳은 산과 철탑이 많아 비행기가 뜨는 곳이 아니었다.

발광물체가 목격되었던 상공의 주변경치

괴발광체는 최초 송전철탑 우측 상공에 갑자기 출현 후 좌측 상공쪽으로 45도 각도로 소음도 전혀 없이 상승 비행하기 시작했는데 속도는 아주 느리게 보였다. 눈앞에 선명한 발광물체를 보면서 이상한 생각이 들어 핸드폰을 꺼내 카메라를 두서너 번 셔터를 눌렀는데 안 터져 못 찍게 되었다.

그런 후 다시 전방 하늘을 바라보는 순간 후방 산자락에서 똑같은 괴 비행물체가 상공으로 떠오르더니 불과 짧은 순간 수직으로 느린 속도로 서서히 하강하면서 먼 산 아래쪽으로 사라졌다.

이때가 1차 괴발광물체가 출현 후 30초 정도가 지난 후였다. 너무 놀라 분명 UFO 같다는 확신의 느낌이 머리를 스쳐가 동영상을 찍을 생각은 미처 생각도 못하고 먼저 출현하여 상승 중이던 괴발광물체를 찍고 다시 쳐다보는 순간 물체는 사라지고 더 이상 볼 수 없었다. 전체 목격 시간은 불과 50초 정도였다.

6. 대전 상공에 출현한 UFO 편대 비행

2011년 8월 11일 밤, 8시 53분경 대전의 도심 주택가 단지 상공에 미확인 발광물체가 떼지어 날아가는 모습이 촬영되었다. 촬영자는 여성으로 당시 발광체 무리가 좌측으로 수평비행하는 모습을 보았다고 인터뷰에서 말했다.

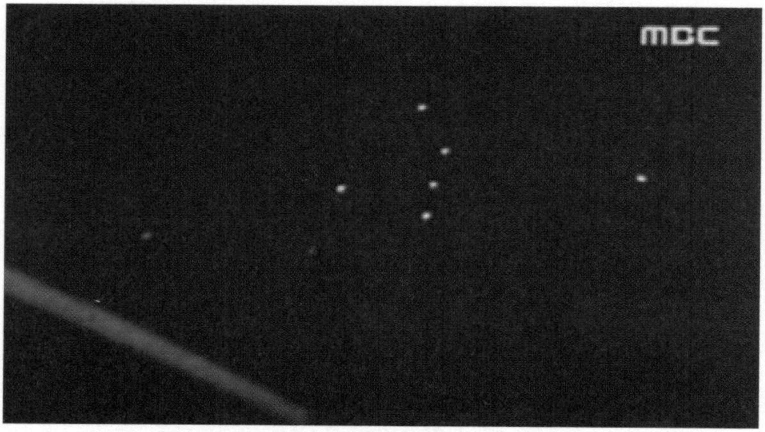

발광물체 무리들이 비행하는 모습을 촬영한 화면

이 목격촬영 사례는 TV뉴스에도 보도가 되었는데 취재기자의 보도내용은 다음과 같다.

"대전 도심 주택가에서 휴대전화로 촬영한 화면입니다. 밤하늘에서 매우 밝은 빛을 내는 물체가 한쪽 방향으로 무리지어 이동합니다. 선두를 따라 북동쪽 하늘로 이동하는 물체 가운데 일부는 대형을 이룬 듯합니다. 회전하는 듯한 모습과 빛을 뿜어내는 듯한 모습도 보입니다."

◀ I N T ▶ 김성원 목격자/미확인비행물체 촬영

"구름 사이로 엄청 밝은 빛이 한쪽 구석에만 있는 거예요. 되게 신기하다고 생각했는데 30분 정도 후에 날아가기 시작하더라고요."

목격자들은 빛을 내는 미확인 비행 물체가 20개가량 됐다고 말했습니다.

◀ I N T ▶ 맹성열 우석대 교수/한국 UFO 연구협회 회장

"한밤중에 자체적으로 빛을 밝게 내면서 이동한 UFO는 우리나라에서 처음 찍힌 것 같습니다."

촬영 당시 대전 상공에선 공군의 비행훈련도 없었고, 레이다망에 특이한 물체도 포착되지 않았습니다.

◀S Y N▶ 공군 관계자

"비행을 한 흔적은 없었습니다."

"(레이더에도 안 잡혔단 말씀이죠?)"

"저희 레이더에는 어떤 상황도 잡히지 않았습니다."

한국사진작가협회는 영상 조작 가능성은 거의 없지만, 도심 빛을 받은 새떼일 수도 있다고 밝혔습니다. 일각에서는 기름종이에 불을 붙여 하늘로 띄우는 풍등일 가능성도 제기했습니다.

당시 촬영자의 말에 의하면 구름사이로 엄청 밝은 빛이 한쪽 구석에만 있었는데 30분 정도 후에 비행하기 시작했다. 갯수는 한 20개 정도 되었다고 했다.

7. 두 대의 삼각형태 비행물체가 촬영되다

2016년 8월 2일 밤낚시를 하기 위해 주진웅씨와 직장동료 3명은 전북 진안군 진안읍 군상제 낚시터에서 낚시를 하고 있었다. 당시 밤하늘은 별이 보일 정도로 맑은 상태였다.

1시간 정도가 지날 무렵 저녁 9시경 동료 한 사람이 고기를 잡게 되어 낚시대를 올리는 순간 하늘에 이상한 밝은 광채 두 대가 날아가는 장면을 보게 되었다. 동료는 '저게 뭐냐?'하면서 세 사람도 모두 함께 목격하게 되었다.

발광체는 북쪽하늘에서 남쪽(촬영자의 머리위로)으로 이동하는 중이었다. 주진웅씨는 육안으로 30초 정도 관찰하다가 직감적으로 UFO가 아닐까 하는 생각이 들어 휴대폰으로 연속해서 사진 3장을 촬영하였다. 그리고 동료 중 한 명도 동영상을 19초간 포착하는데 성공했다. 약 20초 후 그 불빛들은 갑자기 상승하면서 사라졌다. 주진웅씨가 발광물체를 목격한 시간은 총 1분 내외였다. 이상한 것은 사라지는 시점에 번개불 같은 것이 번쩍이었다고 한다. 그런 후 1시간이 지났을까? 불빛이 사라지고 난 후 저수지 남쪽방향으로 커다란 불빛 하나가 빠른 속도로 이동하여 사라졌다고 한다.

촬영자가 찍은 세 장의 사진 중 두 번째 사진에는 오렌지색을 발하는 물체가 찍혀있고, 마지막 세 번째 촬영한 장면에서 확대된 두 대의 미확인 발광체의 이미지는 삼각형 모습으로 확연하게 드러났다. 삼각형의 테두리 안쪽 중앙부는 검게 나타나 보여 물체의 중앙이 비어있는 것인지 아닌지는 알 수 없었다. 지금까지 국내에서 촬영된 UFO 추정 사진 중 삼각 형태를 갖춘 물체의 사진으로는 최초로 남게 되었다.

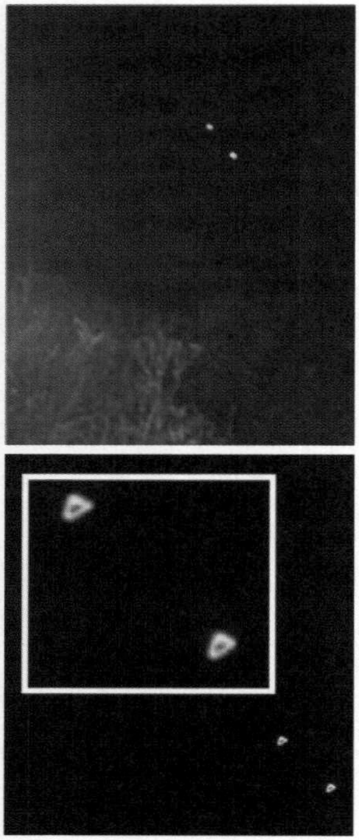

당시 촬영한 두 대의 삼각형태의 미확인 비행물체

UFO로 착각, 오인하기 쉬운 현상과 물체

한국UFO조사분석센터에 제보되는 수많은 사진들 중 대다수는 잘못 오인한 잘 알려진 기존의 물체 사진이거나 자연현상 또는 천문현상, 광학현상 등을 제보하는 사례가 많다.

년중 제보되는 수백 장에 달하는 사진과 영상들은 기존의 물체(IFO) 또는 광학현상 또는 자연현상, 천문현상일 가능성이 매우 높다는 사실이다. 일반인들은 UFO 식별력이 부족하기 때문에 평소 밝은 물체를 보면 UFO로 오인하기 쉬워 혼동을 일으킨다. 따라서 자신이 본 물체가 UFO인가를 확실히 식별하려면 기존의 비행물체와 현상에 관해서 특징점을 사전에 알아둘 필요가 있다.

주로 오인하기 쉬운 사례들을 크게 분류하면 천문현상, 광학현상, 자연현상, 기존의 잘 알려진 물체(가로등, 조명탄, 항공기, 구조물, 헬기, 레드 플레어, 새, 곤충, 로드, 인공위성, 풍선, 풍등, 유성, 기구 등)들로 구분될 수 있다.

천문현상으로 가장 많이 보고되는 것은 금성으로 육안으로 쉽게 관찰될 만큼 초저녁과 새벽녘에 가장 밝게 빛나기 때문에 착각을 일으킬 우려가 높다.

샛별이라 불리는 금성은 UFO로 오인할 수 있는 대표적인 물체로 주로 초저녁이나 새벽녘에 관찰되는데 워낙 밝은 별이라 육안으로도 관찰되기 때문에 많은 사람들이 착각을 한다. 확인방법은 목격시간대와 관찰시간의 정도, 정지상태의 유무 등을 기록한 후 한국천문연구원에 조회를 하면 된다.

금성을 촬영한 경우

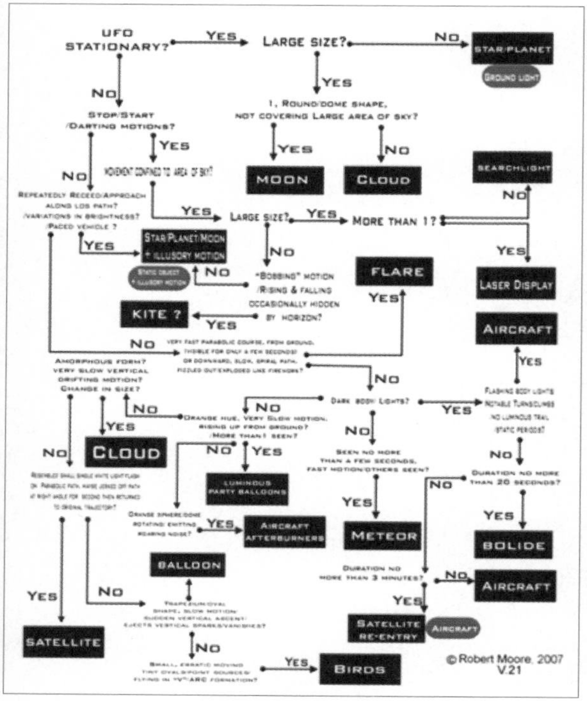

해외 전문가의 IFO 식별 차트

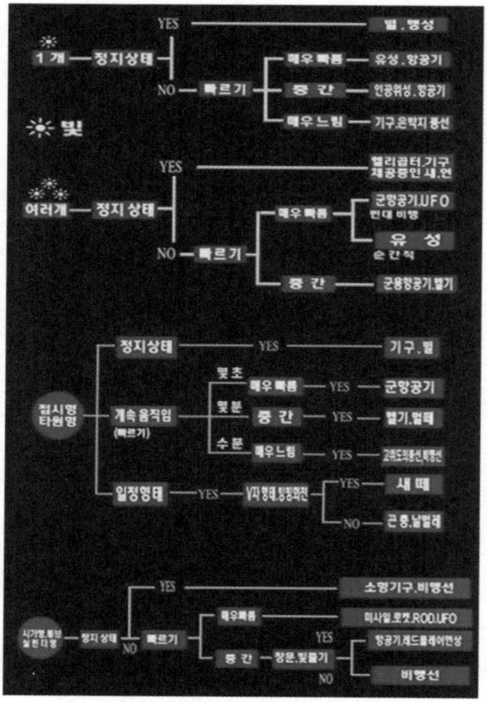

IFO 식별 차트 (2)

실내 창문을 통해 촬영한 실내등 빛 반사의 예

광학현상은 빛의 반사나 굴절로 인해 착각을 일으키는 경우로 실내의 조명등이 창문에 반사될 때 저 멀리 하늘에 떠있는 UFO처럼 보이는데 이 경우 조명등의 수와 밝기에 따라 은백색 빛을 발하는 접시형, 타원형이나 럭비볼형 UFO처럼 보인다.

확인방법은 본인이 실내에서 촬영한 사진인지를 기억을 더듬어 확인토록 한다. 렌즈플레어 현상은 제보되는 사진 중 가장 많은 비율을 차지하는데 카메라 렌즈상에 햇빛이나 강한 조명빛이 직접 투사되면서 굴절되어 생기는 허상 이미지이다.

보통 사진을 찍을 때 햇빛을 옆에 있거나 정면을 두고 찍을 때 나타나며 색깔은 붉은색, 초록색, 파랑색 계통으로, 저녁에 찍은 사진 중에는 가로등 또는 주변건물의 강한 불빛에 의해 교묘하게 비행접시 같은 이미지가 형성된다.

확인방법은 사진촬영 당시 주변에 강한 빛을 동반하여 찍었는지를 사진을 군데군데 살펴본다.

자연현상으로는 새나 곤충, 날벌레가 찍힌 경우가 많다. 의외로 UFO로 착각하는 경우가 많은데 그 이유는 배경 또는 인물사진을 찍는 순간 카메라렌즈 가까이 스쳐 지나가는 곤충이나 가까운 거리 내를 새가 우연히 지나칠 때 포착되어 교묘하게 UFO처럼 보일 때가 있다. 확인방법은 먼 거리의 배경보다 초점상태가 흐리게 나타나 피사체가 뭉개져 나타난다. 때로는 날개 같은 것이 관찰되기도 한다.

곤충류가 찍힌 경우의 예

자연현상으로 드물게 구름을 오인하는 경우가 있다. 보통 구름은 뭉게구름이 형성되나 간혹 볼록렌즈를 닮은 형태로 생성되는 구름이 있는데 높은 산이 있는 지역근처에서 만들어진다.

UFO를 닮은 렌티큘라형 구름은 상승기류가 높은 산을 올랐다가 내려오는 과정에서 만들어지며 높은 산 근처에 있다면 한번쯤 이런 형태의 구름을 관찰하는 것도 좋은 참고가 된다. 확인방법은 망원경을 가지고 관찰하며 물체인지 여부를 확인한다.

렌티큘라 렌즈형 구름

기존의 물체들로는 항공기와 레드플레어 현상, 기구, 풍선, 조명탄, 풍등 등을 들 수 있다. 항공기의 경우 날씨가 맑은 날 햇빛에 의해 일시적으로 반사될 수 있는데, 이때 강렬한 은백색의 빛을 내는 구형 UFO 또는 비행접시처럼 보인다. 특히 자동차를 타고 갈 때 보는 각도에 따라 정지 상태에 있는 것처럼 보이기도 한다. 보는 방향에 따라 둥근 형태나 삼각형 UFO처럼 보일 때도 있다.

레드플레어 현상의 예

확인방법은 제자리에서 2~3분간을 관찰하도록 하며 목격시간이 길어지면서 진행 방향과 각도가 달라짐에 따라 항공기의 모습이 드러난다. 항공기의 레드플레어 현상은 추운 겨울철에 주로 관찰되는데 항공기의 뜨거운 배기가스가 차거운 공기층과 충돌하면서 수증기의 응결현상이 발생하는데 이때 긴 꼬리를 끌면서 혜성과 같이 보이게 된다. 특히 기상현상과 항공기의 고도에 따라 꼬리부분이 밝은 오렌지색, 붉은색, 흰색으로 나타나며 계절별로 볼 때 11월~2월 사이에 주로 관찰된다.

가로등이 찍힌 경우의 예

2008년 9월 19일 한 장의 미확인 물체의 사진제보를 받게 되었다. 촬영자(공무원 신분)는 8월 31일 경희대에서 홍릉 방향으로 산책하다 하늘 사진을 찍고 싶은 생각에 필름 카메라로 한 장을 찍었는데 나중에 사진상에 이상한 돔 원반형 물체가 찍힌 것을 보고 깜짝 놀랐다고 한다.

사진 분석과정에서 미확인 물체는 아주 정확하게 찍혀있는데 마치 정지된 상태의 정적인 모습을 보여주고 있고 초점상태가 잘 맞은 것으로 보아 이 물체는 매우 가까운 거리상의 물체임을 알 수 있다. 확대 분석된 이미지에서 좌측 편에 물체가 긴 지지대와 연결되어 있음을 알고 가로등을 짐작, 현장 확인을 당사자에게 요청한 결과 최종 가로등임을 확인했다.

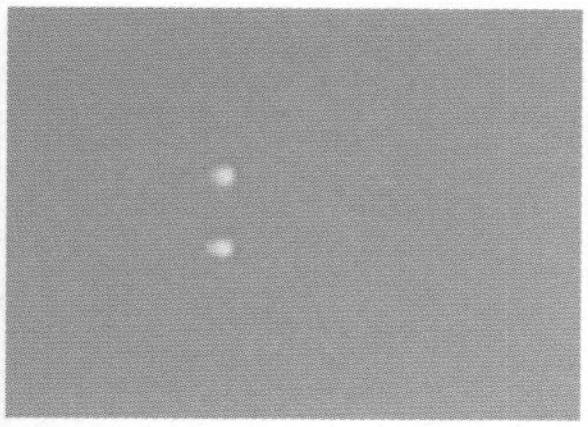
기구가 촬영된 경우의 예

다음으로 기구는 가까이서 볼 때는 큰 풍선처럼 보이나 멀리서 바라볼 경우 둥근 구형의 UFO가 하늘에 떠 있는 것처럼 착각할 수 있다. 특히 은박지풍선은 표면이 햇빛에 의해 강하게 반사되므로 반짝거리는 물체가 하늘 높이 올라가는 것처럼 보이게 된다. 확인방법은 망원경을 이용하여 관찰하도록 한다.

조명탄은 아주 밝은 빛을 발하는 물체로 일정고도에서 폭발하면서 일정시간동안 타들어가면서 마치 밝은 빛을 발하는 UFO가 하늘에 떠 있는 것처럼 보이게 된다.

조명탄의 특징은 서서히 낙하하면서 수 분간 빛을 발하는 특징을 보인다. 붉은 오렌지빛을 발하며 수 분동안 직선으로 낙하하듯 천천히 떨어지는 그런 특징을 보인다면 조명탄일 가능성이 있다. 확인방법은 조명탄은 한 개를 투하하는 경우는 거의 없으며 대개 여러 개를 동시에 특정지역에 투하한다. 자신이 목격한 장소가 특정 군부대 근처인지, 또는 군사 훈련기간인지를 알아보도록 한다.

조명탄을 촬영한 경우의 예

1. 멕시코에서 찍은 광학현상 사진

2008년 2월 29일 멕시코에서 촬영된 거리의 야경사진에 찍힌 미확인 물체의 이미지가 찍혔다고 언론에 보도된 적이 있었다. 사진에는 4개의 원반형 이미지가 찍혀있다. 언듯 보기에도 비행접시로 착각을 일으킬 만큼 모양이 그럴듯하다.

멕시코에서 찍은 광학현상 사진

미확인 이미지는 분석결과 UFO가 아닌 거리의 가로등 불빛에 의해 생겨난 광학현상으로 밝혀졌는데 보통 야경사진에는 가로등, 또는 헤드라이트 불빛, 주변 건물의 조명 등 다양한 빛의 직접적인 렌즈투사가 일어나 허상 이미지가 맺힐 수 있는 조건을 갖추고 있어 종종 이런 케이스가 제보되곤 한다.

2. 영국 SUN지에 실린 광학현상 사진

2008년 영국 런던 시내 한 복판에서 선명한 '미확인 비행물체' 사진이 촬영되었다고 영국 일간 '더 선'이 보도했는데 언론 보도에 따르면, '초선명? UFO' 사진은 지난 1월 19일 새벽 템즈강 인근에 위치한 런던아이 인근 상공에서 22살 대학생에 의해 촬영되었다고 했다.

런던 시내 한복판에서 촬영된 사진

친구들과 함께 자동차를 타고 런던의 야경을 즐기던 여대생은 휴대폰 카메라를 이용해 런던의 관광 명소인 런던아이의 밤 풍경을 촬영했는데, 이후 사진을 확인하던 중 푸른빛을 내뿜는 미확인 비행물체를 발견하고 깜짝 놀라고 말았다.

사진 속의 푸른 빛의 원반형 미확인 비행물체를 접한 전문가들 또한 사진이 조작된 것으로 보이지는 않는다면서 놀라움을 표시했으나 이 사진 역시 일반적인 광학현상(렌즈플레어 효과)으로 판독되었다.

3. 영국 포츠머스 접시형 가짜 UFO사진

2008년 2월 영국 햄프셔주의 포츠머스 상공에서 접시형 UFO가 촬영돼 화제가 된 적이 있었는데 이 제보사진은 야경을 촬영하던 주민 합 라만(28)의 카메라에는 담기게 되었다. 그는 사진을 촬영할 당시 UFO를 보지 못했으나 집에 와서 컴퓨터로 사진들을 다운로드하다가 발견했다고 말했다.

가짜로 판명된 UFO사진

센터에서는 미국의 UFO사진 분석 전문가와 함께 이 사진에 대한 분석결과 공통된 결론이 나왔는데, 진짜 UFO가 찍힌 것이 아닌 야경 불빛에 의해 생겨난 광학현상(렌즈플레어 현상)임을 판단 내렸다.

광학현상은 일반적으로 대낮에는 태양빛에 의해 사각 또는 직사로 카메라 렌즈에 투사될 경우 고스트 이미지를 발생시키며 야간에는 주로 가로등 불빛들과 주변 건물의 강한 조명에 의해 발생하곤 한다.

4. 날아가는 새를 UFO로 오인한 사진

2008년 1월 영국 SUN지에는 원반형 UFO가 순간적으로 포착된 것처럼 보이는 사진 한 장이 실렸다. 나중에 이 사진은 진짜 UFO가 찍힌 것이 아니라는 논란이 있었는데 그 이유는 전직 영국 국방성의 UFO조사 데스크에 근무한 적이 있는 닉 포프가 이 사진에 대해 UFO 사진이라고 긍정적인 평가를 했기 때문이었다.

그는 "좌우대칭형 구조에 금속성으로 보이며 지금까지 본 UFO 사진 중 최고의 사진"으로 평가했다. 그러나 한 사진 분석 전문가는 닉 포브의 의견은 얼핏 사진을 대강 보고난 후 섣부른 판단을 내린 것 같다며 좌우대칭형도 금속성 효과도 관찰되지 않았다는 점을 지적했다.

센터에서는 이 사진의 배경과 물체가 찍혀진 상황을 검토 분석한 결과 멀리 보이는 배를 기준으로 카메라의 초점은 원거리상에 맞혀있는 반면, 논란의 대상이 되고 있는 미확인 물체는 그보다 훨씬 가까운 거리상에 위치한 물체로 파악이 되었다.

이는 물체주변의 잔상효과를 보면 알 수 있는데 대개 물체가 빠른 속도로 초점 거리 안쪽을 지나치거나 초점거리 밖을 지나갈 때 물체는 희미하게 찍히게 된다. 이같은 현상을 모션블러효과라 부르는데 모션블러 효과가 두드러지게 나타나게 되었다는 것은 카메라의 셔터 속도가 미처 따라가지 못할 때(느린 셔터속도)물체가 빠르게 지나가면 물체의 상은 뭉개진듯 나타나게된다. 보통 새일 경우 날개짓을 하며 날아갈 때 렌즈에 순간 포착이 되면 종종 이런식의 이미지로 나타나게 된다.

갈매기가 날아갈 때 포착한 모습

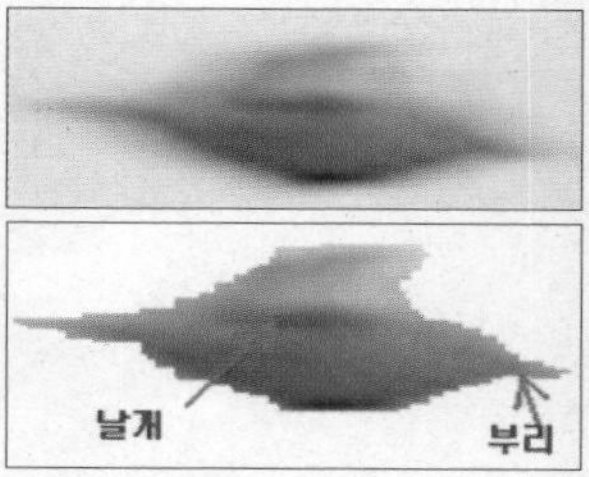

(위) 당시 포착된 새의 이미지
(아래) 새의 형태

UFO 사진 조작의 사례

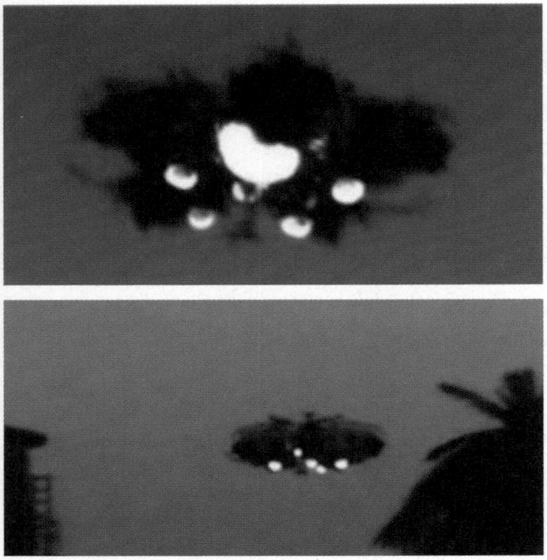
컴퓨터 그래픽으로 조작하여 만든 가짜 영상

2007년 인터넷을 뜨겁게 달군 한 UFO 동영상이 유튜브에서 큰 화제가 된 적이 있었다. 그 동영상은 카리브해의 아이티섬에서 촬영된 것으로 알려졌는데 UFO가 날아가는 장면을 생생하게 추적하여 사라질 때까지 포착한 장면이었다고 했다.

마치 영화의 한 장면을 보듯 UFO의 배면의 조명장치까지 상세하게 촬영하였고 중간에는 이 광경에 놀라워하는 사람의 흥분된 음성까지 녹음되어 있었다.

당시 이 영상의 진위에 대해 전 세계적인 초점이 모아지자 국내 모 공중파 방송국에서 저녁 늦게 센터로 이 영상이 진짜인지 가짜인지 판독하여 인터뷰를 하고 싶다는 제의를 받았다.

나는 영상이 진행되는 과정을 면밀히 관찰하였고 분석하는 과정에서 나의 눈에 거슬리는 부분들이 몇몇 군데에 드러나기 시작했다. 그것은 UFO의 형태, 빛, 추적 촬영의 중간 과정 등이 그래픽에 의한 조작영상임을 뒷받침하는 것으로 가상의 시나리오에 의해 만들어진 조작된 어설픈 영상이었기 때문이다.

UFO는 실제 촬영시 카리브해 영상처럼 완벽히 근접촬영으로 추적해가면서 촬영할 수가 없다. 그런데 이 영상은 첫 화면에서부터 UFO의 이미지가 촬영자와의 거리에 관계없이 배경에 비해 상대적으로 크고 일반적인 UFO 형태가 아닌 어설프게 만든 투박한 형태였으며 배경의 나무들 역시 일정한 모습으로 나타나있다.

그리고 20분 뒤 나는 컴퓨터 그래픽으로 조작하여 만든 100% 가짜 영상임을 작가에게 통보해주었다. 그런데 이미 영상전문가에게 검토를 거쳐 사실적인 장면을 촬영한 진짜 영상임을 확인받았다고 나에게 인터뷰를 못하겠다는 연락이 다시 온 것이다.

나는 분석결과를 알려준 것으로 나의 소임을 다했다고 더 이상 생각을 안했는데 그런 후 10분이 지나자 작가는 다시 인터뷰를 하겠다고 하여 방송 프로그램에 영상전문가와 나의 분석견해 인터뷰가 동시에 방송을 탔다.

진위는 시청자들에게 맡긴다는 식으로 방송은 끝이 났는데 그런 뒤 1주일이 지난 후 인터넷 포털에 한 뉴스기사가 올라왔다.

다름 아닌 카리브해 UFO 동영상이 프랑스의 컴퓨터 그래픽 전문가가 17시간에 걸쳐 만든 조작된 영상이라는 기사가 뜬 것이다. 이 영상을 만든 제작자는 각종 영화, 광고에서 수많은 그래픽을 제작했었던 전문가로 "동영상 제작에 E-on 소프트웨어의 이미지 프로그램인 'Vue 6'로 만든 뒤 별 생각 없이 인터넷에 올렸는데 이렇게까지 화제가 될 줄은 몰랐다."고 실토했다.

결국 나의 분석결과가 1주일 만에 입증된 셈이다. 이처럼 인터넷에는 수많은 제보사진과 영상이 시시각각 올라오지만 검증되지 않은 채 공개되는 상황으로 일반인들의 관심을 끌기위해 사진을 넘어서 조작된 영상으로 유투브에 올려지는 경우가 허다하므로 무조건 사실로 받아들이면 안 된다.

동영상에는 프랑스 파리의 노천카페 근처에 등장한 UFO의 모습이 담겨 있다. 카페에 앉아 있는 한 할머니가 UFO를 리모컨으로 조종하고 있는 모습.

반면 국내의 경우 지난 25년간 제보된 UFO 제보 사진 중 조작 사례는 극소수에 불과할 만큼 적은 빈도수를 가진다. UFO사진의 조작은 의외로 간단하며 쉽다. 돌을 멀리서 던져 찍거나 비행접시 모형물을 구입하여 가느다란 실에 매달아 나무 가지에 걸어 찍을 경우 그럴듯한 UFO 사진으로 나오게 된다. 또 약간의 2D, 3D 컴퓨터 그래픽 기술을 가진 사람이라면 충분히 UFO 이미지를 배경과 합성하여 멀리서 날아가는 장면의 멋진 UFO사진을 만들어 낼 수도 있다.

이처럼 UFO 사진 조작사례의 유형은 크게 모형을 나무 가지에 매달아서 멀리서 촬영하거나 컴퓨터 그래픽에 의한 조작 이미지를 만들어 배경그림에 합성하는 경우, 또는 휴대폰 어플에 의해 배경사진에 조작된 이미지가 자동삽입되는 경우, 종이에 그려진 이미지를 오려 유리창에 붙여 찍은 경우, 이중노출에 의한 촬영방식 등으로 얼마든지 만들어낼 수 있다.

1. 조작 의혹을 불러일으킨 걸프 브리즈 UFO 사진

미국 플로리다주의 해안에 위치한 걸프 브리즈(Gulf Breeze)시는 인구 6천 명 정도의 작은 소도시로 이 지역에는 펜사콜라 공항이 있으며 5개의 군용비행장이 있다.

이곳 걸프 브리즈는 '세계의 UFO수도'라고 명명될 만큼 UFO가 지속적으로 출현하여 수많은 목격신고가 들어온 지역으로 잘 알려져 있다. 1987년부터 1988년까지 UFO가 집중적으로 목격되었고 이 지역에서만 130회 이상 목격과 200명 이상의 목격자가 생겨났다. 이처럼 한 지역에서 수십 차례에 걸쳐 집중적으로 UFO가 출몰하여 목격되고 촬영된 사례는 매우 드물다.

걸프 브리즈가 유명한 UFO 출현 다발지역으로 전 세계에 알려지기 시작한 것은 1987년 에드 월터즈(Edward D. Walters)라는 한 사업가가 카메라로 찍은 사진과 비디오필름에서 이야기가 시작된다. 그가 찍은 사진들은 마치 스위스의 빌리 마이어가 찍은 사진처럼 놀랍도록 선명하며 마치 기다렸다는 듯이 UFO를 의도적으로 촬영한 것처럼 보이기까지 한다.

UFO 조우의 모든 경험을 한 것으로 알려진 에드 월터즈

1987년 11월 11일 오후 5시경 에드워드 월터즈(Edward D. Walters)라는 한 주택 건설업자가 폴라로이드 카메라로 5장의 UFO사진을 찍었다. 에드워드 월터즈가 찍은 UFO 비디오는 걸프 브리즈시 시민들 중 70%가 그와 같은 UFO를 목격했다고 하며 그는 〈걸프 브리즈의 UFO목격담들〉이란 책까지 펴냈다.

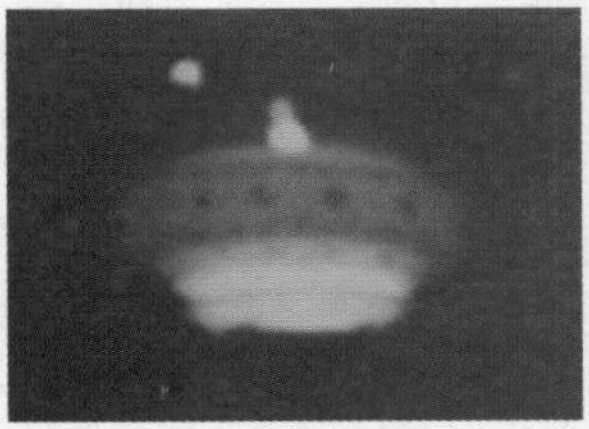

에드 월터즈가 촬영했다고 하는 UFO사진

에드워드는 이후 11월에만 3번을 목격하게 될 뿐만 아니라 이어 12월 28일에는 비디오로 1분 30초간 UFO를 촬영하기까지 했는데 최초 UFO목격 당시 외계인의 목소리를 텔레파시로 통해 들었고 마침내 외계인에게 피랍 당하는 경험까지 하게 되었다고 한다.

TV방송국은 이 테이프를 소개하는 특집 다큐멘터리까지 제작하게 되었는데 1988년 ABC-TV 방송은 생방송 'Cover Up UFO'라는 특집 프로그램에서 걸프 브리즈 시민들이 참석하여 에드워드 월터즈가 찍은 UFO비디오를 보여준 결과 UFO를 목격했다는 사람이 70%가 넘었다.

이 프로에서는 걸프 브리즈 사건의 지명도를 생각하여 에드워드 월터즈를 출연시키려고 했으나 본인의 거부로 출연하지 않았다. 그는 1987년 11월부터 1988년 5월 1일까지 6개월 간 20회에 걸쳐 3개의 다른 카메라를 가지고 36장의 UFO사진을 촬영하였다. 이처럼 한 사람에게 집중적으로 UFO가 목격되고 촬영되는 것은 극히 드문 일로 MUFON에서도 처음에는 그의 주장을 믿지를 않았다고 한다.

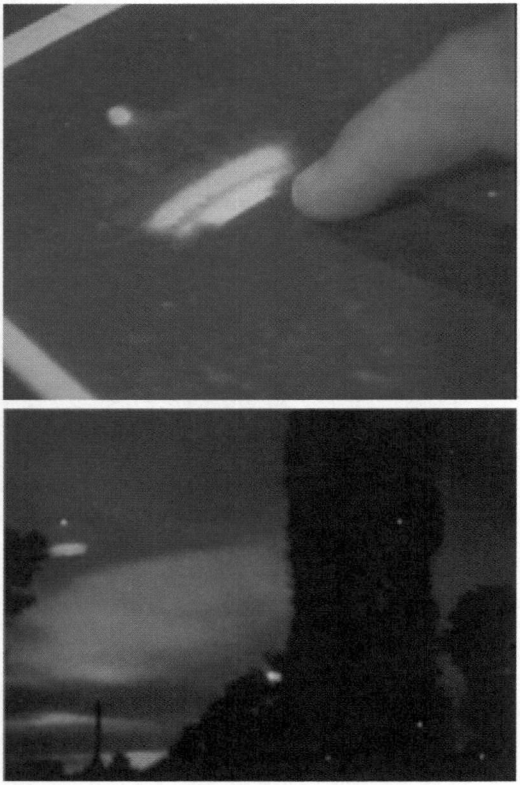

로버트 나단 박사가 지적하는 UFO하단의 예리한 이미지 부분

MUFON은 조사단을 현지에 파견하여 에드 월터즈에게 입체카메라를 밀봉하여 건네주고 사진촬영을 부탁했다. 그는 며칠 후 필름에 UFO 사진을 모두 담을 수 있게 되었다.

UFO연구가들은 "에드워드 월터즈의 UFO 사진 촬영은 우연히 찍힌 것이 아닌 마치 기다렸다는 듯이 찍힌 것이며 외계인의 목소리까지 들었다는 것은 중요한 의미가 있다."고 주장한다.

그러나 그가 찍은 UFO사진은 너무나 선명하여 조작의 가능성에 의심을 받게 되었고 UFO 사진 분석의 최고 전문가 두 사람으로부터 진위 여부를 분석 받게 되었다. 두 사람은 모두 이 분야에 있어 베테랑급의 UFO 사진분석 전문가들이다.

에드 월터즈가 촬영한 사진들의 진위를 두 전문가에게 분석 의뢰한 결과 서로 상반된 주장이 나왔는데 이 인터뷰 내용을 방송사는 그대로 방영했다. MUFON의 자문위원이자 광학물리학자인 브루스 맥캐비(Bruce S.Maccabee)박사는 해군에 근무한 과학자로 어떠한 사진조작의 흔적을 찾지 못했다고 하며 진짜 UFO사진이라는 주장을 폈으며, 반면 NASA에 근무한 로버트 나단 박사는 이중노출에 의한 조작된 사진이라는 결론을 내렸다.

브루스 맥캐비박사는 목격자들의 증언과 사진의 조작성 여부, 사진별 분석을 철저하게 검증한 결과 사진 조작의 흔적을 찾지 못했고, 특히 사진을 조작하려면 상당한 기술을 필요로 하며 그럴만한 이유가 있어야 하는데, 에드워드 월터즈는 그런 기술도 없고 이유도 없다는 점을 들어 사진이 조작된 것이 아니라는 것을 주장했다.

결론적으로 아무런 하자가 없는 조작된 것이 아님을 입증하면서 그 물체는 외계의 우주선이라는 주장을 강하게 폈다. 그는 또 에드워드 월터즈의 사례에 대해 자세히 소개한 책을 쓰기도 했다.

도로위에 떠 있는 발광 물체

그가 찍은 사진들 중 1988년 1월 12일 도로 지면에 가깝게 떠 있는 UFO사진을 MUFON 소속의 UFO사진분석가인 Jeffrey W. Sainio가 분석한 결과 "도로에서 반사되는 빛의 분포를 컴퓨터로 분석한 결과 UFO와 가까운 쪽의 빛의 세기가 센 것으로 나타났다."며 이중노출에 의해 만들어진 것이 아님을 알 수 있다고 말했다.

반면 NASA의 제트추진 연구소에 근무하는 로버트 나단박사는 가짜 조작사진으로 결론을 내렸는데 사진을 자세히 보면 물체의 하단부가 예리하게 찍힌 것은 그림을 오려붙인 흔적이라며 이중노출에 의한 조작사진으로 결론을 내렸다.

그의 주장에 무게를 실은 한 TV기자는 에드의 사진을 추적한 결과 에드워드 월터즈가 모형을 다락에 숨겨놓은 것을 발견한 점, 조작(이중노출)하는 장면을 목격했다는 토미 스미스의 증언, 그리고 자체 UFO제작 모델의 사진촬영을 모의 테스트해본 결과 비슷한 결과를 얻었다는 세 가지 정보자료를 토대로 그가 찍은 사진들은 모두 거짓이라는 주장을 했다.

2. 초등학생이 조작한 UFO사진

창문에 이미지를 그려 오려붙인 가짜 UFO사진

2009년 12월 28일 오후 4시 아파트 20층 집 베란다 유리창 밖 상공에 떠 있는 미확인 물체를 어머니의 휴대폰(LG싸이언)으로 찍었다고 하는 국내 한 초등학생의 제보가 있었다.

당시 OO군이 촬영한 물체는 전형적인 비행접시형의 모습으로 좌우대칭에 위쪽에는 둥근 돔이 아래쪽은 좌우 2개의 막대형 돌기가 선명하게 나타나 있었다.

OO군은 당시 "누나 방에서 우연히 베란다 창밖 하늘에 정지된 상태로 떠 있는 작은 크기의 검정색 물체를 발견하고 휴대폰으로 촬영했다"고 촬영당시의 상황을 설명했다.

센터에서는 처음에 초등학생의 말을 믿었으나 2차에 걸쳐 UFO 이미지의 농도 분석과 햇빛에 의한 반사 각도분석, 입체감 분석 등을 통하여 창틀의 픽셀 농도와 일치하여 멀리 있는 큰 물체가 아니라 유리창에 오려붙인 조작된 이미지임을 알아내었고 나중에 본인의 진술내용에서도 조작한 것임을 최종 알려왔다.

3. 스페인 갈라시아 해안 상공의 UFO 조작 영상

2009년 9월 30일 동영상 사이트 유튜브에는 스페인 북서부 갈리시아(Galicia) 해안에서 조업 중인 어부들이 찍었다는 한 영상이 올라왔다. 시간이 갈수록 이 UFO 동영상은 전 세계 네티즌들로부터 뜨거운 관심을 이끌었다.

동영상 속의 UFO는 스페인 북서부 갈리시아 연안 바다 수면에서 그리 높지 않은 상공에 정지 상태로 떠 있다가 잠시 후 전투기 2대가 다가오자 급히 바다 속으로 풍덩하여 사라진다. 어부들의 당황하는 목소리와 전투기의 굉음 등이 담겨 실제상황처럼 보였다. UFO가 바

조작된 UFO 출현 동영상의 이미지

다 밑으로 사라진 후 헬기 1대가 나타나더니 어선 쪽으로 다가와 확성기로 “당장 이곳을 떠나라.”고 명령하는 소리도 들렸다.

많은 네티즌들은 이 동영상에 대해 ‘진짜가 맞다’, ‘그래픽으로 만든 가짜다’로 양분되었다. 그러던 중 아르헨티나의 이미지 분석가 호르헤 피게라스는 다가오는 전투기 굉음과 관련해 “컴퓨터 소프트웨어로 교묘하게 사후에 덧붙인 것”이라고 분석했다.

결국 스페인 어부들이 조업 도중 UFO를 촬영했다며 전 세계 네티즌의 뜨거운 관심을 받은 ‘역사상 최고의 UFO 영상’으로 주목받았던 이 영상은 스페인의 인터넷 방송국 테하TV(Terra TV)가 만들어낸 영상물인 것으로 최종 드러났다.

테하TV는 자사 홈페이지 공지사항을 통해 스페인 갈리시아 지방에서 촬영된 UFO 영상은 자신들이 만들었다고 알리고 영상을 만들기까지의 과정을 담은 메이킹 필름도 함께 공개했다.

이 영상의 제목은 ‘El Ovni Gallego(스페인 UFO)’로 어부들의 연기를 가르쳐주는 제작진의 모습이나 출연자들이 초록색 피부를 가진 외계인으로 분장하는 모습도 함께 나온다.

4. 외계인 사체 조작 영상

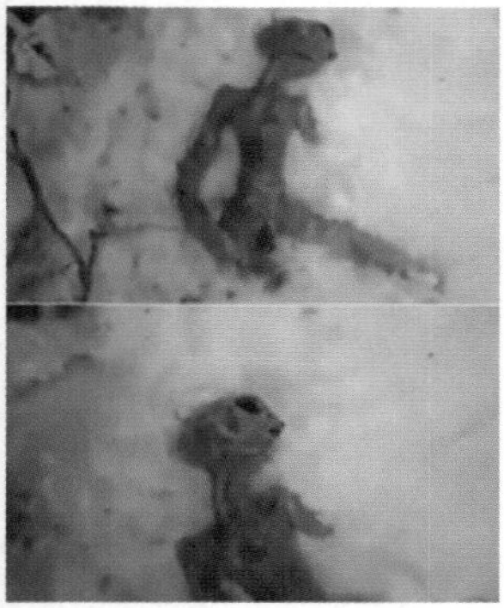
추락한 UFO에서 사망한 것처럼 꾸민 가짜 외계인 사체

2011년 4월 17일 동영상 공유사이트인 유투브에 '러시아에서 발견된 외계인 사체'란 제목을 단 1분 25초의 영상이 올라와 수많은 네티즌들의 눈길을 끌게 했다.

이 영상에는 러시아인으로 추정되는 남성 2명이 대화를 나누는 가운데 눈 쌓인 숲 한쪽에서 흑갈색의 사람처럼 보이는 형체가 땅에 떨어져 있는 모습이 자세히 담겨있다.

러시아 시베리아의 외진 동토에서 발견됐다는 시신의 촬영 동영상을 보면 눈 속에 반쯤 묻힌 외계인처럼 보이는 시신이 손상 정도가 심하고 몸의 곳곳이 그을린 것처럼 보이기도 했다.

입이 약간 벌어진 채 발견됐다는 외계인은 깡마른 체형으로 키가 60cm 정도였다. 영화 'ET'에 등장하는 외계인과 비슷하게 생겼는데 오른쪽 다리 일부는 떨어져나가고 없었다.

두 눈과 입은 깊은 구멍이 나 있는 듯한 모습이었다. 영상을 올린 이는 "UFO가 추락할 당시 사망한 외계인의 잔해"라는 설명을 덧붙였다.

이르쿠츠크 지역은 UFO를 목격했다는 신고가 해마다 수십 건 접수되는 곳으로 사건에 관심이 집중된 것은 이르쿠츠크 주에서 마을 사람 수백 명이 동시에 밤하늘에서 핑크색과 파란색으로 빛나는 비행체가 날아오다가 이르쿠츠크 인근에서 UFO가 추락했다는 목격담이 잇따랐기 때문이다.

목격자들은 빨갛고 파란 발광 물체가 떨어졌다고 증언했다. 그래서 문제의 동영상은 더욱 진실성에 가까워 보이기까지 해 러시아 연방정부도 사태의 심각성에 대해 인식하고 지대한 관심을 표명했다.

그러나 외계인 시신은 상한 빵으로 만든 가짜임이 밝혀져 어처구니없는 해프닝으로 밝혀졌다. 동영상을 찍어 인터넷에 올린 문제의 학생들은 친구 사이인 티무르 힐랄(18)과 키릴 블라소프(19)로 이들이 경찰에 조작극이었음을 털어놓기 전까지만 해도 외계인 시신 동영상은 조회수 90만 건을 훌쩍 뛰어넘었다.

러시아 UFO연구소의 알렉스 코마노프는 "괴물체가 진짜 생명체인 것처럼 보였지만 고도의 지능이 있는 생명체가 우주복 같은 것을 입지 않았다는 점이 의심스러웠다"고 말했다.

영국 데일리 메일은 이르쿠츠크주(州)의 이르쿠츠크에서 외계인 시신을 발견했다고 주장한 두 학생이 결국 경찰에 조작극이었음을 실토했다고 전했다.

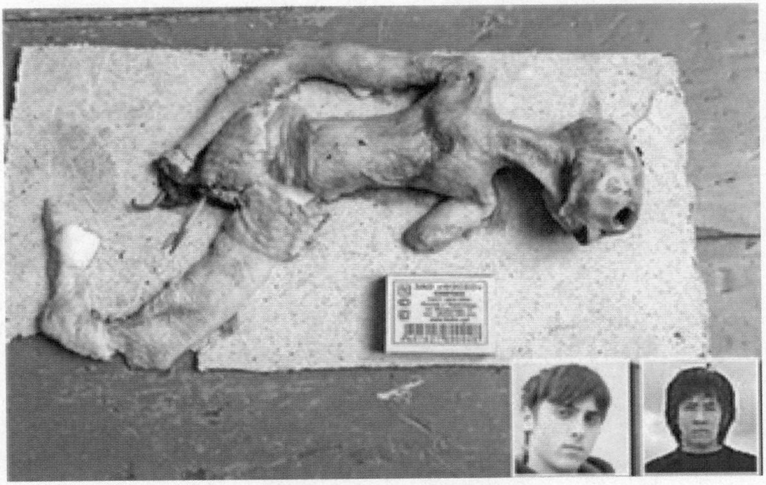

빵으로 만든 가짜 외계인 시신

8장-문명!
외계문명과의 충돌, 공존 그리고 진화

지구 밖 지적문명권의 존재 가능성

21세기에 들어와 아직도 'UFO가 존재하는가?'하는 물음은 이제 갓 1세대에 머물고 있는 유치원생이 선생님에게 질문하는 것과 똑같다. 선생님은 비유를 들어가며 유치원생에게 쉽게 이해할 수 있도록 단순하고 짧게 이런 대답으로 대할 것이다.

"우리가 사는 이 지구에는 우리말고도 피부색이 전혀 다른 백인종인 미국인과 흑인종인 아프리카인들이 살고 있어요. 마찬가지로 지구 바깥에 우리랑 비슷하지만 전혀 다른 모습의 외계인들이 다른 별들에 살고 있을 지도 몰라."하며 말이다.

우리는 사실에 입각한 것 외에는 의문을 품고 일단은 받아들일 생각을 거부하게 된다. 왜냐하면 기존의 틀을 깨는 비주류는 비정상적인 것으로 몰아 부치려는 경향이 강하기 때문이다. 그 점은 역사적으로도 살펴보면 수 없이 각 분야에서 있어왔다.

어떤 식으로든 그것은 공격당할 수 있고 기존 질서체계에 들어가기란 매우 힘들다. 또한 그것은 그동안 쌓아놓은 체계를 무너트릴 수 있기 때문에 다양한 공격(반박, 시기, 음해 등)이 가해지게 된다. 그러다가 논란의 대상이 되는 그 문제의 진실의 단편이 발견되기 시작하면 서서히 그것은 주류학파 사이에서 관심거리로 등장하여 그들 사이에 찬반논란이 거세게 일어나는 과정을 거치게 된다. UFO학에서도 그런 시절이 있어왔다.

UFO라는 군사용어가 1950년대 초 탄생한 직후 반세기가 넘은 오늘날 외계의 지적생명체의 지구방문 가능성에 대해 심사숙고해야할 시기가 온 것이다. 오히려 우리는 그 가능성에 대해 열린 마음을 가져야 하며 그에 따른 대비책을 지금부터라도 강구해야 할 것이다. 대비책이란 과학적인 측면 외에 군사적 측면과 종교와 문화, 철학과 인문학적 측면까지 망라하는 모든 분야에 걸쳐 외계 문명과의 공존에 따른 지구문명에 미칠 수 있는 영향을 다각도로 검토해야 한다.

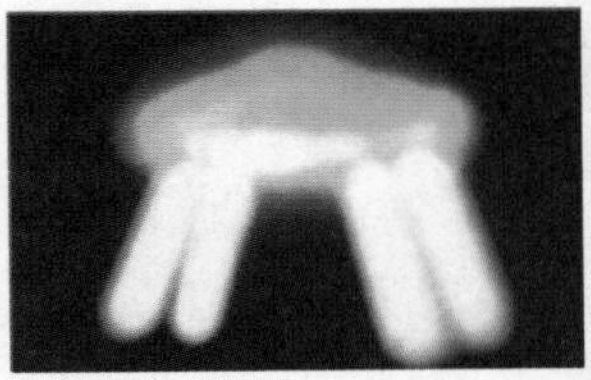

1974년 3월 23일 프랑스 테베네스에서 촬영된 UFO

이미 프랑스는 정부차원의 대규모 UFO조사연구 프로젝트를 가동시켜 코메타 보고서를 만들어 발표했다. 코메타 보고서의 잠정결론은 충격적이며 우리에게 시사하는 바가 크다.

UFO의 기원에 대한 최종적인 유일한 가설로 '외계기원설'에 무게중심을 둔 것과 UFO의 외계도래설을 심사숙고해야 할 때가 되었다는 점, 우주문명권에서 지구를 방문하는 외계우주선설이 가장 타당성이 있으며, UFO가 정치, 경제, 사회, 문화, 종교 등 여러 분야에 걸쳐 미칠 영향을 다각도로 분석한 세계 최초의 종합보고서라는 점이다.

문명의 충돌은 지구상에서만 일어나는 것이 아닌 향후 지구 밖에서 찾아오는 내방자들과의 충돌 가능성에 대해 어떻게 대비하고 받아들여야 할지를 마음을 열고 진지하게 생각해야하며 이에 대한 심사숙고한 대비책을 강구해 두어야 한다고 보고서는 지적하고 있다.

보고서의 언급대로 지구 밖 외계에 지적 고등생명체와 외계문명권이 어딘가에 존재한다면, 그들 역시 장고한 외계탐사 여정으로 이미 오래전에 지구를 발견했을 수도 있고 아니면 우리와는 아직 만날 수 있는 환경을 갖추지 못했을 수도 있다. 하지만 지능을 가진 고도의 문명권이 지구라는 행성말고도 외계에 또 다른 슈퍼지구가 존재할 것이라는 것을 뒷받침할 만한 근거들이 천문학의 발전으로 속속 발견되어지고 있다는 사실이다.

그 숫자가 얼마이건 간에 이 광활한 우주공간에 지구외의 지적문명이 우리 지구의 역사보다도 훨씬 이전에 탄생했다면 그들의 과학기술 수준은 가히 상상조차 할 수 없을 것이다. 그리고 그들은 이미 오래전에 우주를 탐사하기 시작했고 몇몇 행성에서 지적 생명체가 존재한다는 뜻밖의 사실을 발견했을 것이다.

환경이 다른 조건하에서 또 다른 모습을 가진 문명권을 관찰하면서 동태를 살피고 호전적인지 우호적인지 자신들의 문명과 어느 정도의 과학기술의 격차를 보이는지 주도면밀하게 탐색을 했을 것이다. 그 이유는 우주의 질서를 파괴하는 외계 문명 간에 간섭이나 충돌이 일어나서는 안 되기 때문이며 만약 그런 상황이 벌어진다면 우주가 존재하는 근본적인 틀이 깨져버리는 절대절명의 위기상황으로 치닫게 되기 때문이다.

그래서 우주에는 특별한 경우가 아니라면 상호 불간섭 원칙이 지켜져야만 한다. 그런 원칙에 의해 외계 문명 간의 평화로운 공존이 존립할 수 있고 고도 문명의 진화가 지속적으로 이루어질 것이다.

본 8장에서는 외계문명권이 존재할 때 그에 따른 예기치 못한 인류문명과 외계문명간의 충돌방지 및 지구적 차원의 인류문명이 나아갈 방향의 고찰과 문명 간의 상호공존, 번영을 위해 어떻게 대처해야 하는지를 진지하게 다각도로 살펴볼 것이다.

외계에 지적생명체는 정말 있을까?

2016년으로부터 432년 전인 1584년 이탈리아의 사상가이자 철학자인 조르다노 부르노는 그의 저서 〈우주와 세계들의 무한성에 관하여〉에서 우주는 무한하며 지구는 만물의 중심이 아니라 태양의 둘레를 돌고 있으며 태양은 수많은 별들 중의 하나일 뿐이라고 주장하였다.

그는 또 우주의 다양한 차원이 존재할 가능성과 외계에도 생명체가 살고 있다고 말했다. 그의 말은 당시 종교계의 심한 반발과 미움을 받으면서 가톨릭교회의 박해와 교황청 이단 심문소로부터 화형을 언도받게 되고 결국 그는 로마광장에서 참혹하게 화형을 당했다. 그나마 오늘날에는 그때 당시의 종교계의 무지와 편견에 사로잡히지 않는 열린 마음이 일반인들에 널리 퍼져있으며 그의 숭고한 지혜와 우주관이 마침내 존중을 받기에 이르렀다.

이렇듯 인류는 한쪽에선 그동안 세워놓은 영역이 무너질까 두려워 사수하고자 가차 없이 선각자를 제거해버리는 일까지 서슴치 않았던 것이다.

이미 39년 전 인류의 염원은 광활한 외계로 향해 외계의 지적존재와의 교신을 위한 지구로부터 발사된 우주선으로 한 가닥 희망을 걸고 흥미로운 미션을 시도했다.

1977년 우주탐사선인 보이저 1, 2호가 이런 막중한 임무를 띠고 우주를 향해 발사되었다. 태양계의 외각에 위치한 목성, 토성, 천왕성, 해왕성 등의 탐사를 위해 발사된 이 우주선의 또 다른 임무는 외계의 지능적인 존재를 만날 경우를 대비하여 지구로부터 전하는 각종 메시지가 담긴 내용을 특수 제작한 레코드판에 기록하여 실어 보낸 것이다.

금으로 도금한 레코드판에는 세계 100여개 국가의 인사말은 물론 히트곡과 지미 카터 전 미국대통령과 쿠르트 발트하임 전 유엔사무총장의 메시지 외에 59개국의 언어와 고대 언어로 된 인삿말, 입맞춤과 어린아이 우는 소리, 지구의 과학과 문명 등을 알리는 116개의 부호화된 그림도 들어있었다. 한마디로 '지구의 소리'를 담은 것이다. 이 소리들은 한마디로 지구에 지적인 생명체인 인간이 살고 있다는 것을 알리는 입체적인 자료를 모아 담은 것이다.

지구의 소리를 담은 레코드판

당초 계획한 일정을 넘긴 보이저 1호는 2005년에 이미 지구에서 140억㎞ 떨어진 태양계의 끝자락에 도달했으며 태양의 영향력을 벗어나는 미지의 영역을 향해 탐사 여행이 계속되고 있다.

이렇듯 직접적인 방법으로 외계에 우주탐사선을 보내어 외계문명과 접촉하려는 시도는 그야말로 모래밭에서 작은 바늘을 찾아내려는 것처럼 그 가능성이 매우 희박해 보인다.

그들과 우리가 만날 확률을 수학적으로도 판단을 내리기가 힘들다. 이해를 돕기 위해 비유를 들면 지구의 육지 면적보다 훨씬 큰 태평양과 대서양, 인도양 바다에 각각 물고기 한 마리씩을 어딘가에 풀어놓고 서로가 만날 확률이 어떤가를 생각해보자.

서로가 교차하여 마주칠 확률이 어느 정도일까? 엄청난 바다의 크기에 비하면 물고기의 크기는 보잘 것 없을 정도로 너무나 작고 빠른 속도로 헤엄쳐 다닌다 해도 광활한 바다속에서 서로를 찾기란 거의 불가능에 가깝다.

마찬가지로 이 광활한 우주속에서 어떤 지능적인 존재를 만나기란 바다속의 두 마리 물고기처럼 서로가 존재한다해도 존재하지 않는 것처럼 인식될 수 있는 것이다.

그럼에도 불구하고 인류가 외계로 향한 생명체를 찾기 위해 우주선을 쏘아 올려 생명체가 있기에 적합한 행성들을 파악하기 위한 토양채취와 분석, 기후변화 측정, 물의 존재 파악, 사진촬영 등 여러 가지 다양한 분석을 시도하지만, 또 다른 전파천문학이라는 과학기술에 의해 외계의 지적문명을 찾아내기 위한 시도가 꾸준히 진행되고 있다.

최근 2016년에는 놀라운 소식이 네이처지를 통해 전해졌는데 3월 2일 네덜란드 암스테르담대학의 전파천문측정학기구의 제이슨 헤슬 교수가 우리 은하에서 멀리 떨어진 한 지점에서 지속적으로 발생하는 전파를 최초로 탐지했다는 내용이다.

해당 전파는 2007년 첫 관측된 이후 2012년에도 수차례 관측되는 등 한 지점으로부터 지속적으로 송출되는 것으로 추정되는데 연구진은 이 같은 전파가 자전하는 중성자별 같은 외계 물체와 관측된 바 없는 에너지원으로부터 발생한다고 전했다.

이 전파는 전파의 밝기와 파장범위도 다른 전파들과는 다르다고 알려져 있다. 문제는 이 같은 내용이 불과 일주일 전 네이처지에 실린 내용과 상반되는 결과로 기존에는 지구에서 탐지된 우주발 전파가 단발성 감마선 폭발과 같은 급변하는 현상들과 관련이 있어 반복적으로 탐지될 수 없다는 주장이 우세했기 때문에 파장이 더욱 크다. 만약 이 전파신호가 외계문명과 연관된 신호로 나중에 밝혀진다면 인류 역사상 가장 위대한 발견이자 인류가 이 우주공간에서 결코 혼자가 아니라는 사실이 입증되는 것이다.

우리는 우주가 상상할 수 없을 정도로 무한 공간에 가까운 크기를 가졌다는 사실을 아무런 저항 없이 받아들이고 있다.

수 억 광년의 크기를 가진 우주공간에 유독 이 지구라는 행성에만 고등생명체인 인간이 존재한다고 하는 가정이 아직도 우리에게는 정설처럼 굳어져있다. 왜냐하면 지구는 정말 생명이 존재하기에 딱 들어맞는 환경 조건들을 갖춘 행성이기에 이런 행성이 외계의 이곳저곳에 다수 존재할 것이라는 막연한 긍정적인 추정을 쉽게 받아들이기 어렵다는 점이 인정되기 때문이다.

따라서 학계에서는 여전히 그 가능성을 매우 낮게 보거나 부정적인 의견을 내세울 수 있다. 하버드 대학교 천체물리학자인 하워드 스미스 교수는 시간이 지남에 따라 행성들이 계속 발견되고 있으나 "우리 지구만이 유일하게 혼자 일수 있다"고 밝히고 있다. 스미스 교수는 지금까지 발견된 외계행성은 약 500개(2011년 기준)정도이지만 이 행성들은 스스로 빛을 내는 항성과 너무 가깝거나 멀어서 표면의 온도가 생명체가 살기에는 극단적으로 희박하다고 주장하고 있으며, 또 "공전궤도가 일정하지 않고 온도차이가 커서 액체로 된 물이 존재하기는 힘들다"라고 말해 외계 생물체가 존재할 가능성은 여전히 낮다고 말했다.

케플러 망원경

그런 반면 희망적인 시도, 즉 지구와 닮은 행성을 찾기 위한 발견이 속속 드러나고 있는데 NASA(미항공우주국)는 지난 2009년 태양계 외부에 생명체가 살 수 있을 정도로 지구와 유사한 환경 및 크기를 가진 행성이 있는지를 관찰하기 위해 600만 달러(약 69억7560만 원)짜리 '케플러 미션'을 시작했다. 2017년에는 케플러망원경의 미션이 완전히 끝나게 되는데 나사는 이어 차세대 행성추적용 TESS위성(Transiting Exoplanet Survey Satellite)을 새롭게 발사할 예정이다.

수명이 최소 3년 반에서 최대 6년인 케플러망원경의 임무수행으로 발사 이후 현재까지 5,000여 개의 별을 찾아냈다.

그 가운데 '쌍둥이 지구' 후보 별 500여 개를 발견한 케플러망원경에 대한 과학자들의 평가는 긍정적이다. 희망적인 소식은 2015년에 생명체가 살 수 있을 가능성이 97%로 추정되는 행성이 태양계 밖 먼 우주에서 발견됐다는 사실이다. 지구보다 30% 가량 더 큰 이 행성은 지구로부터 1,100광년(1광년=9조4,670억7,782만km) 떨어진 곳에서 태양보다 훨씬 작고 차가운 별(적색왜성) 주위를 112일에 한 바퀴씩 돌고 있다.

이 행성 '케플러-442b'를 찾아낸 미국 하버드-스미스소니언 천체물리센터 연구진은 "지금까지 알려진 외계행성 중 가장 지구를 닮았다"고 확신하고 있다. 연구진은 케플러-442b를 비롯한 8개의 지구 닮은 행성을 발견해 국제학술지 '천체물리학저널' 최신호에 발표했다. 연구진이 이들 8개 행성에 생명체가 살 수 있을 거라고 확신하는 근거는 크기와 성분, 중심별까지의 거리 등이다.

적색왜성으로부터 케플러-442b가 받는 빛의 양은 태양으로부터 지구가 받는 빛의 3분의 2 정도다. 이만하면 행성 표면의 물이 끓거나 얼지 않고 액체 상태를 유지할 수 있는 온도라고 연구팀은 추측했다. 또 지구와 크기가 비슷하기 때문에 표면이 지구처럼 단단한 암석으로 이뤄져 있을 가능성이 60%라는 것이다.

지구가 속한 태양계 내에서도 목성 같은 가스형 행성보다 화성 같은 암석형 행성에 생명체가 존재할 가능성이 더 높다고 보고 있다.

2016년 5월 11일에는 미국항공우주국이 "케플러 망원경이 우리 은하 중심부에 있는 백조자리와 거문고자리 영역에서 1284개의 외계(外界) 행성을 새롭게 발견했다"고 밝혔다. NASA는 새로 발견된 행성 중 550개 정도가 지구처럼 표면이 암석으로 이뤄져 있다고 밝혔다.

지구와 같은 별이 수백 개가 있다!

칼 세이건 박사

TV 다큐물 '코스모스' 시리즈로 전 세계적인 유명세를 탔던 칼 세이건 박사는 우리 은하 내에 약 100만개의 행성들에 지적인 생명체가 살고 있을 것이라고 주장한 반면 혜성 연구의 선구자인 오토는 100개 정도라고 대답했다.

이처럼 전문가들 사이에서도 의견을 달리하는 것은 그들이 주장하는 외계 문명의 수가 어떤 과학적인 방법에 의해 결정된 것이 아니라는 것이 문제였다.

외계생명체 연구가인 드레이크는 수학적으로 외계 생명체가 존재할 가능성을 수식화하기도 했는데 일명 '드레이크 방정식'이라 불리는 이 수식은 은하계 내에 1,000억개 정도의 별이 있다는 가정 하에 이중 500억개의 별들이 행성을 갖는다면 우리 은하에만 4,500억개의 행성이 있다는 것이다.

그런데 이중 우리 태양계처럼 9개의 행성 중 금성, 지구, 화성의 3개만이 생명체가 만들어질 수 있는 환경을 갖추고 있고, 3개 중 한 개(지구)만이 유일한 생명체를 품고 있을 행성이라고 본다면, 은하계 전체에 대입해볼 때 9분의 1의 확률로서 약 500억개의 행성에서 생명체가 존재할 수 있다는 수학적 결론이 나오게 된다.

앞서 말한대로 정말 지구와 같은 행성들이 이 우주공간에 실제 존재할 수 있는가하는 의문이다. 답은 '그렇다.'이다.

50억이 넘는 지적생명체가 살고 있는 지구가 이 드넓은 우주공간에 이미 존재하기 때문이다. 지금의 과학자들은 그럴 가능성에 대해 결코 회의적이지는 않다. 그들이 문을 닫아버리면 더 이상 우주에 관해 연구할 가치가 없다는 결론인데 그런 관점은 아무런 도움도 되지 않을 뿐더러 무의미하기 때문이다. 우리는 아는 것보다 모르는 것이 아직도 많이 산재해 있다. 그러기에 신중하면서도 열린 마음으로 겸손하게 우주를 바라봐야 한다.

최근 2011년 2월 우리 은하를 구성하는 행성의 수는 약 500억개에 달한다는 연구발표가 나왔다. 그중 생물이 살 수 있는 것은 5억개로 추정된다는 발표이다.

케플러 우주망원경 전문가인 윌리엄 보루키는 워싱턴에서 열린 미국과학진흥협회 연례세미나에서 우리 은하의 행성에 대한 첫 조사 결과 이같이 추정된다고 전했다. 이들 행성 중 온도가 적당해 생물이 살 수 있는 행성은 약 5억개로, 이 같은 숫자는 케플러 우주망원경이 한 해 동안 관측한 행성의 숫자를 토대로 나왔다. 케플러 우주망원경은 지난 2009년 외부 행성 탐사를 위해 미 항공우주국이 발사한 것으로, 밤하늘을 400분의 1로 나눠 일정 지점을 중심으로 행성을 관측한다. 그 결과 한 해 동안 관측된 행성은 모두 1천235개, 이 가운데 온도가 너무 높거나 낮지 않아서 생물이 살 수 있는 행성은 54개인 것으로 나타났다.

연구진은 또 케플러 우주망원경의 자료 등을 토대로 항성 2개 중 1개가 주변을 도는 행성을 갖고 있으며, 항성 200개 중 1개는 생물이 살 수 있는 행성을 갖고 있다는 점을 추론해냈다. 그 결과 연구진은 우리 은하에 존재하는 행성의 숫자는 약 500억개라는 결론을 얻었다. 보루키는 물론 태양계처럼 하나의 항성이 2개 이상의 행성을 거느린 경우가 있고, 케플러 망원경이 관측하지 못한 행성도 있어서 실제 행성 수는 이보다 더 많을 수 있다고 예측하고 있다.

외계에 존재하는 지적문명의 수는?

분명한 사실은 암흑의 우주공간속에 지적문명이 이미 존재한다는 확고한 증거를 우리는 알고 있다. 바로 우리가 거주하고 있는 지구가 그곳이다. 지구는 지적생명체인 인간이 살아가기에 최적의 생명공간을 제공해주고 있다.

생명체가 수명을 유지하는데 필요한 빛, 물과 공기, 계절의 변화, 지구의 자전과 공전 등 생명유지 환경을 완벽하게 갖춘 행성이다. 과학자들은 바로 이 사실에 기초하여 저 너머의 우주공간 어딘가에 우리들처럼 지적문명을 포함하는 또 다른 태양계가 수없이 많이 있을 것으로 추정하고 있다.

2009년 2월 영국 에딘버러 대학교 천문학 연구팀이 국제천문학저널(International Journal of Astrobiology)에 발표한 자료에 의하면 놀랍게도 외계의 지적문명의 수가 최소 361개~최대 38,000여개에 이를 수도 있다고 했다.

최근 몇 년간 330개 이상의 태양계 밖 행성들이 발견됐으며 이 연구팀은 태양계 시스템을 바탕으로 구성한 가상 시나리오로 외계문명의 존재 가능성을 추적해왔다. 환경 자체는 생물이 살기 어렵지만 발전이 용이한 환경과, 그와 반대로 생물체가 있을 확률은 높지만 고등문명으로 발전하기 어려운 환경 등 몇 가지 가설을 설정하고 그에 맞는 가능성을 찾았다. 그 결과 최대 37,964개의 외계문명이 존재할 수 있는 것으로 추정되었다.

에딘버러 대학교의 던컨 포건 연구원은 “무지의 영역에 대해 셈하는 과정”이라고 이번 연구를 설명했는데 그는 “우리는 지구를 문명화된 행성의 평균으로 보고 계속해서 가능성을 찾을 계획”이라며 “지금까지 불완전하게 그려왔던 부분을 구체화 한다는 점이 중요하다.”고 연구의 의미를 밝히면서 외계문명이 어떤 형식일지는 미리 예측하기 어렵다고 덧붙였다.

스티븐 호킹 박사의 외계인 존재 가능성 주장

스티븐 호킹 박사

2008년 4월 미 항공우주국 설립 50주년을 기념하는 강연에서 저명한 세계적인 영국의 물리학자인 스티븐 호킹박사는 외계의 지적 생명체의 존재에 관해 그다지 긍정적인 명쾌한 발언은 하지 않았다.

그의 말은 "원시적인(또는 '비문명' primitive) 생명체는 대단히 흔하지만 지적 생명체는 아주 드물다"며 외계 행성들에 원시적인 생명체가 존재할 것이라고 봐야 한다고 말했다.

스티븐 호킹박사의 견해는 고도로 발달된 문명을 세운 외계의 지적생명체의 존재에 관해서는 회의적인 생각을 갖고 있다. 반면 그도 UFO에 관한 정보를 여러 채널을 통해 들었던지 이에 관해 간단한 언급을 하긴 했는데 "UFO에 대한 보고가 많지만 외계인이 우리를 방문하지는 않았던 것 같다."고 말한바 있다. 그리고 덧붙이기를 "혹시라도 외계 생명체를 만나면 조심해야 한다."는 게 스티븐 호킹의 조언이다.

DNA가 우리와 다르기 때문에 외계 생명체로부터 치명적인 질병이 전해질 수 있기 때문이라는 것이다. 그의 주장의 이면에는 외계의 지적생명체 존재여부에 대해 완전히 문을 닫지 않고 한 가닥의 여지를 남겨둔 셈이다. 즉, 증거위주의 주류학파에 속한 과학자로서 확실한 단언을 하지는 못했지만 그도 존재 가능성에 대한 부정적인 견해의 생각이 시간이 흐름에 따라 바뀌어지는 듯하다.

왜냐하면 2010년 5월에는 스티븐 호킹(68) 박사가 외계인이 존재할 것이라는 주장에 이어 미래로의 시간여행이 가능하다는 충격적인 견해를 주장하는 발언을 했기 때문이다.

호킹 박사는 디스커버리채널 다큐멘터리 '스티븐 호킹의 우주'에서 인간은 수백만 년 후의 미래로 가서 황폐화된 지구에서 다시 번성할 수 있다면서 이런 주장으로 자신이 미친 사람 취급받아도 개의치 않는다고 말했다.

그는 광속에 가까운 속도로 날 수 있는 우주선에서 하루는 지구에서의 1년과 맞먹을 것이라며 이는 가속 운동을 하는 물체의 주변에서 시간이 느려지기 때문이라고 설명했다.

이어 광속의 우주선을 이용할 경우 80년이면 우리 은하계 끝자락까지 도달할 것이라고 내다봤다. 호킹 박사는 그러나 과거로의 시간여행은 "원인이 결과에 앞서야 한다는 기본 원칙에 반하기 때문에" 불가능하다고 지적했다.

호킹 박사는 "한때 시간여행이 과학계에서 이단으로 통했고, 나는 괴짜라는 딱지가 붙을까 두려워 이 문제를 언급하는 것을 삼갔다"면서 "하지만 요즘은 그렇게 조심스럽지 않다."고 덧붙였다. 최근 그는 과학 다큐멘터리에서 외계 생명체가 우주의 수많은 행성 또는 항성에 존재하거나 아예 우주를 떠돌고 있을 수 있다고 주장해 관심을 끌기도 했다.

로마교황청이 공식 언급한 외계인의 존재 가능성

그동안 교황청은 전통적으로 우주생명체의 존재 가능성에 대해 매우 조심스러운 입장을 보여 왔다. 더군다나 전 세계의 가톨릭교회의 중심인 중앙기관으로서 로마 교황청이 외계인의 존재 가능성을 첫 언급한 것은 2002년 1월이었다.

로마 교황청의 천문학자가 지구 외에도 우주에는 생명체가 존재할 가능성이 있으며 외계인의 발견이 로마가톨릭교회의 교리에 반드시 어긋나는 것은 아니라고 말했다.

미국 출신으로 교황청 천문대장을 맡고 있는 조지 코인 교수(68)는 일 코리에르 델라 세라와 가진 인터뷰에서 "우주는 아주 크다."며 "우리만이 예외적인 존재라고 믿는다면 어리석은 일"이라고 말했다. 코인 교수는 우주에 다른 생명체가 있을지도 모른다는 과학적 증거가 늘어나고 있다며 "만일 외계생명체가 존재한다면 이는 신이 지구상에 존재하는 것을 다른 곳에서도 존재케 했음을 입증하는 것"이라고 주장했다. 이어 그는 "다른 세계에서 온 지적인 존재가 자신의 동족이 독생자(獨生子·예수를 지칭)를 보낸 신에 의해 구원받았다고 말한다면 나는 독생자가 다른 장소(지구가 아닌)에 현신(現身)하는 것이 어떻게 가능한지를 스스로에게 물어봐야 할 것."이라고 덧붙였다.

새로운 과학적 발견을 포용하기를 꺼리는 교회의 행태를 평소 개탄해 온 코인 교수는 "과학은 신앙을 파괴하지 않으며 오히려 신앙을 고무한다."고 강조했다.

그로부터 6년 후 2008년 5월에는 가톨릭 교황국 바티칸 출신의 한 저명한 과학자가 지구밖에도 생명체가 존재하며 신의 창조물로서 받아들여야 한다는 주장을 제기했는데 바티칸 천문대의 총책임자인 요세 가브리엘 퓨즈(Rev. Jose Gabriel Funes)박사이다.

요세 가브리엘 퓨즈 박사

그는 교황청일간지 로세르바토레 로마노와의 인터뷰에서 "교회는 지구 밖에 존재하는 높은 지능의 생물체를 부정해서는 안 될 것"이라고 밝혔다.

그는 '지구 밖의 생물체는 나의 형제(The Extraterrestrial Is My Brother)'라는 제목의 기사를 통해 "우주의 광대함은 지구 밖의 다른 행성에서도 생명체가 있다는 것을 의미한다."며 "지금까지 그 증거가 드러나지 않았을 뿐"이라고 말문을 열었다. 또 "과학자들은 이 우주가 1,000억개의 은하계로 구성돼있고 또 각각의 은하계는 1,000억개의 별들로 이뤄져 있다고 믿고 있다."며 "이처럼 광대한 우주에서 산소나 수소 없이 생존할 수 있는 어떤 형태로의 생명체 이론은 가능하다."고 설명했다. 그리고 "인간도 결국 외계인이 바라본 시각에서는 '외계생물체'일 것"이라며 "그들도 결국 신의 창조물이기에 가톨릭교회에서 이 같은 신념을 수용하는 것은 문제가 되지 않을 것"이라고 덧붙였다.

퓨즈박사의 이 같은 발언은 교인들 사이에서 서로 일컬어지는 형제·자매(brother·sister)라는 호칭이 외계생명체에게도 적용가능하다는 의미를 두는데 즉, 외계생명체도 신의 창조물이라는 설명이다.

이어 이듬해 2009년 11월에는 교황청이 학술회의를 열어 외계생명체의 존재 가능성과 그 신학적 의미에 대한 각 분야의 전문가들을 모아 토론을 벌였다.

교황청 천문대장 요세 가브리엘 퓨즈 박사는 5일 간 계속된 이 회의 결과를 10일 결산하는 자리에서 “생명의 기원과 지구 밖 어딘가에 생명체가 존재하는지에 대한 물음은 매우 적절하고 진지하게 검토해 볼 만한 사안”이라고 말했다. 이 회의에는 천문학과 물리학, 생물학 및 여타 분야 전문가 30명이 모여 새로운 학문으로 대두하고 있는 우주생물학의 핵심 분야인 생명의 기원과 외계 생명체의 존재 문제를 토론했다.

예수회 신부로 천문학자이기도 한 퓬즈신부는 외계생명체의 존재 가능성이 “철학적으로나 신학적으로 많은 의미를 내포하고 있다”고 강조했다. 하지만 그는 이번 회의에서는 과학적 시각에만 초점을 맞췄으며 각기 다른 학문이 이 분야 연구에 어떻게 협동작업을 수행할 수 있는 지가 주로 논의됐다고 밝혔다.

미국 애리조나대학 천문학교수 크리스 임피는 교황청이 이런 학술회의를 주최하는 것이 적절하다고 말했다. 그는 “우주생물학 분야 연구자들과 생물학적 우주에서의 존재의 의미를 묻는 사람들 사이에는 대화를 할 수 있는 여지가 풍부하다”고 강조했다.

이번 회의에 참가한 전문가들은 “지구 외의 다른 세상에 감각력을 가진 생명체가 존재하는지”에 연구의 초점을 모을 것을 촉구했다. 과학자들은 이미 태양계 바깥에서 수백 개 행성을 발견했으며 임피 교수는 외계 생명체의 존재가 몇 년 안에 확인될 지도 모른다고 말했다. 그는 “생명체가 지구에만 있는 것이 아니라는 사실이 알려지거나 혹은 지구 외의 어떤 곳에 인간과는 다른 생물, 화학적 구성을 가진 생명체가 있다거나 또는 지능이 있는 생명체와 접촉하게 된다면 인간에 대한 우리의 생각에 엄청난 파장을 미치게 될 것”이라고 강조했다. 퓬즈신부는 외계에서 지능 있는 존재가 발견된다면 이도 역시 “창조의 한 부분”으로 간주될 것이라고 말했다.

이어 2014년 3월 17일 로마 교황청은 지구 밖 생명체의 존재를 탐구하는 학술행사를 열었는데 바티칸 천문대와 애리조나 주립대 천문대가 16일부터 애리조나주 투손에서 '태양계 밖의 생명체 탐색'이란 학술대회를 공동개최하였다.

이 대회엔 약 200명의 과학자가 참석해 태양계 밖 탐사 기술과 우주에서의 생명체 신호 감지방법 등을 논의했다. 학술대회의 공동의장인 바티칸의 폴 가보르 신부는 일주일의 행사 동안 약 160여 개의 관련 발표가 있을 것이라고 설명했다. 다른 공동의장인 대니얼 아파이 애리조나대 교수는 "이번 모임은 앞으로 20년 안에 우주에서 생명체를 어떻게 찾을 것인지를 연구하는 것이 목적"이라고 덧붙였다. 교황청은 그동안 우주에 생명체가 존재할 가능성이 있으며, 외계인의 발견이 가톨릭 교리에 반드시 어긋나는 것이 아니라는 뜻을 밝혀왔다.

외계문명의 잠재적 지구 위협은 없는가?

만약 외계문명권이 존재하고 그들이 우리보다 월등한 과학기술과 무기체계를 가지고 있을 경우 문명 간의 충돌이 일어난다면 지구 문명의 흥망성쇠는 그들에게 달려있다고 해도 과언이 아닐 것이다. 먼저 그 문제에 관해 논의하기 이전에 지구에 머물고 있는 우리 자신을 뒤돌아봐야 한다. 그 이유는 현재까지도 전 세계각국은 자국을 보호하기 위한다는 명분으로 최신 무기를 사들이고 전쟁을 치루고 휴전상태에 있는가하면 잠재적인 가상적국으로 간주하고 긴장감속에 치열한 첨단 무기경쟁을 일삼고 있지 않은가?

우리가 살고 있는 지구 안에서도 이처럼 상대 국가를 믿지 못해 핵무기를 개발하고 국방비에 엄청난 자산을 쏟아 붓는 이유는 뭘까? 답은 하나다. 만약에 있을지도 모를 타국가로부터 공격으로 인한 국가적 위기 비상사태(전쟁)가 일어날 경우를 대비하여 철저하게 자국민을 보호하기 위함이다.

나는 이런 관점에서 지구문명에 대한 외계문명의 잠재적인 위협은 없는가를 살펴보고자 한다. 이 문제에 관해 잠정 결론을 내리려면 그동안 있어왔던 수많은 여러 유형의 UFO관련 사건들, 전직 군, 정보 관계자들의 증언 내용과 지구에서 비밀리에 행해지는 극비 프로젝트들이 그에 대한 충분한 결정을 내릴 수 있으리라 믿는다. 나는 그러한 정보들을 이 책에서 일부를 제시해가며 여러분에게 가감없이 전하고자 한다.

전 미 공군 상사인 다니엘 셀터의 '폭로 프로젝트' 인터뷰 증언: "외계인은 '우리의 적이다.'라는 생각을 우리에게 끊임없이 주지시키고 믿도록 하고 있습니다. 하지만 그들은 우리의 적이 아닙니다. 우리가 외계인의 공격을 받았다는 공식 기록을 저는 지금까지 본 적이 없습니다."라고 말한다.

미 공군, 록히드사의 돈 필립스의 인터뷰 증언 : "우리가 만나는 사람들마다 공통적으로 물어보는 질문이 있습니다. 외계인들은 우리의 적입니까? 라고 묻는 질문이죠. 외계인들이 우리에게 적대적이었다면 솔직히 말씀드려서 그들이 가지고 있는 무기에 의해서 우리는 오래전에 벌써 멸망하고도 남았을 겁니다."

전 미공군 엔지니어인 폴 씨즈 박사의 증언 : "외계인들이 우주선을 타고 지구로 온다면 우리가 우주궤도에 올려놓은 무기들은 징기스칸에게 폭죽하나 들고 대항하는 꼴이 될 겁니다."

오래전 TV에 방영된 '코스모스' 시리즈로 유명한 천문학자인 칼 세이건 박사(1997년 1월에 타계)는 1962년 미국로켓협회 강연에서 "우리들은 지구 밖의 별로부터 외계인의 방문을 받고 있는 것 같다. 그들은 달 뒷면에 기지를 만들어 사용하는 것으로 생각되는데 이 문제에 대해 정면으로 대응할 각오를 가져야 한다."는 의미심장한 말을 했다. 그의 말에서 중요 키워드는 외계인, 달 뒷면, 정면 대응의 세 가지이다.

주류학파의 과학자로서 이 정도의 말을 공개적인 자리에서 주장했다는 것은 매우 고무적이다. 그러나 칼 세이건 박사는 UFO와 외계생명체의 존재에 관해 열렬한 전폭적인 지지를 보낸 천문학자는 아니지만 만약에 있을지도 모를 지구 밖 지적존재에 관해서는 항상 열린 마음을 가지고 있었다.

그도 그럴 것이 보수적인 천문학계의 이단아로 낙인이 찍힐 것을 두려워 표면적으로는 여타 다른 천문학자들처럼 외계의 지적문명 존재여부에 관해 가능성의 희박함에 동조하는듯 했다.

나는 이 문제에 관하여 UFO연구가로서 중립을 지키는 것이 아닌 실제적으로 UFO들이 현재에 이르기까지 지구상에 끊임없이 나타나는 근본적인 이유가 뭘까를 진지하게 생각해보곤 했다.

내가 지금까지 수십 년간 조사연구 활동을 해온 경험에 의하면 먼저 떠오른 생각은 '그 물체들은 마치 자신들의 존재를 우리에게 인식시키려는 듯한 강한 인상을 주고 있다.'는 점을 느꼈다.

신뢰할 만한 위치에 있는 증언자들의 발언 내용을 보면 외계의 지적문명이 지구를 방문하는 것이 인류가 그들에게 얼마나 민감하게 반응하는지를 여실히 보여주며 만약 그들의 지구 공격이 있을시에는 여지없이 속수무책으로 당할 수밖에 없다는 점을 상기시킨다. 왜냐하면 그들은 우리보다 월등한 과학기술을 가진 문명이기에 문명의 격차가 수천년 이상 앞선 것으로 보이는 여러 정황증거들을 우리에게 보여주고 있기 때문이다.

그런 점에서 인류는 그들에게 적이 되지 못하며 오히려 그들이 우리의 생존문제와 직결된 중요사안으로 자체적인 대비책을 강구해야만 한다.

1997년 미공군을 퇴역한 정보장교인 조지 파일러 대령의 증언은 충격적이다. 그는 히스토리 채널 UFO다큐 프로그램에 인터뷰하기를 "우리보다 그들이 월등한 UFO 테크놀로지와 그런 기술을 관리하고 있는 외계인에 대한 군의 관심은 지대했다."라고 말한바 있다.

1990년 8월 데니스 바른은 미국에서 발행되는 UFO 월간잡지와의 인터뷰를 가졌는데 그가 내뱉은 말이 충분한 근거를 가진 것에 기초한 것인지는 알 수 없지만 지구 밖 외계문명이 조만간 21세기 초에 지구를 침공할 지도 모른다는 말을 밝혔다.

미 공군을 퇴역한 정보장교인 조지 파일러 대령

영국의 국가정보기관인 M16에 근무했다고 하는 데니스 바른은 잡지사와의 인터뷰에서 '외계문명이 곧 지구를 침입할 지도 모른다는 놀라운 정보를 가지고 있다.'는 것을 지적했다.

그의 증언에 따르면 자신이 직접 확인한 기밀문서에는 1947년부터 목격된 UFO들은 지구를 탐색하러 온 정찰목적을 띤 것으로 보인다는 것과 지구 침공의 시기는 21세기 초로 예상되며 그들의 기술은 우리들보다 10만년이 앞서있고 인간보다도 훨씬 더 진화하였으며 두뇌도 우리보다 월등하게 우수하다는 것이다. 키는 80~130cm이며 피부는 창백한 흰색 또는 회색빛을 띠고 눈은 매우 크다고 한다. 외관상 신체는 약해보이나 그들의 무기체계는 강력하여 지구를 쉽게 초토화시킬 수 있다고 말했다.

또한 미국의 국가정보기관인 CIA는 '침입을 막는 것은 불가능하므로 협상을 해야 한다'고 결론을 내렸다고 한다. 사실 선진 각국의 정보기관들은 UFO 문제에 관하여 심도 있는 정보수집과 조사, 분석을 수십 년 전부터 비밀리에 진행해오고 있었다. 그의 증언이 정말 기밀문서의 확인에 의한 것이 맞는지는 알 수 없으나 21세기 초에 접어든 지금 이 순간에도 지구는 외계의 침입으로부터 국지적인 공격을 받지는 않았다.

1987년 4월 일간지에 보도된 기사는 무척 흥미롭다.

"미국과 구소련은 장차 있을지도 모를 외계인의 지구 침공에 대비하여 합동작전을 취할 수 있도록 하는 비밀 합의를 했다."고 보도한 것이다. 즉 외계인에 의한 지구 안전 위협이 날로 증가함에 따라 만약의 사태에 양국이 모든 군사력을 집결하여 공동방어키로 합의하게 된 것이라 한다.

당시 레이건대통령과 고르바초프간에 맺어진 이 비밀회담에서 양국은 실전무기 외에 핵무기와 궤도상에 있는 전략위성까지 사용하게 될 것이라 했다. 이 회담의 진위여부를 떠나서 미국의 전략방위계획은 지구뿐만 아니라 지구 밖 외계에까지 그 범위를 확장해 만에 하나 발생할지도 모를 외계 침략행위에 대해 지구방위권을 현재까지도 치밀하게 구축해가고 있을 것으로 보인다.

사실 미국은 1947년부터 미국 전역에 광범위하게 출현한 UFO활동의 레이더 포착, 전투기의 추적, 일반인들의 목격 및 조우사례 등의 수집된 정보자료를 토대로 미군당국에선 내부적으로 이를 심각하게 받아들였다. 미국은 자국뿐만 아니라 지구를 방어하기 위한 혹시나 미래에 발생할 수도 있는 행성간 우주전쟁을 막기 위해 우주공간으로 실시간 정찰 임무를 띤 위성체계와 무기를 배치하는 스타워즈(별들의 전쟁)계획을 오래전부터 구상해왔을 가능성이 있다.

이를 뒷받침(증명)이라도 하듯 그런 대비책의 일환으로 지구 방어 무기체계가 이미 구축되어 있음을 추측케하는 충격적인 사건이 1991년에 발생했다.

때는 9월 15일 저녁 8시 30분! 당일 저녁식사를 마친 미국인들은 지역방송 TV를 통해 생중계되는 호주의 대기권밖 우주 풍경을 보게 되었다. 그런데 갑자기 외계의 어떤 물체를 향해 지구상 어디선가에서 발사체로 공격을 가한 것으로 보이는 장면이 생중계로 비춰졌다. 이 광경은 당시 일반인들에게까지 노출되어 큰 화제가 되었는데 문제의 장면이 방영된 후 NASA는 영상의 송출을 즉각 중단시켰다.

그리고 나서 우주공간에서 벌어진 이 광경을 본 많은 시청자들은 수많은 미확인 비행물체들이 날아다니는 장면을 보고 경악을 하게 된다. 대체 자신들이 본 장면이 무엇인지 궁금증이 일기 시작했다. 문제의 괴비행물체가 무엇이며 이를 격추하려는 발사체는 어디서 발사된 무기인지가 관심의 초점이었다.

문제의 영상은 곧바로 과학자들과 UFO연구가들의 지대한 관심을 사게 되었고 자체적인 분석에 들어갔다.

송출된 영상은 STS-48이라는 임무를 띠고 600Km 상공의 우주공간에서 지구의 경관을 잡아 전송하는 미 우주왕복선인 디스커버리호에서 촬영된 영상이었다. 장면을 자세히 보면 카메라에 잡힌 미확인 비행물체는 지상에서 발사되는 미지의 발사체를 피하기 위해 순간적으로 방향을 틀어 급선회하여 무서운 속도로 날아가면서 사라졌다.

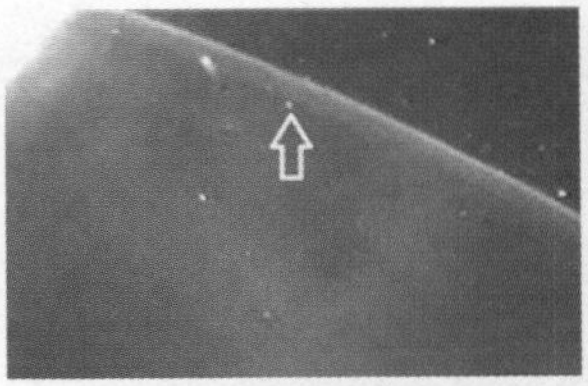

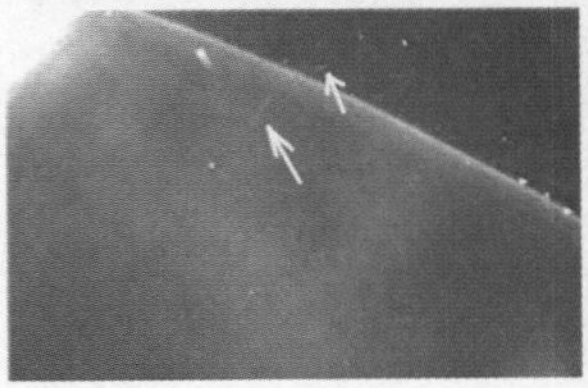

(위) 갑자기 출현하여 비행중인 UFO
(아래) UFO를 향해 발사된 발사체와 이를 피하기 위해 급선회하여 달아나는 UFO

이후 이 비행장면은 수많은 매스컴에 등장하여 화제를 불러 일으켰고 5일 뒤인 9월 20일 NASA는 처음으로 그것이 디스커버리호에서 버린 하수였다고 단순하게 해명했다.

그러나 이 영상은 네브라스카 오마하 대학의 물리학 교수인 잭 카셔 교수와 NASA와 계약을 맺고 있는 사진 분석 전문회사인 TASC (The Analytic Science Corporation)의 마크 콜로토 교수에 의해 철저하게 분석되었다. 그 결과 다름 아닌 당시 거대한 크기의 UFO가 출현하여 비행 중에 있다가 어떤 비상상황을 알아채고 급선회(예각 회전)하여 쏜살같이 피해 달아나는 장면이라고 주장했다. 즉, UFO가 지상으로부터 발사된 플라스마 발사체의 공격으로부터 피하기 위해 순간 방향을 전환하여 급가속으로 날아가는 장면이라는 것이다.

학계와 분석기관의 전문가들 주장에 NASA는 당혹감을 감추지 못한 채 어떻게든 해명을 할 필요성을 느꼈다. 그들은 이 물체가 UFO가 아니며 디스커버리호의 보호용 판유리에 붙어있던 얼음이라고 설명했다.

이에 마크 콜로토 교수는 이에 반박하는 설명으로 "그 어떤 시각효과 같은 것은 없었으며 실제 어떤 물체가 수평선 너머에서 나타나 대기권으로 사라져버렸고 얼음조각이 급격하게 방향전환을 할 수는 없으며 그렇게 보이기 위해서는 디스커버리호가 그 같은 급선회를 할 때뿐이라는 것과 그러한 비행방식은 기술적으로 불가능하다."고 언급했다.

이어서 그는 수평선 위로 보이는 별들이 움직이지 않고 있었다는 사실이 우주왕복선이 안정적인 비행 상태를 유지하고 있었다는 것을 증명한다고 했다. 이 해명에 대해 NASA측은 더 이상의 반응을 보이지도 않았고 추가 보충설명도 하지 않았으며 침묵으로 일관했다.

영상에서 확연하게 드러나듯이 외계의 우주선에 대한 지구 진입을 방해하려는 시도에서 발사되었거나 또 다른 가능성으로 스타워즈용 무기체계의 성능을 시험하려는 의도에서 발사되었을 가능성이다. 어쨌든 이 사건은 공교롭게도 일반인들이 TV를 시청하는 가운데 고스란히 생중계되었고 미확인 비행물체가 지구 가까이 근접하여 비행하고 있다는 사실과 지구 내 모종의 군사기지에서 무기 발사체로 공격적인 방어태세를 보였다는 점에서 대중들은 놀라운 사실을 알게 된 것이다.

그러나 전에도 그러한 물체의 움직임은 셀 수 없이 여러 번 관측되었다고 한다. 이 영상의 분석에 참가한 미국 네브라스카 대학의 천문학 교수인 잭 카셔 교수는 이 물체의 움직임을 면밀히 분석하기 위해 동영상 장면을 100번 이상 되풀이하여 보았다고 한다.

TV 다큐멘터리 프로그램 인터뷰에서 그는 분석 결과 NASA의 발표가 틀린 것으로 결론을 내렸고 이들 물체들은 고속으로 비행하는 비행물체로 UFO가 틀림없다는 주장을 폈다. UFO를 겨냥하여 지상에서 발사된 물체는 섬광과 함께 마하 500이상의 고속으로 날아가는 플라스마 무기 발사체로써 우주공간에서 마하 73의 속도로 비행 중이던 미확인비행물체는 이를 눈치채고 순식간에 급커브를 틀어 마하 285의 급가속으로 쏜살같이 비행하여 위기상황을 벗어나게 되었다고 설명했다.

네브라스카 대학의 천문학 잭 카셔교수

마하 285의 속도로 가속을 한 UFO는 지구상의 어떤 비행체도 따라잡을 수 없는 속도이다. 당시 UFO는 직감적으로 순간 무언가에 놀란 듯 급격한 방향선회를 하여 쏜살같이 그 자리를 피하는 모습이 역력했다.

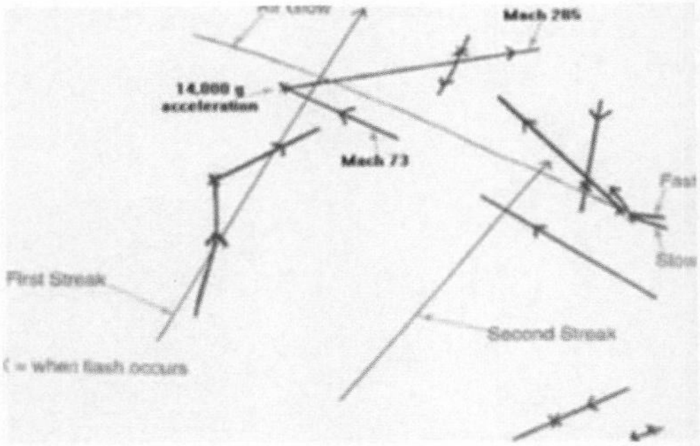

촬영 당시 포착된 미확인비행물체의 비행궤적 상황도

수평선 저편에서 갑자기 출현하여 대기권을 벗어나는 크기가 1km가 넘는 UFO가 최초 출현 시 디스커버리호로부터 무려 2,900Km 떨어져 있었고 지구의 대기권 안에서 시속 92,000km의 속도로 움직이고 있었다. 그러던 중 지구상의 어딘가에서 섬광이 순간 번쩍이더니 UFO는 이를 자신을 공격하기 위한 적대적인 행위로 판단하고 진행방향을 즉시 꺾어 상상을 초월하는 속도인 300,000km/h의 비행속도로 날아간 것이다.

우주공간으로 사라져버리는 상황에 이어 동시에 발사체가 우주공간을 향해 날아가는 광경이 잡힌 것이다. 발사체의 속도보다 UFO의 행동이 한 발 더 기민하게 빨랐던 것이다.

이 우주전쟁을 방불케하는 충격 사건이 발생한 이후 화제의 초점은 지상에서 무기가 발사된 지역이 어디인지가 학계와 UFO연구가들 사이에서 지대한 관심거리였다.

그들은 플라즈마 포탄이 발사된 지역으로 호주 중부의 사막지대에 위치한 파인갭(PINE GAP) 군사기지를 꼽았다. 이 기지는 지구상의 모든 전파를 도청하는 최대의 위성기지로 CIA, NRO, NSA가 합동 관할하는 곳이다. 그런데 이곳에서 첨단 우주무기를 개발하는 소문이 돌고 있기도 하며 호주정부의 공개 명령에도 아랑곳하지 않는 이곳 비밀군사기지는 오늘날까지 베일에 싸인 채 무기개발과 각국에서 오고가는 정보 및 대화내용 등 첩보 임무활동이 지금도 활발하게 가동되고 있다.

HARRP 프로젝트

이뿐만이 아니다. 알래스카 가코나 부근에는 기상관측소가 있는데 이 연구소는 대기권의 전리층(지상으로부터 60km이상의 대기로 전자 또는 양이온이 존재하며 이온화 플라스마를 형성하고 있음)에 대한 연구를 진행하는 것으로 알려져 있다. 일명 하프(HARRP-고빈도 활동성 오로라 연구 프로그램) 프로젝트가 추진되고 있는 곳이다. 이곳에는 미 국방성의 지원을 받아 북극 오로라와 동일 주파수를 내보내는 안테나가 넓은 지상에 광대하게 펼쳐져 있으며 다양한 연구 프로젝트가 진행되고 있다.

하프의 목적은 그 외에도 또 있다. 통신 도청과 교란은 물론 어떤 상황에서도 교란되지 않는 전파의 개발과 적 항공기의 전파 교란, 전자 시스템을 마비시켜 격추시키는 것, 그리고 자국의 통신을 보호하고 제 3국의 통신내용을 비밀리에 도청하는 기술을 향상시키는 것으로 알려져 있다. 그런데 이 프로젝트는 실제적으로 외계의 우주선을 작동 중지시키거나, 추락 또는 격추시킬 수 있는 초강력 전자기파로 지구의 방어막 구축을 위한 비밀 프로젝트로서 고공을 향해 발사되는 초장거리 전파를 방출할 수 있도록 목표를 삼고 있다고 한다.

미국은 우리가 알지 못하는 수많은 극비 프로젝트들을 내부적으로 각 기관들에서 추진하고 있는데 AREA-51 같은 한동안 일반인에게 알려지지 않은 네바다주 지하 군사시설에서는 현재 지구상에서 개발 중인 기술보다 50년 이상 앞선 테크놀러지를 개발 추진 중에 있다.

표면적으로는 적대국의 공습에 대한 효과적인 방어 및 공격을 하기 위한 항공 무기체계의 개발이라고 하나 1991년 9월 우주공간에서 일어난 UFO에 대한 공격행위처럼 가상의 적(외계의 문명)에 대하여 대항할 수 있는 만반의 준비를 외계에까지 그 범위를 확장하려는 듯 보임을 부인할 수 없다.

UFO는 적대적인가?

『7월 2일 지구 상공에는 괴 비행 물체가 계속해서 보내오는 전파신호를 수신하면서 그들과의 교신을 시도하던 중 뉴욕의 케이블 방송사 직원인 데이비드는 우주선이 발산하는 전파가 지구에 임박한 긴급한 위험상황을 알리는 카운트다운임을 알게 된다.

데이비드는 아버지와 함께 대통령의 보좌관인 전 부인 콘스탄스에게 이 사실을 알리기 위해 워싱턴으로 간다. 같은 시간 전투기 조종사인 힐러 대위는 우주선의 출현을 보고하기 위해 기지로 돌아간다.

7월 3일 거대한 외계의 우주선이 레이저 빔과 같은 강력한 광선무기를 사용하며 주요 도시를 공격하기 시작, 백악관과 엠파이어 스테이트 빌딩이 처참하게 파괴되어 무너져 버리고 맨하탄의 수 많은 건물들도 파괴되기 시작한다. UFO의 공격이 시작되기 바로 얼마전 대통령과 보좌관 데이비드와 줄리어스는 전용기로 간신히 워싱턴을 탈출하여 뉴멕시코에 있는 모처의 비밀 기지로 들어간다. 그 기지는 오래전부터 극비리에 외계인의 우주선을 연구하고 있던 곳이었다.

미 대통령의 지시로 외계인들과의 전면전을 벌이지만 핵미사일로도 그들을 이기기에는 역부족이었다. 그러던 중 데이비드는 컴퓨터 바이러스를 이용하여 우주선의 방어막을 해제할 방법을 알아낸다. 문제는 우주선의 안에까지 들어가 그들의 방어막을 해제하나 그들을 파괴할만한 무기가 없다. 마지막으로 과거 전투기 조종사였으나 이제는 술주정뱅이가 되어 가족들에게 아무런 쓸모도 없었던 사람이 외계인의 우주선과 자폭함으로써 7월 4일 미국 독립기념일이 우주의 독립기념일이 된다.』

이 내용은 1996년 개봉되어 큰 흥행성적을 거둔 SF영화 '인디펜던스 데이(Independence Day)' 줄거리이다.

인디펜던스 데이 영화 포스터

미국의 독립기념일(가장 대표적인 국경일)을 칭하는 이 영화의 제목만으로도 역사적인 전쟁을 치루고 격렬한 싸움 끝에 승리를 거머쥐는 미국의 전쟁역사를 전 인류애를 통하여 외계와의 전쟁으로 연결시켰다.

물론 영화는 가상의 시나리오를 기반으로 제작된 것이지만 실제 이와 같은 국지적인 UFO 공격이 있었던 적은 다행히 없었다. 그러나 UFO가 한 나라의 국가 방공방을 뚫고 영공을 침범했던 적은 자주 있어왔다. 그럴 때마다 지상의 전투기가 긴급 출격을 했으나 그들과의 전투는 상대가 되지 못했다.

군 당국에서는 그런 상황을 내부적으로 심각하게 다루어왔으며 적국의 항공기가 아닌 외계에서 온 비행체로 간주할 수밖에 없었다. 그래서 미확인비행물체는 군사용어로 남게 되며 군에서는 레이더에 미상의 비행물체가 포착될 때마다 적기인지 UFO인지 즉각적으로 판단을 내리기 위해 민감하게 움직였다. 결국 의심대상이 된 미확인비행물체는 정체가 파악될 때까지 모든 정보가 군당국에 의해 은밀하게 수집되어 왔다.

UFO는 적기는 아니지만 그동안의 활동반경을 면밀히 분석한 결과 비행체의 비행 성능과 능력면에서 우리가 보유한 전투기를 훨씬 능가하기 때문에 그들이 마음을 먹고 공격해올 경우 속수무책으로 당할 수밖에 없다. 따라서 그 물체는 적기보다도 최우선 순위 대상으로 간주되고 활동상황에 대해 면밀한 추적이 필요해진다.

우리가 정작 알고 싶은 것은 그들이 왜 지구를 내방하는 것인지, 또한 각 나라의 영공에 무단 침범하여 활동반경을 넓혀가는지이다. 우리가 그들이 어떤 목적을 가지고 지구를 내방하고 있는가를 알기위해 먼저 우선적으로 고려되어야 할 사항은, 그들이 적의를 품고 있지는 않는가 하는 점이다.

다시 말해 적대적인 존재로 봐야 하는지 우호적인 존재로 간주할 수 있는 것인지 알아야 한다. 그 점이 우리에게 있어 안전한 존재라는 점이 확고하게 드러나기 전까지는 그들을 예의주시해야만 한다.

이 문제에 대해 가장 민감한 미공군의 입장은 어처구니없게도 지난 1969년에 1947~1969년까지 22년간 진행해온 UFO관련 목격사례들을 조사한 결과 결론은 UFO가 국가안전에 위협이 된다는 증거가 없다는 것과 그것이 외계에서 왔다는 과학적인 물질적 증거가 없었다는 것을 공식 발표한 것이다.

그러나 공식 발표와는 달리 사실은 진실을 감추기 위한 위장에 불과했다. 미 공군과 NASA, 정보기관들은 UFO 사건들이 일어날 때마다 조우에 관여된 사람들에게 함구명령과 협박 등으로 정보누설을 차단하는데 일관해왔다. 그 이유는 UFO 정보가 누설될 경우 예기치 않은 여러 가지 사회적 문제들이 대두되어 정부로서 골치 아픈 문제를 떠안을 수 있기 때문이었다. 따라서 가장 효과적인 진실을 감추기 위한 방법은 사건이 있을 때마다 사실을 은폐하고 오도하거나 별일이 없었던 것으로 위장막을 쳐서 대수롭지 않은 것으로 치부하도록 만드는 방법이 펼요 했던 것이다.

미국의 국가정보기관인 CIA는 이런 일(은폐공작)들을 진행해온 대표적인 기관이다. 그러나 CIA를 능가하는 또 다른 비밀첩보업무를 관장하는 정보기관인 NSA(국가안전보장국)가 있는데 이 기관에서 1968년에 내부 회람된 비밀문서에는 UFO가 현실적으로 매우 중대한 문제로 UFO가 기존가설과는 전적으로 설명될 수 없는 비행물체라는 것과 지구상에 출몰하는 목적, 인류의 생존문제가 결부된 것으로 심각하게 받아들여야 한다는 점을 지적하고 있었다.

UFO가 과연 적의를 갖고 있는가 하는 의문은 UFO와 관련한 사건들에서 단서를 추적하여 그들의 의도를 비추어 볼 수 있다. 이미 세계각국에서 다양한 목격과 체험사례, 근접 조우들이 있어왔다. 그 사건들 중에는 전투기의 추격전과 공중전, 미사일공격, 전투기의 공중분해와 추락사고, UFO광선에 의한 인간살상과 인간납치, UFO와 지상군과의 전투상황 등 일반인들에게 전혀 알려지지 않은 사건들이 발생해왔다.

NSA휘장

실례로 군 기지에서 발생한 사건은 매우 민감한 사안으로 UFO의 활동 의도가 반영되는 특이한 케이스들이 발생해왔다.

1957년 11월 4일 브라질의 이타퓨 해안초소에서 아무런 이유도 없이 해안 초소병이 UFO의 공격을 당한 사례가 기록으로 남아있는데 당시 거대한 괴비행물체가 초소쪽으로 점점 접근하더니 약 50m 상공에서 정지했다. 그런데 갑자기 뜨거워진 공기에 타는 듯한 느낌을 받으면서 두 초병은 고통의 비명소리를 지르면서 쓰러졌다.

이와 동시에 기지 내에서는 약 4분 동안 일대 소동이 일어났는데 전기가 갑자기 나가고 장비가 고장을 일으켰다. 그리고 두 초병들은 전신 2도 화상을 입은 채 말을 잘 못하는 실어증에 걸렸다. 이러한 일련의 사건들을 볼 때 UFO가 적의를 가지고 우리에게 적대행위를 한 것처럼 보이나 모든 사건들이 그런 의도를 가지고 접근해온 것은 아니다. 오히려 발견즉시 우리 측에서 그들을 향해 공격을 감행하려는 시도가 자주 있어왔다. 그 시도는 격추 또는 포획하려는 준비된 모든 상황이 일사불란하게 군과 정부차원에서 전개되었다.

일부 보고에 의하면 UFO를 레이저 광선무기 또는 미사일 발사로 격추시켰다는 비공식 정보가 흘러나오기도 했다. 그런 행위는 국가 영공을 무단침범하는 행위에서 비롯되었다고 볼 수 있는 지구적인 보호 관점의 정당방위 행위로 볼 수 있지만 한편으로는 어떻게든 UFO의 진보된 테크놀러지를 획득하려는 수단으로 행해지는 공격적인 전투적 행동이다.

실제 1952년 7월 19일 자정을 넘지 않은 시각에 미국의 수도인 워싱턴 국회의사당 상공에 미확인 비행물체 무리가 무려 3시간 반동안 대거 출현해 긴급상황이 발생한 경우가 있었다.

예고 없이 어떤 비행체가 특정 영공을 무단침입할 경우 어느 국가든지 요격 또는 경고사격이 하달되게 마련이다. 즉각적으로 미공군에서는 요격기인 F-94기를 발진시켰지만 UFO는 어느샌가 순간적으로 사라졌고 요격기가 다시 기지로 귀환하면 다시 레이더상에 나타나곤 하였다. 공군 측은 한마디로 확실한 조치를 취하지 못한 채 레이더에만 관망하고 있었다. 24시간 엄중한 방공망으로 둘러싸인 워싱턴 상공에 구멍이 뚫린 것이다.

이 사건이 발생한 직후 1주일 뒤 또 다시 UFO편대가 워싱턴 상공에 출현했다. 앤두르스기지의 요격기들은 전번과 마찬가지로 긴급 출동했으나 가까이 접근하면 UFO가 매번 순간적으로 사라져버리고 말았다. 마침내 한 요격기로부터 무전을 통해 UFO가 바로 눈앞에 있다는 말과 함께 굉장히 크고 청백색 빛을 내뿜고 있다고 무전으로 전했다. 그러자 UFO가 그 요격기를 중심으로 원형 형태로 포획해버리자 조종사는 겁에 질린 목소리로 '지금 내 주위에 몰려있는데 어떻게 해야 하는가?'하는 하소연의 긴박한 목소리가 들려왔다. 20초 후 UFO 편대는 사라지고 다행히 아무 일도 발생하지 않았다.

많은 시민이 목격하고 사진까지 촬영된 이 UFO 편대 출현사건은 기자회견을 하기까지에 이르러 7월 29일 기자회견에서 공군정보부장인 존 샘포드소장과 영공 방어책임자인 로저 래미 사령관에 의해 그날 요격기가 출동한 적이 없으며 레이더상에 비친 것은 기온역전현상에 불과하다는 어처구니없는 공식발표를 했다.

사실 당시 기상상태는 기온역전현상이 일어날 기상조건이 아니었다. 발표가 된 직후 이 발표내용을 그대로 믿을 사람은 아무도 없었다. 당연히 다음날 신문지상에서는 군당국의 발표내용을 무시하는 기사가 실리게 되었고 기자회견 후 그는 공군정보부장자리에서 쫒겨 나는 신세가 되어 버렸다.

당시 매스콤은 이 발표를 그대로 기사화했으나 기상자료에 의하면 기온역층이 발생할 정도의 기상변화는 없었다. 만약 레이더가 지상으로부터 산란파에 반응을 보이려면 화씨 10도~17도 정도의 기온차이가 필요하다고 했다.

나는 이런 발표가 미공군이 여론과 일반 대중들의 심리동요를 일으키지 않고 안정시키기 위해 그럴듯한 역정보를 만들어 발표한 것에 불과한 것이라 여겨진다. 이같이 항상 군에서는 사실 그대로를 전하기보다는 진실을 은폐시키고 내부적으로는 사태정보를 수집하고 분석하는 정책을 취해온 것이다. 이와 같은 유사한 케이스는 전세계 군당국에서 확인된 것만 해도 수백 건에 이른다. 사실상 UFO의 군사적 측면 고찰은 매우 중대한 문제로 역대 미 대통령들은 UFO와 관련하여 거의 접해 왔던 것이 사실이다.

미국 트루먼 대통령은 공개적인 석상에서 기자들에게 의미심장한 이런 말을 남긴 적이 있었다. "비행접시는 지구상의 어떤 국가가 만든 비행물체가 절대 아니라는 점은 확실합니다."라고.

UFO와의 군사교전

디스클로저 프로젝트에 참여한 폭로 증언자들의 일부 주장에도 불구하고 UFO와의 실제 교전이 발생한 적이 있으며 그로 인해 적지 않은 인명 피해를 입었다는 반대의 주장도 있다.

UFO가 과연 적의를 가지고 있지는 않는지에 대한 의구심을 좀처럼 떨쳐 버릴 수 없는 그런 사건들이 발생했다는 것이다.

1965년 베트남 하노이 시에서 일어난 사건은 매우 기이하며 충격적이다. 구소련군이 도착한 그곳에서 지친 몸을 이끌고 텐트에서 잠을 청하던 병사들이 머물고 있는 상공에 흰색을 발하는 괴비행물체가 접근을 해왔다.

보초를 서던 병사의 보고를 들은 소련군의 장교는 이를 적기인 것으로 섯부른 판단을 내리고 그 비행체를 향해 소총을 발사했다. 그런 후 그 비행물체는 소련군들 앞으로 접근했는데 그 순간 놀라운 일이 벌어졌다. 그 물체는 굉장히 밝은 빛을 발하더니 그 자리에 있던 소련군 200여명이 순식간에 사라지는 일이 벌어진 것이다.

이 사건은 1993년 이탈리아 언론에 의해 보도되기도 하였고 UFO로 인해 가장 많은 인명피해를 입은 사건으로 기록되어 있다. 그런가 하면 1985년 1월 12일 소련의 대륙간 탄도미사일 기지에서 발생한 UFO와의 교전사건이 소련 주재 미 첩보요원에 의해 정보가 입수되었는데 당시 상황은 이랬다.

UFO가 기지 안에 착륙하자 병사들이 현장으로 긴급 출동하여

UFO에 접근하였고 UFO안에서 네 명의 외계인들이 걸어 나와 걷기 시작했다. 병사들이 멈추라고 소리치자 3명의 외계인은 멈추었으나 한 명은 계속 걷자 한 병사가 총을 쏘았고 그 외계인은 쓰러졌다. 나머지 외계인들이 쓰러진 동료를 안고 UFO안으로 들어갔는데 잠시 후 UFO로부터 빔이 발사되었고 세워놓은 지프차는 녹아 없어지듯 이내 사라져버렸다고 한다.

UFO는 전쟁과 같은 상황 중에 자주 출현하는 경향을 보이는데 한국의 6.25 전쟁기간 중에도 미군에 의해 다수의 목격보고가 있었다. 조우 사례 중에는 초소에 접근해오는 UFO를 향해 자위적 차원에서 소총을 발사한 사건이 있었는데 당시 총알이 관통하는 듯한 소리를 들은 병사는 UFO가 갑자기 흔들거리더니 자세가 안정되면서 잠시 후 UFO로부터 광선이 발사되었고 병사들은 소대장의 지시에 따라 참호로 몸을 급히 숨겼다.

그런데 이튿날 당시 현장에 있던 군인들에게서 몸의 이상변화가 오면서 모두 병원에 입원하게 되었고 미 정보요원의 조사를 받기도 했다.

2008년 2월 18일 미국의 일간 신문인 헤럴드 트리뷴지의 리포터 빌리 콕스는 '미국 상공이 한국만큼이나 치명적이었다.'는 특이한 제목의 칼럼을 기고했다.

기사의 내용인즉 1952년 한국에서의 전쟁이 치열하던 당시 미국 본토에서 UFO들과 미 공군 전투기들 간에 벌어진 공중전에 관한 기사였다.

이 내용은 미국의 권위 있는 언론사에서 다룬 주제로는 너무 이례적이라 큰 관심을 끌었다. 기사에 따르면 1952년 당시 미국은 구소련의 공습에 대비해 긴장하고 있었는데 UFO들이 고의적으로 워싱턴 D.C. 상공과 핵 기지, 주요 군사기지 등 방어망을 계속 침범해 미 공군 전투기들이 무려 수백여 차례나 출격하고 서로 교전하는 사태가 벌어졌다는 것이다.

1952년 6월 29일 당시 로버트 레이미 공군 소장은 전투 조종사들에게 24시간 경계 태세를 유지하고 비행접시들을 발견하는 즉시 요격하고 만약 비행접시들이 지상에 착륙하길 거부하면 그대로 격추시키라고 단호한 지시를 하달했다는 것이다.

이 명령에 대해 미국로켓협회 회장 로버트 판스워스는 UFO들을 상대로 너무 적대적인 행동을 취하는 것은 믿을 수 없는 고통과 죽음을 초래할 수 있다며 백안관에 항의 편지를 보낸 것이 확인됐다.

1952년 당시 이 사태가 진정된 후 공군의 프로젝트 블루북 담당관 에드워드 루펠트 대위는 UFO라는 명칭을 처음 사용하면서 평화로운 목적을 가지고 지구를 방문하는 UFO들에 대해 견해를 제시하고 UFO들이 국가 안전을 위협하지 않았다고 말했다.

에드워드 루펠트는 UFO 사건에 대해 상세하게 설명하지는 않았지만 작가이자 UFO 연구가인 프랭크 페스치노는 이 적대적인 공격작전 결과 많은 아군 전투기가 격추당하고 수많은 조종사들과 승무원들이 희생됐다고 말한다. 그는 2007년 저술한 '그들을 격추시켜라'라는 책을 통해 1952년 당시 보도 자료와 군의 작전 기록, 그리고 추락 지점의 목격자 진술 등 자료를 철저히 비교 검증하여 이 기간 중 당국에 의해 은폐된 비밀 공중전의 피해실상을 공개했다.

포트 오렌지 출신의 프랭크 페스치노는 1951년~1956년 사이 미 본토 상공과 연안 해역 상공에서 UFO들과 교전하다 185대의 전투기들이 격추되고 199명의 조종사들과 승무원들이 전사했는데, 이 손실은 같은 기간 한국전쟁 3년 동안 104대의 전투기가 추락한 것과 비교

되는 치열한 전투 상황이었음을 입증한 것이라고 지적했다.

그는 또 1952년 9월 12일 미국 탐파 근처 멕시코만 상공에서 UFO들과 미 공군기들이 교전하는 사태가 발생해 UFO 가운데 한 대가 목격자들이 보는 앞에서 웨스트버지니아 근교 플랫우즈 마을에 추락했다고 말한다. 군 조사팀이 마을에 파견돼 UFO 잔해를 모두 회수해 갔으며 그때 생존한 외계인이 그 후 플랫우즈 주민들에게 목격되고 동료 외계인들에 의해 구출된 것으로 믿고 있다. 당시 UFO와의 치열한 공중전에서 격추되어 죽음을 맞은 전투기 조종사들은 이 같은 외계인과의 교전 결과 전사한 것이 아닌 일상 작전을 수행하다가 사고로 인해 사망한 것으로 군 당국이 분류해 유족들에게 거짓으로 통보했다고 그는 주장했다.

2001년 미국의 저명한 언론학 교수이며 작가인 윌리엄 버로우스는 1950~1969년 냉전 시기에 해외에서 공산국가들에 대항해 비밀 공중작전을 수행하는 과정에서도 18대의 전투기가 격추되고 160명 이상의 군 조종사들과 승무원들이 희생됐으나 정규 임무 수행 중 사고로 순직한 것으로 은폐됐다며 국가의 안보는 거짓에 기초하고 있다고 말하면서 이 같은 모든 사고사들의 진상을 밝히기는 불가능할 지도 모른다고 지적했다.

이러한 새로운 주장이 사실이라면 이는 군사적으로 매우 심각한 상황이 아닐 수 없다. 아무런 대책을 세울 수 없는 현존하는 무기로 그들을 막아내기란 바위에 계란치기와 같은 상황이기 때문이다. 그럼에도 불구하고 우리는 아직 이 지구상에서 인류문명을 존속시키며 살아가고 있다.

그렇다면 그들은 언제부터 우리에게 관심을 가지고 접근을 해왔을까? 이 점은 UFO가 우리에게 적대적인 물체인지 아닌지 가려내는데 단서가 될 수 있다. 왜냐하면 그들의 전 세계적인 활동반경을 분석해보면 1940년대 중반부터 공중에서의 관찰시기를 넘어서 어느 순간 지상에 내려와 인간과의 직접적인 조우 및 납치를 자행하고 주요 군사기지에 출몰하여 인류가 가진 무기의 성능이 자신들과는 비교가 되지 않을 만큼 낙후되어 있음을 다양한 상황으로 보여주었다는 사실이다.

다시 말해서 그들은 지구인들의 호전적인 태도를 오히려 감시대상으로 여기고 여러 각도에서 관찰을 해왔는지도 모른다.

이미 1, 2차 세계대전을 치루는 동안 지구 내에서 벌어진 전쟁은 지구 밖 외계인들의 지대한 관심을 불러일으키기에 충분할 만큼 관심의 대상이었다.

UFO에 대한 관심의 고조는 2차세계대전 당시 연합군 측 폭격기들이 독일과 일본 상공에서 광구형태와 원반형의 비행물체를 목격한 데서 시작됐다. 2차세계대전중 보고된 이상한 비행물체들은 1944년까지 비밀에 부쳐졌는데 일명 "퓨 파이터"라 불리는 이 비행물체들은 사진으로도 찍혔고 대부분은 당시 적군의 비밀병기일 것으로 추정되었다.

연합군 측의 폭격기들로부터 보고된 이 비행물체들은 레이더에 포착되지 않은 채 빛깔을 바꿔가며 기체 앞뒤를 오가며 비행했다. 그러나 전쟁이 끝난 후 퓨 화이터가 적기일 것이라는 판단이 사실이 아닌 것으로 밝혀졌다.

전형적인 퓨 파이터의 목격사례는 1942년 12월 프랑스에서 발생했는데 허리케인 요격기에 탑승한 영국공군 조종사가 지면 가까이에서 자신의 순항고도위치로 사격을 해오는 두개의 불빛을 보았다. 그는 처음에 추적 미사일로 생각했으나 그 불빛은 자신의 항공기를 쫒아 다니며 모든 기동행동을 흉내내는듯했다.

조종사는 그것들이 누군가에 의해 지능적으로 조종당하고 있다는 생각이 들게 되었다. 그 불빛들은 서로 상당한 거리를 두면서 수마일이나 그를 쫓아 다녔다. 같은 해 8월에는 솔로몬군도에서 해병들이 150대의 은빛물체들을 보고서 놀랐던 적이 있었는데 그중 한 목격자는 "마치 빛이 나는 은색과 같았다"고 말했다.

꼬리도 날개도 가지지 않은 가볍게 진동을 하며 움직이는 물체들이었다. 이러한 괴비행물체 소동은 연합군과 적군사이에 상대편의 비밀무기이거나 심리전을 노린 심리무기 형태로 여겨졌다. 그러나 나중에 알게 된 사실은 그 어느 것에도 속하지 않은 미확인 비행물체로 남게 되었다.

이러한 오인 사례는 또 있었다. 1942년 2월 25일 당시 전세계의 상황이 불안정한 상태에서 방위체계가 민감한 미국의 로스앤젤레스시 상공에 미확인비행체들이 나타난 것이다. 일본군의 진주만 공격이 있은지 석 달도 되지 않은 때에 일어난 이 사건은 UFO와 미군 간에 군사교전이 있었던 것으로 판단되는 최초의 사건이 되었다.

당시 지상의 육군부대에서 이 비행물체를 향해 무려 1,430발의 대공사격이 가해졌다. 사건은 새벽 2시 25분경부터 시작해 아침 7시가 넘어 종료되었다. 미 육군 총사령관이었던 조지마샬 장군은 루스벨트대통령에게 이 비행물체들의 출현에 대해 보고를 했다. 보고서에 의하면 15기 이상의 비행물체가 나타났으며 폭탄투하나 아군의 피해는 없었다고 전했다. 또 대공사격에 의해 추락한 비행기도 없었고 출격한 비행기도 없었다.

그는 적국의 스파이 항공기가 아군의 경보나 대공포화의 위치, 등화관제상황 등을 알아보기 위한 목적으로 투입되었을 가능성에 결론을 두었다.

또 다른 실례는 UFO에 대한 적대행위를 시도하는 과정에서 UFO의 공격으로 항공기가 격추된 사건이 있다.

1963년 3월 27일 쿠바상공에서 발생한 UFO와의 교전은 매우 충격적인 사건으로 기록되어 있다. 영공을 침범한 UFO가 출현하자 소련제 MIG 21 형 전투기 2대가 긴급 발진했다. 관제실에선 레이더망에 UFO의 위치가 확인되면서 요격기로부터 UFO에 미사일조준을 하고 명령을 기다린다는 회신이 왔다.

관제실은 격추명령을 내렸으나 바로 조종사의 긴급보고가 들어왔다. 그것은 편대장의 전투기가 공중분해되어 사라졌다는 보고였다. 눈앞에서 편대장기가 아무런 소리나 폭팔도 없이 순식간에 가루가 되어 사라진 것이다. 이 군사비밀은 미국의 첩보기관에서 입수한 내용이 공개된 비밀문서에서 확인된바 있다.

닉 포프

이처럼 군에서는 UFO문제에 관한 일반인이나 과학자들이 생각하고 있는 것처럼 너그럽고 유유자적한 상태가 아니다. 즉각적인 판단과 임무수행이 요구되는 상황에서 UFO의 출현은 영공을 무단 침범한 적으로 간주되어 전투기편대가 기지에서 긴급발진할 수 있는 상황이 있을 수 있다. 이를 입증할 증인으로 영국 국방부에서 3년간 UFO 조사데스크를 맡아온 닉 포프가 있다.

그는 2009년 1월 25일 영국 일간지와의 인터뷰에서 말하길 "공군 전투조종사들이 여러 차례 격추 명령을 받고 사격을 가했으나 별 효과가 없었다. 점차 정교한 무기들을 사용해 공격했기 때문에 한 대 정도는 격추될 것으로 믿었지만 격추시키지 못했다" 고 증언했다.

또 지난 1980년대에 영국 국방부가 UFO를 목격한 뒤 격추시키라는 명령을 내렸으나 영국 공군들은 번번이 격추 작전에 실패한 채 돌아서야만 했다고 밝혔다.

포프는 이어 “군인들은 명령을 받고 UFO를 향해 몇 차례 공격을 시도했다. 그 중 몇몇 공격은 UFO에 약간의 충격을 주기도 했다.”면서 “당시 군인들은 UFO가 위협적인지 아닌지에 대한 빠른 판단을 해야만 했다.”고 전했다. 그 후 영국 영공에서 전투기들이 수십 차례 UFO들과 조우했으나 사격을 가하지 않았다며 당시 UFO에 대한 선제공격은 영공 침범을 모종의 위협으로 간주했기 때문이라고 말했다.

이 같은 사실을 뒷받침해주는 대표적인 사례가 이란의 수도인 테헤란 상공에서도 일어났는데, 1976년 9월 19일 당일 새벽 국제공항의 관제사는 착륙 진입 항로를 가로지르는 미확인 비행물체를 레이더로 탐지했다. 이 물체는 공군의 레이더상에도 포착됐다.

기지 사령관은 F4 팬텀 전투기 두 대를 긴급 발진시키고 격추명령을 하달했다. UFO를 확인한 조종사는 UFO를 포위하려 했으나 UFO가 갑자기 마하 5이상의 급가속으로 내빼는듯했다. UFO는 급회전을 하여 팬텀기쪽으로 접근하려 했다. 전투기는 충돌 위기상황을 피하기 위해 가까스로 빠르게 상승하여 빠져나왔다. 그러자 UFO는 이번엔 지그재그 모양으로 전투기 사이를 누비고 다녔다. 전투기 조종사는 UFO를 어떻게든 격추시키기 위해 미사일을 조준하려 했으나 그 순간 모든 전자장치가 마비되어 전혀 손을 쓸 수 없었다. 게다가 UFO에 가까이 접근할 때마다 기지와의 교신이 끊어지는 현상이 발생했다.

전자기 교란 현상으로 전투기는 UFO를 격추시키지 못했고 UFO는 전투기를 비웃듯 곧바로 구름속으로 사라져 버렸다.

퇴역한 이란의 전직 공군의 장교인 파르비 쟈파리는 당시 상황에 대해 “내가 이 물체에 가까이 가자 물체에서는 빨강, 초록, 오렌지, 파랑의 강한 빛을 발사해 매우 눈부셔서 물체의 모습이 전혀 안 보였다. 또, 빛이 플래시처럼 빠른 속도로 점멸하고 있었다. 형태가 다른 4개의 물체가 본체 주위에 분산하고 있는 것이 보였다. 이 물체가 내게 다가오자 무기를 제어할 수 없었고, 지상과의 무선 교신도 흐트러졌다."고 당시 추적 체험담을 공개했다.

UFO 출현에 대한 군 당국의 대응자세는 무척 기민하게 움직였지만 매번 거의 별 소득이 없이 상황종료를 맞이한 것을 보면 일련의 조우 사건들을 통하여 군에서는 UFO의 정체에 대해 이미 감을 잡고 그들의 비행능력과 출현의도를 파악했을 것으로 보인다. 한편 군은 오히려 그 물체의 탁월한 비행능력과 과학기술의 획득에 혈안이 되어 어떻게든 격추시키고자 했을 것이다. 그 과정에서 군당국은 군의 무기체계 능력이 그들에게 한참 뒤떨어지는 장난감 수준에 불과하다는 것도 알게 되었다.

다음에 소개하는 조우 사례는 UFO의 월등한 비행능력을 여실히 보여주는 것으로 1957년 5월 20일 밤 영국에서 일어났다.

밀튼 토레스

영국 켄트 주 맨스튼 미 공군기지에서 대기하고 있던 F-86D 세이버 2기에 UFO 격추지시가 내려졌다. 전투기가 이륙하기도 전에 대상 물체를 격추시키라는 명령이 떨어질 정도로 긴박한 상황이었다. "UFO에 로켓을 일제히 발사하라"는 명령을 받은 밀튼 토레스 중위(77세)는 이스트 앵글리아 지역 상공으로의 출격 명령에 따라 F-86D 세이버 전투기로 긴급 발진했다.

어느 순간 레이더 상에 나타난 물체는 거대한 항공모함을 연상시켜 바짝 긴장했다. 그 물체는 무척 빠른 속도로 불규칙하게 비행하다 기지 부근 시골 상공에 정지했고 물체에 가까이 접근한 토레스 중위는 상부의 요격 명령에 따라 바짝 긴장한 채 비행기에 장착된 로켓 24발을 표적에 록온(발사 준비상태)하였다. 그리고 로켓을 일시에 발사하려는 순간 발사 직전 UFO가 자신의 마음을 감지한 듯 잠간 움직임을 멈춘 UFO가 음속의 10배(시속 12,000km)이상으로 가속하여 레이더권 밖으로 사라지는 것을 목격했다. 당시 토레스 중위는 물체의 속도가 시속 7,600 마일 이상이라고 기지에 보고했는데 보고를 받은 상관은 바로 기지로 복귀하라고 명령했다.

US AIR FORCE
밀튼 토레스 | 당시 파일럿, 육성녹음
저도 대체 그게 무엇이었는지 궁금합니다. 그 물체를 잡기 위해 출격했고
격추하라는 명령까지 받았지만, 그 정체가 뭔지 지금도 잘 모르겠습니다.

밀튼 토레스 | 당시 파일럿, 육성녹음
그건 어떤 외계인들의 우주선이었다고밖에 생각할 수 없습니다.
그렇게 빠른 물체가 이 지구상에 존재할 수는 없으니까요.

현재 플로리다 주 마이애미에 거주하는 토레스(77)는 로이터통신과의 인터뷰에서 51년 전 UFO 요격 시도 사건이 발생한 다음 날 아침 군청색 바바리코트에 검은 양복을 입은 신사가 기지에 찾아와 자신을 협박했다고 증언했다.

토레스는 30~40대 정도의 신사로 보였는데 얼굴은 전혀 기억나지 않으며 자신이 누군지 소개하지도 않은 그는 UFO 목격 사실을 상관을 포함해 다른 어떤 사람에게 단 한마디라도 발설하면 국가 기밀 누설로 간주해 처벌하겠다는 협박성의 말을 했다고 한다. 토레스는 그 신사 차림의 젊은이가 정보국 요원이라고 짐작은 했지만 어디 부서에서 근무하는 누구인지 알 수 없었다며 지금까지 그의 경고대로 한 번도 과거의 UFO조우 사건에 관해 남에게 말한 적이 없다고 말했다.

그가 겪은 체험은 50년이 지났으나 그날 있었던 일이 지금도 생생하다고 말한 토레스는 그날 이륙하기도 전에 무조건 괴비행물체를 요격하라는 상관의 지시를 받고 상황의 심각성을 인식했지만 조종사 근무 중 한 번도 그 같은 무서운 명령을 받은 적이 없었기 때문에 무척 긴장했었다고 말했다.

이 증언은 2008년 10월 20일 비밀이 해제된 영국 국방성의 UFO 관련 비밀문서들 가운데 공개된 것으로 22일 로이터통신이 보도해 화제가 되었다.

이 사건은 당시 기지에 주둔하던 미 공군 조종사들의 UFO 요격 시도 체험담으로 레이더 자료 등을 토대로 보고서 형식으로 보고가 됐는데 다른 수십여 건의 목격 사건들과 함께 공개 되었다. 토레스의 증언대로 그가 UFO를 요격하려 했지만 UFO가 순식간에 고속비행으로 내빼는 바람에 타겟을 놓치고 말았는데 다음에 소개하는 공군 전투기 조종사의 UFO 공격사례는 UFO를 향해 직접적인 기총사격을 가했으나 별다른 공격효과를 보지 못한 채 기지로 되돌아온 케이스이다.

1980년 4월 11일 아침 7시 15분 경, 페루 남부 아레키파시의 라호야 공군 기지에서 훈련할 때 일어난 사건으로 당시 UFO는 기지에서 5km 떨어진 곳에 600미터 높이의 공중에 떠있는 상태였고 1,800명의 병사 전원이 UFO를 목격했다.

기지로부터 미확인 비행물체를 격추하라는 명령을 받은 공군 조종사 오스카 산타 마리아(당시 23세)는 전투기를 조종해 물체로 향했다. 그는 젊은 나이에도 불구하고 8년의 비행경력을 가지고 있었고 이 비행물체와 교신을 시도했으나 응답이 없어 영공을 침범한 것으로 국가안보에 위협이라고 판단했다.

그는 물체에 접근해갔다. 30밀리미터의 기총으로 약 64발의 탄환을 발사했는데, 일부가 물체에 적중했지만 전혀 효과가 없었다. 이 물체는 반대쪽 하늘을 향해 이동했고 조종사는 물체에 500m까지 접근을 했다. 그리고 UFO는 갑자기 멈추었다. 물체를 지나친 조종사는 다시 자세를 잡고 나서 타겟에 공격할 준비를 마쳤는데 미확인 물체는 떠오르기 시작해 조종사의 위치가 거꾸로 물체의 밑에 있게 되어 공격을 피했다.

물체가 1만4천 미터 상공까지 상승하자 조종사는 더 높이 올라가 밑으로 공격을 가할 생각이었으나 물체는 그보다 더 높은 1만 9천미터 이상 상승하여 전투기의 접근 한계를 벗어나게 되었다.

오스카 산타 마리아 조종사는 결국 공격을 포기한 채 물체를 확인 식별하기로 마음을 먹고 더 가까이 접근을 시도했다. 그러자 그 물체의 외관이 드러났는데 마치 큰 풍선과 같아 보였고 직경이 10미터 가량에 전구를 반으로 자른 것 같은 형태였다. 바닥은 넓은 원형 받침으로 금속성의 은색으로 보였다.

그가 UFO와 약 300피트 거리에서 목격한 바에 의하면, "그것은 직경이 약 30피트로 유백색의 둥근 지붕, 금속 바닥이 넓고 원형 모양이었다. UFO는 엔진이 없고 배기 장치도 창문도 날개도 안테나도 없었다. 비행기의 모든 기본 부품이 전혀 없고 추진 시스템도 없었다."고 설명했다.

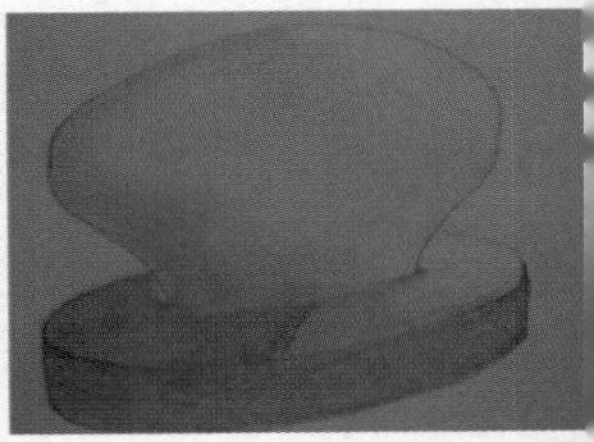
페루 공군조종사가 목격한 UFO 형태

그 순간 마리아 조종사는 "이 물체는 스파이용 정찰기가 아니라 UFO다."라고 느꼈다. "전투기의 연료가 떨어져가고 공격을 할 수도 비행을 할 수도 도망칠 수도 없는 상황이었다."고 당시 상황을 말했다.

기지로 돌아온 그는 "당시 상황은 매우 무서웠다. 내 생명이 위험하다고 생각했다."고 말하면서 "제가 아는 한 전 세계 전투기 파일럿

중 무기를 발사하여 UFO를 맞춘 유일한 사람입니다. 그 생각이 여전히 저를 전율하게 합니다."라고 말했다. 그는 말하기를 풍선형 물체가 찢겨서 가스가 새어나올 것으로 예측했는데 아무 일도 벌어지지 않았고 마치 큰 총탄이 풍선에 흡수되는 것처럼 전혀 손상을 입지 않았다고 증언했다.

UFO는 기지 상공에서 약 2시간 동안 머물렀고, 기지에 있던 전원 모두가 이 물체를 목격했다. 대령으로 예편한 이 전투기 조종사의 UFO 식별확인 추적 조우케이스는 2007년 11월 내셔널 프레스 클럽에서 열린 UFO 심포지엄 행사에서 연사로 나와 공개 증언을 한 내용이다.

이처럼 공군 측에서는 과거 UFO의 출현에 대단히 민감하였다. 확인할 수 없는 미확인 물체가 레이더에 일단 포착이 되면 군의 입장에서는 그 물체가 어떤 것인지를 파악해야할 의무가 있기 때문이다. 내가 알기로는 예전과는 달리 이제는 UFO의 출현에 군당국이 민감하게 반응하지는 않는다. 그 이유는 특별한 상황이 벌어지지 않는 한 구태여 공격적인 행동에 나서서 불미스런 사태를 일으킬 필요가 없기 때문이다.

특히 시민들이 활동하는 주거공간이나 도심지에서 만약의 사태가 발생함으로 인해 뒷감당이 안 되는 상황발생을 자초할 필요가 없기 때문이다. 대부분은 UFO의 비행이 수 분 안에 종료되어 상황을 예의주시할 뿐 그냥 지나치도록 나둔다. 이들 사례에서 우리는 UFO의 배후에 지능적인 존재가 있고 고도로 진보된 비행능력을 가진 비행체라는 것을 충분히 짐작할 수 있다.

그 외에도 1995년 6월 19일 6대의 F-14 해군 전투기들이 푸에르토리코 상공에 출현한 UFO를 발견하고 긴급발진하였으나 F-14전투기와 승무원전원은 전혀 귀대하지 못하고 만 사건도 있었다.

UFO연구가인 웬델 스티븐스는 5건의 F-14 톰켓전투기의 실종 사건을 주목하고 있는데 1988년 6월 해군 소속 F-14전투기 한대가 UFO에 의해 납치되었고 그해 12월에는 두 대의 F-14 전투기가 푸에리토리코 남쪽 지역에서 삼각형의 UFO에 의해 실종 당했다. 1989년 1월에는 동일 지역상공에서 괴비행체의 추적을 받던 F-14 두 대가 실종된 사건이 있었으며, 1993년에는 UFO편대가 노르웨이 해안에 나타나 매우 빠른 속도로 이동하고 있었는데 이 UFO의 크기는 엄청나게 컸으며 당시 NATO의 해상훈련이 실시되는 동안 미국의 전투용 항공모함 한대가 사라져버린 일이 있었다고 한다.

아마도 지구에 찾아오는 UFO들 중에는 우호적인 부류와 적대행위를 가하는 부류로 양분되어 있을지도 모르는 일이다.

UFO의 공격으로 침몰한 미 해군 순찰함

1968년 6월 15일 미 해군의 순찰함이 베트남 동하시의 인근 해안을 순찰하던 중 하늘에서 강렬한 빛을 발하는 괴비행물체에 의해 원인모를 이유로 순식간에 침몰하는 사건이 발생했다.

이 같은 충격적인 사건 정보는 2003년에 폭로되어 공개되었는데 실제 사건을 공개한 장본인은 1997년 미공군을 퇴역한 조지 파일러 대령이다.

그는 "베트남전 당시 미군과 UFO간에 전투가 있었다."는 것이 사실이었다고 증언한 인물이다.

베트남 전 당시 1급 비밀을 다룬 미공군 정보부 소속으로 그가 맡은 업무는 베트남 전시상황의 모든 정보를 참모총장인 조지 S. 브라운 장군에게 매일 보고하는 일을 맡고 있었다.

파일러는 허핑턴포스트에 인터뷰하기를 "베트콩의 공격을 보고하고 필요한 지상, 공중지원을 지시했다. 특히 밤에는 무장함을 보내는 경우가 많았는데 그런 지원을 다 설명하는 게 내 임무였다. 그런데 나는 가끔 비무장 지대에 나타난 정체불명 비행물체에 대해 보고했다."고 말했다.

미 해군 순찰함 침몰사건은 1973년 보도자료에 남아있기도 하는데 당시 사건의 개요를 살펴보면 미 해군의 순찰함은 15미터 크기로 7명의 해군이 탑승하고 있었다. 그런데 순찰함으로부터 갑자기 적기로 의심되는 비행물체가 발견되었다는 긴급한 지원요청이 호주해군의 군함에 전달되었다. 지원요청을 받은 호주 해군의 켄 샌즈 함장은 즉시 함대를 이끌고 현장으로 급파되었는데 현장에는 공중에 두 대의 UFO가 순찰함 바로 위쪽 상공에 빛을 발하며 떠 있었다고 한다.

이윽고 미공군 전투기가 출격하여 미사일을 발사하자 UFO는 수평선 너머로 사라지는 듯 했다. 그리고 나서 얼마 후 큰 폭음과 함께 순찰함이 갑자기 바닷속으로 침몰하는 광경을 생생하게 목격했다.

켄 샌즈 함장은 미공군의 공격을 받은 보복으로 미해군 순찰함을 공격하여 침몰시킨 것으로 생각했다. 인근 해상을 순찰 중이던 미 해군 순찰함이 적군의 비행기가 아닌 괴비행물체 때문에 침몰된 것 같다는 정보가 입수되자 조지 파일러 대령은 본격적인 조사에 착수했다.

현장 조사는 물론 현지 목격자인 전투기 조종사의 증언과 현장요원들의 증언을 토대로 몇 가지 납득이 가지 않는 사실들을 알아내었다. 첫 번째는 미확인 비행물체가 육안으로 관측되기는 했으나 레이더에는 잡히지 않았다는 점이다. 당시 전투기 조종사는 지원 요청을 받은 즉시 출격하여 두 개의 발광물체를 육안으로 확인은 했으나 레이더에는 전혀 잡히지 않았다. 둘째, 전투기가 비행물체에 점점 가까워지자 내부 기기들이 제대로 작동 되지 않는 불능상태에 빠지게 되었다는 점이다. 셋째, 미확인 발광체들이 사라졌다는 지점의 광범위한 지역을 수색한 결과 잔해나 추락의 흔적이 전혀 발견되지 않았다는 사실이다.

만약 적기가 추락한 것이라면 잔해가 발견되었어야 하는데 어떤 추락흔적도 발견할 수 없었다. 이 점은 미확인비행물체가 미사일에 의해 추락한 것이 아닌 엄청난 빠른 속도로 그 위치점을 회피한 것으로 보였다. 결국 이 사건은 모든 정황을 고려해볼 때 적기에 의한 격침사건이 아닌 '미군과 미확인물체간의 전투'로 결론을 내리게 되었

미해군 순찰함 위에 나타난 UFO의 상상도

고 당시 공군의 총 책임자였던 조지 S. 브라운 장군에게 최종 보고가 되었다.

베트남 전쟁에서 순찰함과 UFO가 충돌한 사건이 발생한 지 5년 뒤에 개최된 어느 기자 회견에서 UFO에 대한 공군의 공식적 입장을 밝혀달라는 요구에 당시 미 공군 참모총장인 브라운은 이렇게 말했다.

"이 이야기가 보도됐는지 아닌지는 모르겠다. UFO라고 부른 적은 없었다. 적군 헬리콥터라고 불렀는데 밤에만 나타났고 지정된 지역에서만 발견됐다. 1968년 여름 초에 비무장 지대에서 일어난 일이었는데, 꽤 큰 사건이었다. 그 과정에서 순찰함이 침몰했다. 적의 흔적은 전혀 없었고 사태 후 우리만 남아있었다."

이러한 사실이 알려진 후 베트남전에 참전했던 군인들로부터 UFO를 목격했거나 전투를 벌였다는 증언들이 수없이 나왔다. 그는 군인들로부터 보고받기를 "시속 500km 속도로 날고 있는 비행기 옆에 갑자기 나타난 UFO가 비행기를 빙빙 돌더니 우리가 소유한 비행기보다 3배는 더 빠른 속도로 사라졌다."는 보고를 받았다. 또 그는 "우리가 당시 보유한 테크놀로지보다 월등하다는 것은 당연한 것이었다. 물론 비공식적으로 이런 보고를 받았다. 아프가니스탄 전쟁 때 비행하던 조종사들에게서도 UFO를 목격했다는 이야기를 들은 적이 있었다."라고 말했다.

핵무기 군사시설에 출현하는 UFO

전 미 공군 장교들은 UFO가 영국과 미국의 핵무기를 노리고 있다고 증언했다. 또 이들은 정부가 이 사실을 의도적으로 숨겨왔다고 비판했다.

이들 증언내용의 핵심은 외계인들이 영국과 미국의 핵미사일 기지를 감시하고, 심지어는 핵무기를 무력화시키기도 했다는 것이다.

실례로 1982년 10월 4일 우크라이나에 위치한 대륙간 탄도미사일 시설에 원반 모양의 미확인 비행물체가 출현했다. 이 비행체는 한동안 미사일 발사 시설 위쪽 상공을 선회했으며, 수천 명의 군인들이 이 광경을 동시 목격했다는 것이 언론의 보도내용이다.

당시 상황은 UFO로 인하여 미사일 기지에 비상이 걸렸으며, 핵미사일 발사 장치가 저절로 작동되는 상황이 일어나기도 했다. 자칫 의도하지 않은 핵전쟁이 발생할 수도 있었던 아찔한 상황이었는데, 다행히 발사 장치는 정상으로 돌아왔다고 한다. 구소련 정부의 조사 결과 기계 장치에는 아무런 문제가 없었다고 언론은 전했다.

이와 비슷한 사건은 미국 노스 다코타에 위치한 미사일 기지에서도 발생했고 몬타나주에 있는 맴스트롬 공군기지의 미사일 격납고에도 UFO가 출현한 적이 있었다.

당시 근무 중이던 군인들은 UFO가 공중에 뜬 채 회전하고 있는걸 봤다고 했다. 금속으로 된 원형물체였는데 이곳에서도 마찬가지로 모든 미사일 계기의 작동이 중지되었다.

전 미 공군대위 로버트 샐러스의 증언에 의하면 1967년 3월 16일 미국 몬타나 주 맘스트롬 공군 기지에서 그는 정체불명의 비행물체가 핵무기가 있는 지역 상공을 돈 직후 10기의 핵미사일이 멈추는 것을 발견했다고 한다. 그는 이상한 비행물체들이 우리의 미사일을 노리고 있으며 분명 지구에서 온 물체는 아닐 것이라고 확신했다.

핵무기 저장시설 상공에 출현한 사례 중 가장 유명한 사건은 1980년 12월 27일 새벽 3시경 영국 랜들섬 숲에서 일어난 UFO 출현 및 착륙사례를 손꼽을 수 있다. 이 사건은 당시 비밀로 취급되어 군 기밀사항으로 남겨져 있었으나 결국 정보가 새어나와

이 사건을 추적 조사한 UFO연구가에 의해 그 당시 상황과 사건의 은폐 전개가 책으로도 출간되었다. 그리고 2010년에는 찰스 홀트 미 공군대령(퇴역당시)의 당시 급박했던 상황이 생생하게 녹음된 녹음 테이프가 공개되어 당시 실제 발생한 사건이었음을 재확인할 수 있었다.

랜들섬은 영국 동부 해안의 벤트워터즈 공군기지와 우드브리지 공군기지 사이에 있는 숲으로 우드브리지 공군기지는 1980년대 말까지 미 공군이 임대해 쓰고 있었는데 이 사건이 일어나면서 미군 관계자들도 연루되었다. 뿐만 아니라 영국 민간인들과 미군 사병 및 우드브리지 미군기지 부사령관인 찰스 할트 중령까지 포함되어 있었다. 사건의 비중을 감안하여 군 당국에서는 비밀리에 철저한 조사를 하였고 그 결과는 극비에 부쳐졌다.

사건의 정황은 27일 당일 밤 영국 노포크의 레이더 기지에서 미확인비행물체가 랜들섬 숲으로 강하하는 것을 포착했다. 수색조가 현장에 도착했을 때 비행기가 아닌 이상한 월뿔형 물체가 마치 지면에 착륙해있는 것처럼 보였는데 높이가 2미터 크기의 물체였다.

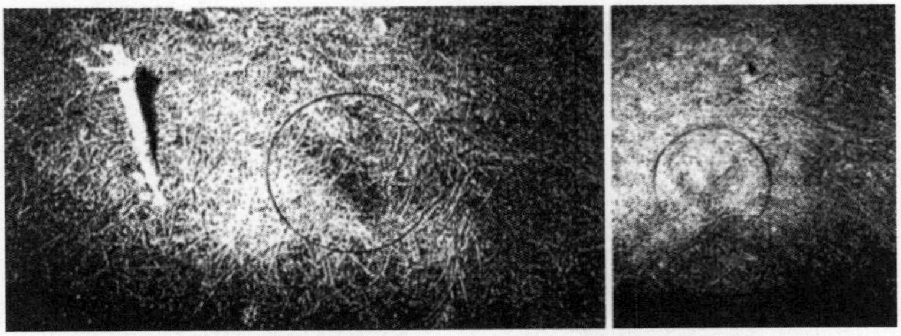

12월 28일 UFO착륙지점에서 발견된 세개의 자국(미 국립문서보관소)

그 다음날(28일) 현장에 가보니 물체가 있었던 자리에 무언가에 의해 강하게 눌린듯한 깊이 4cm, 폭 15cm 크기의 착륙흔적이 발견되었다. 그런데 29일 밤에 UFO가 다시 출현했다. 긴급보고를 받고 현장에 도착한 찰스 할트 중령은 UFO가 핵무기 저장고를 향해 레이저빔과 같은 빛을 쏘는 것을 목격했다. 그리고 그 UFO는 2시간 정도 핵무기 저장고 상공에 머물렀다.

마치 UFO는 핵무기의 저장시설을 확연히 알고 있다는 듯이 제스처를 취한 것일까? 아니면 자신들이 지구인들의 호전적인 면을 알고 이를 막기 위해 핵시설의 무용지물을 경고하려는 메시지였을까?

LA 상공에 출현한 UFO와 대공사격

〈월드 인베이젼〉 영화는 UFO에 의해 지구상의 대도시가 초토화되어가는 과정에서 인류가 반격을 가한다는 시나리오를 담은 공상과학영화다. 그런데 UFO가 실제 대도시에 출현하여 비상이 걸리고 군당국이 대공사격을 가한 적이 있었다면 믿겠는가? 이 사건의 전말은 지상에 출현한 UFO를 이야기할 때 거의 빠지지 않고 등장한다.

WAR EXTRA
Los Angeles Examiner
AIR BATTLE RAGES OVER LOS ANGELES
One Plane Reported Downed on Vermont Avenue by Gunfire

당시 보도된 신문 기사

때는 1942년 2월 25일 밤. 미국 LA 상공에 출현한 UFO 출현 소동은 그날 밤 미국인들을 공포에 떨게 만들었다. 2차 세계대전이 한창이었던 당시 새벽 2시 25분 경 LA 상공에 괴비행물체가 출현한 것이다. 군에서도 그런 상황이 처음이었고 전쟁기간중이라 물체의 정체를 알아보기도 전에 먼저 그 물체를 향하여 대대적인 대공사격을 가했다. 당시 이를 일본군의 공습으로 오인한 미군은 대공포를 쏘고 대응했지만 어떤 항공기의 기체도 추락하지 않았다는 것을 나중에서야 알았다.

이 UFO 대공사격 사건의 발단은 새벽 2시 25분부터 시작되어 아침 7시경에 종료되었는데 그날 새벽 컬버시 상공에 나타난 미확인비행물체에 지상으로부터 서치라이트가 비추는 가운데 무려 1시간 동안 대공사격이 가해졌다.

새벽 2시경 할리우드의 Trocadero 클럽에서 식사하는 사람들은 공습을 알리는 사이렌 소리가 로스앤젤레스시 전역에 소리가 들리는 것을 알았다. 이어 지상의 강한 서치라이트 빛들이 하늘을 향해 비출

때 무슨 공습이 일어났나하고 시민들은 놀라게 되었다.

그날 적어도 백 만 이상의 시민들이 공습 사이렌 소리에 깼다고 한다. 항공기와 공장들을 보호하기 위해 서치라이트들이 하늘을 향해 비춰대었고 몇 시간 뒤에 소형 연식 비행선이나 기구처럼 보이는 느리게 움직이는 여러 대의 미확인 비행물체들을 향해 1,430발 이상의 대공포가 발사 됐다.

지상의 목격자들에 의하면 25개의 은빛 UFO들이 목격되었고 흰색의 시가형 물체가 움직였다고 한다.

Los Angeles Herald 편집자인 Peter Jenkins는 말하기를 " 나는 분명히 하늘을 가로질러 느리게 롱 비치쪽으로 움직이는 대략 25개 정도의 은빛 물체들이 V 자형을 그리며 나는 것을 명확히 볼 수 있었습니다."고 말했다.

당시 LA상공에 출현한 미확인 비행물체들을 향해 비추는 지상의 서치라이트

그런가하면 경험 많은 해군 관찰자는 Carl Zeiss 쌍안경으로 서치라이트의 콘 안에서 9개의 물체를 셀 수 있었다고 하며 물체의 색은 은색이었다고 했다.

이 사건은 미 육군 총사령관이었던 조지 마샬 장군이 루스벨트 대통령에게 보고한 내용에서 알 수 있다. 기록에 의하면 당시 지역 방위군은 그 물체가 일본군 비행단인줄 알았으나 그렇지 않다는 사실이 밝혀졌고 3시 15분부터 4시 15분까지 1,430발의 탄알이 퍼부어졌고 이날 15개의 물체는 9천 피트~1만 8천 피트 상공사이를 날고 있었으며 매우 느린 속도에서 200mph나 되는 빠른 속도로 불규칙한 비행을 했다. 이들 물체가 적군의 비행기가 아님을 확인한 것은 다음과 같은 이유에서였다.

첫째, 폭탄투하가 없었고 둘째, 아군의 피해도 없었으며 셋째, 대공포화에 의해 추락한 물체도 없었고 넷째, 미 육군이나 해군소속의 비행기가 출격한 적도 없었다는 사실이다.

또 다른 가정으로는 적국의 스파이기가 대공포화의 위치나 등화관제 상황, 아군의 경보속도 등을 정찰할 목적으로 띄웠을 것이라는 것이 가장 합리적인 것으로 결론을 뒷받침 해주는 듯 했다.

당시 목격자인 더글라스 항공기 회사에 근무하는 폴 콜린즈는 공습경보가 울릴 즈음 차를 타고 귀가하다 남쪽 지평선 가까이 떠있는 밝고 붉은색을 띤 광원을 보았다고 했다. 그는 "그 물체들은 갑자기 나타나기도 하며 공중에 떠있는 것 같기도 했습니다. 몇몇은 순간적으로 어둠 속에 사라지는 듯하며 나머지 물체는 일정 높이에서 공중에 체공상태로 있었습니다. 대략적인 높이는 만 피트 정도였고 5분이 지나지 않았을 때 지대공 포화가 불을 뿜기 시작했습니다. 물체의 속력은 최고 속력이 초당 5마일 정도 되었으리라 생각되는데 해안 가까이 사는 수천 명의 주민들이 목격했다는 거대한 UFO는 나는 보지 못했습니다."라고 당시 상황을 설명했다.

당시 촬영된 현장의 사진은 후에 전 미해군 소속 광학물리학자이며 세계적인 UFO 사진분석 전문가인 부르스 매카비 박사의 분석을 거치게 되었는데, 컴퓨터그래픽을 통한 이미지 처리기법에 의해 다양한 분석이 시도되었다. 사진을 분석하기 위해서는 사실적인 상대적 이미지를 얻기 위해 네거티브 원본과 필름 이미지의 밀도와 이미지를 구성하고 있는 빛들 사이의 관계에 대한 감마를 조정할 필요가 있었다.

물체의 형태는 과다노출로 인해 분간하기가 매우 어려웠고 카메라의 셔터속도도 모르는 상태였다. 만약 주변에 소용돌이치는 많은 연기가 있었다면, 대기의 볼륨이 빔들에 의하여 반사되고 그 변화정도를 기대할 수 있었다. 그리고 그 안에 연기가 있었다면 얼마간의 빔은 그것이

흩어진 빛 안의 증가를 유발해야 했다.

빔들은 그 물체에 도달하기 전까지 매우 밝았다. 하지만 확실히 견고한 금속의 물체가 빔들을 방해하기에 충분했을 것이다. 그림에서 보듯이 빔(서치라이트 빛)들 속에 투영된 물체의 상이 어렴풋이 나타나 보이고 있음을 알 수 있다.

주변에는 타원형의 밝은 구체로 추정되는 광원이 보이고 중심부의 물체의 형태는 돔형의 UFO로 추정되었다. 그렇다면 물체의 크기는 어느 정도였을까?

집중된 빔들과 카메라사이의 거리를 알고 카메라의 초점거리를 알아낸 후 그 물체의 크기에 대한 근사치를 구할 수 있다. 이것은 물체가 도시의 어느 위치에, 카메라맨이 어디에 있는지를 그리고 물체가 떠 있던 고도를 필요로 한다.

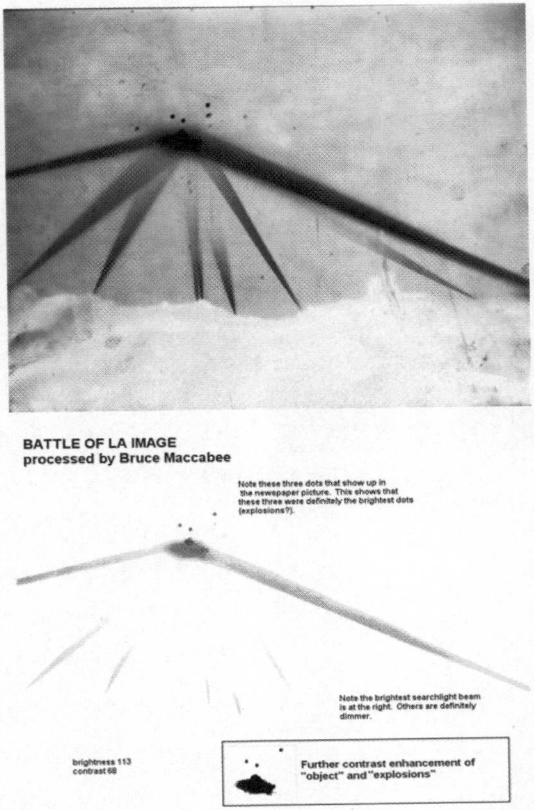
BATTLE OF LA IMAGE
processed by Bruce Maccabee
Note these three dots that show up in the newspaper picture. This shows that these three were definitely the brightest dots (explosions?).
Note the brightest searchlight beam is at the right. Others are definitely dimmer.
brightness 113
contrast 68
Further contrast enhancement of "object" and "explosions"
네가티브 이미지와 이미지 처리 후 UFO 형태 이미지

1940년대 대기 안의 먼지의 수직적 분포를 결정 짓기 위해 상층 대기를 증명하기 위한 미육군의 서치라이트가 사용되었다. 대략적인 30도 정도에서 기울어지는 것을 가정하고 물체의 폭은 빔이 있는 곳(지상과 수평한)에 수평으로 적응된다. 그러므로 빔의 수평 폭, W(빔축에 대해 수직이 아님)는 W=D/cos(고도의 각)=D/sin(30)=2D. 따라서 만약 물체가 투사 렌즈로부터 1,000피트에 있었다면 그 물체의 크기는 대략 40피트가 된다. 만약 2,000피트에 있었다면 D=45피트와 W=90피트가 된다.

청와대 상공에 출현한 UFO에 대공사격이 가해지다

영국의 UFO전문가인 Timothy Good

1988년 영국의 저명한 UFO전문가인 티모시 굿(Timothy Good)의 저서〈1급 비밀 저편에서 : Above Top Secret〉에는 미 국방정보국(DIA)에 보고된 한국 중앙정보부(KCIA)의 비밀문서(DMZ상공에 나타난 미확인 물체관련 대책회의)에 담긴 내용과 함께 "한국 대통령의 관저인 청와대 상공에 UFO가 출현하여 대공사격이 가해졌으나 단 한발도 맞지 않은 채 사라진 것을 기억한다."고 씌여 있었다.

그런데 이 사건의 단서를 제공한 티모시 굿은 저서에서 사건의 발생 년도를 지적하지 않은 채 세 줄에 걸쳐 간략한 언급만을 하였다.

문제는 발포사건의 시점과 어떤 정보에 근거하여 자신의 책에 한국에서의 UFO 발포사건 내용을 삽입하게 된 것인지 밝히지 않았다는 점이다. 이 사건은 비행금지구역인 서울 수도권의 청와대 상공에 출현한 미확인 물체의 대공사격을 가한 사건으로 다른 어떤 사건보다도 중대한 사건으로 남아있다.

나는 먼저 여러 채널을 통하여 과거 서울지역 상공에 대공사격이 가해진 횟수가 몇 차례 정도 있었는지 추적했다. 그 결과 서울의 수도권 비행금지구역에 잘못 들어온 비행체에 대한 대공사격이 가해진 사건이 76년도 이전에도 네 차례나 있었다는 사실을 조사하는 과정에서 알게 되었다.

1974년 6월 6일 오전 9시 30분에 미군헬기에 대한 경고사격이 가해졌고, 같은 해 11월 27일에는 오전 8시 29분에 KAL소속 화물기에 경고사격이 가해졌다. 또한 그해 12월 16일에는 저녁 6시 2분~5분 사이 KAL 여객기의 진입로에 대한 경고 위협사격이 있었다. 그리고 12월 24일 저녁 7시 30분에도 위협사격이 가해졌다.

그리고 나는 곧바로 UFO연구가인 티모시 굿의 주소를 알아내어 2002년 2월 19일 그에게 서한을 보내 자신의 책에 쓴 청와대 상공의 발포사건이 어떤 근거에 의해 책에 쓰게 된 것인지 물어보았다. 티모시 굿은 2월 26일 보내온 회신에서 분명하게 사건일시를 밝혔다.

때는 1970년 9월 22일 저녁 7시 30분이었다. 당시 뉴스로 보도된 자료에 의하면 대공포 유탄피해로 사망 1명과 32명의 중경상 피해자가 속출했다. 자신은 당시 한국에서 일어난 이 발포사건을 언급한 일본 마이니치신문을 보내왔다.

신문의 DB검색을 한 결과 1970년 9월 24일 조선일보(7면)에 당시 발포사건에 대한 기사를 발견하게 되었는데 23일 군 당국은 22일 밤 7시 23분 JAL기 한 대가 수도권 비행금지구역을 침범, 이를 발견한 대공포대에서 약 2분간 ○○발의 예광탄으로 경고사격을 가했다고 했다. 수도경비사령부는 조사결과 한국을 처녀비행한 JAL기가 김포를 떠나 일본으로 가던 길에 잘못 진입하여 대공포대의 경고사격으로 기수를 동남쪽으로 돌렸다는 것이다.

이에 일본의 JAL측은 이날 오후 7시 16분 화물기 D-8기와 7시 26분께 컨베이어 880여객기가 김포공항을 이륙했으나 관제탑의 유도로 기수를 왼쪽으로 돌렸기 때문에 수도권 비행금지 구역은 비행하지 않았다고 주장하는 기사가 실렸다.

이어 국방부장관은 국회 예결위원회의 답변에서 '고도 8,000피트로 날고 있던 JAL 620호로 그 비행기는 통제권을 침범하지 않은 것 같다.'고 말했다.

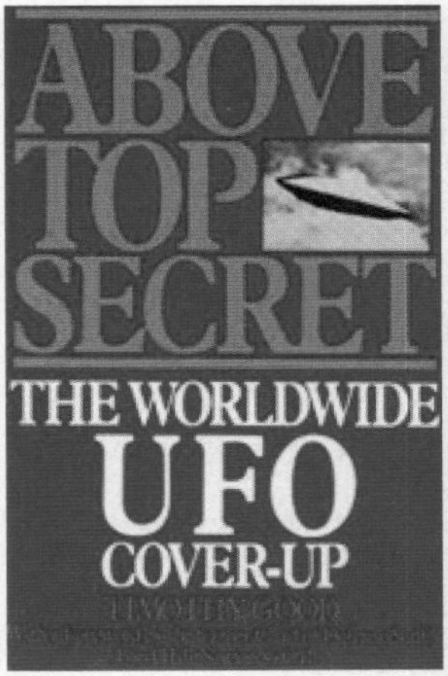

Above top secret저서에 기록된 청와대 상공의 발포사건

비행금지구역인 서울 상공은 그야말로 물샐틈없는 거미줄처럼 엮어진 삼엄한 대공 방위망이 겹겹이 펼쳐져 있는 대도시이다.

서울은 다른 어느 지역보다도 수도권 외곽에 삼엄한 대공 경비태세가 갖춰진 지역으로 청와대를 중심으로 수 km 반경의 비행금지구역이 설정되어 있다.

청와대를 중심으로 반경 2Km 이내에 허가 없이 들어온 항공기는 상부의 허가 없이도 격추사격을 가해도 되는 특수구역(세계에서 73번째)이기도 하다. 이 구역을 중심으로 한강까지 포함하는 넓은 지역이 예비구역으로 포함되며 구역에 따라 대처강도가 달라진다. 특히, 청와대 상공은 수도경비사령부와는 별도로 대통령 경호실 소속의 경비부대가 관할하여 대공경비를 담당하고 있다.

만약의 적기의 침입에 대비하여 각종 대공화기가 서울을 에워싸고 있는 산과 외곽지역 수십 군데의 진지에 대공 발칸포와 미사일이 설치되어 있다. 서울 시내 곳곳에는 빌딩 GOP가 수십 군데가 있으며 각 GOP마다 사정거리 2.2km, 분당 최대 3,000발이 날아가는 20mm 발칸포와 휴대용 미사일 미스트랄이 24시간 발사 대기 중에 있다.

즉, 수도방위사령부는 빌딩 주변 상공에 사전 예고되지 않은 비행체가 뜨면 즉각 공격을 가해 격추시키는 임무를 띠고 있다.

당시 내무부가 만든 민방위사태의 종류에는 수도권 비행금지구역에 정체불명의 항공기나 물체가 나타났을 때 경보를 울리지 않고 바로 대공사격이 가해진다고 되어있다.

1970년 9월 대공사격 사건이 있은 후 6년 뒤인 1976년 10월 14일 저녁 ○시경, 고요한 서울 상공에는 갑자기 전쟁터를 방불케 하는 대공사격이 하늘의 어느 한 지점을 향해 일제히 불을 뿜었다.

예고도 없이 서울상공에 진입한 이상한 비행체가 도심에 진입하여 모든 대공화기에서 일제히 사격이 진행된 것이다. 이 발포 사건은 약 3~5분 정도 진행되었는데 수 만발의 발칸 대공포 사격(분당 3,000발 발사가능)이 서울 외곽진지 및 주요빌딩(63빌딩 외)의 옥상에 포진해있던 약 78개의 발칸포 대공진지에서 가해졌다.

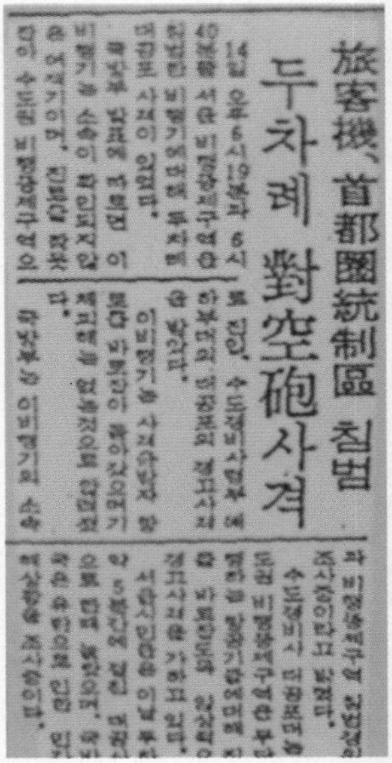

旅客機, 首都圈統制區 침범

두차례 對空砲사격

당시 조선일보 1976년 10월 15일자에 보도된 기사

당시 나는 고등학생 1학년생으로 마침 약수동에 살고 있어 이 장면을 옥상에서 똑똑히 목격할 수 있었다. 요란한 발칸포 사격음과 빨강색의 예광 총탄이 산지사방에서 일직선으로 고공을 향해 날아가는 모습은 무척 인상적이었다.

영문도 모른 채 나는 갑자기 공포심이 들어 요란한 사격음과 일제히 하늘을 향해 날아가는 불빛들의 장관을 옥상 한쪽 구석에서 바라보고만 있었다. 몇 분간에 걸친 대공사격이 끝난 후 옆집에 사는 친구가 나를 찾아와 집 지붕을 뚫고 떨어진 총알을 보여주었다. 총알의 길이는 무척 길었는데 길이가 손바닥에 폈을 때와 같을 정도로 약 12cm 정도는 되어 보였다.

이 사건이 있은 뒤 뉴스와 신문은 NWA화물기(노스웨스트 항공)가 잘못 영공을 진입하여 경고사격을 한 것으로 보도했다. NWA소속 보임 707 화물전세기가 일본 오오사카로 가는 길에 항로를 잘못 잡아 서울 비행금지구역을 잘못 침범했다는 것이다.

나는 당시 상황의 사실여부를 알기위해 노스웨스트 항공사에 이메일로 아래와 같은 내용의 문서를 전달한 후 나중에 담당자와 직접 통화를 했다.

저는 한국UFO조사분석센터의 서종한입니다.

본인은 1981년부터 UFO에 깊은 관심을 갖고 지난 26년간 활동해

온 UFO조사연구가로서 주 업무는 UFO사진 분석과 조사연구 활동을 병행하고 있습니다.

제가 귀사에 문의하고자 하는 내용은 지금으로부터 31년 전인 1976년 10월 14일 한국의 서울상공에서 일어난 한 사건에 대해 귀사의 항공기가 관련된 사실이 있었는지 여부를 확인코자 하여 이렇게 서신을 드리는 바입니다. 당일 오후 5시 30~40분경부터 6시 40분까지 서울의 비행금지구역인 대통령 관저 청와대 상공 중심 외곽지역에서 두 차례에 걸쳐 수십 만발의 대공 사격이 일제히 가해져 시민들을 놀라게 한 사건이 있었습니다.

문제는 이 시간에 노스웨스트항공사 보잉707 화물전세기가 서울의 비행금지구역을 침범하는 바람에 대공 위협사격이 가해졌다는 공식적인 국방부 발표가 있었습니다.

그러나 당일 이 광경을 생생하게 목격했던 증인이 나타나 말하기를 당시 결코 항공기가 아닌 12개의 미확인 비행물체의 광원을 뚜렷하게 목격했다고 합니다. 이 발광체들은 일정간격의 먼 거리를 두고 거의 일렬로 수평 배열하여 서울중심부를 향해 진입하는 중이었다고 합니다.

12개의 발광원들은 점멸 없이 순수한 백색광으로 금성정도의 일정한 밝기를 가지고 있었으며 헬기나 비행기보다는 느린 속도로 서서히 이동하는 것을 확인했습니다.

이 사실은 당일 라디오로 청취된 생방송 프로그램에서 진행자의 급작스런 멘트가 "지금 서울 상공에 괴 비행체 여러 대가 서울영공을 침범하여 비행중인 관계로 이를 저지하기 위해 대공포 사격이 있었습니다."라고 긴급 방송되어 목격자의 증언대로 당시 여러 대의 물체가 출현했음을 입증해주고 있습니다.

놀라운 것은 이 사건에 대해 그날 라디오에서 긴급뉴스나 정규방송 뉴스에서도 전혀 다루지 않았다는 사실입니다. 유일하게 생방송 진행 프로그램에서 처음으로 괴 비행체가 여러 대 출현했다는 것을 언급한 것을 보면 목격자의 증언과도 일치해 신빙성이 있다고 보입니다.

수도권 전역에 배치된 78곳의 대공사격 진지에서는 이 발광원들을 향해 수십만 발에 달하는 M60 발칸포 사격이 가해졌습니다. 이유는 청와대 반경 1.75 km 이내는 매우 민감한 비행통제구역으로 이유를 불문하고 격추사격을 하기로 되어있기 때문입니다.

하늘을 향해 무차별 대공사격을 가하는 것을 본 목격자는 사격방향이 어느 한 목표물을 향한 지향사격이 아니라 넓게 퍼져 있는 발광원을 향해 서로 다른 방향으로 크로스 되듯이 사격이 가해졌다고 합니다. 또한 목격자는 두 차례가 아닌 모두 세 차례에 걸쳐 대공사격이 있었다고 합니다.

최종 발광원들은 2차 사격이 가해진 6시 19분까지 무려 40분간을 하늘에 체공한 상태로 있었으며 만약 이 발광체들이 퇴역군인이 주장하는 대상물체 확인용의 탐조등이라 해도 무려 40분간을 떠 있었다는 것은 납득이 되지 않습니다.

만약 군 당국의 발표대로 미확인 물체가 항공기였다면 경고사격을 받고도 40~50분간을 서울영공에서 계속 지체하였다는 것이 되는데 이것 역시 납득이 되지 않는 상황입니다.

시속 수백Km로 나는 항공기가 대규모의 경고사격을 인지했다면 불과 수 분 안에 해당지역을 빠져나갈 수 있는 상황임에도 불구하고 군에서는 40~50분이 흐르는 동안 세 차례의 대공사격을 가했다는 점입니다.

따라서 본인은 당일 출현한 발광체는 항공기가 아니라 오히려 UFO 무리가 출현했을 가능성이 높다고 판단되며 과연 한국 국방부의 발표대로 귀사의 항공기였는지 최종 확인을 부탁드립니다.

- 한국UFO조사분석센터 소장 서종한 드림.

2007. 7. 20

그러나 담당자의 말은 사건의 발생 시점이 너무 오래되어 기록도 남아있지 않고 근무자들도 바뀐 상태라 아무런 도움이 될만한 답변을 드릴 수 없다는 연락을 받았다.

현재에도 이 사건에 대해 조사를 진행 중이지만 군의 보안문제와 당시 사격 근무자의 추적 조사가 어려워 어느 선 이상은 사건 전모를 밝히기가 힘들 것으로 생각된다.

그러던 중 나는 당시 상황을 똑똑히 기억하고 있는 한 제보자를 알게 되었고 그로부터 자신이 작성한 사건의 전말내용을 소상하게 파악하게 되었다. 그가 말하는 당시 상황의 전문을 그대로 전한다.

1976년 나는 당시 중동고등학교에 재학 중이었다. 당시 중동고등학교가 위치한곳은 수송동으로 지금의 종로경찰서와 조계사사이이다. 10월 14일 어느 때와 같이 나는 하교 중이었다.

5시 20분 광화문 지하도를 건너 서대문으로 향하던 나는 갑자기 하늘에서 '드르륵 드르륵'하는 대공화기의 진동하는 굉음을 듣게 되었다. 나는 소리에 놀라 얼른 건물 안으로 뛰어들었다.

거리를 걷는 시민들은 이상한 굉음이 하늘을 진동하는 것에 아랑곳하지 않고 대피할 생각 없이 유유히 거리를 거닐며 하늘을 쳐다보았다. 침착하게 상점에서 기다리며 아무 생각 없이 시민들이 걷는 모습을 보며 만약 이것이 대공포 사격이 맞는다면 매우 위험한 상황이란 걱정이 앞섰다.

어두울 때 대공포가 발사되면 대공포 사격방향으로 공포스런 유탄의 불빛이 무수히 많은 꼬리를 물고 하늘로 올라가는 것을 볼 수 있다. 아직 저녁 해가 밝은 상황이라 대공포의 불빛은 보이지 않았고 어느 방향으로 조준한 사격인지 알 수 가 없었다.

약 1분 정도 후에 사격이 멈췄다. 나는 상점에서 1분 정도 더 기다렸다. 당시는 상점마다 라디오를 켜 놓는 것이 일반적이었다. 상점에서 나오는 라디오소리에도 긴급뉴스 따위는 들리지 않았다. 나는 상점을 나와 집으로 향했다.

어느 덧 금화산 중턱에 있는 금화아파트까지 걸어 올라갔다. 광화문에서 금화산 중턱까지는 내 걸음으로 약 40분 정도가 소요되었다. 언제나 그랬듯이 숨을 헐떡거리며 중턱에 도착한 나는 잠시 쉬다가 다시 집으로 발길을 옮기던 중 하늘에서 찢어지는 대공포 소리가 다시 들렸다.

나는 깜짝 놀라 얼른 옆 아파트 현관으로 뛰어 들었다. 내가 있는 금화산은 대공포 기지가 있는 곳으로 여기서 대공포를 발사하기 때문에 그 소리가 무척이나 크다. 다른 사람들은 하늘을 찢는 대공포 소리에도 그저 무슨 소린가 하며 하늘을 둘러볼 뿐이다. 나는 소리를 쳤다.

"대공포 발사예요. 빨리 피신하세요. 빨리요!"

사람들이 하나 둘씩 아파트 현관으로 뛰어 들어왔다. 현관은 갑자기 많은 사람들로 웅성웅성거렸다. 고개를 들어 하늘을 보았다. 저녁 노을이 어둑할 무렵 대공포의 시뻘건 유탄 불빛이 무수히 하늘을 가르며 날아가고 있었다. 대공포 유탄 불빛이 날아가는 방향을 바라보았다. 순간 저 멀리 행주대교 정도의 부근에 무척이나 밝고 하얀 불빛 여러 개가 서울을 향하여 들어오고 있었다.

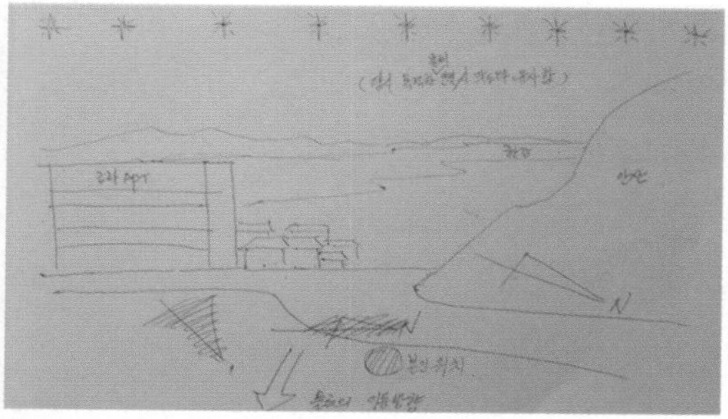

제보자가 그린 당시 상황의 스케치

하늘엔 구름이 간간이 있었는데 구름 밑으로 둥그런 진영을 그리고 있었다. 불빛과 불빛의 간격은 꽤 멀어 보였는데 서울을 진을 치듯 생각되었기 때문에 전투기 편대 등으로는 생각지 않았다. 그 불빛은 서서히 내가 있는 서대문 방향으로 들어오고 있었고 대공포는 그 불빛을 향하여 사방으로 공격을 하고 있었다. 아파트 현관에 있는 사람들도 이 광경을 같이 목격했다.

당시 지상에서 발광체들을 향해 대공사격을 가하는 상황 추정도

"저게 뭐여, 저 불빛이 뭐지?"

"글쎄. 비행기 불빛 같기도 하고."

사람들은 저마다 수군대었다. 하지만 내가 보기에는 비행기로 보이지 않았다. 적어도 저 정도 거리에서 비행기는 비행기 폭을 나타내는 양 날개의 붉은 빛의 깜빡거림이 보이기 때문이다.

SBS TV UFO 프로그램 인터뷰에서 증언하는 안희석씨

또 비행기라 하더라도 김포공항에 착륙할 비행기가 지금 동북쪽으로 그것도 여러 대가 날아오는 것으로 판단하기는 어려웠다.

또 밝고 환한 불빛이 전혀 비행기와는 형태가 달랐다. 수를 세어보니 12대였다. 이것은 분명히 UFO라고 판단했다.

만약 저 불빛이 전투기라면 지금 분위기는 전쟁일 것이며 일반 여객기라면 12대나 동시에 같은 고도를 유지하면서 서울을 향해 비행할 이유가 없었다.

12대의 괴물체가 서울의 서쪽에서 포위하며 서서히 날아오고 있는 것이다. 한 4분 정도였을까? 무척이나 긴 시간동안 대공포 사격이 이어지더니 잠시 잠잠해졌다.

우리 집까지 뛰어가면 5분, 또 대공포사격이 이어질지 몰라 정신없이 뛰었다. 집에 도착하자마자 어머니에게 물었다.

"어머니. 대공포 소리 못 들으셨어요?"

어머니는 "글쎄, 아까 그 드르륵 소리가 대포소리냐?"고 반문하셨다. 방으로 뛰어 들어가 긴급뉴스라도 있을까 궁금해서 얼른 라디오를 켰다. 여기저기 틀어 봐도 긴급뉴스 따위는 없었다.

6시 40분쯤 갑자기 대공포 소리가 다시 천지를 진동하며 드르륵 드르륵 소리를 내기 시작했다. 아까 대피한 아파트는 입구가 서측이어서 행주대교가 보이는 방향이지만 우리 집은 동측으로 향해 있어 서울 시내가 보인다. 산 중턱의 아파트이므로 서울 시내가 환히 트여 보인다. 베란다로 뛰어가니 이미 땅거미가 내려 깜깜한 서울 곳곳에서 붉은 피를 토하듯 대공포 사격이 벌어지고 있었다.

대공포의 붉은 유탄들이 동쪽으로 우리 아파트를 넘어 내 등 뒤 방향으로 날아가고 있었다. 아까 이상한 비행체가 보였던 방향이었다. 라디오를 이리저리 틀어 보았다. 방송은 그저 평온했다. 지금 이 상황에 대해 아무 얘기도 하지 않고 있었다.

그런데 순간 지금은 자정에 방송하지만 당시 '이수만 쇼'로 기억되는 이수만 진행가수 초청 생방송 프로그램이 있었다.

이리저리 방송을 돌리던 중 이수만 목소리가 나왔다. 오늘 출연가수하고 이런저런 이야기를 방송하던 중 마침 지금 상황에 대해 멘트를 날리고 있었다.

"방송 중 잠시 지금 들어온 소식을 알려 드립니다. 지금 서울상공에 괴비행체 여러 대가 서울 영공을 침범하여 비행중인 관계로 이를 저지하기 위해 대공포 사격이 있었습니다. 시민 여러분들께서는 놀라지 마시고 안전한 장소에서 대피하여 주시기 바란다는 당국의 말씀입니다."

그리고는 이내 방송을 진행하였다. 다시 다른 방송을 틀어 봐도 다른 내용을 확인할 수 없었다. 다시 이수만쇼 방송을 틀었다. 방송이 끝나는 7시가 다될 즈음에 이수만씨가 다시 멘트를 달았다.

"다시 한 번 말씀 드립니다. 확인되지 않은 비행체가 서울상공을 비행하여 대공포 사격이 있었습니다. 시민 여러분들께서는 놀라지 마시기 바랍니다."

그리고 방송은 끝났다. 그런데 방송내용이 달라졌다. 아까는 여러 대의 괴비행체라고 했는데 이 말은 빠졌다.

이내 7시 뉴스가 진행되었지만 지금 상황에 대해 아무런 이야기가 없었다. 그때는 라디오에서 매 시간마다 뉴스를 5분간 하였다. 8시 뉴스, 9시 뉴스, 10시 뉴스 어디에서도 오늘 대공포에 관한 뉴스는 없었다. 그럼 이수만씨는 뉴스에서도 다루지 않는 긴급뉴스를 한 걸까? 왜 이수만씨가 전한 소식을 뉴스에서는 전하지 않았을까? 궁금증으로 그날을 보냈다.

학교에서는 어제 대공포 사격이 화제거리가 되었다. 그 다음날 아침 7시 뉴스에서 보도가 나왔는데 "어제 확인되지 않은 비행체로 인해 대공포 사격이 있었습니다. 당국은 정확한 내용을 조사 중입니다." 라고 간단히 끝냈다.

저녁이 되서야 구체적인 뉴스가 나왔다. 국방부가 발표한 14일 대공포 사격에 대한 1976년 10월 15일 조선일보 보도에 의하면 '14일 오후 6시 19분과 6시 40분쯤 서울비행통제구역을 침범한 비행기에 대해 두 차례 대공포 사격이 있었다. 이 비행기는 소속이 확인되지 않은 여객기이며 진로를 잘못 잡아 수도권 비행통제구역으로 진입하여 수도경비사령부 예하부대의 대공포 경고사격을 받았다. 비행기는 사격을 받자 항로를 바로 잡아 돌아갔으며 기체 피해는 없는 것으로 알려졌다. 국방부는 이 기체의 소속과 비행통제구역 침범경위를 조사중이다. 수도경비사 대공포대는 수도권비행통제구역을 무단 비행하는 항공기에 대해 진로를 바로 잡도록 일상적으로 경고사격을 하고 있다. 서울 시민은 이 날 두 차례 약 5분간에 걸친 대공사격으로 한때 놀랐으며 국방당국은 유탄으로 인한 민간피해상황을 조사중이다.'

그로부터 다음날 16일자 조선일보는 국방부가 대공사격조사내용에 관하여 다음과 같이 발표했음을 다시 보도하였다.

'속보-14일 오후 서울 상공 비행통제구역을 침범한 비행기는 노스웨스트항공(NWA)소속 보잉 707화물 전세기로 경고사격 유탄으로 시민 한 명이 죽고 32명이 부상한 것으로 밝혀졌다. 사망자는 서대문구 OOO시장 노점상 OOO -중략- 경고사격을 받은 화물기는 일본 오오사까로 가기위해 김포공항을 이륙한 직후 항로를 잘못 잡아 통제구역을 침범했었다.'

그리고 이후에 이 모든 뉴스는 사라졌다.

정리를 하면 국방부의 발표에 다음과 같은 몇 가지 납득이 가지 않는 의문점이 남는다.

첫째, 당시 상황을 똑똑히 기억하고 있는 목격자인 안희석씨의 주장대로라면 라디오 방송의 속보내용과 목격자의 진술은 일치하는 반면 국방부의 발표는 이와 전혀 다른 상반된 발표를 하여 설득력이 전혀 없다고 볼 수 있다. 목격자의 증언과 진행자의 멘트는 여러 개의 광원이 출현하였음을 말하는데 국방부의 발표는 오직 한대의 항공기였음을 말하고 있었다. 목격자는 12개의 발광원들이 점멸 없이 순수한 백색광으로 금성 정도의 일정한 밝기를 가지고 있었으며 헬기나 비행기보다 느린 속도로 서서히 이동하는 것을 확인했다는 점이다.

둘째, 당일 오후 5시 30~40분경부터 6시 40분까지 청와대 상공중심 외곽지역에서 두 차례에 걸쳐 수십 만발의 대공 사격이 가해졌는데 당시 물체가 항공기로 경고사격을 받고도 40~50분간을 서울 영공에서 계속 지체하였다는 것은 도저히 납득이 되지 않는 상황이다. 시속 400~800Km로 나는 항공기가 대규모의 경고사격을 인지했다면 불과 수분 안에 해당지역을 빠져나갈 수 있는 상황임에도 불구하고 40분 이상을 서울 상공을 헤매다가 또 다시 서울상공을 진입한다는 것은 있을 수 없는 상황이라는 점이다.

셋째, 국방부의 발표대로 노스웨스트 화물기였다면 수십 곳의 진지에서 일제히 경고사격을 가한 것은 과잉반응이며 경고차원이라면 그렇게까지 대응할 필요가 있었겠느냐는 점이다.

군에서는 40~50분이 흐르는 동안 무려 세 차례의 대공사격을 가했다. 목격자의 증언은 사격방향이 어느 한 목표물을 향한 지향사격이 아니라 넓게 퍼져 있는 발광원을 향해 서로 다른 방향으로 크로스되듯이 사격이 가해졌다고 했다. 또한 목격자는 두 차례가 아닌 모두 세 차례에 걸쳐 대공사격이 있었다고 증언을 했으며 당시 수 만발의 발포사격이 있었다.

결론적으로 국방부의 발표는 당시 벌어진 상황과 일치되지 않는 석연치 않는 점이 한두 가지가 아니다.

최초 5시 20분경 1차 사격이 가해진 시점으로부터 6시 40분까지 무려 1시간 20분 동안 민간 항공사의 항공기에게 사전 경고의 무전 교신도 없이 무차별 사격을 여러 차례 가했다는 것은 있을 수 없는 일이다. 또한 수도권의 비행금지구역을 잘못 침범한 항공기가 1시간 이상을 무차별로 쏘아대는 대공사격을 받아가며 서울 상공에서 지체하였다는 점도 전혀 설득력이 없다. 그날의 진실은 어딘가에 단서가 남아있을 것이다.

NATO의 UFO 기밀문서가 내린 결론

UFO에 가장 촉각을 곤두세우고 있는 곳은 당연 군 당국이다. 군에서는 시시각각 들어오는 보고에 기민한 움직임으로 대처하게 되는데 군이 UFO에 관심을 가질만한 주된 이유는 그 물체가 자연현상이나 기존의 물체가 아니라면 적의를 가지고 영공을 침범한 비행물체인지에 대해 재빠른 판단을 내려야만 하기 때문이다.

로버트 딘

UFO는 사실 적기에 포함되지도 않는다. 그런데 그 판단은 쉽게 결론을 내리기가 힘들며 한 가지 확실한 점은 우리들도 그들을 예의주시하지만 그들 역시 우리를 예의주시하고 있는 것 같다는 점이다. 북대서양 조약기구인 나토(NATO)역시 UFO의 존재 및 활동에 관해 이미 오래전부터 비밀리에 연구를 해왔다는 놀라운 사실이 한 UFO연구가에 의해 폭로되었다. 이 정보를 공개한 사람은 로버트 딘으로 그는 나토의 최고조직기구인 구주연합군 최고사령부(SHARP)에 5년간 근무한 적이 있고 여기서 기밀서류를 접한 후 자신의 생각을 완전히 달리 했다고 한다.

로버트 딘의 주장을 뒷받침하는 또 다른 증언자는 미 공군의 록히드 비밀 프로젝트에 근무한 돈 필립스이다.

그는 1950년대와 1960년 대에 NATO가 외계종족들의 기원에 관한 연구를 진행했었다고 말한바 있다. 또한 1954년 캘리포니아에서 외계인과 미국의 최고지도자가 만난 기록영상이 존재한다고 말했다. NATO 정보국의 주임상사로 근무한 적이 있는 로버트 딘은 말하기를 자신이 NATO연합군 최고사령부에 근무할 때 우주 1급비밀을 처리한 적이 있다고 했다. 그는 또한 외계인 사체 사진도 보았는데 미국 라이트패터슨 공군기지에서 찍혀진 사진이라고 주장했다. 로버트 딘은 주장하기를 SHARP에 근무할 당시 NATO사령부가 1961년부터 64년까지 3년동안 연구한 12인치 두께에 달하는 방대한 양의 UFO 극비문서 자료를 볼 수 있었다고 한다.

미국, 영국, 프랑스, 독일의 권위자들로 이루어진 팀이 3년간에 걸쳐 연구를 담당했었다고 하는데 이 기밀문서의 제목은 '외계인은 NATO에 있어 군사적으로 위험한 존재인가?'였다.

3년간의 철저한 연구 끝에 발견한 사실은 UFO가 실제로 외계인의 우주선이라는 점과 추락한 UFO는 지구궤도로 들어온 것이 아니라 이미 지구상에 상주하면서 지구 및 인류에 대하여 조사활동을 하다가 돌연 예기치 않은 사고를 당해 추락했다는 것이다.

또한 그들이 지구에 오는 목적은 정복을 위한 전쟁보다는 오랜 옛날부터 지구를 조사하기 위한 활동으로 보인다는 것이다.

지구에는 우리말고도 다른 외계인이 와있다는 것과 그들이 지구에 들러 생태계를 조사하고 연구하고 있으며 모두 같은 별에서 온 것이 아니라 다른 여러 개의 별에서 왔고 또 다른 최첨단의 고도로 발달된 문명을 갖고 있다고 주장했다. 즉, 외계인들의 기술수준은 우리와 1천년 내지 1만년사이의 진보된 기술격차를 가지고 있다고 지적했다. 그는 이러한 사실들이 자신에게 너무나 큰 충격으로 받아들여졌는데 그때 그 연구의 가장 주된 목적은 외계인들이 지구를 공격할 의도가 있는지 없는지를 밝혀내는 것이었다고 한다.

결국 3년간의 연구활동 결과 'UFO로부터 침략당할 위협은 없지만 만약 있게 된다면 지구는 위기를 맞게 될것이다.'라고 NATO의 기밀문서는 최종 결론을 내렸다고 한다.

외계 문명권과의 공존, 그리고 대비책

영국의 클랭 카티 백작은 상원의원 25명으로 구성된 UFO연구회를 이끌고 있는 중심인물이다. 그는 한 모임에서 말하길 "UFO는 지구 밖에서 온 지적생물의 비행물체가 틀림없습니다. 이들과 어떻게 접촉할 것인지, 혹은 저쪽에서 접촉해올 경우 이떻게 대처하는가를 검토하는 것이 우리의 과업입니다. 그것을 위해서라도 UFO에 관련된 정보를 모두 파악해야 합니다." 그는 또 이 업무를 추진하기 위해서는 미국처럼 정보자유화법을 만들어 영국정부가 숨긴 UFO정보를 공개하도록 요청하는 것도 지적했다.

그의 주장처럼 UFO와 외계인의 존재, 그리고 외계문명권의 발견은 인류 역사상 가장 획기적인 과업이 될 것이다.

만약 우리가 그러한 진실에 접근한 걷잡을 수 없는 정황증거를 발견한다면 인류는 분명 한동안 큰 혼란에 빠질 것이다. 그동안 쌓아온 기존 질서체계가 무너질 가능성과 전혀 다른 문명세계를 열린 마음자세로 받아들인다는 것 자체도 힘들어 할 것이다.

타문명권의 간섭이 이루어질 경우 이에 대한 심한 이질감도 갖게 될 것이다. 기존의 과학, 정치, 사회, 철학, 종교, 문화, 역사, 의학 등 모든 학문과 과학의 영역을 뛰어넘는 새로운 발견을 그들로부터 얻을 수 있거나 깨닫게 될 것이다.

또한 이성종족간의 교류시 파생되는 문제점이 드러날 것이며 여기에는 산적한 많은 과제들이 부각될 것으로 예상된다. 서로 다른 종

족 간에 나타날 수 있는 이질감과 공포감, 대화방식, 의식수준의 차이, 생활방법 등 가장 기본적인 일들에 대해 마찰이 있을 것이라는 것이다.

따라서 외계문명권이 확실히 발견된다 하더라도 그런 사실은 한동안 일반인들이 접근할 수 없는 극비에 부치고 극히 일부 고위층, 군관계자와 정치가, 과학자들만이 기밀정보를 공유할 것으로 보인다.

일설에 따르면 미정부가 결정적인 존재 증거물과 정보를 입수해놓고 발표하지 않는다는 주장도 있다. 만약 그렇다면 감출 수밖에 없는 이유가 반드시 존재할 것이다.

예를 들어 기존질서의 대혼란, 지식의 교체, 종교적 마찰문제, 철학적, 사회적 문제 발생 등 여러 분야에 걸쳐서 문제가 파생할 것이기 때문에 진실을 은폐할 수밖에 없다는 것이다.

먼저 우리는 가장 먼저 그들이 우호적인 문명권에 속한 것인지 아니면 적대적인 문명권인지를 파악할 것이다. 또 우리와 어느 정도의 문명격차가 있는지 다각도로 분석하는 과정에 들어가고 과학기술의 정도, 군사적 무기시스템, 생체구조, 생활방식, 사회적 구조시스템 등 면밀한 분석에 들어갈 것이다.

이를 위해 각 분야별 전문가들이 비밀리에 소집되어 심층적인 연구가 진행되고 파생될 문제점에 관해서 심사숙고한 심층토의가 진행될 것이다.

토의 안건으로는 기존질서의 혼란에 따른 대처방안, 군사적 침공이나 정복에 대한 두려움, 공포심유발, 기성종교가 세워놓은 교리의 대혼란, 다른 문명권과의 공존 및 문화적 교류문제 등이 이에 속한다. 그 가운데 가장 먼저 대두되는 첫 번째 문제는 기성 종교들과의 마찰이다.

성서에 UFO를 도입함으로서 성서가 재해석되고 그에 따라 자칫 왜곡된 결과를 초래할 수 있는 가능성이 있다. 성서에 의하면 신에 의한 천지창조와 만물, 인간의 창조가 순차적으로 이루어져 오늘날 지구를 형성하고 있음을 말하고 있다. 그러나 UFO는 절대 신과 같은 믿음의 차원문제가 아니다. 그것 역시 자연계에 존재하는 하나의 산물일 뿐 신격화되거나 신비화되어서는 안 된다. 더군다나 우리와의 문명격차가 월등히 뛰어나다고 해도 정신적으로 예속되거나 무조건적인 따름은 매우 위험천만한 발상이다.

반면 조심스러운 부분은 인간이 만물의 영장이라는 믿음과 인간의 존엄성과 원죄론, 신에 의한 창조론, 신의 존재에 관한 재해석이 열리면서 결국 모든 것을 의심하게 될지도 모른다는 점이다.

기독교가 세워놓은 교리와 신의 섭리, 신에 의한 인간의 창조가 재해석될지도 모른다. 기독교가 내세운 지구가 우주에 있어서 유일한 인류의 안식처로 여겨지고 인정한다는 섭리는 지구적인 관점에서 지켜온 교리일지도 모른다는 주장도 있다.

사실상 종교와 UFO와의 관계는 금기시되어 종교계에서는 UFO를 사탄으로 취급하여 인간을 괴롭히는 존재로 인식하고 있다. 그렇게 보는 이유는 접촉자들이 정신적, 육체적 고통의 피해를 호소하기 때문에 그들이 선의가 아닌 악의적 만행을 저지르고 있다는 것이다.

만행이란 외계인에 의해 인간납치 및 원격에 의한 동태 감시, 인간과 외계종과의 하이브리드형 유전자 실험 등으로 자신도 모르게 진행되고 있다는 것이다.

특히, 납치대상으로 여성들이 주로 선택되며 모종의 프로젝트를 위해 실험용으로 쓰여지고 있다는 것이다.

생명 그 자체가 흔들리며 신의 섭리를 위배하면서 새로운 종의 출현을 시도하려는 의도가 그들에게서 나타나고 있다는 연구가들의 주장은 종교와의 심한 갈등으로 표면화되며 이는 어떤 목적을 내세우더라도 받아들이기 힘들 것이다.

그것은 그들의 행동이 그들의 어떤 목적에 의해 저질러지고 있으며 왜 그런 짓을 하는지 이해하기 힘들 것으로 보인다.

오랫동안 UFO 탑승자들에 의해 납치되었던 사람들을 조사해온 하버드대 정신과교수인 존 E. 맥교수(2004년 영국에서 교통사고로 사망)는 이 점에 대해 그들은 자신들과의 생체구조가 다른 인간에 흥미를 느끼고 있으며, 따라서 유전자 조작실험을 통하여 여러 가지 테스트를 자행하고 있다는 것을 주장했다.

피해자들의 악몽은 내적인 문제가 있어서가 아니라 외적인 충격에 의해 신경쇠약 증세에 시달리는 것으로 보인다고 했다.

인류의 과학발달로 먼 미래에 복제인간의 실험실 시도에 의해 인간 창조가 이루어진다면 신에 의한 창조는 하나의 신비화된 영역으로 치부하게 될 것이고 과학이 신의 역할을 담당하게 된 것처럼 신비주의자들은 주장할 것이다. 그러나 한 가지 깊이 생각해볼 문제는 신의 존재와 외계인과의 결부는 그럴듯한 발상에 불과하며 그들 역시 신의 세계 범주 안에서 활동하는 또 다른 피조물에 불과할 따름이다. 나는 이에 관해 어떠한 주장을 펴거나 선입견을 가지고 있지 않다.

두 번째로 대두되는 문제는 대규모 컬쳐 쇼크로 사회, 문화적 차이가 너무 큰데서 오는 정신적 충격으로 일부 사람들이 자포자기에 빠지거나 생업을 포기하는 사태에 이르게 될 수도 있다는 점이다.

인류는 그들의 권능에 압도되어 귀속당하는 존재로 여기는 생각을 갖게 되며 미래의 희망을 포기하거나 현재의 사회, 문화적 관습과 일에 대한 깊은 회의를 갖게 될 수 있다.

한 가지 흥미로운 보고서가 있는데 오래전에 해제된 NASA의 보고서는 말하기를 UFO가 만약 착륙하여 우리 문화와 접촉한다면 우리의 사회구조와 행동양식에 큰 변화를 가져오게 될지도 모른다는 것을 암시해주고 있었다.

문서는 지적하기를 앞선 문명권의 과학과 사회, 문화적 생활을 받아들일 때 어떻게 정신적 쇼크를 최대한 감소시킬 수 있는가를 지적하고 있다. 사회적 문제는 인류가 이루어온 질서와 문화, 경제정책, 정치, 전쟁의 무의미 등 한차례 큰 혼란이 올 것으로 예상된다. 정치제도, 인구문제, 식량문제, 자원문제, 전쟁과 기아문제, 화폐제도, 자본주의, 공동체 생활 등 모든 문제가 그들의 영향을 받게 되며 이로 인해 기존의 사회질서가 붕괴될지도 모른다는 심각한 문제가 대두될 수 있다는 것이다.

세 번째 문제인 군사적 대처방안으로는 그들의 침략의도와 월등한 무기체계의 두려움을 갖고 대처할 생화학 무기개발이나 조기방어체계의 허점에 대해 전면적인 재검토를 하게 될 것이다.

어떤 면에서 우리 지구인들은 그들을 새로운 지도자로 따르고 현재 모든 나라에 형성되어 있는 정치적, 군사적 시스템을 잊어버리게 될지도 모른다. 정말 외계인들이 무력을 동원한 대규모 지구 침공을 개시한다면 지구 방위군은 그들에게 대항할 힘이 없음을 깨닫고 협상테이블에 저항 없이 굴복할 지도 모른다.

레이건 대통령 당시 UFO연구가인 콜만 본케비즈키는 UFO 출현대책기구의 요청공문을 백악관 앞으로 보낸 적이 있다. 앞서 그는 방대한 증빙자료와 함께 이미 몇 가지의 제안을 UN사무총장에게 서신으로 올렸다.

제안의 내용은 전인류에 대한 UFO로부터의 위협에 대처하기 위해 UN의 주관아래 UFO의 출현을 감시하는 것과 전세계의 결속, 외계인과의 대화시도, UFO에 대한 무력충돌을 금지한다는 것이다. 그러나 이 제안은 존슨정부에 의해 블랙리스트로 몰리게 되었다. 그는 다시 레이건 대통령에게 당시 제안했던 내용과 함께 다음과 같은 건의사항을 올렸다.

1) 외계인들에 대한 적대행위와 공격은 지구문명의 생존을 고려하지 않은 무책임한 행위이며 정당화되지 않는다.
2) 외계의 지적생명체와의 교류는 인류에게 에너지문제, 과학기술, 의학 등 획기적인 방안을 제시할 수 있는 가능성을 열어주는 유일한 방법이다.
3) 미국정부는 UFO전문기구의 설립을 위한 지역을 할당해주어야 한다.

그의 주장은 그동안 공개된 비밀문서만 보아도 명백히 뒷받침 되고 있음에도 불구하고 미 정부에 의해 다시 한 번 묵살되고 말았다. 콜만 본케비즈키는 UFO문제의 근본적인 해결은 군당국의 군사기밀과 은폐정책 때문에 가리워져 있다고 하며 전세계 강대국은 확고한 증거물을 이미 보유하고 있다고 말했다.

나는 그의 주장에 동의하나 시기가 중요하다고 판단되며 UFO의 출현이 전세계적으로 문제가 되어 가시화된다면 각국정부는 이에 대한 실제적인 대책마련에 들어갈 것이다. 더 나아가 위협적인 요소가 분명히 존재한다면 전인류적인 차원에서 공동기구의 설립이 불가피하게 요구될 것으로 생각된다.

이미 1968년 미국가안전보장국(NSA)이 비밀리에 고위층에게 회람시킨 'UFO의 존재와 인류의 생존문제'라는 타이틀의 보고서에는 외계문명이 존재할 경우 지구 인류의 대처방안을 다각도로 연구한 내용이 기재되어 있었다.

이 보고서에는 UFO를 설명하는 여러 가지 이론과 가설을 취급하고 있는데 결론에 가서는'UFO가 인류의 생존에 중대한 암시'를 지니고 있다고 끝을 맺고 있다. 이 극비문서는 UFO를 접근하는데 있어 지나치게 과학적 접근으로만 선행되어 왔으며 그들의 뛰어난 문명으로부터 인류의 생존에 직접적인 위협으로 간주될 수 있다고 지적하고 있다.

예를 들어 "숲속의 길을 걷고 있는데 '누군가가 방울뱀이다!'라고 소리친다면 당신의 반응은 매우 빠르게 직접적이고 방어적으로 될 것이다. 다시 말해서 위험상황에 처한 인간은 그것이 적대적인 동물인지를 순간적으로 판단해야 할 것이고 방어적인 자세를 취하게 될 것이다. 결국 당신은 생각할 겨를도 없이 재빠르게 행동에 돌입할 것이다. 따라서 그 경종은 당신의 생존에 정말 직접적인 위협으로 간주될 것이다."라고.

외계인들이 만약 우리 지구를 정복하기 위한 모종의 계획 아래 첨단무기로 침략해온다면 곧바로 우주전쟁으로 번져나갈 것이며 그럴 경우 과학자들은 UFO에 대한 인식이 180도 달라지게 될 것이다.

이때는 과학적 접근이 아닌 생존을 위한 긴급 대처방안이 자동적으로 검토된다. 보고서는 또 이렇게 말하고 있다.

인류의 과거 역사를 살펴볼 때 종종 기술적으로 우월한 국민은 힘이 세고 공격적인 문화를 가진 국민이다. 서로 다른 문화를 가진 두 국민이 대처했을 때 보다 열세하고 약한 문명을 가진 국민이 주체성을 잃어버리는 비극을 겪게 되어 마침내는 상대국에 흡수되어 버린다.

그러나 어떤 국민들은 다른 국가보다 기술적으로나 문화적으로 열세함에도 불구하고 그들의 주체성을 잘 지켜나가고 또한 상대국간의 차이를 없애버림으로써 생존하는 경우도 있다.

생존에 필요한 수단은 크게 다섯 가지로 분류할 수 있는데 첫 번째가 상대국가의 장점을 그대로 완전히 받아들이는 것이고, 두 번째, 다른 문화와의 교류시 어떤 상황에서도 국가의 주체성을 고수하는 것. 세 번째는 상대 쪽과 교류시 극히 조심스럽게 억제, 조정하면서 교류하는 것이고, 네 번째, 형편이 어쩔 수 없을 때 그대로 상대 쪽에 유리한 방향으로 행동을 취하는 것이며, 다섯 번째, 올바르면서도 우호적인 태도를 취한다는 것이다.

결국 기술적으로나 문화적으로 장점이건 약점이건 간에 상대문화의 모든 것을 배우려는 범국가적 열망으로 그룹이나 개인을 선발해서 직접 상대국에 보내어 그 상대국의 일원이 되게 하거나 또는 상대국이 전쟁을 치를 때에는 그 상대국을 도와주게끔 한다. 가능한한 장점을 빨리 배워서 자국에 이용한다는 것이다.

이것은 자국의 문화에 새로운 지식을 자꾸 흡수시키면서도 자신의 주체성을 잘 고수하는 것이다. 한 예로 일본이란 나라는 자국의 발전을 위해 가능한 한 빨리 선진국의 문물을 흡수하도록 사절단을 보내어 정신적인 개화를 일찌감치 서둘러 오늘날 선진국 대열에 낄 수 있었다.

이 서류를 검토해보면 아마도 UFO에 관한 의문으로 인해 인간은 몸과 마음, 모든 면에서 건강한 그런 완전한 인간으로 변화하는데 무척 도움이 될 사회를 건설하는 것을 가능케하는 연구를 하게 될지도 모른다는 것을 암시하고 있다.

이 문서에 의하면 미 정부는 모든 증거를 간과하지 않으며 UFO에서 손을 떼려하지 않는다는 사실이다. 다시 말해서 UFO로 인해 우리문화에 큰 변화가 올 가능성이 있다고 잠정결론을 내리고 있다. 문서는 지적하기를 앞선 다른 외계문명권의 과학과 사회, 문화적 생활을 받아들일 때 어떻게 정신적인 쇼크를 최대한 감소시킬 수 있는가를 언급하고 있다.

즉, 현정부는 붕괴될 것이며 경제구조가 전부 바뀌는 기회가 올 것이고 결국에는 아주 나빠지던지 좋아지던지 양단간에 우리문화는 완전히 변해버릴 것이다.

결론적으로 인간은 우리 자신만이 우월한 존재가 아닌 이미 우리보다도 앞선 외계문명권이 존재할 가능성을 항상 열어두고 있어야 한다. 언젠가 그들과 조우시 일어날 수 있는 예상되는 문제점과 해결방안, 그리고 효과적인 대처방안을 각 분야별 전문가들이 모여 심도 있는 사전 연구와 대비책 마련을 정부차원에서 관철시켜 나가야 한다.

나는 그렇게 생각한다.

"인류는 결국 진실을 향해 가고 있으며 그 발걸음을 어느 누구도 제지할 수 없다는 것을…… 안다."